novum pro

GALGÓCZI IMRE

A nagy piramis

**AZ ARRÓL ÍRT
VALÓTLANSÁGOK
ÉS MÉG MÁSOK**

novum pro

www.novumpublishing.hu

Minden jog fenntartva, beleértve a mű film, rádió és televízió, fotómechanikai kiadását, hanghordozón és elektronikus adathordozón való forgalmazását, valamint kivonat megjelentetését, illetve az utánnyomását is.

Nyomtatva az Európai Unióban környezetbarát, klór- és savmentes, fehérített papírra.

© 2017 novum publishing

ISBN 978-3-99048-588-0
Lektor: Tömösvári Emese
Borítókép: Sculpies | Dreamstime.com
Borító, tördelés & nyomda:
novum publishing
Illusztrációk: Galgóczi Imre

A szerző által a kiadó rendelkezésére bocsátott képek a legjobb minőségben kerültek nyomtatásra.

www.novumpublishing.hu

TARTALOMJEGYZÉK

Bevezetés	7
Egy és más a piramisokról	20
Pár téves írás a régebbi évekből	69
Újabb idők kiadványaiban írt tévedések	97
Jártam a piramisok földjén	290
Az egyiptológia története	301
Piramidológia	342
Piramist épitünk	362
Egyiptom története a fáraók korában, röviden	436
Ismét láttam a piramisokat	455
Végszó	468
Irodalomjegyzék	475
Függelék	477

BEVEZETÉS

1995-ben a kezembe került egy ismert folyóirat, amelynek a hasábjain lévő hangzatos cím a piramisok titkainak a megfejtését közölte az olvasóval. Már régóta érdekelnek az ősi leletekkel kapcsolatos régészeti felfedezések, láttam is a piramisokat, ezért gyorsan olvasni kezdtem a cikket. Megdöbbenve láttam, hogy milyen tudatlanságot, kézzelfogható valótlanságot közölt a cikk írója a nagyvilággal. Kissé az is megdöbbentett, hogy a kiadó is nyilván ilyen tudatlan, mert nem tett semmit a kiadvány ellenőrzésére, vagy pedig szándékos, nyilvánvaló félrevezetés ez az írás, talán azért, hogy a lap vásárlására ösztökéljen. Ezután kezdtem figyelni a hasonló megjelenésű cikkekre, majd a könyv alakban kiadott, a piramisokkal foglalkozó témákra. Meglepődve kellett tapasztalnom, hogy bizony nagyon sok cikk, sőt irodalmi mű, esetleg jeles írók neve alatt, tartalmaz hasonlóan valótlan írásokat. Például: Tutanhamon arany koporsója 1400 kilogramm súlyú, írják több, még komolyabb műben is. Itt majd megvizsgáljuk a valós értéket. Vagy a Nagy Piramis térfogatának elfogadják a 2300000 darab beépített követ, de az egyik író egy köbméteres, átlagos méretű kőtömböket, a másik fél köbméteres, átlagos méretű kő beépítését közli velünk. Van, aki 1,1; 2,5; netán 10 méter élhosszúságú kockatömbökből, vagy 1,27x1,27x0,75 méter méretű kőtömbökből építi fel a Nagy Piramist. Természetesen a kőtömbök, az írók közlése szerint, általában tökéletesre csiszoltak. Valamelyik biztosan nem a valós kőméret, de hol az igazság? És ezek az írások sokszor nem csak, úgymond, hozzá nem értők tollából származnak. Bizony sok esetben sokat olvasott, szokás mondani, szakemberek termékei is tartalmaznak hasonlókat. Nyilvánvaló, hogy bárki elkövethet hibát, amely talán az eddig megjelent írások követkeménye is lehet, vagy csak egy félrehallás okozta. Csak az nem hibázik, aki nem dolgozik. De ennyi hiba már több a soknál. Elkezdtem összegyűjteni ezeket a szerintem téves írásokat.

Meg kell jegyeznem, nem vagyok egyiptológus, de ezek a téves írások annyira magától értetődően valótlanságok, hogy azt egy hozzá nem értő is egyértelműen beláthatja, ha gondolkodik. Nyilvánvaló az is például, hogy nem 10 méteres élhosszúságú, kocka alakú kőtömbök alkotják a piramisokat! Pedig ez a kőméret is megjelent egy lap hasábjain. Vagy az sem lehet igaz, hogy 137 osztva 202-vel körülbelül egy. Sokan felteszik a kérdést, hogyan pattant ki egyik pillanatról a másikra a „tökéletes" piramis építése, és az teljesen ostobaság lenne az emberek számára, tehát csakis a földönkívüliek készíthették. A földönkívüliek számára nem ostobaság ilyen építmény készítése? Nem veszik észre Dzsószer fáraó lépcsős piramisának kialakulását, masztabából kétszeri átalakítással. Arra sem figyelnek, hogy bizony ezután több lépcsős piramist is építettek, mire Kheopsz fáraó „tökéletes" piramisa megépült, és hogy a piramisok, bizony, nem gránitból épültek.

Először 1982-ben jártam Egyiptomban. Láttam és én is megcsodáltam sok más mellett a piramisokat. Nemcsak a sokat emlegetett, úgynevezett Nagy Piramist, hanem a Kairó közeli Szakkara területén lévő piramisokat is. Sajnos a törtvonalú piramist csak a láthatár szélén tudtam megpillantani, pedig annak a nagyrészt eredeti állapotban lévő burkolata igen fontos adatokat biztosíthat egy figyelmes szemlélő számára.

Mint egyéni turista, négyen jártuk be Kairó rejtett zugait is, persze csak azt, amire jutott idő. Így láttuk azt a zsinagógát, ahol állítólag egy vízzel telt pincelejáró szerű helyen lelték meg azt a kosarat, amelyben az újszülött Mózest bízták a Nílus vizére, és az akkor ott lévő nádasban megrekedt. Igaz, hogy erről egyiptomi vésetet sehol sem találtak, pedig rengeteg dolgot véstek a falakra az utókor számára. A vesszőkosár átengedi a vizet, a benne lévő egyéb anyagok így átáznak, és bizony meglehetősen hamar elsüllyed a baba. Próbáljuk ki! Tehát ez nem lehet valóság. Talán teknő volt, és nem kosár. De a vakhit mindent legyőz.

Láttunk egy kopt templomi szertartást. Jártunk Szent György - arabul Abu Szarga - templomában, ahol tini leánykák az egyik szentély üvegfalára helyezett pénzérmét az ujjuk hegyével körbemozgatták, és egyik-másik pénzdarab az üvegen maradt, ami nagy derültséget okozott a lánykák között. Megkérdeztem, hogy ez mit jelent, de nevetve eltakarták kezükkel az arcukat és elsiettek, nem árulták el a titkot. Egyiptomban nem kötelező a női arcok kendővel történő eltakarása.

Láttuk a kopt temetőt, majd a Holtak Városának nevezett arab temetőt, ahol a hajléktalanok birtokba vettek sok, a sírra épített épületet. Ugyanis bizonyos napokon a módosabb gyászoló utódok kiköltöznek az elhunytjaik sírjához, és az azokra épített kis lakásban töltenek el egy kevés időt. Ezek egy része most lakás céljául szolgál, és a beköltözöttek gondozzák is a sírt, ezért a tulajdonosok nem űzik ki a jogtalan foglalókat.

A piramisokat először a citadellára épített Mohamed Ali mecset mellett állva pillantottuk meg a távolban, a Nílus másik oldalán. Majd a Tahrir - Felszabadulás - térről induló, az Al Ahram sugárúton végighajtó városi buszra szállva jutottunk el az óriásokhoz.

Amint nyilvánvaló is, a Gíza nekropoliszában álló három nagy piramis látványa tette reám a legmaradandóbb benyomást, ahogyan számtalan másra is, aki először pillantotta meg az óriásokat. Fenséges érzés ott állni Gíza három óriása mellett, nem beszélve arról, hogy a belső folyosóit és termeit is megnézheti a kíváncsi látogató. Manapság már előre kell foglalni belépési lehetőséget, mert naponta csak meghatározott számú látogatót fogadnak.

Az ember agyában megindul valamiféle misztikus gondolatáradat arról, hogy amit lát, az nem is a valóság, hanem csak érzéki csalódás, mert ilyen hatalmas építményt ember nem tud létrehozni. De mégis, az óriások ott állnak mozdulatlanul és fenségesen. Ott állnak évezredek, vagy ahogyan egyesek tudni vélik, talán az idő kezdete óta. Hogyan került az a rengeteg kőtömb oda, hogy hegynyi méretű halmokká váljon? Olyan óriásokká, amelyeket az idő vasfoga és az ember mohósága, kapzsi-

9

sága sem tudott teljesen lerombolni mind a mai napig. Az építés módja még most is titok. Már az ókorban is igyekeztek valamilyen elfogadható építési megoldást kitalálni. Teljesen bizonyos megoldást mind a mai napig nem tudnak adni az építés elméletével foglalkozó tudósok és amatőrök, pedig már igen sok elképzelés született. Ki erre, ki arra a megoldásra teszi a voksát, és természetesen a mások ötleteit elfogadhatatlannak tartja. Már sokan „megfejtették" a piramisok titkát, és mindegyik megfejtő mást állít, tehát valamelyik nem a valóság ezek közül, de melyik a valóság? És mindig jönnek újabb és újabb, fantasztikusnál fantasztikusabb megfejtések.

A piramisok, mint minden, amit mások hoztak létre, sok emberben okozott rombolási kényszert is, de a gízai piramisokat teljesen lerombolni nem tudták, még vallási alapon sem. Pedig rombolni könnyebb, mint építeni, lásd a még ma is látható háborús rombolások nyomait a budapesti épületeken. Az emberek igen nagy igyekezettel, szorgalmasan próbálkoztak az óriások lerombolásával, megsemmisítésével is. A megszállók által már a történelem kezdetétől szokás a megszállt terület építményeinek a lerombolása, és az eredeti lakosság emlékeinek eltüntetése, átírása az új honfoglalók érdekeinek megfelelőre. A rombolás tényeit is ki-ki a saját beállítottságának érdekében írja meg vagy állítja be jó vagy rossz cselekedetnek. Általában, ami nekem jó, az a jó, más véleménye nem érdekel. De minden alkalommal a győztesnek van igaza. Jaj a legyőzöttnek! (Vae victis!) És a győztes igyekszik még a nyomát is eltakarítani a legyőzöttnek, hogy az általa meghódított területet birtokolja, és magát állítsa be a terület ősi jogosultjának. Egy nép múltját megszüntetjük, eltűnik a nép is. Ilyen tevékenység például az erdélyi Tászok hegytető 4000 évesnek becsült rovásírásos köveinek a szétrobbantása is. Így bizonyítható az ősi dák területi igény. Van egyáltalán olyan ember, aki beszélni tudja a dák nyelvet? És miért nem a dákok, hanem a legnagyobb ellenség, a rómaiak nyelve az uralkodó? És miért a románok őse Timur Lenk, Dzsingisz kán, Batu kán, a mongolok? (Ezt egy internetes oldalon találtam.) De így érthető a sok kegyetlenkedés!

Kik építették ezeket a hatalmas kőemlékeket? Még ezt a kérdést sem egyformán fogadják el, még ebben a dologban sincs teljes egyetértés. A régészet, amely tevékenységet tudományosnak mondunk, régi egyiptomi királyok tényleges vagy csak jelképes, kenotáf sírjainak tartja a piramisokat. Mások, akiket a régészek lenéző kifejezéssel amatőrnek tartanak, különféle elméleteket hangoztatva templomnak, vízözön előtti építménynek és emberi erővel kivitelezhetetlennek, a földönkívüliek alkotásának vélik mindezt. Aa piramisok viszont többé-kevésbé lerombolt állapotukban is léteznek, tehát valamilyen módon megépültek.

Ha turistabusz visz fel bennünket a piramisokhoz, hirtelen kapjuk a látványt. Érdemes gyalog felmenni a városi busz Mena House Oberion előkelő szálloda melletti végállomásától a gízai nagy piramisokhoz. A látvány, amint a lejtőn felfelé haladva lassan előtűnnek az óriások, olyan megdöbbentő, elemi érzésekkel telíti meg az ember szívét, hogy úgy érzi, el kell mondania másoknak is mindazt, amit tapasztalt, amit látott.

Tudjuk, hogy sok csodálatos építmény van a földön, bárhová nézünk, találkozunk valamelyikkel. Kínában a császár sírjában elhelyezett agyag hadsereg. Jordániában a sziklákba faragott város, Petra, ahol a sivatagi táj ellenére még a vízellátást is megoldották. Indiában egy darab sziklából faragott vagy sziklába vésett templomok. Afrikában, az etiópok területén Lalibella földbe vésett templomai. És még sok más. Az Indus völgyében lévő Mohendzso Daro és Harappa (i. e. 3000 körül) húszezres lélekszámú romvárosai. A két folyó, Tigris és Eufrátesz közében lévő ókori romok, az Anglia területén lévő Stonehenge és a tőle 35 kilométerre lévő Avebury kőkörei, majd az új világban, Amerikában lévő indián templom piramisok. Mindezek többé-kevésbé lerombolt állapotban láthatók, mivel az építők népe vagy kihalt mára, vagy más tájakra költöztek, és a megszállók, mint láthatjuk, mindig rombolnak. Már az indián és Nyugat-indiai szigetek elnevezés is téves, ugyanis Amerika felfedezői azt hitték, már Indiában vannak, ezért használták ezt az elnevezést, és ehhez ragaszkodnak a mai napig. Az Indus völgyében valószínű, hogy Mohendzso Daro volt a régebbi város, mert Harappában találtak olyan leleteket, amelyek Mohendzso Daróra utalnak, viszont harappai leleteket nem találtak Mohendzso Daróban. Meg kell jegyezni, hogy az indus-völgyi civilizáció építményei a tudomány szerint egyidősek vagy még öregebbek is, mint az első egyiptomi építmények. Az Indus-völgyiek égetett tégla épületeket készítettek, ismerték a derékszöget is, derékszögben építették a házakat és utcákat. Állítólag még ma is jó állapotban lévő szennyvízelvezető csatornázást, víztárolókat is találtak. A tégláik olyan jó minőségben készültek, hogy a Lahore-ba vezető vasút építésekor a romváros tégláiból készítették a mai napig működő vasút alapozásának egy részét. A téglákat kibányászták a romokból, és összetörve aprókő zúzalékként használták fel. Ezek a tények azt bizonyítják, hogy ez a kultúra fejlettebb volt az ősi egyiptominál. Észre kell még vennünk, hogy a derékszögű építkezésük igazolja azt, mely szerint Pitagorasz derékszög meghatározásának tétele már a derékszög ismeretében csak jóval későbbi időben született meg – mint ahogyan később is élt i. e. 580–500 körül – azon okból, hogy általánosan egyszerű módszert, megoldást adjon az építőknek a derékszög kitűzéséhez, a matematika felhasználásával. Ez a pitagoraszi kitűzési megoldás olyan háromszög, amelynek az oldalai 3, 4, és 5 (vagy 6, 8, 10 stb.) egység hosszúságúak, bármilyen mérőeszközt használunk, ilyen méretű oldalhosszakkal pontos derékszöget kapunk.

Az Indus völgyében ismerték a kerekes szállítást is, erre utaló nyomokat tártak fel az utcákon. Az ebben az időben épült egyiptomi lakóházak égetetlen agyagtéglákból készültek, így azoknak csak az alapjait lehet megtalálni. Állítólag még a fáraó is agyagházban lakott, legalábbis a régebbi időben, csak a templomokat és emlékműveket, sírokat és a fürdésre szolgáló helyiségeket építették kőből. Egyiptomban állítólag csak a Hükszoszok támadásait követően, időszámításunk előtt 1700 után kezdték használni először a kereket mint harci szekeret, és csak harci cselekményekhez vagy díszfelvonulásokhoz.

A mai törökországi Van tó közelében találtak i. e. 4000 évesnek megállapított, a manapság ekhós szekérnek nevezett ala-

12

kú, agyagból kiégetett gyermekjátékot. Erdélyben, Erősd térségénél ez időből származó település romjaiban központi fűtésű lakóház maradványait találták meg. Persze ez a fűtés nem a ma használtnak a megfelelője, rézcsöves és radiátoros volt. A szintén erdélyi, tordosi agyagtábla írásjeleit elfogadhatóan a mai napig nem fejtették meg. Nap mint nap kerülnek elő, és talán vesznek el örökre a régmúltból származó emlékek. De talán a legcsodálatosabb, legmaradandóbb élményt mégis a piramisok látványa nyújtja. Az ókori világ hét csodájából, amelyet a görögök gyűjtöttek össze, és ezért majdnem mindegyik görög eredetű, ma már csak a piramisok maradtak meg, a régi nagyságuk múló fényében. A másik hatból, amelyek pedig évezreddel később épültek, már csak a romok nagyon kis része vagy az írásos emlékek maradtak a ma is élő emberek számára. Megsemmisült mind, Rodosz Kolosszusa, Halikarnasszosz Mauzóleuma, Szemiramisz Függőkertje, Alexandria világítótornya, Efezosz Artemisz-temploma és az Olimpia Zeusz szobra is. Ezeket a görögök írták össze, és majdnem mind görög érdekeltségű területen volt található. Csak a gízai, szakarrai és dahsuri piramisok láthatók mind a mai napig épebb állapotban. Ezek látványa olyan késztetést ad az ember fantáziájának, hogy úgy érzi, erről írni kell, ezt az élményt el kell mondani másoknak is, erről fényképeket, videofelvételt kell készíteni, hogy az élmény maradandóvá, újra felidézhetővé válhasson. Még a régi görögök leírásaiba is belefértek ezek az egyiptomi építmények, még ők is csodálták a hatalmas piramisokat.

Rengeteg írás született már a piramisokkal kapcsolatosan, de általában csak a Kairóval ma már összeépült település, Gíza mellett lévő három piramissal, az úgynevezett Nagy Piramisokkal foglalkoznak. Ezek közül is csak a legnagyobbat, a Kheopsz-piramist tartják fontosnak. Pedig még sok másik piramis is épült az ókorban, Egyiptom akkori területén. A három gízai óriás közül a második legnagyobb, Khefren piramisa csak három méterrel alacsonyabb, és mivel tizenegy méterrel magasabb területre épült, magasabbnak látszik a Nagy Piramisnál, de senkit sem érdekel, nem foglalkoznak vele. Ha egy fotót mutatunk valakinek a három kőhegyről, és megkérdezzük, melyik a Nagy Piramis, általában a középsőre, Khefren piramisára mutat a kérdezett, a kép csalóka volta miatt.

A Khufu fáraó apja, Sznofru által épített piramisokra is kevés figyelmet fordítanak, pedig azok együttes térfogata egyötödével nagyobb a Khufu által épített Nagy Piramis térfogatánál, és a gízai Menkaure piramisnál mindkettő külön-külön is nagyobb.

Úgy a templomok, mint a piramisok nagy részének az építtetője, amióta olvasható lett a hieroglif írás, ma már ismert a modern régészetnek köszönhetően. Igaz, nagyon kevés leletanyag maradt meg, amivel teljesen egyértelműen bizonyítani lehet a piramist építtető személyét, de vannak a mai tudós régészeknek köszönhetően szinte megdönthetetlen bizonyítékok is, legalábbis a régészek, egyiptológusok ezt állítják.

Egy élőlény, legyen növény vagy állat, netán ember, milliárdnyi magot termel életében a faj továbbélése biztosítására. Példa erre a sokakat kegyetlenül gyötrő parlagfű pollenáradata, amely már az egész országunkat meghódította. Még a szomszédjaink, az osztrákok és szlovákok is panaszkodnak ránk, habár az köztudott, hogy a fő szélirány nálunk északnyugati, tehát főleg felőlük fúj a szél. A magok közül a legtöbb nem talál termőtalajra és elpusztul. Főleg a nemesített magokra áll ez. A gyomnövények viszont sokkal életképesebbek, így megmaradnak a legrosszabb, legmostohább körülmények között is, szaporodnak, sokasodnak. Ilyen az irodalom területe is. Itt is a gyom szaporodik könnyebben, szinte kiirthatatlanul. Áll ez a piramisokra és sok más fantasztikumra, az ufóra és a krimi irodalomra is. Ráadásul az ember agya is beszűkül, sok esetben nem tud már másra koncentrálni, érzékennyé válni, elfogadni, csakis azt, amire az agya már beállt. Ezt én így tanultam, így olvastam, tehát ez így is van. Az először hallottak lényegesen befolyásolják a későbbi értelmezést, ez állítólag igaz a gyermekeknél és a tudatlan felnőtteknél is, a kezdeti tanítások meghatározó jelleggel bírnak. Nehéz a butaságokat kiverni az emberi agyból. Pedig ott van a kézzel fogható valóság, csak észre kell venni azt, ami észrevehető. Ha tudatosan állítunk valamit, amiről tudjuk, hogy az nem igaz, akkor is sok ember agyában megragad ez az állítás, néha kitörölhetetlenül. A politika él is vagy visszaél ezzel a ténnyel. Egyszer hazudok valamit, több ember elhiszi. Ha sokszor teszem ezt, nagyon sok ember elhiszi. Ha nagyon sokszor hazudom el, még én is elhiszem! Az igazság keresése igen nehéz feladat, még szakemberek számára is, mert az előzmények erősen befolyásolják a későbbi látásmódot. A nézőpont is erősen meghatározó az értelmezés szempontjából. Ha csak egy nézőpontot tartunk fontosnak vagy követünk, akkor nagyon valószínű a tévedés, csalás ténye. Ez még a törvénykezésre is igaz, ha csak az egyik felet hallgatjuk meg, csalunk.

A tévedések elkerülésére kijelentem, egy pillanatig sem állítom azt, hogy a piramisokban nincsen a számunkra titkos, manapság úgynevezett „kódolt" adat, sőt állítom, hogy van. Csak a kézzel fogható, sokakat félrevezető valótlanságok, sokszor ostobaságok ellen tiltakozom. Ezekből a továbbiakban jó példákat talál, aki hajlandó ezt az aránylag rövid írást elolvasni és átgondolni. Sajnos nagyon sokan írnak vagy akár előadást is tartanak olyan dolgokról, amelyeket nem láttak a maguk valóságában, és ha látták is azt, amiről írtak, nem úgy látták, ahogyan az valójában van. Nézni és látni nagyon sok esetben mást jelent. És a mások látásmódját nem lehet könnyen elfogadni. Bizonyítja ezt a bűvészek mutatványa is. Lényeges a nézőpont irányítása, mert ez meghatározó látásmódot ad. Ha csak erről nézem, ilyen, ha csak arról nézem, olyan. Sokan azért írnak valótlanságokat, mert elszaladt a fantáziájuk, vagy azért, mert „nagyot" akarnak mondani, hát a túlzások ösvényére lépnek, netalán szándékosan vezetik félre az olvasókat. Ezért azután nagyon sok olyan írás és előadás lát napvilágot, amely nem a valóságot mutatja be, hanem valamiféle torzszülöttet hoz a világra. Persze, ez nemcsak a piramisokkal kapcsolatosan igaz. Nem is lenne baj akkor, ha közli a jámbor olvasóval az írás elkövetője, hogy amit írt, az csakis az ő véleménye, de nem biztos, hogy ez a valóság. Sajnálatos, hogy sok esetben még úgynevezett tudós emberek is elkövetnek hasonló tévedéseket szándékosan, nemtörődömségből vagy csupán a tények rosszul ismerése miatt, netán csak az irigység az, ami vezeti az eszüket, amikor valótlanságokat állítanak. Tehát az irodalom néha olyan, mint a bűvészet. A bűvész ott dolgozik az ember szeme előtt, és mégis, a trükköt nem ismerő egészen mást lát, mint ami valójában történik, vagyis becsapják a nézőket. Sok esetben egy írásnak ez is a célja, megzavarni a gondolkodásra teremtett főket. A bűvész David Copperfield is ujjaira fűz két gumikarikát, amelyek azután látszólag csodásan áthatolnak egymáson. Ezt a valóság ismeretében, amelyhez az ügyes trükk megfigyelése vagy csak egy nagyon kis gondolkodás kell, bárki meg tudja tenni, akinek egy kis kézügyessége van. Ez az egyik legelemibb trükk, amelyet már különböző formában évezredek óta használnak a bűvészek, csepűrágók. Kis gondolkodással, odafigyeléssel egészen másként láthatjuk a bűvészek, írók és politikusok ténykedését és a piramisok létét.

Nyilvánvaló az, hogy aki a piramisokba zárva csak misztikus elemeket vélt eddig látni, ezután sem fogja belátni a valós tényeket, ahogyan a politikusok által hirdetett valótlanságokat sem látják be sokan, talán azért, mert az érdekük így kívánja. Érdekes módon sokan azok közül, akik ott álltak a Nagy Piramis mellett, látva a másfél méteres gránit alapköveket, nem figyelnek, minden kőelemet ilyen méretűnek vagy még nagyobbnak látnak, még akkor is, ha felmennek a bejárathoz, és ott csak csípőig érnek és mészkőből vannak. Az első benyomás nagyon meghatározó és a továbbiakat erősen befolyásoló lehet, amelyről nagyon nehéz letérni a helyes irányba. A kisgyermeket is az első évek élményei vezetik talán az egész későbbi életén át, ezért nagyon lényeges a kezdeti tudásanyagának irányítása. Az egyiptomi írásrendszer megfejtését a királyok neveinek felismerése segítette elő, amelyet kartusba, kötélgyűrűbe írtak.

Nem célom a piramisok vagy a Szfinx készítésének sokak által vitatott időpontját vizsgálni, csupán a nyilvánvalóan helytelen írásokkal foglalkozom. Az 1. ábra néhány királyi nevet, kartust mutat be. Ennek a három királynévnek állítólag nagy szerepe volt az egyiptomi írás megfejtésében.

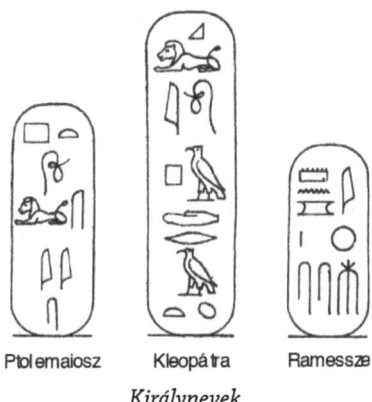

Ptolemaiosz   Kleopátra   Ramessze

Királynevek

A föld minden táján található piramis építmény, Kína területén állítólag mintegy kettőszázötven létezik. A nagy vezéreket minden területen nagy sírba temették. Mi lehetne időállóbb egy piramisnál? Ezt az építményt a legnehezebb összedönteni, ami látszik is az időtállóságukból. Pár képet kölcsönöztem más írásokból, ennek a lehetőségét ezúton is köszönöm! A piramisok méreteiből, mint akármi másból méterben, collban, vagy bármilyen mértékegységben lehet elméleteket kiemelni, vagy kigondolni. Ha ügyesek vagyunk, akár egy makk termésének súlyából meghatározhatjuk, mondjuk, az ókor pontos befejeződését vagy bármit, amit akarunk. Nem állítom, hogy nincsenek a piramisok méreteiben olyan értékek, amelyek valamilyen összefüggésben vannak valami mással, de az kissé kétséges, hogy az így meghatározott értékek ezred milliméteres pontosságú méreteket adjanak. Az írásom célja, hogy ne fogadjunk el rögtön semmiféle elméletet, még politikait sem, hanem gondoljuk át, akár többször is. Állítólag Julius Caesar mondta: *a politika minden eszköz felhasználása a hatalom megszerzésére.* Ma ezt így mondhatnánk: a politika minden erőt felhasznál, hogy az ellentábornak ne sikerüljön a terve. És az ellenség minden alkalommal buta, erőszakos, rabló tömeg, amelyet le kell győzni, meg kell ölni, mellesleg a javait elvenni. És ez így megy a történetírás szerint az idők kezdetétől mind a mai napig. Sokszor hallottam, hogy az országok vezetői nem áldozzák fel emberi életek ezreit a saját népükből bizonyos politikai célok elérésére. Vegyük példának a nagy Napóleont, aki szívfájdalom nélkül küldte a borogyinói ütközetbe katonáit, és még azt is számításba vette, hogy úgy negyvenezernyi lesz a halottainak a száma. Az is lényeges, hogy a saját területünkön lévő feszültséget vigyük át más országokba, ott történjen a rombolás. Meglehet, hogy az 1848-as szabadságharcunk kitörése is ilyen meggondolások eredménye volt. És az amerikai katonák idegenföldi harcai nem ilyenek? Megemlítek két dolgot, amit a Magyar TV-ben közöltek a nézőkkel. Sajnos a birkák mélyen hallgatnak. Az egyik: „A szent galleni kolostort a magyarok kirabolták", állította egy személy. Mivel ezt az írások igazolják, a kolostor népe tudott a magyarok érkezéséről és elmenekült, minden bizonnyal az összes mozgatható értéket magukkal vitték! Két írás ismert, az egyik Heribald baráttól, aki ottmaradt, és jól érezte magát a magyarok között. A másik Ekkehard rendfőnöktől, aki elmenekült, és írt a „rablásról", valószínűleg ő vitte el a mozgatható értékeket, és volt a rabló! Miért hagyta volna ott az aranyakat? Edd meg a csokit, és fogd a nyuszira!

A másik: „Kanizsai Dorottya nem azért ment ki a mohácsi csatatérre, hogy a halottakat eltemesse, hanem hogy kirabolja." A csata befejeződése után a győztesek igen nagy valószínűséggel mindent összeszedtek, ami értékes volt. Az írás szerint a nemes hölgy egyik rokonát kereste a halottak között, majd 400 jobbágyot fogadott fel a már bűzlő holttestek eltemetésére. A közölt valótlan állítások mégis tovább terjedtek, még tanult emberek által is. Talán ez is a cél, a népbutítás. Mint mondtam, a birkák hallgatnak.

Egyébként, ha nem vagyunk elfogultak, láthatjuk, hogy egy embercsoportból – földműves, kereskedő, irodai ember, politikus, orvos vagy bármilyen más csoportból – találomra kiválasztunk valamennyit, láthatjuk, hogy van közöttük kiemelkedő képességű, átlagos tudású és kissé tudatlan is. Az is lehetséges viszont, hogy egy kevésbé kiváló ember is alkothat kiemelkedő dolgokat. Az is megesik, hogy valaki egész élete során foglalkozik egy témával, és a lényeg mégis elkerüli a figyelmét. Nagyon valószínű, hogy olyan történelmet írni, amely a teljes valóságot adja, manapság már nem lehet, mert minden író valamilyen más írás, írások felhasználásával dolgozik. De melyik régebbi írás adja a valóságot? Minden író a saját népét és művét tartja igaznak. Ez az írás is más írásokat használ fel.

EGY ÉS MÁS A PIRAMISOKRÓL

A régi egyiptomiak és más népek értelmezésében a kelet az életet jelképezi. Az egyiptomiak szerint a Nílus keleti oldala az élet, ott jelenik meg, születik újra minden reggel az életet adó sugárzó test, a Nap. A nyugati oldalon pedig esténként lenyugszik, meghal, hogy a holtak sötét birodalmán áthaladva újra születhessen. Ezért azután a halottaikat is a folyó nyugati oldalán helyezték örök nyugalomra az ősi egyiptomiak, a hitüknek, vallásuknak megfelelően oda, ahol Aton, a Nap korongja is lenyugszik, eltűnik, meghal.

Kairó területén a keleti oldalon is láthatunk temetőket, de ezeket az arabok létesítették az időszámítás utáni 640 évet követő időktől, miután ekkor meghódították az egyiptomi birodalmat. Az arabok vallása egészen más, mint az ősi egyiptomiaké. Csak egy istenük van, Allah, akinek prófétája Mohamed. Igaz, a másvilágon mások is élnek, például hurik, akik majd tánccal kedveskednek és legyezni fogják az arra érdemesülteket. Az arabok már nem kötődnek a nap útjához, náluk a szent város, Mekka a meghatározó irány, erre kell fordulniuk az imáik mondása közben, ezért minden területen a földrajzi helynek megfelelően más-más irányba kell fordulniuk.

A régészeti ismeretek szerint az elsőként épült egyiptomi piramis Szakkara sírmezejében található. Ez az első piramis 109x121 méteres alapon 60 méter magas, hat – nem egyenlő méretű – lépcsősre épített, többször módosított építmény. (2. ábra)

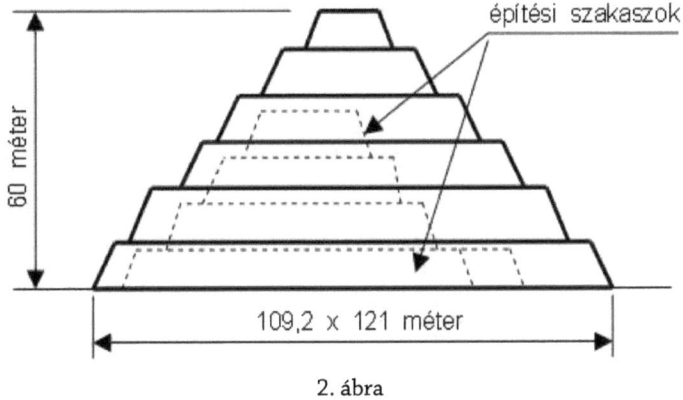

2. ábra

Ez a piramis épült legelőször, térfogata 700000 m³, a lépcsők nem egyforma magasak. A módosítások ténye egyszerűen megfigyelhető a burkolatától megfosztott építményt alkotó kövek közötti, a logikus építésnek ellentmondó falazati elrendezésnél. Határozottan látható, hogy a már részben felépült falazatra ráépítettek. Erről a piramisról egyértelműen megállapítható a régészek szerint, hogy a III. dinasztia egyik uralkodója, Dzsószer fáraó építtette i. e. 2650 körül. Ebbe a piramisba temettek, amit még a fantasztikumokat kergető piramidológusok nagy része is – kissé kényszeredetten – elismer. Még az építő neve is – Imhotep – fennmaradt, akit halála után istenként tiszteltek. Így istenülnek meg sok esetben ma is a vezérek és híres emberek. Ez az első piramisépítő, Imhotep, sokoldalú, nagy tudású ember, mondhatjuk, polihisztor volt. Értett a kövek megmunkálásához, az orvosláshoz és még a versek írásához is.

Bizonyított a feltárás során előkerült leletanyagokból, hogy temetkezés céljára építették a piramist, sőt még múmiadarabot is leltek a folyosó rendszerében. Ám ezek a nem szakszerű feltárás vagy idegen helyekre elhurcolás miatt elvesztek a tudomány számára, ahogyan rengeteg más feltárt anyag is. A feltárók nagyobb része inkább kincskereső volt, a részletekkel igen keveset törődött, azokat félre is rúgva ásta magát előre a vélt kincseskamra felé. De rendszerint már mindenütt megelőzték őket a régebbi sírrablók. A sírrablás talán egyidős a gazdagabb holtak eltemetésével.

DZSÓSZER PIRAMISÁNAK SÍRTERÜLETE

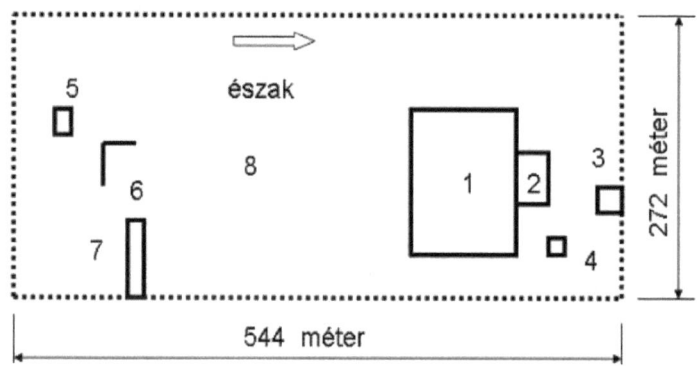

1 piramis, 2 halotti templom, 3 kápolna, 4 szerdáb, 5 déli sír, 6 kobrafríz, 7 előcsarnok, 8 udvar. Területe 14,8 hektárnyi.

3. ábra

Ezt a piramist magas kőfallal vették körül. Ez a fal az idő múlásával teljesen romos állapotúvá lett, részben úgy, hogy az építőköveket elhurcolták, és más építménybe beépítették, vagy másrészt csak a rombolási ösztön következményeként lettek romosak. Esetleg még földrengés is besegített a rombolásba. A fal egy része ma ismét felállítva látható. A falak meglepően simára munkáltak és egyszerű faragással díszítettek voltak, szemben más, akár sokkal későbbi építményeknél látható durvábban faragott kivitelezéssel.

A fallal határolt sírterület nagysága 272x544=147 968 m², vagyis 14,79 hektár, a piramis maga pedig 109x121=13 080 m² területű, ami 1,3 hektár. 1 hektár 10000 m², 1 kilométernégyzet pedig 100 hektár. A piramis 30-50 centiméter magasságú kőlapokból épült. A szertartási épületekkel ellátott területet határoló kőfal tíz méter magas. Ez alatt a piramis alatt egész sírrendszer épült a fáraó és a családja számára, az építmény alatt két szinten elrendezve meglehetősen sok folyosó és kamra található. Találtak ezekben két alabástrom koporsót és koporsó alapot, amely azt bizonyítja, hogy a királyi családot is ide temették. A befejezetlen kamrák némelyikéről nem tudni, hogy az építéskor vagy a kirabláskor készült. A „feltárásakor" ez a piramis is a már szinte üres volt, legalábbis az értékesebb dolgok hiányoztak. A rablók által készített falbontások ténye több helyen egyértelműen látható. A piramis nemesebb mészkőből készült burkolattal volt fedve, ennek némi maradványa ma is látható, a többit lebontották és felhasználták más, újabb építményekhez. Sok finomabb mészkő anyag került újabb felhasználásra mint építőanyag, vagy égetett mész formájában mint talajjavító anyag. Ezt a romboló megoldást a föld minden táján megtaláljuk, így a régi óbudai épületekbe rengeteg követ építettek be a római amfiteátrumok anyagából. Ezek a kövek ma már az épületek lerombolásával a hányókra kerültek, így örökre elvesztek. Lát-hatunk más újrafelhasználást ma is, a temetkezési kőfaragóknál a régi, lebontott sírok megfelelő köveinek letisztítása, átfaragása és újraértékesítése formájában.

Az udvaron a piramis északi oldalán van egy szerdáb fülke, szoborkamra, amelyben a fáraó ülő szobra van elhelyezve. Ma a helyszínen csak másolat látható, az eredeti Kairó múzeumában van. Ezen a fülkén két kör alakú nyílás van, ezen át lehetett a halott fáraóval beszélgetni, és talán a fáraó is itt tekinthetett ki a népére. (3. ábra) Erről a piramisról ma is jól megállapítható, hogy először csak sírhalomnak, úgynevezett masztabának épült, és építés közben kétszer is módosították, amíg a mai formáját elnyerte. A masztaba kialakításának vonalai jól láthatók. Mivel a masztaba bizonyíthatóan sír volt, nyilvánvalóan annak a kibővítése is az, amit a talált leletek is bizonyítanak.

Az építmény alatt 26 méterre egy akna található, amelyben szarkofág nem fért volna el, csak egy múmiakoporsó. A szarkofág kifejezést keverik sokan a múmiakoporsó fogalmával, a kettő nem ugyanaz. A szarkofág nagyobb és általában kőből készült, ládaszerű edény, ebbe helyezték a kisebbet, a koporsót, amely fából, fémből, néha kőből készült. Néha nem is volt koporsó, csak beburkolták a halottat. Megemlítem példának Napóleon vörös, márvány szarkofágját a Párizsi Invalidusok templomában vagy Nemes Károly király és Leonóra királyné szarkofágját a spanyolországi Pamplona székesegyházában. De minden valamirevaló templomban és altemplomban található szarkofág, az oda eltemetett hírességekkel.

A masztaba arab szó, jelentése pad, az arabok házai előtti, padszerű ülő alkalmatosságra utalva, amelyre a napi munka után esténként kiülve, vízipipáikat szíva elbeszélgettek az ott lakók. (4. ábra)

MASZTABA ELRENDEZÉSI VÁZLATA

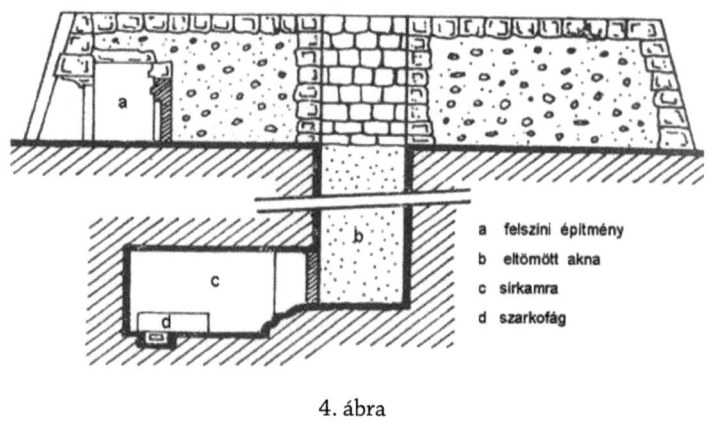

4. ábra

A piramis udvarának másik oldalánál, a kobrafríznek nevezett fal maradványa közelében egy rejtélyes akna – a piramissal folyosó köti össze – van, amely néhány régész szerint a belső részeket

24

tartalmazhatta, ugyanis mumifikálás során eltávolították a májat, beleket, lépet és veséket, majd a helyüket sokszor fűrészporral töltötték ki, hogy a test alakja ne változzon. A szívet, szerintük a test irányítóját, bent hagyták a múmiában. A belső részeket négy kanopusz edényben tárolták. Ez ember alakú, fedéllel ellátott edény, amelyben a halott belső szerveit a tetemtől külön tárolva temették el. Eltávolították a koponyából az agyvelőt is, de ezt nem őrizték meg. Valószínűleg nem is ismerték annak szerepét, pedig az agy a mai tudásunk szerint a szervezetünk irányítója. Érdekes, hogy a nagy tudással rendelkező egyiptomi papok állítólag nem ismerték az agy szerepét. Ezt nem szabad elfelejteni, mert sokat mond az ismeretek akkori valóságáról.

A Dzsószer lépcsős piramisa alatti bonyolult folyosó rendszert keverik sokan a Nagy Piramis alatti labirintusról szóló szövegükkel, és a falakkal határolt, 15 hektárnyi építési területet Khufu fáraó temetkezésének alapterületével. Dzsószer piramisa alatti két szinten mintegy harminc fülke, illetve kamra található, nem úgy a Nagy Piramisban, ahol csak egy föld alatti és három föld feletti helyiséget tártak fel a mai napig. Megtalálták Dzsószer fáraó kenotáf, vagyis szimbolikus sírját is Abüdosz területén, azon a szent helyen, ahová Oziriszt temették a hitrege szerint. Ez egy téglából épített masztaba, amelyet megtalálásakor erődítménynek hittek. Tíz méter magas és száz méter hosszú építmény, amelyben 18 helyiség található. Állítólag Dzsószer nevéhez köthető az a sziklába vésett szöveg, amelyet *éhség sztélé* néven ismerünk, és a Nílusban lévő Szehel szigeten található. Ez az írás állítólag a ptolemaioszi időkben készült, és leírja azt a történetet, amikor hét éven át szárazság volt, és ez nagy éhínséget okozott, amely csak akkor múlott el, amikor a fáraó Khum istenhez, a katarakt, a vízesés istenéhez fohászkodott. Lehet, hogy ez a Bibliában szereplő hét szűk esztendő, és abból is vették a történetet. Sokak szerint a zsidóság kivonulása II. Ramszesz fáraó korában történt, ezért ez a történeti leírás így időbeli kétséget ébreszthet. Kérdés még az is, hogy miért csak a ptolemaioszi időben készítették ezt a sztélét, miért nem rögzítették már akkor, amikor megtörtént, ha megtörtént.

Az egyiptomiak vallásosak voltak, hittek a túlvilági életben. Igaz, ennek elnyerésére bonyolult szertartásokon kellett tenni az előírtakat, sok mindent és mindenkit fel kellett ismerni, és megmondani azok nevét, akikkel a túlvilági vándorlása során találkozott az elhalt, hogy egyre tovább juthasson az örök élet elnyerése felé. A meghaltak talán nem is egyenlő eséllyel indultak a túlvilági útra, mint például egy gazdag fáraó vagy egy szegény, tudatlan földműves. A fáraónak nyilván sokkal nagyobb esélye volt a megigazulásra, akár csak manapság is egy főrangú személynek, hiszen a szentté avatás, nagy síremlék szinte csakis papi, főpapi, főrangú és királyi személyeknek jár. A magas rangú személyek minden időben kiváltságokat élveztek, élveznek és élvezni fognak a néppel szemben, függetlenül attól, hogy milyen államformában élnek, és a nép jótevői vagy kizsákmányolói voltak életükben. Az általuk elkövetett törvénytelenségek ma is védettek, titkosítva vannak, tetteikért nem felelnek. Egy milliós nagyságrendű csalási ügyletet vizsgálnak, nyomoznak annak feltárására, majd szigorúan büntetnek, ám a banki milliárdos hiányokat pár hét után kifizetik a nép pénzéből, ugyanis az államnak csak az állampolgároktól beszedett adóból vagy az állampolgárok közös vagyonának eladásából – amely tranzakcióról meg sem kérdezik az állampolgárok véleményét – van mit kifizetni. Az a gazda, amelyik eladja a termelőeszközeit, nagyon ostoba, vagy valami más van a háttérben, mert ezután teljesen kiszolgáltatottá válik a termelése. Egy gondos gazda nem eladja a birtokát, hanem igyekszik azt gyarapítani, növelni. Egy milliós kis rabló dolgait nyilván még tíz év után is büntetik, de a milliárdos nagyságú ügyek már pár év után elévülteknek tekinthetők, nem büntethetők. A parkolási díjat öt évig visszamenőleg be lehetett hajtani, az eredeti érték sokszorosával. A nagy ügyek és csalások már három év alatt elévülnek. Miért? Mert a törvényeket így alkották meg, akik megalkották. És kik alkották meg? Az államok vezetőit általában nem vonják felelősségre, bármilyen hibát vétettek is. Tönkretehetik országukat, mégis államfői fizetést kapnak életük végéig, börtön helyett.

Az ember hívő lélek. A mai emberek is hinni szeretnének valamiben, amint az elődeik is hittek, az utódaik is hinni fognak, ki ebben, ki abban. Ez adja meg a létbiztonságunkat. Az emberek nagy része elvesztette az istenhit adta megnyugtató érzést, áttért az izmusokban – a szocializmus, kommunizmus, anarchizmus, terrorizmus – való hitre. De az izmusokban is csalódniuk kellett, így azután sokan itt maradtak ingatagon, támasz nélkül. Kellene valamiféle új kapaszkodó, amiben hinni lehet. Mi a hit? Igaznak elfogadni egy számunkra nem bizonyítható eredményű állítást.

Hinni akarnak, tehát elhiszik – sőt nagy hangon hirdetik, vallják és másokra is kötelezőnek tartják – az olyan dolgokat is, amelynek a valóságáról nincsenek meggyőződve. Új istenek is kialakulnak, manapság a legfőbb isten és vezér a pénz, ami mellett minden eltörpül. Egy időben nálunk is Sztálin volt az isten. Hírlett, hogy az egyszeri vajúdó párttitkárné a szülése kezdetén így imádkozott: „Sztálin, segíts", de amikor nagyon erős lett a fájdalma, átváltott a „Jaj, Istenemre".

Sokan feltétel nélkül hisznek az ufók, a földönkívüliek közlekedési eszközének létezésében, anélkül, hogy láttak volna egyet is. Majd sokan már a földönkívülieket nevezik ufónak. Ufók építették, mondják. Tulajdonképpen az igazi vallás, az mindegy, hogy istenhit, valamilyen izmus vagy más, misztifikált dolog, mindegyik egy elvont, nem bizonyítható elvet vall, és aki nem ért egyet, az ellenség. És rendszerint a vakhitük, vallásuk jegyében követnek el borzalmas tetteket más emberek vagy az egész emberiség ellen. A hit biztonságot ad, és kell a biztonság. A hívő emberek, mint a birkacsorda, vakon mennek a vezér után, nem gondolkozva azon, hová is mennek. A vezérek pedig általában erkölcsi érzék nélkül, a teljes egoizmusuk, önmegvalósításuk vágyával a tömegek kisákmányolására törekszenek, anyagi és szellemi vonalon egyaránt. És minden vezető nagyobb szeretne lenni, mint az elődje, akár a parancsnoksága alatt lévő emberek élete árán is. Ami kicsiben bűn, nagyban dicsőség is lehet, a győztes dicsősége. Az embertömegek pedig csak az orruk hegyéig látnak, néha odáig sem, ezért terelhetők bármilyen cél

27

felé. Erkölcsösen élni csak a népnek kötelező, a „nagy emberek" tetteinek elbírálása más mértékegység szerint történik. Napóleont, aki egész Európát háborúkba sodorta, tízezreket küldve halálba, mégsem büntették halállal, sőt, dicsőnek tartják, főleg a franciák. Más gyilkos tettet elkövetőt halálra ítélnek, a pillanatnyi érdek szerint. Pedig Napóleon tudatosan küldte meghalni a katonáit.

Egy kisember betér a kocsmába, máris részeges hírbe kerül. A nagyembernek az is dicsőség, ha a szállodai vacsorája után még egy borosüveget tesz a zsebébe, amikor felmegy a szobájába.

Jó példa az erkölcsös életvitelre François Villon egyik versrészlete Mészöly fordításában, nem pedig egy átiratban. Mellesleg ezt a versikét manapság is nagyon sokszor használhatnánk. Amikor Nagy Sándor elé vezettek egy elfogott kalózt, Sándor megkérdezte tőle: Mondd, miért vagy te a tengerek kalóza? A kalóz felelete:

„Király, miért nyílik a szád e sértő szóra,
Mert nem telik csupán egyetlen hajóra,
S a jósszerencsét azon lesem.
Ármádiád enyém volna,
Császár lenne tán a nevem"

Vagyis az általunk felállított törvények fedezete alatt lehet országokat kirabolni, de aki az általunk így uralt értékeket szintén rablással elveszi tőlünk, az kalóz, rabló, terrorista. Aki a mi oldalunkon követ el gyilkosságokat orvul az ellentáborban, az nemzeti hős, partizán, aki ellenünk teszi ugyanezt, az gyilkos terrorista. Azt az őslakost, aki harcol az elrabolt földjéért, meg kell ölni családostól, mert ellenségünk, és halott ellenség nem követel. És a történelem igazolja, hogy így is tették és teszik.

Az emberek meglehetősen nagy része úgy tekint a piramisokra, de főleg a Nagy Piramisra – a Kairó melletti legnagyobb piramisépítményre, amelyet Hérodotosz és a tudomány időszámítás előtt 2700 körül élt Khufu, görög néven Kheopsz fáraó sírépítményének tart –, mint csodára. Rengeteg információt vél-

28

nek kiolvasni az óriás méreteiből. De ha figyelmesebben nézzük meg ezeket az „információkat", szemünkbe kell tűnni annak a ténynek, hogy sokszor egymásnak ellentmondó vagy egymásból következő állítások tömegével van dolgunk, netán teljesen valótlan ez az állítás, amint azt a későbbiekben látni fogjuk.

A piramisokról, főleg a Nagy Piramisról számtalan valós, vagy képzelt dolgot, esetleg csak a fantázia szüleményét írták már meg az azzal foglalkozó tudósok és amatőrök. Ezeket az amatőröket a „tanult" tudósok gúnyosan, az amatőrök meg magukat dicsérve úgy nevezik, hogy: piramidológus.

A tudósok zöme, akiket a piramidológusok vaskalaposoknak neveznek, nem fogadja el, és nem is hajlandó elolvasni a piramidológusok által leírtakat. Sőt igen erős ellenszenvvel viseltetnek az ilyen írások elkövetőivel szemben, csúfolódva piramid-idiótáknak nevezik általában őket. A tudó-soknak más a meglátása ezekkel a monumentális építményekkel kapcsolatban. Így azután két táborra szakadt a piramisok létének elméletével foglalkozók tömege. Valóságos vallásháború alakult ki – szerencsére csak papíron – a piramidológusok és a tudósok között. Ki ezt hiszi, ki azt, de mindenki hisz valamiben, aminek nem tudja bizonyítani a valóságát. Valakinek nincs igaza a két tábor közül, meglehet, mindkét oldalon tévednek valamiben.

A piramisokban is, amint minden más feltárásnál, általában kincseket kerestek a feltárók. Az első igazi piramidológus, aki nemcsak kincset keresett, az angol csillagász, Carl Piazzi Smith volt, róla még lesz szó. Manapság már nagy merészen az is piramidológusnak mondja magát, aki elolvas egy ilyen irányzatú könyvet, esetleg annak csak egy-két oldalát, vagy egy újságcikket. Így osztódással történik a piramidológusok szaporodása. Így születnek a piramidológusok. Rengetegen állítják magukról nagy büszkén, hogy bizony ők piramidológusok.

De mitől lesz tudós egy tudós? Azért, mert elvégzett egy felsőfokú iskolát vagy ledoktorált? Talán azért, mert volt szerencséje pont arra a székre ülni? Találkoztam vörösdiplomás emberrel, aki minden vizsgáját jelesre tette le, de egy gimnáziumi érettségivel rendelkező másik embernél nem tett többet az éle-

29

tében. Sokak szerint voltak, talán még most is vannak olyan emberek, akiknek nem volt kötelező a vizsgájukon személyesen megjelenni. Elég volt, ha valaki, például talán a gépkocsivezetője, bevitte a leckekönyvét a tanszékre, ott beírták a jeles eredményt. Sőt sok esetben a diplomamunkáját is más készítette el helyette. Sok mese keringett már a vásárolt diplomamunkáról is. Ez olyan, mint a vásárolt nemesi rang, csak olcsóbb. A való életben sokszor egy gyengébb bizonyítvánnyal vizsgázó jobb eredménnyel dolgozik, mint a jeles tanuló. Vizsgázni is tudni kell, no és sokszor a szerencse, és főleg a kivétel is közrejátszik! A tudomány is állandóan fejlődik, módosul. A régen igaznak elfogadott tudományos meghatározások bizony változnak, finomodnak. A tudomány egy végső teljes felismerés felé tart – idegen szóval mondva konvergál –, de azt talán soha nem éri el. Mindig újabb részekkel módosul, és mindig az utolsó elméletet tartjuk igaznak, éterelmélet, vákuumelmélet, buborékelmélet, húrelmélet stb. A tudás úgy közelíti meg a valóságot, mint ahogyan országunk „konvergál a demokrácia" felé. És a tudomány határai egyre inkább kitolódnak. A tudósok is emberek, akiknek a figyelme nem terjedhet ki mindenre. Kijelentik, hogy az eszközhasználó állatok csoportja bővült, mert például egyes, legutóbb megfigyelt majmok követ, dorongot használnak a magok feltörésére. Nem veszik azonban észre, hogy az orangután egy farúddal méri meg a víz mélységét, amelyen át akar kelni. Hogy a keresztes pók hálót sző úgy, hogy a szabálytalan térbe egy szabályos rendszert épít. Aki látta már a pók által készített háló szerkezetét, abban fel kell, hogy merüljön a kérdés, hogyan tud egy pici lény ilyen szabályos szerkezetet építeni pár óra alatt. Hogyan osztja fel a teret úgy, hogy a munkája eredménye szabályos? A fő tartószálak elkészítéséhez át kellett másznia a kiválasztott terület egyik fájáról a tőle távolabb lévő fára úgy, hogy a szálat átvezesse, de az ne ragadjon bele a mászása közben semmibe, majd a fellazult szálat ki kellett feszíteni és rögzíteni, mintegy terv szerint. Ezt a feladatot még az ember is csak mérőeszközzel tudná elkészíteni. A bólás pók még forgatja is a ragadós cseppben végződő rovarfogó fonalát, a gladiátorpók dobóhálót készít. A halászember dobóhálója eszköz, a pók dobóhálója nem? Nemcsak egy sasfajta emeli a magasba a számára értékes velős csontot, hogy sziklára ejtve összetörje, ezt némelyik, talán értelmesebb varjú vagy szajkó is megteszi a számára ízletes dióval, amikor az úttestre ejti le, majd gyorsan újra felkapja azt. Csak mindezt észre kell vennünk. És mindegyik állat tud magának megfelelő házat, otthont készíteni. Mi, emberek úgy mondjuk, ösztönösen, a génjeikbe van táplálva ez a tudás. Biztos, hogy ösztönösen? A bodobács bogarak egyéniségek, mondta egy tudós, mert mind másként viselkedik. Én kisgyermek koromban megállapítottam ezt, amikor például valamilyen bogarak közé dugtam az ujjamat, és láttam, hogy az egyik bogár gyáva, és elmenekül, a másik pedig az ujjamra mászik megnézni, mi az, netán meg is próbálta, hogy ehető-e. Tudós vajon egy ember, aki egy életen át dolgozik a szakmájában, de semmi érdemlegeset nem tud felmutatni? És ki az, aki elbírálja az érdemlegesség kritériumát? Maguk a tudósok. A magukat tudósnak nevezők sem mondanak sokszor igazat, talán azért, hogy más ne juthasson az ő tudásanyagukhoz, vagy pedig csak el akarnak titkolni valamit az emberiség elől. Ilyen nem valós közlés volt a csernobili atomreaktor robbanása alkalmával a hivatalos híradásban állított félrevezető vagy csak megnyugtatásra szánt dolog, hogy:

„A robbanás okozta sugárzás növekedése nálunk Magyarországon olyan kicsi, hogy annak mérése okoz problémát, a műszerekkel alig kimutatható a változás".

Csak jóval később tudódott ki, hogy az egyik legszennyezettebb terület Magyarország volt. De még a mai napig sokan vitatják, tagadják a sugárzások értékét. Egyesek szerint nálunk több mint 400-szorosára növekedett a káros sugárzás, pedig az eredeti érték is mérhető volt. Egy egyszerű Geiger-Müller sugárzásmérő készülék már egy égetett kőedény, egy égetett tégla által keltett sugárzásra is reagál, azt is jelzi. Kérdés, hogy milyen céllal, kinek érdekében történt a közvélemény fenti tájékoztatása vagy félretájékoztatása? Hány rákos, fehérvérűségben szenvedő ember „köszönheti" ennek a balesetnek a betegségét, és kit terhel a felelősség?

Butaságokat is lehet hallani olykor úgynevezett tudós emberektől. Egy régebbi rádiós előadásban egy, a tudományokkal magasabb szinten foglalkozó, úgynevezett tudós ember végső megállapítása az volt, hogy ha majd a földi energiák mind elfogynak, akkor az emberiség ki fog költözni a világűrbe, meghódítani, gyarmatosítani azt. Milyen energiával fogják elhagyni a drága anyaföldet, hiszen pár ember Holdra juttatásához is az üzemanyag sok száz tonnájára van szükség? Ennek a hajtóanyagnak, ami általában cseppfolyós oxigén és hidrogén, nagy része elvész, mert kívül kerül a Föld vonzásán, így a Földünk készlete is egyre fogy. Meglehet, egy hatalmas csúzlit készítenek majd a kilövéshez, és azt a földön maradó halálraítéltek fogják meghúzni, de így csak kevesen tudnak majd megmenekülni a földi haláltól. Azok pedig, akik kijutottak, a belterjes szaporodás miatt fognak kipusztulni, amint az egyes népcsoportoknál látható is. Vagy pedig kitalálnak egy új, hatalmas energiát, akkor meg nem kell költözni.

Egyébként majdnem minden tudós a világűr meghódításáról, annak gyarmatosításáról beszél, de a Földünkre látogató úgynevezett ufonautákat jóindulatú, rajtunk segíteni akaró élőlényeknek tartja. Pedig a földi élet igencsak agresszív. Nem is lehet más, hisz az élet életet öl a léte fenntartásához. Az emberek pedig a legjobb bizonyítékot adják erre, amikor a hatalmas vagyonnal rendelkezők a legkisebb részvét nélkül veszik el a nincstelenek parányi javait is, hogy vagyonukat növeljék.

Hogyan lehet egy ember, vagy ország nagyon gazdag? Úgy, hogy trükkel vagy erőszakkal, jóval áron alul vagy ingyen megszerzi, elrabolja mások javait, azokét, akiknek nincs meg a túléléshez szükséges tartalékuk, így a megélhetésüket csak az eladással tudják biztosítani. Az üzletet megkötők pedig általában jutalékszázalékot – sikerdíjat – kapnak a megkötött üzlet után, természetesen a saját zsebükre. Tehát lényeges, hogy a munka minél drágábban készüljön, mert így a jutalék is nagyobb lesz. Mivel ez a tény az egész ismert emberi történelemre igaz, igen nagy a valószínűsége annak, hogy az egész univerzumra érvényes ez az erőszak, amely arra irányul, hogy más rendszereket, úgymond, leigázzon. És mindig a győztesnek van igaza, amint azt napjainkban is láthatjuk. (No, látod, hogy igazam van! Mindezt felismerhetted volna verés nélkül is!) Azt mondják, hogy az ember a legfejlettebb lény, uralkodik az összes élőlény felett, sőt meg is eszi azokat. A „fejletlen" mikrobák még az embereket is elfogyasztják. A legfejlettebb lény a legbutább módon kiválogatja a legegészségesebb, legerősebb tagjait, majd elküldi háborúba őket egymás lemészárolására, megnyomorítására, mialatt az otthon maradt selejt szaporodik. Amint a dal is mondja, mind elvitték a legények elejét. Állandóan nyersanyaghiányról panaszkodik a tudomány és a sajtó, de a nehezen kibányászott nyersanyag feldolgozott millió tonnáit tudatosan süllyeszti a tengerek fenekére. Az ilyen ténykedésre mindig akad valami magyarázat is. Például az, hogy az újrafeldolgozás nagyon drága lenne, ezért elsüllyesztik a kiselejtezett hajót. A vadászok is a vadállomány beteg egyedeinek az elpusztítására hivatkoznak, és dicsekedve mutatják be a legszebb elejtett állatok trófeáit: ezt én lőttem.

Azok az emberek, akik a Hold, Mars felderítéséről írnak, ezeknek, sőt az egész univerzumnak a gyarmatosítását teszik meg célnak. A gyarmatosítás, mint önkényes megszállás, az ott élő őslakók engedélye nélkül, sőt, azok kiirtásával történt, azok javainak eltulajdonítása és saját célra való felhasználása végett. Mondják, évente több állatfaj is kihal a földön, ez érvényes az emberfajtákra is. Nem is olyan távoli múltban kiirtották Amerika őslakóit, egyes népcsoportok teljes pusztulásával. Miért lenne ez másképpen egy másik életrendszerben, egy másik galaktikai rendszerben, mondjuk például az ufonauták esetében? A mai tudósok szerint az ember meg fogja hódítani, gyarmatosítani fogja a Marsot, ott oxigént és vizet fog előállítani, növényeket ültet. Ahol élünk, a földünkön pedig, hatalmas igyekezettel teszi ennek az ellenkezőjét. Az energiaárak egyre nagyobb haszonnal járó emelése, az őserdők „ingyen fa" kitermelése, az erdők leállíthatatlan kiirtásához vezet. A földi élet miért gonosz, amikor a Biblia szerint Isten a saját képére és hasonlatosságára teremtette az embert? És már a második generáció is embert ölt? Káin állítólagos testvérgyilkossága öröklődött át az emberiségre? És ki írta le ezt a történetet? Ez a mese keletkezhetett úgy is, hogy egy birkatenyésztő népcsoport ráhajtotta a nyáját egy földművelő csoport földjére, miáltal összevesztek és legyilkolták egymást.

A gyarmat, az őslakók leigázása, kiirtása egyenlő a leigázók jólétével, lásd példaként Amerikát, ahol még 150 évvel ezelőtt az őslakos indiánoktól elvették a földet, és ha ez nem tetszett nekik, akkor halomra ölték őket mint vadembereket. Vagy az elhurcolt afrikaiakat rabszolgaként tartották. Állítólag a skalpolást a fehér telepesek vezették be – de biztos, hogy használták –, mert fizettek az indiánok megöléséért, ezt pedig, az áldozat fejbőrével igazolta a gyilkos. Több helyen még mind a mai napig rezervátumban élnek a megmaradt őslakók. Ez is egy népirtás, genocídium, amelyre még ma is büszkén emlékeznek a telepesek utódai, lásd a sok vadnyugati „hőskort" bemutató filmet, ahol az őslakó indiánok a gyilkosok, rablók. Az első Colt fegyvert állítólag 1853-ban készítették, jól működött.

Úgy látszik, hogy egy nép területi elhelyezkedése is lényeges a gazdagodásnál. A mongol pusztákon élőknek nem volt olyan lehetősége, mint a nagy tengerparttal rendelkező országoknak, hiszen a gyors hajókkal messzi földek javait lehetett hazaszállítani, és idegen földeket megszállni, gyarmatosítani. Így vándorolt az „inkák" aranya európai országok kincstárába vagy a tenger fenekére. A tundrai népek nem jutottak mások aranyához, alig fejlődnek.

Sok beszédnek sok az alja, tartja a magyar közmondás. Ez valóban igaz. Az is előfordulhat olykor, hogy egy falusi, kopott kiskakas is – egy önjelölt piramidológus – kikapirgálhat egy gyémánt félkrajcárost a szemétdombon. Legalábbis a mesében így van leírva. De az is lehet, hogy ezt a kiskakast egy nagyobb kakas – mint a mesében szintén írva van – elzavarja, és a kikapirgált gyémánt félkrajcárost azután a török szultán, a tudomány szerzi meg magának, azzal a felkiáltással, hogy azt ő kapirgálta ki. Ilyen például a Zeppelin grófnak tulajdonított találmány, a merev testű léghajó, amelyet egy zsidó származású magyar tüzelőanyag kereskedő, név szerint Schwarz Dávid talált fel 1897-ben.

34

Sokat próbálkozott a találmánya értékesítésével, de fenntartásai és makacssága miatt minden kísérlete sikertelen volt. Halála után a felesége adta el Zeppelin grófnak a találmányt, aki állítólag még a vásárlás díját sem fizette ki, mégis a mai napig Zeppelin grófot tartják a feltalálónak. Miért hagyjuk? A feltalálók gyakran elvesznek az ismeretlenségben. Néha talán azért, mert nem közlik megfelelő mértékben a felfedezésüket, mint Jedlik Ányos, az első dinamó megalkotója, vagy azt mások eltulajdonítják, őt pedig lekicsinylik. Állítólag Bolyai Farkas levelezett az akkori idők legelismertebb matematikusával, Gauss-szal. Megírta a fia, János gondolatmenetét is, mire azt a választ kapta, hogy ő, Gauss már régen ismeri ezt a gondolatmenetet, de nem érdemes vele foglalkozni. Talán irigység volt a válasz alapja.

És mitől lesz egy, a piramisokkal foglalkozó, nem képzett kiskakasból piramidológus? Mitől piramidológus valaki: mert elolvasott egy közkézen forgó újságcikket vagy egy „von Däniken" könyvet? Esetleg annak egy oldalát, sorát, gondolatát? Csupán azért, mert mások elméletét tovább boncolgatja úgy, hogy talán azt sem tudja, hogy mi a gránit és a bazalt közötti különbség? Mindkettő magmás eredetű, csak az egyik mélységi, a másik pedig eruptív vulkanikus kőzet. És mégis milyen mások. Vagy azt sem tudja, hogy mi a különbség egy négyzetes gúla és egy prizma között? Hogy a hasáb nem kocka? Pedig sok írásban olvashatunk ilyen jellegű tévedést, amikor is a Nagy Piramist gránitból felépített, netán egy kristály optikai prizmának, a köveket pedig csiszolt kőkockáknak írják. Sok ehhez hasonló, de ma már szinte elfogadott téves elnevezést használunk ma is. Ilyen például a kockás papír szóhasználat. Egy kocka nem sík felület, hanem test. És csakis hat egyenlő nagyságú négyzetes síkkal határolt test lehet kocka.

Rengeteg kiskakas – olykor még kapirgáláshoz sem értő – rúgja a port lázas szorgalommal ezen a hatalmasra felgyülemlett szemétdombon. A piramidológusnak is érdemes lenne elolvasni egy-két könyvet, amelyet a szakemberek írtak, és a piramisokkal foglalkozik, mielőtt állást foglalna valamiféle fantasztikus elmélet mellett. Ha másért nem, csak azért, hogy meg tudják cáfolni az ott lévő, a tudósok által leírt állításokat. Illik meghallgatni az ellenvéleményt is, hogy lehetőleg minél kisebb hibával tudjunk állást foglalni. Hallgassák meg a másik felet is, mondja a római jog. Ez a tudósokra és piramidológusokra egyaránt vonatkozik, bár mindkét fél ettől borzad a legjobban. Érdemes odafigyelni némely televíziós adásra is, mert igen sokat, jót lehet tanulni egyik-másik régészeti előadásból. Nem minden piramidológus ostoba ember, ahogyan nem minden tudós sem igazi tudós. Mert igaz, hogy a tudósnak mondott emberek is mondanak sok esetben könnyen belátható valótlanságot. Valamint, nem minden televíziós műsor, újsághír mond igazat akarva vagy akaratlanul.

Az is igaz, hogy a piramisokat, sírokat feltárók között kevés igazi egyiptológust találni. Inkább csak kalandorok, kincskeresők foglalkoztak a sírok, piramisok, épületek feltárásával vagy feldúlásával. Még a Szfinx sem volt kivétel: burkolatát lebontották, hosszú vasrúddal átverték a testét, majd lyukat vájtak a hátába, kincses kamrákat keresve. Ha megnézzük ezeket az „egyiptológusokat", akkor azt látjuk, hogy tábornok, hajóskapitány, lord, lelkész, utazó és más ilyes foglalkozású kutatókat találunk, akiknek Egyiptomban töltött évei száma is meglehetősen csekély. Képzett régész alig akad közöttük. John Graves csillagász, Fridrich Norden hajós-kapitány, Richard Pococke püspök, Gaspare Monge matematikus, Giovanni Battista Belzoni inkább kalandor, Giovanni Battista Caviglia utazó, Girolamo Segato utazó, Richard William Howard Vyse ezredes, John Shea Perring mérnök, Theodor Davis ügyvéd és így tovább. Az első, aki komolyabban foglalkozott a feltárásokkal, és „talán" nem csak kincset keresett, Auguste Mariette volt, megbecsüléseként szobra és sírja Kairóban, az Egyiptomi Művészetek Múzeumának kertjében áll.

Majd Flinders Petrie következett, akinek az asszisztense lett Howard Carter. Carter, úgymond, tudományos alapon a kartusokat, királyneveket vizsgálva következtette ki, hogy kell még egy fáraósírnak lenni a Királyok Völgyében, és ezen az alapon találta meg az ifjú fáraó, Tutanhamon sziklasírját. Igaz, még őt is meggyanúsítják némi kincs eltulajdonítással.

Gyakran kerül adásba a televízióban is különböző ismeretterjesztő műsorokban egyiptomiakkal foglalkozó adás, például ilyen műsorcímekkel: „Kik építették a piramisokat?", „Az ősi Egyiptom", „A Nílus völgye", „Egyiptomi hétköznapok" stb. Érdemes ezeket is megnézni, bár nem biztos, hogy minden szavuk igaz. Meg lehet tanulni ezekből a műsorokból azt, hogy nem elég csakis egy írást elolvasni, mert szinte naponta újabb eredménnyel bővül a tudásanyag. Sokszor az, ami tegnap igaz volt, ma már nem az. Plinius Gaius, az idősebb, aki a Vezúv kitörés idején vesztette életét, még azt írta, hogy nincsenek olyan településmaradványok, amelyek a piramisok az építőire jellemzők lennének. Ezt a szöveget még manapság is buzgón idézi sok, a piramisokról író személy, legyen az laikus vagy akár komolyabb tudós, aki nem veszi a fáradságot arra, hogy egy kicsit figyeljen a dolgok mai állására, és mások általi állításokat is, az új és még újabb régészeti eredményeket elolvassa. A sivatag homokja még mindig rengeteg ismeretanyagot takar el előlünk, amelyek néha csak véletlenül kerülnek napvilágra.

Ma már a Nagy Piramist építők településének maradványai, a piramisokat alkotó fő kőmennyiség bányájának helye is napvilága került a homok alól. A leleteket olyan szakemberek tárják fel, akik nemcsak egy olvasmány hátterével készültek fel, hanem évekig tartó tanulás és gyakorlat van a hátuk mögött. Minden bizonnyal az, aki olvasni tudja az egyiptomi írásokat, mégiscsak elfogadhatóbb állításokkal rendelkezik, mint az, aki elolvasta a von Däniken úr egyik könyvében leírtakat. Ezek a lelkes szakemberek feltárták a gízai piramismezőt és a munkások faluját elválasztó hatalmas, közel kilenc méter magas kőfalat, a lakóházak maradványait a pékműhelyekkel, a sörfőzőkkel és más, a csoportos élethez szükséges épületekkel és a munkások temetőjével. Megtalálták a munkavezető és felügyelő sírját, amit a sírban lévő leletek, feliratok teljesen egyértelműen bizonyítanak. Sőt, megleltek egy nagyobb területet a piramisok közelében, amelyik arra enged következtetni, hogy ez volt a piramist alkotó nem nemes anyag kőbányája.

Ne feledjük el, hogy mindenből van legnagyobb. A legnagyobb épület, fa, torony, tó, hegy, butaság vagy a világ legnagyobb tévedései, amelyek megjelentek az olcsó könyvek sorozatban is. Van legnagyobb ember, elefánt, épület, híd, folyó sőt beugratás is. Igaz, hogy néha a legnagyobb is lehet csak látszat – esetleg valaminek a felnagyítására, dicsekvésre –, mint például a moszkvai felhőkarcolók, amelyek csak egy hatalmas, lakatlan toronycsúcs miatt olyan magasak, szemben más felhőkarcolókkal, melyek szinte a legmagasabb szintjükig lakhatók.

Ha igaz az a megállapítás, hogy a tavaszi napéjegyenlőség alkalmával déli tizenkét órakor a Nagy Piramis északi oldalháromszögének a síkja a delelő Nap irányába mutat vagy mutatott az építés idejében, amikor is eltűnik a piramis árnyéka, úgy a „belekódolt π" – betűjele a görög ábécé π betűje – mint számérték máris adódó lehet, amely lehet tudatos megoldás is, de lehet csupán véletlen. De ez az egy adat rengeteg más vonzatot kapcsolhat össze.

Ez az irányítás az építés helyétől függ. Találni olyan írást is, amelyik ezt az árnyék-eltűnést a felkelő Nap esetére értelmezi. Könnyen belátható, hogy reggel minden árnyék meglehetősen hosszú, szinte végtelen a kis szögnek betudhatóan. A piramis északi háromszöge is eltakarja a napot a tavaszi napéjegyenlőség napjáig. Délben a legrövidebbek az árnyékok, és a tavaszi napéjegyenlőség után nincs délben árnyéka a piramisnak az újabb, őszi napéjegyenlőségig. A piramis leginkább elfogadott magassága 147,4 méter, ami sokak szerint a csillagászati egységgel vethető össze. Ez a csillagászati összevetés sok mindennel, így a magyar szent koronával is megtehető, sőt a Föld tengelyének ferdesége is bele van építve a koronába a tetején lévő kereszt ferdeségével, mondják többen, mivel a kereszt alatti zománc nem sérült! Legalábbis sokak véleménye szerint mindez kimutatható, és még sok más egyéb is, ha ügyesek vagyunk.

A földtengely precessziója miatt a Föld tengelyének iránya – és így a tavaszpont is – vándorol. Egy teljes kört 25800 év alatt tesz meg az égi mezőben, mint egy ingadozva pörgő búgócsiga, ezért a sarkcsillag sem állandóan mutatja a pontos északi irányt. Ha igaz az előbbi állítás, akkor visszaszámolható az építés időpontja, amikor is ez az állítás valóság volt, mert ma nem lehet igaz. 4700 év, nem is beszélve sokak által emlegetett 12000 éves korról, mint a piramisok építési ideje, már igen nagy eltérést kell, hogy adjon. Minden tárgyhoz, ábrához vagy bármi máshoz lehet találni és kötni valamiféle más dolgot, elképzelést vagy amit csak akarunk. A hullámmozgást például a sinusgörbéhez lehet kötni úgy, hogy azt mindenki által megérthetőn magyarázni, ábrázolni lehet. Bizonyos értelemben megfoghatóvá válik a megfoghatatlan.

De lehet olyan fantasztikus dolgot is boncolgatni, hogy ha például a hattyú csillagképet – természetesen megfelelő arányban és irányban – Washington városára illesztjük, minden fő csillag egy jelentős épületet, létesítményt, szobrot fed, előre tervezetten! Ha a Washingtonban lévő arlingtoni hősi temetőben lévő Washington-emlékmű magasságát megszorozzuk az Amerikai Egyesült Államok elnökeinek a számával, a fény sebességét kapjuk eredményül. Hogy hány elnököt kell a számításhoz használni, egyszerűen megkapjuk, ha megfelelő lépték használatával elosztjuk a fénysebességet az emlékmű magasságával.

Találhatunk más érdekességet is, amit érdemes végiggondolni. A ma még helyenként a pesti utcákat borító 8x8 centiméter méretű, díszítő kockakőben is találunk érdekes, elrejtett számokat, például a kör számításához szükséges, végtelen, nem szakaszos tizedes törtet, a π-t. Osszuk el a nyolc centimétert a sumérek által használt hüvelyk értékével, termé-szetesen ezt is át kell számítani centiméterre, vagy a 8 centimétert kell átszámítani a sumer mértékre, az eredmény ugyanaz lesz. Csak azonos mértékegységgel szabad dolgozni. A sumér hüvelyk értéke 25,4647 milliméter, vagyis 2,54647 centiméter.

8:2,54647=3,1416

A π valós értéke 3,141592654... stb. Láthatjuk, milyen pontos értéket kaptunk. Mivel a π végtelen, nem szakaszos szám, írhatnánk még sok-sok tizedes jegyet, de az általános számításokhoz felkerekítve, maximum 3,1415 értéket szokás használni. Tehát a kockakőben a π értéke három tizedes értékig pontosan, a negyedik tizedes pedig felkerekítetten megtalálható. Mást is találunk ebben a kockakőben. Ha a térfogatát köbdeciméterben vesszük, majd megszorozzuk a bazalt sokszor említett térfogatsúlyával – 2,8 kilogramm/deciméterköb – és osztjuk tízzel, akkor a Nagy Piramis magasságának értékét kapjuk méterben mérve.

(8x8x8x2,8):10=147,456

Ha ügyesek vagyunk, akkor még sok mást tudunk kiszámítani ennek e kockakőnek vagy bármi másnak a méreteiből. Azért egy kis csalafintaság is van a dologban, hiszen a sumér hüvelyket úgy kaptuk, hogy elosztottuk a 8 centimétert π-vel, a bazalt térfogatsúlya is téves. Természetesen ilyen csalafintasággal bármit ki tudunk mutatni, amit csak akarunk, és még annak az ellenkezőjét is, csak megfelelő méretet és elméletet kell választani. És most már csak hívőkre van szükség, hogy egy ostobaságot terjesszünk, és az terjed is, mint a gyom.

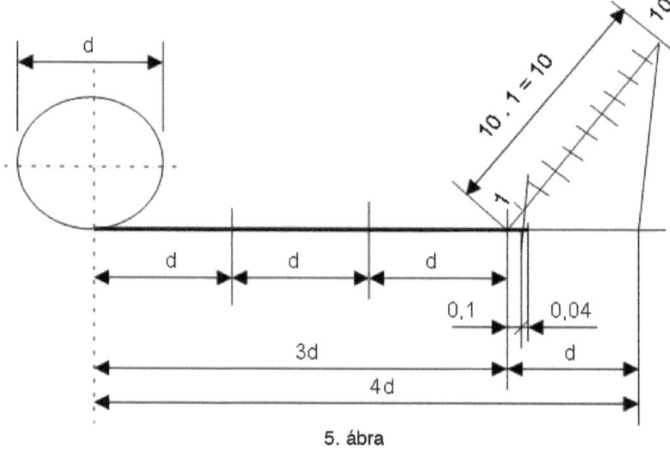

5. ábra

A π értékét egyébként igen egyszerűen meg lehet határozni két-három tizedes pontosságig. (5. ábra) Ha készítünk egy kört egységnyi átmérővel, akkor annak a kerülete éppen π hosszúságú lesz. Amint azt manapság tudjuk a körről, kerülete egyenlő az átmérőnek és π-nek a szorzatával.

$$k = d \times \pi$$

Húzunk egy egyenest. Erre felrajzoljuk a kör kerületének hosszát, majd ráfektetjük az átmérő egységnyi hosszát annyiszor, ahányszor maradéktalanul ráfér, ez lesz az egész szám értéke, a 3. Lesz még egy kis egyenes szakasz maradékunk. A harmadik lefektetett egység végpontjából meghosszabbítjuk az egyenesünket még egy átmérő, vagyis egység hosszal. Ezt az utolsó egységet tíz részre osztjuk úgy, hogy a kezdő pontjára tetszőleges ferde egyenest rajzolunk, és erre tetszőleges méretű, de egyenlő szakaszt mérünk fel tízszer. A meghosszabbítás és ferde egyenesek végpontjait összekötjük egy egyenessel. Ha ezzel az egyenessel párhuzamosokat rajzolunk az osztások végpontjaiból az egységnyi meghosszabbításra, akkor azt pontosan tíz egyenlő szakaszra osztottuk. Az első tizedes értékét (0,1) máris leolvashatjuk pontosan, amíg az maradéktalanul kitölti az osztásokat. Most is marad egy vonalszakaszunk a kerület hosszából, amelyből becsléssel meghatározhatjuk a következő tizedes értékét, vagy ha tudjuk, tovább oszthatjuk ezt a maradékot az előbb vázolt módon tíz egyenlő részre, és megkapjuk a következő, a század pontos értékét. Mivel a π végtelen, nem szakaszos tizedes tört, teljesen pontos értéket nem érhetünk el, de a gyakorlatban általában elég négy tizedes is. Ha pontosítani akarunk, és az ábránk megfelelően nagy, az előzőben vázolt tíz részre osztást ismét elvégezzük, ekkor a következő tört értékét, az ezred értékét tudjuk pontosan leolvasni. Ha pontosan tudunk szerkeszteni, és a maradék szakaszokat hibátlanul felnagyítjuk, akkor a további tört értékeket pontosíthatjuk.

Ezt a feladatot tetszőleges átmérőhosszal elvégezhetjük és pontos értéket kapunk, csak a kiértékelés lesz nehezebb annál, mintha egységnyi hosszal dolgoznánk.

Ha a szerkesztésünket gondosan végeztük, a π jó megközelítését kapjuk eredményül. Lehet bármilyen mértékegységgel dolgozni, de nagyon fontos az, hogy a kör kerületét pontosan kell lemérni. Ha egyméteres egységgel dolgozunk, akkor annak tizedrészén – deciméter – megkapjuk az első tizedes pontos értékét. A következő tizedes értékét – centiméter – pedig a deciméteres szakasz tízes osztásával kapjuk meg. Ha egy kötéllel mérjük a kör kerületét, akkor a kötél átmérője hozzáadódik az átmérő méretéhez, így az átmérő egyenesre felmérésekor ezt, a kötél átmérővel növelt értéket kell használni. Most vegyük a legegyszerűbb megoldást. Csak egy mérőszalag segítségével is meghatározható a π számunkra szükséges értéke. Ehhez csak egy pontos mérőszalag szükséges, amelyen valamilyen egység (például a méter) négyszer ismétlődik. Az utolsó egységet tíz egyenlő részre osztjuk (deciméter), majd ezekből a második osztást további tíz részre osztjuk (centiméter). Készítünk egy hengert a pontos egység felhasználásával, azon egy hossztengely irányú jelet rögzítünk, most már csak egy pontos mérési feladat a 3,14 leolvasására. Ezt akár az ókorban is elvégezhették.

A színeket lehet egy egyenlő oldalú háromszöghöz kötni, ezt hívjuk színháromszögnek. A háromszög csúcsaihoz rendelhetjük az alapszíneket, a vöröset, a kéket és a sárgát. Nem a háromszög a színek valódi helye, csak igen jól mutatható be a színek egymáshoz való viszonya, és keverésükkel elérhető más színek, a kiegészítő színek is bemutathatók egy újabb egyenlő oldalú háromszög megrajzolásával, amelynek csúcsai az előző háromszög oldalfelezőiben vannak.

A kiegészítő színeket az előző, alapszínek keverésével lehet megalkotni. A sárga és kék szín adja a zöld színt, a vörös és sárga a narancsszínt, a vörös és kék pedig a barna színt. Ezt a keverést természetesen tovább lehet folytatni az így kapott színekkel, de ha minden szín benne van a keverésben, úgy az a fehér színt adja.

SZÍNHÁROMSZÖGEK

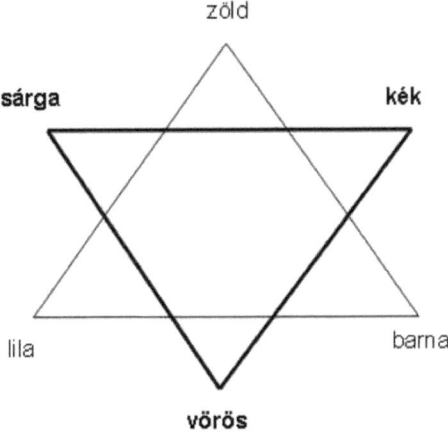

A vastag vonal a fő, a vékony a mellékszínek helye
6. ábra

Mindenki látott már szivárványt, ahol a színek nem háromszögön, hanem egymás mellett helyezkednek el. Az alapszínek és kiegészítő színek háromszöggel való ábrázolása érdekes módon a „Dávid-csillag" ábráját adja (6. ábra) Csodálkozom azon, hogy ezt még senki nem vette észre a fantáziadús írók közül, hiszen egy remek témát lehetne belőle rittyenteni. A hatágú csillag már a sumer leletekben is megtalálható, már ők is ismerték. Nagyon sok ismeret volt már a régi emberek birtokában is, ami később elfelejtődött, majd ismét kitalálta vagy megtalálta egy későbbi kor embere. Azután használhatta is a saját céljaira jó vagy rossz értelemben.

A jó fogalma is kétélű, mert ami nekem jó, az a másiknak nagyon rossz is lehet. Jól élni általában csak mások kárára lehet. Például az árjaelmélet felhasználása, régi jelképek újra felhasználása, az amerikai, afrikai földrészek megszállása, az ott élő őslakosok kizsákmányolása, kiirtása a megszállóknak jó, de másnak, például az őslakóknak nagyon rossz. Az igazság fogalma is emberi érdekű. Nincs mindenki által elfogadott igazság. Általában igaznak tartjuk, ami számunkra kedvező, mások jóléte nem érdekel.

43

A következőkben látni fogunk az utóbbi évek közkézen forgó irodalmi és ponyvairodalmi kiadványaiból pár valótlan állítást, természetesen a teljesség igénye nélkül, hiszen nap, mint nap jelennek meg ilyen írások újságcikkben, könyvben, videón, filmen és már az interneten is. Ezekben a leírók általában idézik valamelyik előttük író állításait, saját szavaikkal előadva, még nagyobb szarvashibákká alakítva azokat. Így sikerül azután néha-néha kapitális bakot is lőni. Sajnos a témához nem értő, „hinni akaró" olvasókat, akik nem néznek és számolnak utána a leközölt adatoknak, az így előadottak teljesen tévútra vezetik.

Manapság a könyv- és folyóirat kiadás, valamint a rádió, televízió és internet, a számítógépes hálózat útján annyi új és fantasztikus vagy csak annak látszó dologgal találja szembe magát az ember, hogy azoknak az elolvasása is művészet, nem beszélve megértésükről, merthogy azok nem mindig egyértelműek. Sajnos nagyon sok esetben nyilvánvaló tévedésekkel, szinte ostobaságokkal van dolgunk, mégis sokan idéznek belőlük „alapigazságokat". Például az NTT (Nulladik Típusú Találkozások) 1992. júliusi számában szerepel a következő:

„A Nagy Piramis 10 méter élhosszúságú kőkockákból van felépítve".

Hihetnénk, hogy eltévesztette a mértékegységet az írás elkövetője, 10 decimétert akart írni, vagy a szedő követte el ezt a bizony hatalmas elírást. De ez nem véletlenül íródott így, hiszen a továbbiakban az író részletezi, hogy ez egy „1000 köbméteres, három-négyezer tonnás kődarab".

Azt is megemlíti az előzőeket leíró – amint azt általában sokan elfogadott értéknek tartanak –, hogy kétmillió kőkockából épült a Nagy Piramis. Ez pedig az ezer köbméteres kődarabok esetén kettő milliárd köbméter lenne a valós kétmillió-hétszázezer köbméterrel szemben. De ki figyel oda? A gúla térfogatának számítása: alapterület szorozva a magassággal és osztva hárommal.

Ez a nagymértékű tévedés hétszáznegyvenszer nagyobb köbtartalmat ad, mint a valódi érték, és nem tűnt fel a lap kiadójának, lektorának és még sok-sok olvasónak sem. Pedig ez a tévedés a legnagyobb jóindulat mellett is szinte kiüti az ember szemét. A későbbiekben még újra elővesszük ezt az írást, mert további valótlanságokkal folytatódik. Valószínűleg nem volt túl jó eredménye matematikából az írónak és az azt észrevételező helyesbítőnek sem. Sokan dicsekszenek, még a mindennapjainkban szem előtt lévő emberek is, kijelentve: „utálom a matematikát", és butaságokat mondanak. Pedig a Nagy Piramis magasságának és a beépített kövek számának az általánosan elfogadott magasságát is lehet ellenőrizni egy egyszerű számítás elvégzésével. Nem is kell a szorzás és osztás műveleténél nagyobb matematikai tudással rendelkezni, ezt igazolja az 7. ábra körülbelüli értékhalmaza.

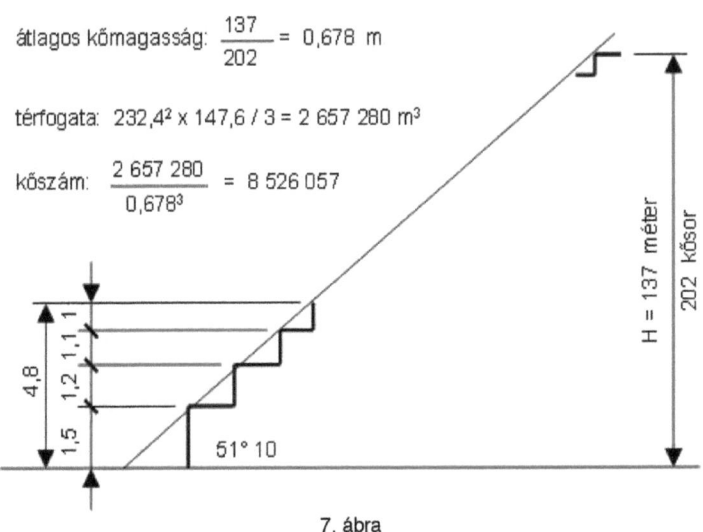

7. ábra

Az, aki egy hamis állítással találkozik, és mert nem járatos a témában, elhiszi azt, sokszor tévútra kerül, és az ilyen tévútról igen nehéz a jó irányba visszatérni. A tudat alatt ott marad az olvasott téma, és vissza-visszajön időnként, mint egy roszsz szellem. Addig motoszkál az ember fejében, amíg kitörül-

45

hetetlenné válik. Így működik a „nagy" népvezérek hangzatos szónoklata is, akik akár az egész világra igényt tartottak. Lásd akár Nagy Sándor, Napóleon, Hitler, Sztálin esetében is. Csak azt kell meggyőzően hirdetni, hogy néktek azért rossz, mert amazoknak jó, ők veszik el tőletek a jólétet, és egy nép megy a vezére után irtani más népeket. A vezérek lelkiismeret-furdalás nélkül áldozzák fel a népüket is. (Napóleon borogyinói csatája.) Állítólag Churchill is feláldozta Cowentry várost, mivel tudott a németek bombázási szándékáról, de nem vezényelt semmiféle védelmet oda. Olyan dolog volt ez a hadügy részéről, mint sakkban a gyalogáldozat? Azt mondják, az angol hadügy nem akarta, hogy a németek megtudják, ismerik a rejtjelezésüket. Van, aki azt állítja, hogy az 1956-os ellenforradalom, forradalom, szabadságharc, népfelkelés – ki-ki a beállítottsága szerint mondja – szintén gyalogáldozat volt, a megszállók itt tartására. Meglehet, hogy így volt. Egyesek szerint a Műszaki Egyetem aulájában 22-én este szövegezett pontok szerkesztésében katonatiszt is részt vett. Persze civil ruhába öltözve. Huszadikán az akkor még szovjet határon harckocsioszlopokat láttak átkelni, a segítséget később kérte az államvezetésünk. Rengeteg fegyver került igen rövid idő alatt a „lázadók" kezébe. És így tovább. El lehet gondolkodni rajta.

A nép, ha összegyűlik – elnézést kérek, de nézzük meg egy labdarúgó mérkőzés közönségét –, szinte nem ember, hanem csorda, amelyet ügyesen lehet terelni bármilyen útra, célra, még gyilkolni is. Ki merné azt állítani – sokan merik –, hogy őt nem tévesztették meg szép szónoklatok az életében egyszer sem? Miért követték és követik manapság is a vezéreket olyan sokan, még az úgynevezett értelmes emberek is, ha tudják, hogy a vezér nem mond igazat? Pénzért, hatalomért? És ha valaki tudja, hogy az, amit követ, nem jó, és mégis követi, az hitvány, talpnyaló gazember, aki így sok más embernek okoz kárt, talán még halált is. (Bűnösök közt cinkos, aki néma!) Sok ember hivatkozik arra, hogy ő csak azért lépett be valamilyen pártba, mert másképpen nem juthatott volna jobb megélhetéshez, és nem azért, mert egyetértett a pártja elveivel. Ez az elvtelen ember olyan, mint a kerékpáros, fent kapaszkodik, lent tapos. És hányan voltak, vannak ilyen kerékpárosok. Ezeknél még a vakhitűek is különbek. Az, aki azzal dicsekszik, hogy megszökött a harctérről, nem biztos, hogy dicső tettet vitt végbe, talán a bajtársai halálát idézte így elő, ami, bizony, nem egy dicsőséges tett. A világon a leggyalázatosabb találmány a többpártrendszer. A pártok tagjait össze lehet ugrasztani akár a gyilkolásig is, közben azok nem látják vagy nem akarják látni, hogy csak szegény rabszolgák, és a hasznot mások zsebelik be. És a pártok még fizetést is kapnak az államtól a gyűlöletszításhoz. Oszd meg és uralkodj! Rabszolgák: helóta, rabszolga, plebejus, jobbágy, muzsik, proletár, munkásosztály, nép. Rabszolgák mindig lesznek, még a kommunista dal szerint is. Főleg, ha a magyar mondatszerkesztést vizsgáljuk. Miről beszélünk? A rabszolgákról.

Rabszolgahad, indulj velünk!
A Föld fog sarkából kidőlni:
Semmik vagyunk, és minden leszünk.

Közkedvelt a Földön lévő titokzatos vagy csak annak látszó dolgokkal, történetekkel, építményekkel foglalkozni. Sajnos sokan, akik a jelzett témával irodalmi szinten foglalkoznak, a régi vagy csak régebbi írásokra hivatkoznak anélkül, hogy „eredeti" nyelven olvasták volna azokat. Így gyakran angol nyelvű kiadvány németre fordított változatának magyar fordítását olvassák. Igen könnyű belátni azt is, hogy a nem szakfordítók gyenge nyelvtudással, a saját szókincsükkel dolgozva és egy szótárral már készíthetnek fordítást, de nem biztos, hogy az valójában jó is, mert sok esetben nem azt írják le, amit olvastak.
A fordítás ferdítés is, mondta Kosztolányi Dezső. A többszörös fordítás, például franciából angolra, majd németre és végül magyarra nagyon nagy fordítási ferdítés is lehet. Arról nem is beszélve, hogy az ősi írások nem jelölték a magánhangzókat, így azokat a saját nézetünknek megfelelően behelyettesítve megváltozhat egy szó értelme, ami viszont az egész mondat értelmét is elferdíti. A piramisokkal foglalkozók az írásuk alapját

képező más írásnak általában nem az egész eredeti szövegét olvassák és írják újra, hanem kiragadnak egy, a számukra kedvező rövid részletet, akár csak egy mondatot valamiféle írásból. Márpedig egy szövegrész, sőt csak egy írásjel elhagyása is igen erősen megváltoztathatja a szöveg értelmét. Ki ne ismerne csak az írásjelek elhagyása miatt kétértelmű szövegeket, amelyek értelme az elválasztó vesszők helyének megfelelően az ellenkezőjét jelenti, mint például a jól ismert szöveg:
A királynőt megölni nem kell félnetek jó lesz ha mindenki egyetért én nem ellenzem.

Az elválasztó vesszők elhelyezésével az egyik értelme tiltó lehet:
A királynőt megölni nem kell, félnetek jó lesz, ha mindenki egyetért, én nem, ellenzem.

Az elválasztó vesszők másik féle elrendezésével pedig jóváhagyó:
A királynőt megölni nem kell félnetek, jó lesz, ha mindenki egyetért, én nem ellenzem.

Amint a példából látható, igen kis eltérés nagyon nagy változást okozhat. Az említett írások, előadások elkövetői idéznek valamiféle előző írásból, amelyből tetszőlegesen választanak ki egy szakaszt az adott témájuknak megfelelően. Idézetüket igyekeznek más szavakkal leírni, mint ahogyan azt olvasták, talán azért is, hogy ne nagyon tűnjön fel az ollózás, vagy az idegen nyelven írt szavakat a saját maguk értelmezése szerint fordítják.
Ha jól meggondoljuk, akkor Gershwin „Kék rapszódiája" a *Rhapsody in blue*, akár „Rapszódia bánatban" is lehetne, mert a blue egyik értelme szomorúságot fejez ki. Az *in* = ban, ben, tehát inkább *Rapszódia kékben*. (Yellow Submarine = sárga tengeralattjáró, Red Bull = vörös bika, Rocky Mountains = sziklás hegység, White House = Fehér Ház. Nincs bennük in, és elöl van a szín!) A néger rabszolgák, majd a felszabadítottak is, esténként kiültek a házaik elé és bánatos dalaikat, a bluesokat énekelték New Orleans utcáin. A Kék rapszódia indítása ilyen szomorú hangulatú dallamokra épült, és hasonlít a „Porgy és Bess"

48

című opera nyáridő nevű áriájának indító dallamára is. A Porgy és Bess pedig nem éppen vígopera. Kékben vagyok, mondja állítólag a bánatos angol.

Vagy egy másik regénycím, „Go with the wind" (más változatok szerint „Gone with the wind) magyar fordítása „Elfújta a szél". Ez így, magyarul írva befejezett múlt idő. Tehát a magyar cím múlt idejű, erőszakos történés. Az angol szavak értelme szerint pedig, go = menni/megy, with = val/vel, wind = szél. Vagyis: megy/ment a széllel. Ez nem erőszak! Saját akaratából tette, amit tett. Az elfújta viszont múlt idejű erőszakos cselekedet, nem tehetett róla, vitte a szél. (A menni ige három angol főalakja jelen, múlt és múlt idejű melléknévi igenév go, went, gone. Elfújta angolul: blow away.)

Így azután lehet a Nagy Piramis sír, vízözön előtti építmény, Nimród király vagy Daluka királynő, vagy akár a földönkívüliek által épített is, attól függően, kinek milyen írását boncolgatjuk, és ki miben hisz.

Nagyon sokan azt vallják, hogy a vízözön előtt épült, a tudás és más értékek megőrzésére. Mi lehetett a ma is működő szellőzőcsatornák szerepe, hisz azon a legmagasabb hegyeket is elöntő vízözön vize elöntötte volna az egész piramisbelsőt. A piramis kövei között alig volt hézag, amint azt Hérodotosz is megírta, hogy egy tű sem fér a kövek közé, de a víz molekulái még ennél is jóval kisebbek. A vízmolekulák könnyedén átszivárogtak volna a réseken. A vízözön állítólag 140 napig tartott, és magasabb volt a legmagasabb hegynél is, így bőven lett volna idő az építmény elárasztására az odarejtett tudásanyaggal együtt. És mivel a vízözön előtt nem volt szivárvány, a felhőtakaró teljesen beborította az eget, nem láthatták a csillagképeket, így nem tájolhattak az Orion csillagai szerint, pedig sokan ezt tartják valóságnak. És, ha az Orion szerint tájoltak, a Piramis nem épülhetett a vízözön előtt.

Ragasztóanyagról egyetlen régi írás sem tesz említést, csak az arab íróknál jelenik meg először, mégis manapság sokan említik meg azok, akik csak az arab írást vagy ennek a fordítását olvasták, hogy légmentesen, ragasztóanyaggal vannak a kövek

49

összeillesztve, öt milliméter hézaggal. Hogy miért éppen ezt az írást hiszik el, mikor az nem ellenőrizhető, mivel a piramis burkolata már évszázadok óta hiányzik? Khefren piramisának a csúcsán megmaradt burkolati elemek ellenőrizhetően nem így vannak építve. És ha a királyi tetemet és halotti ajándékot nem lelték meg a Khufu piramisban, csak a gránit szarkofágot, egyesek szavával ládát, ezért nem sír volt, hanem csak raktár, az ott raktározott anyagot miért nem találták meg? E gondolkodási forma szerint, ha nincs holttest, akkor nem lehet sír, de ha nincs elraktározott anyag, akkor bizony raktár sem lehetett. Francesco Suriano 1524-ben szentföldi értekezésében ezt írta Kheopsz piramisáról:

„Gyémánt alakú, akár a Noé bárkája, és teljes egészében sziklával borították be, ami, habarcs nem lévén közte, mesteri munkára vall".

Ugye, ez a szöveg is kissé butuska! Gyémánt alakú! Végighallgattam egy előadást, amelyben a kínai beavatástól a maya-magyar rokonságon, a hit, remény, szereteten át a számmisztikáig, a Bibliától az Atlantiszig, a „Fáklyás Szűz" megöletéséig minden szerepelt a Nagy Piramisba kódolva vagy abból kiolvasva. Hátranézve láttam a hívők áhítatos arcát, sőt a könnyes szemeket is. Megdöbbentő volt ez a látvány. Az előadó egy vázlatos, felülnézeti „piramis" – egy négyzet az átlóival – sarkaihoz ilyen szavakat írt, mint a hit, remény, szeretet, béke.

De hiszen minden összetartozó fogalom négy szavát oda lehet írni, még azt a gyermek mondókát is, hogy: kávé, tea, cukor, rum és a csúcsához azt, hogy bumm. Meg még sok mást is lehet a piramisból vagy bármiből kiolvasni, csak találni kell a témához illő fogalmakat.

Egy a hallgatók közül az előadás utáni beszélgetésen erősen állította – gondolom, a mai napig így is hiszi –, hogy lézerrel bemérték a Nagy Piramis pontos méreteit. Ami igaz, az igaz. Lézerrel igen pontosan lehet mérni, ha van mit. A Piramis burkolókövei már évszázadok óta hiányzanak, így a pontos mérés csakis feltételezés lehet. Lézer segítségével igen pontosan lehet például egy épület méreteit meghatározni, de az ott van. Ha nincs semmi, csak a semmit mérhetjük, és az szintén semmi. Ebbe minden belefér. Egy be nem teljesült szerelemben is ott van a lehetősége, hogy ez lett volna a legjobb, a legszebb, a legboldogabb.

Már régebben is hallottam egy előadáson, hogy a mayák és magyarok rokonok, mert csak el kell hagyni a magyar szóból a **g** és **r** betűket, és máris itt van a kívánt rokonság: a MAYA. Azt is szokás mondani, hogy ez a maya nem a Dél-Amerikában élt maya nép nevével azonos. De hát ezen az alapon a lengyel nép is rokonunk, hiszen számos magyar szó lengyelül is ugyanazt jelenti. Például a széna lengyelül szína, az uborka uborka, cseresznye cseresnye, a vihar vihura stb. Csak az egymástól eltávolodott testvéreink ma már egy kicsit selypítve beszélik az igaz magyart. Találhatunk akár az indonézeknél vagy talán a buzutó kaffereknél (finneknél) is magyarhoz hasonló szavakat. Egyébként a népek keveredése a szavak keveredése is.

Egy régebbi író azt állította, hogy még az első emberpár is magyar volt. Igazolásképpen olyan „zseniális" bizonyítékot tárt elő, hogy mivel a zsidó írást jobbról bal felé kell olvasni, olvassuk hát visszafelé Jákob nevét is, akkor azt kapjuk, hogy Bokáj, ezzel még arra is utalva, hogy Ézsau született elsőnek, és az ikerpárja, Jákob fogta a bokáját, amint azt a Biblia is közli velünk. (Ráth Vég István: A könyv komédiája). Hogy Ézsau, valamint a többi zsidó szó, amely a Bibliában szerepel, miért nem ad értelmes magyar szót visszafelé olvasva, azt elfelejtette az elmélet kiagyalója megmagyarázni.

Láthatóan sok nép eredetmítoszában szerepel, hogy Isten megteremtette őket, és nekik adta a Földet minden növényével, állatával és egyéb javaival együtt. Így van ez az afrikai maszájokkal is, akik állítólag a világ minden állatának tulajdonosai, ezen az alapon bármelyik más törzs állatait elvehetik, mert az is az övék, az Isten nekik adta azokat is. Ezt állítólag manapság is megteszik. Nemcsak ők, hanem még a mai modernnek mondott nemzetek is élnek ilyen feltételezett joggal. Lehet, hogy az istenek is rasszisták? Természetesen ilyen elmélettel akár vissza is lehet élni és elrabolni – mint ahogyan a maszájok teszik

51

is – a mások által nagy nehezen összegyűjtött javakat. Az emberek bizony ezt is gyakran megteszik, ki erőszakkal, ki ügyeskedéssel. Így lehet gazdagodni. Gazdagság egyenlő: másoktól elvenni, a saját munkát felértékelni. A piramisokat az ufók építették, írják, vallják többen is. Pedig az ufonautákra, az ufók utasaira gondolhatnak. Ezek az emberek – és egyre többen vannak – egyenlőséget tesznek egy repülő objektum és azok utasai között. Mintha a vonaton utazókat tartanák vonatnak. Így változhat egy szó értelme évek alatt, nem beszélve az évezredekről. A mai ifjúság tujázik, ha villamoson vagy trolibuszon utazik. A tujázás a háború utáni időkben kialakult kifejezés volt. Azt jelentette, hogy a villamos hátulján, a *tuján*, a lépcsőn kapaszkodva utazott az, aki nem akart vagy nem tudott jegyet venni az utazásához. (Jössz tujázni vagy gyalog mész?) Ha az akkortájt még alkalmazott jegykezelő kérte a jegyet vagy annak árát, a potyautas egyszerűen leugrott a mozgó járműről. A hátuljáról leugorva kisebb volt az esélye a gázolásnak. Abban az időben még nem voltak túl gyorsak a villamosok, és az autóforgalom kicsi volt, így a baleset lehetősége is nagyon csekély volt. Alig múlott el pár tíz év, a szavak értelme átváltozott. Mennyit változhatott az ősi írások szavainak értelme évezredek és fordítások, átértelmezések során? Főleg olyan nyelvekre érvényes ez, amelyek nem használtak magánhangzót. Nemrégen a televízióban egy rabbitól értesültem arról, hogy Mózes nem a Vörös-tengeren ment át, hanem a nádason. Ugyanis szerinte rossz magánhangzót illesztettek a szövegbe az azt értelmezők. Igaza lehet, mert a Vörös-tenger háromszáz kilométernyi szélességű, és a közepén egy kilométer mélységű. Rendben van, de akkor hogyan csapott össze a tenger a fáraó és serege felett? Komoly dolgokat nem szabad elnagyolva, nem átgondolva mondani és írni, mert az félreértéseket szül. Úgy kell dolgoznunk, ahogyan József Attilától azt megtanultuk:

„csak pontosan, szépen, ahogy
a csillag megy az égen, ugy érdemes".

Ilyen félreérthető példával bír a sokak által olvasott könyv, amelyet Erich von Däniken Hartwing Hausdorf közreműködésével írt. Címe: A FEHÉR PIRAMIS. Ennek a könyvnek igen sok pontatlansága, fordítási vagy fogalmazási hibája van, amelyek miatt félreérthető a szöveg. Ilyen például a következő mondat a 109. oldalon:

„Jóllehet a felszabadító Kínai Néphadsereg már 1950-ben bevonult Tibetbe, a tibetiek még évekig lázongtak a kínaiak ellen, míg 1959-ben azután végleg leverték őket".

Ilyenek a rosszul sikerült fordítások – amelyekkel tele van az irodalom –, kétértelműek, félreérthetők. Aki ismeri a valós történelmet, az tudja, hogy nem felszabadítás történt, hanem megszállás, annektálás, és azt is, hogy ki vert le kiket, mert a mondat így írva nem egyértelmű. A fenti mondat helyes magyar értelmezése szerint akik ellen lázongtak, azokat verték le, tehát a kínaiakat. Hiányzik az alany, például: míg *a kínaiak* 1959-ben...

Nyilván a lektornak, aki a fordítást átolvasta, nem tűnt fel a mondat és még sok másik mondat értelemzavaró volta. Lehet az is, hogy még az előző rendszer politikai irányzata szerint gondolkodott, a megszállást felszabadításnak látta. Vagy nem is olvasta el a fordítást, nem volt rá ideje, vagy nem is volt lektor. Így változhat egy rosszul leírt szöveg értelme, sokszor az ellenkezőjére is.

Ne feledjük, a lektor nem cenzor! A cenzor tilt, kényszerít, a lektor hibát, helytelen értelmezést javít. Az annektálás finom kifejezése – ha így mondom, nem is olyan goromba dolog – egy gyengébb állam területi megszállásnak, és a saját területhez csatolásának. A nagyhatalmak minden korban élnek is ezzel a lehetőséggel. Minden ilyen eljárás esetében az erősebb csoport valamilyen indoklást ad, például, hogy „veszélyezteti államunk létét". És irtják az őslakos indiánokat, Ausztrália bennszülötteit, Afrika fekete bőrű őslakosságát, Új-Zéland őslakóit, a maorikat vagy amit éppen aktuális irtani. Azután a bemutatásra kerülő filmekben vad, gyilkos csőcseléknek ábrázolják az embereket,

53

akiktől elvették a létük alapját, a földjüket, lásd a vadnyugati filmeket. Általában egy nemzet gazdagsága, nagysága, múzeumaik kincse attól is függ, hány győztes csatát vívott más nemzetek ellen, hány évig tartott gyarmati elnyomásban más népeket. És azután a rablott javakkal gazdagodva, erősödve diktálhat más népeknek „igazságot", amint azt az Egyesült Államok teszi ma is. Amerikában százötven évvel ezelőtt úgy vadásztak az őslakó indiánokra – maradékuk egy része a mai napig rezervátumban él –, mint nálunk körvadászaton a fácánokra, és most az amerikaiak a világ igazságának képviselői. Amint azt már láttuk, állítólag a skalpolás arra szolgált, hogy a megölt indiánok után járó fizetséget számolják el vele a telepesek. A háborúban minden megengedett, mondták az atombomba felrobbantásakor. Azok, akik gyanús körülmények között amerikai célpontokat próbálnak megsemmisíteni (Word Trade Center), aljas terroristák. Akik viszont éjjel lopakodva, nem látható repülőgépekkel civil lakosságot bombáznak, felszabadítók, legalábbis a bombázók érdekei szerint. A felszabadító beavatkozás óta már több tízezer iraki civil, férfi, nő, gyermek halt meg, a romokról nem is beszélve. A háború, úgy látszik, szükségszerű, de előnyökkel jár, ha azt távoli országok területére visszük, és mi nyerjük azt meg. Miért háborúzunk? Értékek és a hatalom megszerzéséért.

Von Däniken úrnak igen eredeti elgondolása van a Földön lévő különleges építményeket illetően, és ezt az elméletét sokezres példányú kiadványaiban közzé is teszi. Sajnos sokszor ismétlésekbe bocsátkozik, ami arra enged következtetni, hogy a kiadványaiért járó díjazás is felettébb érdekli. De a figyelem felkeltéséért elismerés illeti. Sokszor él azonban némi csúsztatással is.

A Nagy Piramis egy „újólag" feltárt folyosójába, amelynek a mérete húszszor húsz centiméter körüli, egy önjáró, kamerával felszerelt szerkezetet küldtek be. Ez a szerkezet a folyosóban előrehaladva egy lezárt részig jutott el. Ez egy ajtó, amelyet az ellenkező oldal felől lehet nyitni, írják többen.

Az ajtó valamilyen módon mindig nyitható! Hogy hogyan lehet nyitni ezt az „ajtót", mind a mai napig nem tudjuk. A témán rágódó egyéb írók már fém ajtót említenek, rézkilinccsel, mások pedig már vasajtóról írnak, és termekről, amelyek talán kincsekkel vannak töltve. Megint a kincsek!

Hogy hogyan lehet ilyen szűk csatornán, több tízméteres távolságban eljutni a kincsekhez, és miért van így összekötve a „két terem", arról nem beszélnek. Úgy látszik, hogy egy ajtó csak fémből lehet, a fém meg természetesen vas. 1995. augusztus 16-án az esti órákban láthatta először az a szerencsés néző a valóságot, aki véletlenül éppen a tévé megfelelő adását nézte.

A csatorna részben a kövek faragásával, részben azok falazásával van kialakítva. Több tíz méter út után valóban van egy lezárás, de kőből kialakítva. A tévéműsor közlése szerint ez a kőlap – egyáltalán nem bizonyítható az állítás – felfelé mozdítható el. Ez csak egy megállapítás, elmozdítást nem végeztek, tehát lehet igaz vagy hamis is. Miért is kellene elmozdítani? A kőlapon két valami van kiképezve. Az egyik ilyen valami, mintha egy megolvadt és lecsurgó viaszcsomóra hasonlítana, a másik pedig olyan, mintha egy olvadt csődarab vagy rúd állna ki a kő felületéből. Az egyik előadás szerint megolvadt rézből vannak készítve, és kilincsek. Mitől olvadtak meg? Ajtónak nevezni nem a legsikerültebb megoldás, mert minden ajtó nyitható valamilyen mozgatással. Ha ez a *kőajtó* felfelé vagy oldalirányba mozgatható, akkor bizony ezek a *kilincsek* megakadályozzák a nyitást, mert elakadnak a felettük/mellettük lévő kődarabban. Az ajtónyitás többféle lehet: lengő, toló, csapó, de mind mozgatható. Azóta már megfúrták ezt a kőlapot, de csalódás következett, hiszen kis távolságban egy másik kőfelülettel kerültek szembe.

Sokan elfogadják, hogy a csatorna egy szellőző, de sokan tiltakoznak is ellene. Miért kellett szellőzőcsatorna? Van rá egyszerű magyarázat is. A múmia szárazon tartása mellett a feladata lehetett az is, hogy a terem falainak simára csiszolásakor – amit talán az építés alatt végeztek – keletkező port, mint egy kémény, szívja ki. Nagy valószínűséggel nem akartak vizet használni a csiszoláshoz, a por megkötéséhez, mert akkor a múmia számára szükséges száraz helyiség fogalmát kellett volna feladni. Az előre csiszolt kövek pedig a szállítás és beépítés alatt megsérül-

55

hetnek. Valószínűen előnagyolt köveket faragtak és építettek be, majd csiszoltak simára, mialatt az építkezés tovább folytatódott. Ez a csiszolási munka egy teljesen zárt teremben igen poros, megerőltető feladat lehetett.

Egy 20x20 centiméteres kémény szívóhatását vizsgálva igen meglepő eredményre jutunk. A szívóhatás a kémény magasságával erősen növekszik. Ezért szokták megtoldani egy pótkéménnyel a meglévő kéményt, ha annak nem elégséges a légáramoltatása, huzata. Egy lakás kéményén akár tíz méteres másodpercenkénti sebességgel, és 120 C° hőmérséklet felett is áramolhat a tűzhelyben keletkező forró égéstermék kifelé, így nem csapódik ki az égéstermék kátránytartalma. Nézzünk meg egy példát.

Ha csak egy méter sebességet veszünk másodpercenként, amely érték igen kicsi, akkor egy másodperc alatt, köbdeciméterben számolva a következő értéket kapjuk:

Ez percenként:
$$2 \times 2 \times 10 = 40 \text{ dm}^3$$
$$40 \times 60 = 2400 \text{ dm}^3$$

Vagyis 2,4 köbméter levegő elszívását jelenti percenként.

Ha a légsebesség nagyobb, mint egy méter másodpercenként, akkor természetesen az elszívott levegő mennyisége nagyobb lesz, nem beszélve arról, hogy két csatorna is ki van építve a kamrához. Ezzel a két csatornával és öt méteres légsebességgel számolva a légmennyiség köbdeciméterben:

$$2 \times 2400 \times 5 = 24000 \text{ dm}^3$$

Tehát 24 köbméter levegő távozik percenként. Könnyen belátható, hogy ez a mennyiség meglehetősen nagy, szinte már erős huzat. Nemcsak a port, de a munkásokat is kezdi kiszippantani a légáram. A piramis magasságának növekedése egyre erősebb szívóhatást eredményezett. Már nem lehet dolgozni miatta. Mit tesz egy gondolkodó ember? Szűkíti a csatorna keresztmetszetét, de hogyan? Beépít egy zárókövet, amelyen kis nyílásokat fúr, és ezek bővítésével szabályozza be az ideális légsebességet. Ez ennyire egyszerű is lehet. Persze lehetett más célja is a csatornáknak. Meg kellene vizsgálni, hogy gránitpor található-e a szellőzőcsatornákban lerakódva.

Az is elképzelhető, hogy a csatorna megnövekedett szívóhatása miatt fütyülő hangot lehetett hallani a sírkamrában, és ezt szüntették meg a zárókövek beépítése segítségével. Vagy talán a fúvós hangszerhez is jól értő zenészek így képeztek hangot a sírrablók elijesztésére. Amikor nyílást készít a betolakodó a piramis burkolatán, légáram indul meg, és kísérteties hangot hallat. Amikor én a piramisban jártam, még nem fúrták meg a zárókövet. A királyi kamrában a magammal vitt és meggyújtott gyufa lángját eloltotta csatorna a szívóhatása.

Arra, hogy a földalatti kamrát – amelyik a talajszint alatt van – befejezetlenül hagyták, szintén lehet egészen egyszerű magyarázat. Köztudott, hogy az Asszuánból és Turából származó kövek szállítását csakis hajóval lehetett megoldani, mivel azok a folyó keleti oldaláról származnak. Hogy a parton való kőmozgatás minél kisebb munkával legyen végezhető, sokak szerint a folyó évenként megismétlődő áradása alkalmával hajtották végre azt. Állítólag még csatornát is építettek a hajók számára, hogy minél jobban megközelíthessék a hajókkal az építkezést. Ez viszont azt eredményezhette volna, hogy a kövek szállítására kiépített lejtő sokkal meredekebb lenne, vagy szerpentinszerűen kellett volna kiépíteni azt! Szerintem az áradás olyan rövid időt és igen erős vízsodrást jelent, hogy kétségbe vonhatjuk ennek az állításnak a valóságát. A földalatti kamra mintegy harminc méter mélyen van a piramisalap alatt. Az áradás alkalmával megemelkedett a vízszint, és az esetlegesen repedésekkel tűzdelt mészkő fennsíkba szivárgó víz miatt ez a kamra nedvessé válhatott. Így nem alkalmas egy múmia tárolására. Talán ezért kellett félbehagyni és módosítani az építkezés alapelvét, és a földalatti kamra készítéséről lemondani. Ezért kerülhetett a sírkamra egy jóval magasabb szintre. A Nílus kiáradó vize még a tudós Mariette idejében is elöntötte a várost, az iratai egy részét is megsemmisítve.

A vízszint emelkedése manapság már nem okoz ilyen fajta gondot, mert a folyó szabályozása és a Níluson lévő gátak megépítése miatt az évenkénti áradás megszűnt vagy lényegesen kisebb értékű. Most a Gíza település növekedése és a csatornázatlan, emésztőgödrös szennyvíz beszivárgása okozott talajromlást, például a Szfinx területén.

A megépített asszuáni gátnak jó oldala a termelt villamos áram és az áradás magasságának csökkentése. Hátrány a termőterületeket javító iszapréteg megszűnése és a kényszerített öntözés, ami a termőföld lassú tönkretételét jelenti. Ahol az ember beavatkozik, a természet tönkremegy.

Sajnálatos dolog, hogy az emberek meglehetősen nagy része akkor, ha olyan írásművel találkozik, amelyben számításokat közöl az író, nem hajlandó elolvasni vagy komolyabban foglalkozni vele. „Utálom, ha számításokkal van tele egy írás, inkább írja le, amit mondani akar." Amint az látható, a leírtakat sokszor nem lehet egyértelműen megérteni, sokan másképpen értelmezik ugyanazt az írást. Az embereket igen könnyen be lehet csapni. A számok viszont megdönthetetlen adatokat közölnek velünk, főleg, ha igazságon alapulók. Sajnos a számokkal is lehet bűvészkedni, csalni. A számokkal is lehet visszaélni, komoly csalásokat elkövetni, ha ez a célunk. Például, ha egy közvélemény-kutatás alkalmával csakis azokat kérdezzük meg, akiktől a számunkra kedvező választ kapjuk, és közöljük, hogy ennyi és ennyi szavazót kérdeztünk meg, és ez az eredmény, ez így csalás.

De itt most az igazságot próbáljuk megfogni. A sánta kutyát hamar utol lehet érni, mondja egyik közmondásunk. A csalókat, karrieristákat, politikusokat sajnálatosan már kevésbé lehet ugyanígy megfogni. Von Däniken úr nagyon sokat ír, ezekben sokszor ismétli is önmagát. Sok ilyen írásában mintegy sugallja a földönkívüliek hajdan volt földi jelenlétét és ténykedését. Nem úgy, hogy ezt kereken rögzíti, hanem például egy kérdés formájában elrejtve:

„Vajon nem lehetséges-e, hogy a földönkívüliek voltak segítségükre a maguk fejlett technikájával?"

A jámbor olvasó ezután általában tisztában van azzal a ténynyel, hogy csakis a földönkívüliek, a fejlett technikájukkal, építettek itt a földünkön monumentális kőépítményeket ráérő idejükben, csak úgy, passzióból. Mert, ugye, a földönkívüliek, akik űrhajókat építettek, kőkorszakiak voltak, nem tudtak másképpen üzenni a későbbi korok emberei számára, csupán hatalmas munkával készült nagy kőrejtvényekkel, amelyeket a Föld különböző területeire, különböző időben és módon építettek. Pedig példaként említve időtálló anyagokból – aranyból és így tovább – lehetett volna egységesen készíteni üzeneteket, aránylag kis munkával, és azokat elhelyezni a Föld különböző pontján. Aki megleli, megfejtheti, ha tudja alapon. Ahogyan a Föld üzenetét is hangok, jelek, ábrák és hanglemez segítségével próbáljuk megértetni az ezeket esetlegesen meglelő földönkívüliekkel. Däniken igen egyszerűen belátható valótlanságokat is közöl. Láthatjuk, ha figyelmesebben olvasunk. Például az: IDEGEN CIVILIZÁCIÓK NYOMÁBAN, munkájában foglalkozik II. Ramszesz Abu Szimbelben épített monumentális sziklatemplomával, amelyet a Nílus-gát építése miatt darabokra fűrészeltek, és más helyen ismét összeraktak. Szerinte vagy a fordító szerint:

„*a szobrokat réselőgépekkel részekre szedték*".

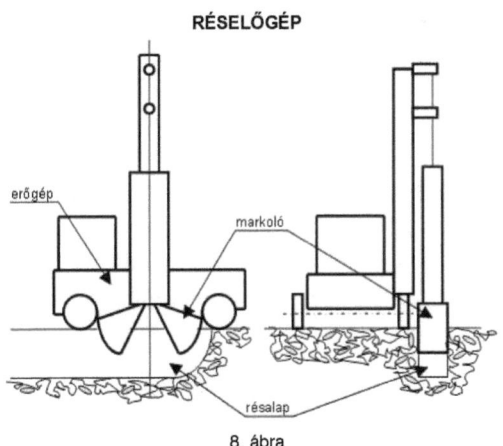

8. ábra

Hogy azután a réselőgép okozta folytonossági hiányokat hogyan pótolták, arról nem ír, pedig igen lényeges feladat lenne.

Mert bizony a réselőgép nem fűrész, hanem egy önjáró, kanalas szerkezet, amely segítségével nagy épületeknél alkalmazott résalap készítéséhez lehet a talajban szabályos mélyedést, árkot készíteni, feleslegessé téve így a nagyobb földmunkát a zsaluzat készítésekor. A zsaluzatot maga az árok oldala biztosítja. (8. ábra)

Ilyen géppel történő alapozási munkát látni is lehet a város különböző pontjain, aluljárók vagy a foghíjak beépítésénél. Ma már az ábrától különböző gépi megoldások is szolgálnak réselés készítésére, mert az ábra szerinti megoldás nem fér el az építési területen. A réselőgép úgyszintén fordítási hiba is lehet, amikor is a megfelelő értelmezést rosszul választotta a fordító.

A réselés módszerét nem nagyon régóta használják, és a gépesítés tette lehetővé. A régebbi építkezéseken hatalmas gödröket ástak azért, hogy az építőknek legyen helye a munkák elvégzésére. Zsaluzatokat készítettek, amiben elhelyezték az alapozás elemeit, majd az alapozás elkészülte és a zsaluzat lebontása után újra betemették a kivájt gödröket. Már régóta alkalmaztak cölöp alapozású építést, amikor is, például Velence építésekor, rengeteg fenyőfa cölöpöt vertek a talaj teherhordó rétegéig az épületek alapozásának tartására. Ezek a fenyőfák ma már megkövesedve végzik a feladatukat és tartják Velence gyönyörű palotáit. Ez és a rengeteg hajó építése eredményezte azután a fenyőerdők kipusztítását helyenként, például a Karsztok területén, ahol a Velence építéséhez szükséges faanyagot termelték ki. Igaz, a terület azután szinte használhatatlan lett, akárcsak a görögök és angolok által hajóépítés miatt lekopasztított tájak, melyek szinte csak birkalegelőnek lettek alkalmasak sok helyen. Sajnálatos, hogy az emberek a földünk egyetlen területén sem gondoltak a jövőre, és nem telepítettek fákat az így kiirtott területeken.

Az erdők „szakszerű" kezelése, ligetesítése is lehet káros. Vegyünk példának egy hajkefét. Ha minden szála megvan, nagyon jól használható, de ha a szálak fele hiányzik, akár el is dobhatjuk.

Egy erdő fái is támogatják egymást. Ha kivágjuk fele faanyagot, akkor bizony akár egy szokásos vihar is letarolhatja az erdőt.

Az említett templomot nagy részben kézi fűrészekkel darabolták fel. Ezt a munkát is lehet vagy lehetett látni a televízió adásain. Abu Szimbel munkálatairól videofelvétel is készült. A továbbiakban leszögezi, hogy a szobrokat a helyszínen faragták ki gránitkőből. (64. oldal) Majd még később felteszi Däniken úr a csalafinta alapon megfogalmazott kérdést, hogy miért nem a gránitkőbányák közelében építkeztek.

Gondolom, ezeket a sziklatemplomokat többek között azért építették ott, ahol vannak, mert ott akartak építeni, és azért is, mert nem gránitból vannak, hanem az ott lévő núbiai homokkőből vájták ki azokat, magából a hegy anyagából, úgy, hogy a templom belső terében még szobrokat is faragtak. Egyébként a halotti templomok a folyó nyugati oldalán épültek.

Azt, hogy nem gránit az anyaguk, könnyen ellenőrizheti bárki, hiszen a gránit nagy szilárdságú, szemcsés kőzet, melynek egységes az anyaga, ezért volt alkalmas a gránit többek között teherhordó szerkezeti elemek készítésére. A gránit nem rétegződéses, mint az említett sziklatemplomok esetében a hegy homokkő anyaga. A keletkezési idejük is lényegesen különböző. A rétegződés csíkozása jól látható a templom fotóin is.

Tévedések elkerülésére az egész sziklatemplom hegyet fűrészelték 30 tonnányi darabokra, és a darabokat megszámozták, hogy ne kelljen puzzle játékot játszaniuk, ahogyan azt von Däniken úr írja. Egyebek között meg kell jegyezni, hogy 14 nagyobb műemléket szedtek szét, szállítottak el, és a gátépítés során keletkezett Nasszer-tó partján újra felállították azokat. A Philae szigetén lévő templomegyüttest, amelyet a Ptolemaioszok és még a római Trajánusz császár is építtetett, szintén darabokra szedték, és más helyen újra felállították, mert a felduzzasztott Nílus teljesen elöntötte volna. Van olyan templom is, amelyet a helyén hagytak, de egy beton teknőt készítettek, amely a megemelkedett vízszintet nem engedi a templomba ömölni.

Ma is látható a vízben munkálatokhoz használt szádfalazat talajba vert lemezeinek a sora, és az építmény lebontásakor a kődarabok mozgatásához használt egyik daru gémjének a felduzzasztott tóból kiálló része, amelyet a vízi madarak vettek birtokba. A lebontásuk és elszállításuk többe került volna, mint amennyi valójában az értékük volt, ezért egyszerűen otthagyták ezeket, elcsúfítva a táj látványát.

A Níluson a nagy gát megépítése előtt is volt gát, nem is egy, amely felduzzasztotta a folyó vizét, így néhány templom már régebben részben víz alá került. E templomok oszlopait a halászok kikötésre használták. Ennek a nyoma, a ringatózó hajók súroló, koptató hatása látható néhány áttelepített templom oszlopainál is.

Még nagy tudású emberek is elkövethetnek ilyen értelmezési tévedéseket. Cousteau kapitány leírja, hogy Atlantisz a Földközi-tenger Thera vagy másik nevén Szantorini szigete volt. Mások szerint a portugáliai tengerpartok közelében vagy az Ír szigeteknél, netán a Bermuda-háromszög területén vagy Dél-Amerika partja mentén volt. Vannak olyanok, akik a Málta szigetét az elpusztult Atlantisz maradványának tartják. Valakik bizonyára tévednek ezen elméletek megalkotói közül, és meglehet, egyiküknek sincsen teljesen igaza, mint ahogyan az már sok esetben előfordult. A valóság egészen más, mint ahogyan azt az emberek elképzelték. A tudomány állításai is állandóan módosulnak, közelítve a teljes igazsághoz. Mivel a két szárazföld, Afrika és Amerika partvonalai igen szépen összeilleszthetők a lemez-tektonika elméletéből kiindulva, esetleg ott lehetett Atlantisz, ahol hiányzik a két földrész partvonulatának az összeillesztéséből egy nagyobb rész, ha Atlantisz az Atlanti-óceánban volt.

Persze akkor, ha Atlantisz szigetei csak akkor kerültek a víz szintje fölé, amikor a szétválás már tekintélyes távolságot adott a két kontinens között, majd újra elsüllyedt, nem kell látszani a partvonulatokon hiánynak. Az ókori leírásban Platón egy Herkules oszlopain túl, az óceánban lévő körkörös szigetrendszerről beszél, nem egy szigetről, mint a Földközi-tengeri Szantorini, amelynek közelében több más sziget található. Herkules oszlopainak hívták az ókorban a ma arab elnevezésből származóan Gibraltárnak nevezett szoros oszlopos mészkőszikláit. Nem beszélve a 200 darab három evezősoros gályáról, amelyeket Platón egyértelműen leírt a munkájában, és amelyekkel minden bizonyára hajóztak is. Ezen hajóknak igen nagy feltűnést kellett volna okozni a görögök kikötőiben az atlantiszi időkben, jó tízezer évvel ezelőtt. Ha Platón az egyiptomi papok elbeszéléséből értesült Atlantisz létezéséről, akkor nagy a valószínűsége, hogy nem Szantorini szigete volt az, hiszen akkor a görög mondavilágban is említést tettek volna róla, és Homérosz is bizonyára megemlíti írásaiban. Ha csak azt hisszük el, ami a számunkra kedvező, akkor csúszatunk. Az időszámításunk előtt 1200 körül lezajló trójai háború alkalmával a görögöknek még csak olyan bárkaféle hajóik voltak, amint azt régen már Homérosz is leírta a mindenki által ismert Odüsszeiában. (Devecseri Gábor fordítása)

„*Száz bárkájuk előtt vezetett a király, Agamemnon Atreidész*"

Igaz, így is ír:

„*Harminc görbe hajó haladott hadirendben utánuk,
Őket a jó nyilazó hét gályán hozta harcba, hősi
Philoktétész: evezős pedig ötven is indult mindegyiken*".

Természetesen nem biztos, hogy mindegyik evezett egyazon időben, lehet, hogy váltották egymást. Időszámításunk előtt 480 körüli időből származik egy attikai vázalelet, amelynek ábrázolásán látható egy nagy evezősgályán Odüsszeusz a társaival a szirének között. Egy másik vázalelet időszámításunk előtt 520 körüli, és egy támadást ábrázol, ahol egy ötvenevezős gálya egy kereskedelmi hajót támad meg. Elképzelhető az is, hogy Platón írása nem fogadható el mint alap Atlantisz helyének meghatározásához. Homéroszt elfogadjuk, Platónt nem. Sokan vélik úgy, és erről könyvet is írnak, hogy Atlantisz lakói, mivel nagy tudásúak voltak, előre tudták, hogy területük meg fog semmisülni egy becsapódó üstökös vagy meteor által, ezért leköltöztek a víz alá, hogy ott védve legyenek. A magyar nyelv igen pontos, a hajó, gálya, bárka, ladik, csónak mind mást jelentenek. Először is, ha csak evezős gályáik voltak, nem nagy a valószínűsége, hogy a víz alatti élethez szükséges technikai feltételeknek birtokában lettek volna. Ráadásul a víz alatt egy robbanás lökéshulláma sokkal veszélyesebben hat, mint a felszínen. Így tették harcképtelenné a tengeralattjárókat is. Nem kellett őket pontosan eltalálni a víz alatt robbanó bombákkal, elég volt a bombáknak csak a tengeralattjáró közelében robbanni. Ugyanis a víz gyakorlatilag összenyomhatatlan – nem úgy a gázokból álló levegő –, és így is súlyos sérüléseket okoztak a bombák. Arról nem is beszélve, hogy az evezős gályáikkal kereshettek volna egy másik hazát, egy biztonságos területet, ahol újra letelepedhettek volna. Ha olyan okosak voltak.

Mások szinte egyenlőséget tesznek a sumer zikkuratok, az egyiptomi piramisok és az amerikai maya piramisok között. Pedig milyen mások. A sumer zikkuratok lépcsős építmények, a feljáró lépcsők az oldalsíkkal párhuzamosan vezettek az építmény tetejére, ahol szentély volt, és égetetlen téglából épültek. A maya piramisok is lépcsősek, de a feljáró lépcsőik az oldalukra merőlegesen épültek, tetejükön lakható építménnyel, és templomvárosokat alkottak. Kőből vannak, ezer évekkel későbbi építmények, mint az egyiptomi piramisok. Mondhatnánk, hogy az egyiptomiak mentek át az amerikai szárazföldre piramist építeni. Az amerikai piramisok többjében az alap környékén sírt is találtak. És ráadásul az írók egyiket sem látták a maga valóságában. A galamb tojásából galamb, a krokodilóból pedig krokodil születik, pedig mindkettő tojás. A piramisépítés gondolata is megszülethetett az egymástól különálló embercsoportok elméjében is. Nem beszélve az olyan nyilvánvaló tévedésekről, mint amikor valaki, aki könyvet ír a piramisokról, Manethonnak, az időszámítás előtt harmadik században élt egyiptomi papnak a szájába adja azt a szöveget, amit időszámítás után a IX. században élt Akhbar ez-Zeman al-Masud arab történetíró írt. A két esemény, az egyiptomi Manethon fáraókat azonosító leírása és al-Masudi arab történész könyveinek megírása között 1200 évnyi távolság van. Állítólag Ausztráliában is jártak egyiptomiak, mert találtak egyiptomi hieroglif véseteket egy titkos hasadékban.

A hétezer éves történetet, Thot egyiptomi istent egy maximum négyezer éves görög istenséggel azonosítani nem a legkövetkezetesebb dolog. Meglehet az is, hogy a mítikus „Hermész Triszmegisztosz" nem is egy név, hanem azt jelenti, háromszorosan titkos, ugyanis a hermetika jelentése az is lehet, hogy titkos, elzárt, bűvös tan, a triszmegisztosz pedig háromszoros. Vagy például a Petőfi rádióban 1998. 01. 25-én, a „JÓ REGGELT, EURÓPA" műsorában elhangzott, az angliai Stonhenge-dzsel kapcsolatosan az a szöveg, hogy:

„a gázai piramisok".

Itt az előadó hölgy (nem csak ő, hanem más híres ember is) keverte Gízát Gázával. A két település nem ugyanazon a helyen van. Gíza Kairó mellett, Gáza pedig a Földközi-tenger mellett, Izrael által többször megszállt területen fekszik. És Gíza így van a térképeken írva: al-Jizah, Gáza pedig így: Ghazzah. Lám, nem kell semmi számítás ahhoz, hogy valótlant közöljünk a jámbor olvasóval vagy hallgatóval, és az el is higgye azt, mert valamiben hinni akar.

Az egyik első piramidológus az angol Charles Piazzi Smyth. Ő már ifjúkorában skót királyi csillagász volt, de úgy tűnik, mint csillagász nem ismerte a gnomont és az indiai köröket, amelyek pedig a csillagászat alapismeretéhez tartoztak. Ugyanis ha ismerte volna, minden bizonnyal másként szemlélte volna a piramisokat. Pedig a gnomon és az indiai kör már ősidők óta ismert volt, és használták az akkori csillagászok és építők az északi irányítás meghatározására. A későbbiekben meg fogjuk látni, hogy milyen praktikus és egyszerű eszköz. Egyébként nagyon sokan a témával foglalkozók közül nem ismerik a gnomont, nem is hallottak róla, vagy elfelejtették a létét, amint már nagyon sok más dolog is feledésbe ment.

Piazzi Smythnek két fő elképzelése volt. Az egyik a piramis, melyet szerinte a zsidók építettek, tartalmazza a π szám értékét. A másik pedig az angol hüvelyk egyiptomi hüvelykkel való hasonlatossága szerint, mint állítja, bizonyított, hogy az angolszász faj az izraeliták egyik közvetlen leszármazottja.

Mondják még azt is, hogy a piramisba kódolva van Jézus újra eljövetele, akinek a léte és munkássága nemigen fér több más vallásba. Pedig csak az a tény, hogy égő áldozat helyett kenyér és bor áldozatot, és a gyűlölet helyett embertársaink szeretetét javasolta, igazi jótéteményt jelent a hívő világ számára. Képzeljük el a világunkat úgy, hogy nem akarjuk állandóan elvenni mások javait, és ha nem adják oda, meg is öljük őket a javakért. A görög holokautóma szó jelentése teljesen elégő áldozat, felajánlás (lásd Wikipédia), amely lehetett gyümölcs vagy állat, netalán ember, mint Ábrahám esetében Izsák megölése, és hogy megkísérelte oltáron elégetve feláldozni. A szavak állandóan változnak, más értelmet kapnak.

Igaz, sok régi ismeret veszett a feledés homályába, néha újra felfedezték egyiket-másikat, esetleg már többször is. A vízöblítéses illemhelyet már időszámítás előtt a harmadik évezredben is használták, de elfelejtődött, és a múlt századi angol megalkotójának osztatlan sikert hozott. Igaz, hogy az ősi vízöblítés nem úgy működött, mint a mai megfelelője. Az Indus völgyében kialakult civilizáció is ismerte már a település vizét elvezető csatornázást, amit a feltárásnál meg is találtak.

Így ment sok régi ismeret feledésbe az idők folyamán. Még a nagy tudósok is, mint akárki más, követnek el tévedéseket. Tévedés az élet, sokszor tévedünk. Lord Kelvin, aki pedig a köztudat szerint valóban tudományokkal foglalkozó tudós ember volt, állítólag kijelentette, hogy a levegőnél nehezebb tárgyak pedig nem repülhetnek. De bizonyára látott madarakat könnyedén röpködni, talán még az udvarán is, meglehet, még etetett is a galambokat. Állítólag kijelentései vitatott igazát – mint sokan mások is a tudósok, politikusok közül – azzal a mindent elvető szöveggel indokolta, hogy:

„mert én lord Kelvin vagyok".

Az első híres von Däniken filmet, a „Jövő emlékei"-t a magyar mozikba kerülése alkalmával egyszer a Bocskai úti TIT vetítőtermében közönség előtt is levetítették, és az utána megtartott beszélgetésen kérdésfelvetési lehetőséget adtak az érdeklődő nézőknek. Természetesen a kérdéseket papírra írva kellett benyújtani, ebből válogattak a kérdést feltevőknek, nyilván szortírozva. Az egyik kérdező arra volt kíváncsi, hogyan magyarázható az, hogy aranyból készült, repülőgép formájú tárgyakat találtak, amelyek a szélcsatornában úgy viselkednek, mint a mai repülőgépek? A kíváncsi hallgatóság számára a választ egy akkor elismert, tudományokkal foglalkozó úr adta meg, így:

„Nem viselkedhetnek ugyanúgy, hiszen az arany fajsúlya 19 kg köbdeciméterenként, a repülőgépé pedig nem ennyi".

Az illető válaszadónak úgy látszik, fogalma sem volt arról, hogyan működik a szélcsatorna, ahol a vizsgált tárgy fajsúlya nem számít, csak a felszíne, alakja. Viszont mondhatta volna szebben is, például így: „Egy madárnak talán még a repülőgépnél is jobbak az aerodinamikai jellemzői, így akár egy madár ábrázolása is lehet az aranylelet". Vagy hagyja ezt a témát egy hozzáértő számára, és nem próbál megmagyarázni olyan dolgot, amihez nem ért. Nagyon sok rádió- vagy televízió-előadás közöl téves adatokat a Nagy Piramis méreteit, köveinek darabszámát illetően. Példának legyen itt egy sokszor használt forma. Ha most elvégezzük a szükséges számításokat, akkor valóságos lesz a tévedés.

„2300000 darab 2,5 tonnás kődarabból épült."

A két értékeket összeszorozva 2300000 x 2,5 = 5750000 tonna tömeget kapunk. Ha ezt az értéket elosztjuk kettővel, a kő sokszor emlegetett köbmétersúlyával, akkor megkapjuk a piramis térfogatát:

5750000:2 = 2875000 köbméter.

67

A piramis valódi térfogata 2657000 köbméter, tömege pedig 5314000 tonna körüli, mondják a tudósok.

Sokan azt sem tudják, hogy földünk több területén található piramis építmény. Kínában köztudottan rengeteget fedeztek fel. Mexikó meglehetősen sok piramisépítménnyel rendelkezik. De állítólag Bolívia őserdeiben is találni piramist. A Nazca fennsík népe is épített piramist, mely mára már teljesen a homok burkolata alá került. Napjainkban a visokói hegyek között is találtak piramist, de ez egyelőre csak feltételezés, mondja a tudomány, a feltárása még késik. A piramis és kúp alakú építmények a leginkább időtállók. Ledönteni őketnemigen lehet, csak szétbontani. Még a földrengést is biztonságosan állják. Tehát adódik az ilyen építmény létesítése minden gondolkodó nép számára. De ha az emberek számára szinte kivitelezhetetlennek tarjuk az építésüket, miért tartjuk esetleg földönkívüliek művének? És miért tartjuk a Mars felszínén lévő piramisszerű valamit emberi kéz művének, és az orrunk előtt lévő Visoko piramis alakú hegyeit természetes képződménynek?

A tudomány állandóan fejlődik és átalakul. Az ősember körülbelül 30000 évvel ezelőtt vándorolt Európába Afrikából, mondja a modern tudomány. A Neander-völgy ősemberleletei állítólag régebbiek, nem beszélve Vértesszőlős három-négyszázezer éves Samujának koponyaleletéről. Vagy azok nem emberek voltak? A régészek szerint a koponya mérete nagyobb agyi állományra utal, mint a mai emberek koponya-űrtartalma.

PÁR TÉVES ÍRÁS A RÉGEBBI ÉVEKBŐL

A IX. század első felében, Al-Mamún kalifa piramisfeltörése után Al-Kaiszi arab történetíró írt a piramisokról. Állítása szerint bent járt a Nagy Piramisban. Ír egy négyzetes, betört mennyezetű kamráról, ez a ma királynői kamrának elnevezett hely lehetett. Ír még arról, hogy pólyába csavart holttesteket látott, amelyeknek a haja nem volt ősz. Ne feledjük, ha igaz, a kilencedik században még voltak holttestek a piramisban. Megemlíti, hogy a betört mennyezetű kamrából át lehetett jutni egy magasabban fekvő kamrába. Ez nagyon valósnak tűnő leírás, csak a pólyába csavart holttestek haja kérdéses, hiszen azok fejét is pólya fedte, amikor eltemették őket. Lehet, hogy a kincskeresők bontották ki a pólyákat? Az arab írók megemlítik, hogy az építmény felületén rengeteg írást találtak, amit nem tudtak elolvasni.

Rengetegen írtak a piramisokról. Most ugorjunk a közelmúltba! Több piramisról író elfogadja a feliratokkal ellátott piramisburkolatot, de elfeledkezik ugyane leírásban szereplő holttestekről, sőt tagadja azok létét.

Kedvenc olvasmányom volt a Várkonyi Nándor által írt és 1972-ben „átdolgozott" és újra kiadott könyv, a SZIRIAT OSZLOPAI.

Sajnálatosan alapvető tévedések is találhatók benne, melyek talán elkerülhetetlenek is ilyen nagy volumenű munkával kapcsolatosan. Pedig nagyon sok, a piramisokkal foglalkozó cikk szerzője merít ebből a könyvből mint kútforrásból, anélkül, hogy átgondolná azt, amit olvas. Sokak szerint ezeket a tévedéseket egyáltalán megemlíteni is csak szőrszálhasogatás, pedig ezek olyanok, mintha egy számtani feladatban egy tizedespontot elírunk. Ezért még szekundát, mai szóhasználattal fát is kaphat a kisdiák, vagy leomlik a stadion tetőszerkezete a hóterhelés hatására. Nem hiszem, hogy bárki is elfogadná, ha a fizetését egy tizedesjeggyel kevesebbre számolva kapná meg. Lássunk a Sziriat oszlopai tévedéseiből egy párat a piramisokkal kapcsolatosan. 85. oldal:

„Ezen kívül minden négyzet alapú piramis, akármekkora méretű, két számértéket tüntet fel, mégpedig: az oldallapok síkja 51°51'14" szögben hajlik az alaphoz, az oldalélek pedig 41°59'14" szög alatt. Ez a két adat jellegadó sajátsága a négyzetes piramisoknak".

Ezt a szöveget nagyon sokan idézik írásukban szóról szóra. Ilyen szószerinti idézetet olvashatunk sok helyen, például egy közismert kiadványban, amelynek címe: „UFO rejtélyek". Ám ha csak az ilyen oldal- és élhajlású gúlákat neveznénk piramisnak, úgy igencsak kevés lenne belőlük, az eddig ismert közel 80 egyiptomi piramissal vagy piramisrommal, az ókori Meroé területén, Núbiában épült 200 piramissal és a Rómában látható piramissal szemben. Ezek dőlési szöge ugyanis rendre más és más. Ez így téves állítás, ami egyszerűen belátható. Nézzük meg a 9. ábrát bizonyításul.

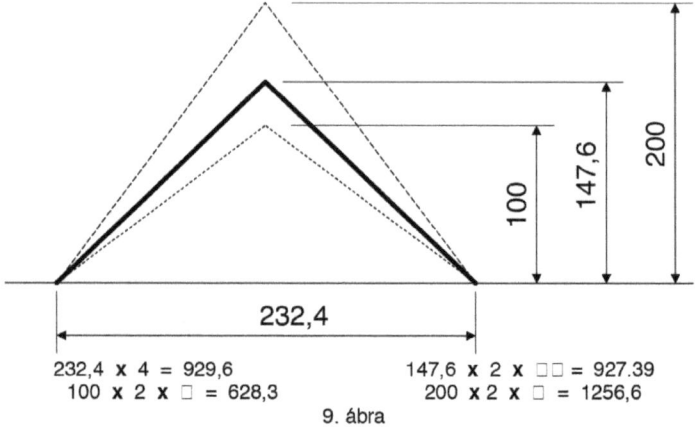

9. ábra

Amint látható, csakis egy esetben azonos a magassággal írt kör kerülete és a négy oldal összege, valamint az oldalak hajlási szöge is változik a méretek változásával. A piramis geometriai neve gúla. Könnyűnek tűnő dolog belátni, hogy egy adott négyzetes alapra végtelen sok gúla építhető, amelyek közül csakis egy felel meg az előzőekben rögzítetteknek, mert bármilyen, az oldalhossz felénél nagyobb magasságú, négy darab azonos méretű háromszögletű sík-lappal, amelynek az alaphossza megegyezik a négyzet oldalhosszával, négyzetes gúla építhető. Igaz, hogy a magasságuk mind más és más lesz, hiszen a gúla magassága az oldalakat alkotó háromszögek magasságától függ. A helyes szöveg talán ilyen lehetett volna:

„Ezen kívül minden négyzet alapú piramis, akármekkora méretű, két jellemző számértéket tartalmaz, mégpedig: az oldallapok, valamint az oldalélek vízszintessel bezárt szögét. Ez az érték pedig a Nagy Piramis esetében az oldallapoknál 51°51´14˝ szöget, az oldaléleknél pedig 41°59´14˝ szöget ad".

Meglehet, az idézett tévedést a nyomdai szedők figyelmetlensége okozta, de így van leírva, és az olvasók így idézik, amint azt a későbbiekben látni is fogjuk. Az oldalélek hajlásszöge az alapél hosszától és az oldallapok hajlásszögétől függ, más nem is lehet. Nem említi meg azt sem, hogy a Khefren-piramis hajlási szöge 53° 8´, a legkisebb gízai piramis, a Menkaure piramis pedig csak 51° 10´ oldalhajlású. Tehát az előzőekben szereplő állítás már itt a három gízai piramis esetében sem érvényes. Sőt van 45° körüli szöggel épült piramis is. Az oldalak hajlásszögét az 1800-as években számították ki az északi oldalon, az alapnál megmaradt pár fedőkő alapján. Hogyan, ha állítólag homorú volt ez az oldal? Jelenleg a déli oldalon látható az alapnál burkolókő, de ezeken dolgoztak, amikor láttam, tehát újak.

A 98. oldalon írt szöveg a következőt állítja:

„2 300 000 kemény kőkockából rakták".

Itt a Nagy Piramisba épített kőhasábokról van szó. Ez már nem lehet nyomdai tévedés. Ezek nem kockák, hanem különböző méretű hasábok, sok helyen apró kövekkel kipótolva az azok közötti hézag. Számoljunk egy kicsit utána, használjuk a négy alapműveletet ehhez az egyszerűnek látszó feladathoz.

A Nagy Piramis alapéle becslések szerint 232,4 méter, a magassága pedig 147,6 méter volt az eredeti állapotában. Ezek csak becsült értékek lehetnek, amint látni fogjuk, már több mint kétezer évvel ezelőtt, az időszámítás előtt, amikor Diodorosz látta, sem volt ép a Nagy Piramis. Időszámítás után 860 körül pedig az arab kalifa, al-Mammun, betört a piramisba több száz kő eltávolítása után. Kairó újjáépítésekor a finomabb mészkőburkolatot teljesen lefejtették. Mivel még földrengést is átélt a piramis, eredeti mérete mindenki által csakis becsült érték lehet, akármilyen mérőeszközzel dolgozik is, mivel amit mérni akarunk, már nincsen meg az eredeti állapotában. Aki pontos méretről ír, kellene, hogy azt is írja, ez csak az ő véleménye, vagy az általánosan elfogadott vélemény szerint van így. Amit nem tudunk a hiányok miatt valamilyen mérőeszközzel mérni, azt nem állíthatjuk tényként, legfeljebb a legnagyobb valószínűséggel elfogadott értéknek.

A fenti méretekkel számolva a piramis elfogadott, eredeti térfogata pedig:

$$232,4 \times 232,4 \times 147,6 : 3 = 2657280$$

köbméter. Ha ezt elosztjuk az emlegetett 2300000 darabbal, akkor egy kő térfogata:

$$2657280 : 2300000 = 1,15533$$

köbméter, és a tömege körülbelül 2,5 tonnányi lenne.

Az átlag kőméret és darabszám ezzel szemben egészen más értékű. A piramis ma, megcsonkítva 137 méter magas, és 202 sor kőből van felrakva, amint azt a Budapest, Sánc utcai csillagvizsgáló nyugalmazott igazgatója is megírta egy észrevételezésében. Lásd a 7. ábrát. Ezt majd a későbbiekben még részletezzük.

Ezekkel az adatokkal számolva pedig az átlagkő oldalhossza, ha minden kő kocka alakú lenne:

$$137 : 202 = 0{,}67821$$

méter magas, és nem 1,15 méter. Vagyis a sorok átlag magassága körülbelül 68 centiméter. Ebből számolva az átlagos „kocka alakú kő" térfogata:

$$0{,}68 \times 0{,}68 \times 0{,}68 = 0{,}31432$$

köbméter. Az érdekesség kedvéért ez a nagyon óhajtott π igen jó megközelítése. Ezt is lehetne boncolgatni, ragozni. Nem szabad azonban ezzel számolni, mert az alapot képező kősor magassága 1,5 méternyi. A sorok magassága csökkenő, és a 4. sor magassága már csak egy méter körüli. Ha ezekkel a kirívó méretű sorokkal csökkentjük a magasságot és a kősorok számát, még kisebb átlagos kőmagasságot kapunk, mint a 68 centiméter, amint az látható az előzőekben közölt ábrán is. Van olyan írás, amelyik közli a fő kőmennyiségről, hogy fél méter magasak, ennek ellenére ragaszkodik a 2300000 darab építőkő mennyiségéhez. Látható ez a darabszám például Alberto Siliotti EGYIPTOMI PIRAMISOK című könyvének 48. oldalán, ahol így ír:

„Átlagos magasságuk körülbelül fél méter".

Ennek ellenére a 2300000 kődarabot elfogadja. Az alábbiakban majd láthatjuk, hogy ezzel a darabszámmal is nagy baj van. Ezzel az értékkel csak $2300000 \times 0{,}5^3 = 287500$ m³ lenne a piramis térfogata 2657280 m³ helyett, vagy a kő darabszáma $2657280 : (1/8) = 21258240$ lenne.

A könyv 8. oldalán a bevezetőben van egy adat a piramisok térfogatáról, a Khufu térfogata 2,5 millió köbméternek, Khefren piramisa pedig 1659200 köbméternek van megírva. Számoljunk! A gúla térfogata: alapterület szorozva a magassággal és osztva hárommal.

Khufu: $(232^2 \times 147) : 3 = 2637376$ (m^3)

Khefren: $(215^2 \times 143) : 3 = 2203339$ (m^3)

Tehát ebben a szövegben is jelentős tévedés van.

A ma látható építőkövek nem szabályos méretűek, és főleg nem fényesre csiszoltak, hanem durván faragottak, különböző méretűek, és hasábok, nem pedig kockák. Erről bárki meggyőződhet, ha akar, és egy pillantást vet a piramisok fényképére. A faragás, simítás, csiszolás és polírozás mind mást jelentenek. A látható kősorok alapján azt megmondani, hogy a piramis belsejét alkotó kődarabok milyen méretűek, nem lehet és nem is szabad. Ezt csakis az építmény feltárásával – szétbontás, megfúrás – lehetne megállapítani. Ez egyelőre még a közeljövőben sem megoldható feladat.

Ha azt a tényt is figyelembe vesszük, hogy a folyosók és kamrák építőkő-mérete rendre nagyobb az átlagnál, az átlag kőméret még a számítottnál, 0,314 köbméternél is kisebb. Átlagot ilyen esetben csakis súlyozott átlagszámítással lehetne megállapítani, de mivel a különböző nagyságú kövek darabszámait, méreteit nem ismerjük, súlyozni sem tudunk, csak feltételezünk.

Itt kell megjegyezni, hogy a kocka térfogata nem egyenes arányban változik az oldalhosszúság változásával, hanem köbösen, a felülete pedig négyzetesen. Ha az oldalhossz egy méter, akkor a térfogata egy köbméter

$$1 \times 1 \times 1 = 1 / 1^3 = 1 /,$$

a teljes felülete pedig, hat négyzetméter

$$6 \times (1 \times 1) = 6 / 6 \times 1^2 = 6 /.$$

Ha az oldalhossz két méter, akkor a térfogata nyolc köbméter

$$2 \times 2 \times 2 = 8 / 2^3 = 8 /,$$

a felülete pedig, huszonnégy négyzetméter

$$6 \times (2 \times 2) = 24 / 6 \times 2^2 = 24 /.$$

Ha felezzük az oldalhosszat, a térfogat és így a tömeg nyolcadrész lesz. Érdemes ezt megjegyezni. Azon is gondolkodhatunk, hogy a felület megmunkálására fordítandó idő apróbb köveknél jóval nagyobb. Amint láttuk, a 2 méter élhosszúságú kocka felülete 24 négyzetméter, köbtartalma 8 köbméter. Ha 1 méteres kockákból készítenénk 8 köbmétert, akkor pedig 48 négyzetmétert kellene lesimítani, ez kétszeres munkát jelentene.

$$6 \times 8 = 48$$

Meg kell gondolni, hogy a kőfaragók finomabb munkájára fordítunk több időt, vagy a tanulatlan munkások ezreinek adunk munkát a kövek vontatásánál. Az is lehetséges, hogy a királyi kamrának nevezett terem feletti könnyítő kamrákra azért volt szükség, mert az építmény belsejét apró, a faragáskor keletkezett, úgynevezett ömlesztett kő alkotja, amelynek boltozódása sokkal nagyobb terheléssel nyomná a terem mennyezetét, mint azt a kőhasábok teszik. Ezeket az apró köveket akár fejtetőn, kosárban is lehetett szállítani, amint azt mai napig láthatjuk az afrikai és arab népeknél, és a nagyobb kövekből készített kamrákat megtölteni. Egy kairói épület bontásánál magam is láttam ilyen módon történő szállítást, amikor a modern gépekkel letarolt épület maradványait szállították kosárban a fejükön a kijelölt helyre. Az összevissza elhelyezkedő apró köveken szétszóródik a sugárzás, talán ezért nem adott felvilágosítást a piramis „átvilágítása"?

A magyar Nagyalföldön épült, hajdan volt kunhalmokat – melyek egyesek szerint őrhalmok, de Móra Ferenc Szeged környéki ásatásai szerint sírhalmok voltak – állítólag a pajzsaikon hordták össze a harcosok. Mára nagyrészt beszántották, széthordták ezeket a halmokat.

Az apró kövekkel való feltöltést látszik igazolni, hogy a később épült Khefren-piramisban a sírkamra boltozatát sátortetős megoldással készítették. Ennek a terhelhetőség szempontjából jobb a viszonya, mint a vízszintes síkkal fedettnek.

Nagy mennyiségű apró követ találtak ugyan a feltárással foglalkozók, de azt a rámpa anyagmaradványának tartják. Pedig tudott dolog, hogy a kövek faragásakor több mint 30% hulladék keletkezik. Hol van ez a hulladék, talán ez volt a sokak által leírt rámpák anyaga?

Az apró kővel való feltöltést igazolhatja az a tény is, hogy van olyan piramis is, amelyet égetetlen agyagtéglából építettek, kőhasábokkal merevítve, és valószínűen kőburkolattal ellátva. Van égetett téglákból épült piramis is.

Az általunk kiszámolt kőköbméterrel viszont a kövek darabszáma:

$$2\ 657\ 280 : 0{,}314 = 8\ 462\ 675$$

Ha az üres részeket, folyosók és kamrák, és más üregek térfogatát is figyelembe vesszük, és levonjuk az összes számolt kődarabból, még akkor is marad több mint 8000000 kődarab. Ha megnézzük a darabszám leközlésének és a valós darabszámnak az arányát, úgy láthatjuk a hiba nagyságát.

$$8\ 000000 : 2\ 300\ 000 = 3{,}478$$

Ami igencsak jelentős tévedés, közel 3,5-szőr nagyobb a kövek száma annál, amit a könyvben és még sok másik írásban leközölnek. Ez azért már nem csekélység. Hogy fordulhat elő, hogy eddig senkinek, még tudósoknak sem jutott eszébe ez a kis matematikai művelet, amikor a piramis köveiről írtak?

Pedig ez egy könnyen számolható, egyszerű matematikai feladat. És ha az emberfejnyi vagy még apróbb kődarabokat is – melyekkel a nagyobb kövek közötti hézagokat pótolták ki – figyelembe vesszük, még több a beépített kövek darabszáma. Az építéskor a talaj kiemelkedését nem vésték le teljesen vízszintesre, hanem azt meghagyták, tehát látható az ésszerű kivitelezés. Igaz, nem ismerjük a meghagyott kőzet térfogatát. Ám így kevesebb anyagot kellett beépíteni, de az általánosan leírt 2300000 darab az egész piramisépítmény kőanyagára vonatkoztatott állítás. A piramis tartozékai, templomok, utak és falak anyaga nem szerepel ebben a mennyiségben. Egyébként a piramis legalsó kősoránál láthatók az alapot alkotó legnagyobb kövek, mintha ilyen nagy kövek feljebb szállítása már komolyabb feladat lett volna, és a továbbiakban inkább választották a kisebb építőköveket. Ezek a méretek a piramisoknál, így Khufu piramisánál igen jól láthatók. Miért hanyagolják el még a tudósok is a fentiek szerinti egyszerű számítások elvégzését, az igen érdekes kérdés. Pedig sok koholt probléma megoldását megadja.

90. oldal:

"Paul Rippel az aranymetszés kimutatására használja a 0,525 méter hosszúságú piramiskönyököt".

Ezzel a mértékkel viszont elvész a piramis oldalhosszába 0,635 méteres értékkel kódolt méret, amit más, a piramissal foglalkozók valóságnak tüntetnek fel. Taylortól kezdve ezzel sokan számoltak. Tehát a két állítás közül az egyik máris hamis. Régészek szerint pedig egy harmadik értékű könyök 0,523 méternek, ez pedig 7 tenyérnek vagy 28 ujjnak felel meg.

Rippel szerint a piramis alapélének a fele osztva az oldalsík magasságával egyenlő az oldalsík magassága osztva az oldalsík és alapél felének az összegével. Tehát benne van az aranymetszés. (10. ábra.)

Számítása szerint az alapél fele 220, az oldalsík magassága 356, a kettő összege pedig 576 piramiskönyök.

Ebből a 0,525 méteres (de számolhatnánk a 0,635, vagy pedig a 0,523 méteres értékkel is) számítva:((232,6 : 2) : 0,525 = 221,52 és így tovább!!!)

220 : 356 = 0,617977528

77

356 : 576 = 0,618055555

Ezek az értékek tényleg igen közeliek egymáshoz viszonyítva, de csakis az oldalak dőlésszöge miatt adódik ez az érték. Ez a dőlési szög minden további számérték alapvető meghatározója. Az érdekesség kedvéért végezzük el a fenti műveletet a ma elfogadott piramisméretekkel is:

$$(232,6 : 2) : 0,525 = 221,523$$
$$147,4 : 0,525 = 280,76$$
$$187,76 : 0,525 = 357,33$$
$$221,523 + 280,76 = 502,283.$$

Ezzel számolva:

$$357,333 + 221,523 = 578,856$$
$$221,523 : 357,333 = 0,619934347$$
$$357,333 : 578,856 = 0,617308968.$$

Az így kapott érték is hasonló, de nem teljesen azonos. Az aranymetszést a régi művészek találták ki, amely szerint „egy egyenest úgy osztunk két részre, hogy a kisebbik rész úgy aránylik a nagyobbikhoz, mint a nagyobbik rész az egészhez". Ezzel a meghatározással például egy festmény főtémája nem a kép közepére került, hanem e szabály szerinti helyre, miáltal a kép látványa más, megnyugtatóbb lett. Nem kellett a kiindulási értékhez hozzáadni, hogy kapjunk egy újabb értéket, minden az arányokhoz szükséges érték rajta van az „egyenesen, amit két részre osztottunk". Persze, ha nagyon akarjuk, sok mindenre rá lehet húzni ezt a fogalmat. Még a köröket is oszthatjuk ilyen arányokkal, vagy akár egy szinuszgörbe két π szakaszának – vagyis teljes körre eső – a hosszát vagy talán bármilyen hosszúságú és bármilyen alakú vonalszakaszt teszünk vizsgálat tárgyául, az aranymetszés kimutatható. Ha a kiindulási alap egyenesét hajlítjuk, csavarjuk, akkor is érvényes rá az előzőekben kialakított aranymetszési szabály.

Ahogyan az emberek között néha tökéletes a hasonlóság, ugyanúgy lehetnek egymástól független számsorok, ötletek is teljesen azonosak. Én Moszkvában járva köszöntöttem egy orosz hölgyet, akivel majdnem összeütközve találkoztam, mert teljesen azonos vonásai és ruházata volt egy Pesten élővel, akivel naponta ugyanabban az üzletben vásároltunk.

Akár még térbeli felületekre is alkalmazható ez a sokak által idézett, számaránnyal való bűvészkedés. Vagyis a kisebbik rész úgy aránylik a nagyobbik részhez, mint a nagyobbik rész az egészhez. Mint minden alapgondolatot tovább lehet fejleszteni, ezt az elvet is lehetne bármilyen méretre vagy alakra is értelmezni, azon úgy feltüntetve két pontot, hogy a fenti arány álljon fenn. A múzeumokban megfigyelhető némely képen ezen arány szerkesztése.

AZ ARANYMETSZÉS ÉRTELMEZÉSE

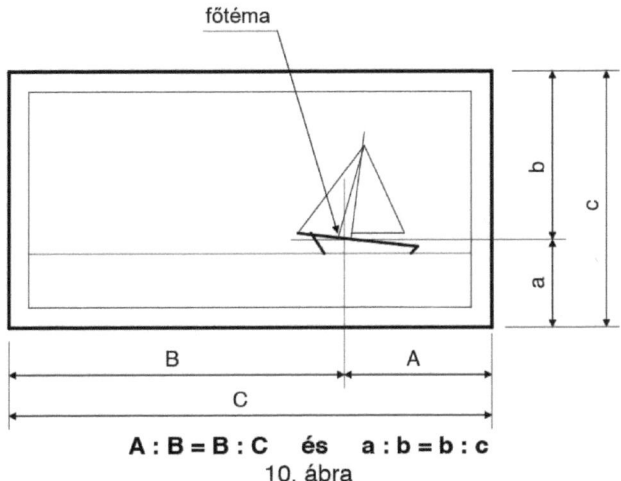

A : B = B : C és a : b = b : c
10. ábra

Azt is tudnunk kell, hogy az első ismert derékszögű számítási példák az időszámítás előtti időből, kb. 1850 körüliek. Tell-Harmal és Tell-Dibái feltárásakor került elő két ékírásos agyagtáblán, amelyen területszámítási feladatot rögzítettek. (Lásd a képeknél.)

Nem egy derékszögű háromszög adta az aranymetszés értelmezését. Igaz, manapság már minden formára használják ezt az elvet. Ezt az elvet használták a későbbi időkben a szobrászok is, amikor a műveiknek különleges hatást kívántak adni. Ez az elv Pitagorasz derékszögére nem áll, hiszen négy osztva hárommal (1,33333) nem egyenlő hét osztva öttel (1,4). A pitagoraszi háromszög derékszög, de nem minden derékszög pitagoraszi, annak ellenére, hogy a törvény érvényes rá is, csak nem egész számokat kapunk. A pitagoraszi háromszög a derékszögű háromszög speciális alakja. (11. ábra)

Az $a^2 + b^2 = c^2$ tétel minden derékszögű háromszögre érvényes, csak nem kapunk egész számot, 45 fokos derékszög esetén $c = 1,45 \times a$. Tehát a pitagoraszi háromszög oldalai egész számokkal mérhető nagyságúak, például 3, 4, 5 vagy 6, 8, 10, így tovább, amint már említettük.

Könnyű belátni annak ellenére, hogy a fenti tétel minden derékszögű háromszögre érvényes, nem egész számokkal dolgozva a kitűzési feladat pontos elvégzése nagyon nehéz vagy lehetetlen lenne, mert a tört értékek, például végtelen tizedes tört, nem mérhető pontosan.

PITHAGORASZ HÁROMSZÖGE

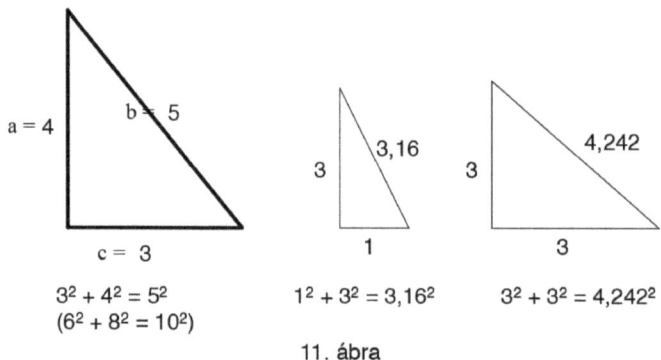

11. ábra

Meg kell jegyezni, hogy a piramis oldalának hajlásszögétől függ az összes további méret, és ez az arány nem változik meg akkor sem, ha a piramisépítmény méretei nagyobbak vagy kisebbek, csak méretarányosan kell nagyítani vagy kicsinyíteni az eredeti értékű piramisadatokat. Vagyis a szög nem változik meg akkor sem, ha egy métert egy milliméterrel helyettesítünk. Ezt a tényt használják ki a varázspiramis árusok is. Én nem állítom, hogy a piramisukban nem keletkezik „pí víz", ezt ők jobban tudják nálam.

Egyébként a régi egyiptomiaknál már a szorzás és osztás művelete is nehezen értelmezhető volt, ezért előre kidolgozott, gyakorlatias táblázatokat használtak eme feladatok elvégzéséhez.

Van egy másik ismert könyv is, Juliusz Jerzy Herlinger a szerzője, Varsóban adták ki 1977-ben, címe: *HIHETETLEN TÖRTÉNETEK*.

A könyv sokban hasonló állításokat közöl, mint a Sziriat oszlopai. Nem tudni, melyik írás vette át a másik adatait. A kiadási időt figyelembe véve Jerzy az, aki idéz a Sziriat oszlopaiból. Megemlít 2 500 000 kőtömböt, amiből a piramist építették, és hogy a köveket a Nílus másik oldaláról, 15 kilométer távolságból szállították. Azt is írja, hogy:

„Nem tudni, milyen technikával csiszolták le olyan simára őket, hogy alig látszik az összeillesztés helye".

Ebből nyilvánvalónak látszik, hogy az író nem látta a piramisokat, hiszen akkor írta volna azt is, hogy csakis a folyosók, kamrák készültek ilyen pontossággal, de azok gránit köveit állítólag Asszuánból szállították. Tura kőbányájából csak finomabb, burkolati mészkő érkezett. Vagy azt akarta írni, hogy a burkolat kövei között nem volt hézag, amint azt Hérodotosz is írta, de ezeket a burkolóköveket, amelyeket a Nílus másik oldaláról szállítottak, nem láthatta beépítve, mert azok már régen nem fedik a piramist. A többi ma látható kő igen durva faragású és illesztésű. Az „alig látszik" is egy kissé túlzó megállapítás, ugyan-

81

is a kövek illesztési vonalai a folyosókban és kamrákban is egészen jól láthatók, még gyertyafény mellett is.

Dicséretére legyen mondva, ír a folyosók közötti kemény zárókövekről is, amelyeket al-Mammun munkásai nem tudtak szétfaragni, ezért azokat megkerülték a puhább kövek faragásával. Ezek a kövek ma is láthatók a Nagy Piramisban. A látogatókat a kalifa által vágatott járaton át vezetik be a belső terekbe. A királyi kamra is le volt zárva három, vezetékben leereszthető kőlap segítségével. Ha nem értékes dolgok tárolására épült a piramis, akkor miért kellett a belső járatokat így eltorlaszolni? És vajon miért épült egy meglehetősen goromba kivitelű, primitív elrendezésű járat a lezárt területre a zárókövek előtti folyosóról? Meglehet, hogy ennek a folyosónak a helyét már az építés alatt kijelölték, hogy könnyebben megoldható legyen egy járat készítése, amelyen át ki lehet rabolni a belső tereket a zárókő megkerülésével. Köztudott tény, hogy már maguk a fáraók, még II. Ramszesz is, igyekeztek az előttük élt fáraó által épített létesítményeket a saját munkájuknak átlényegíteni, például a vésetek átfaragásával. Miért ne akarták volna talán már a temetést végző papok is, akik legtöbbet tudtak a kincsekről és az elhunytakkal eltemetett hatalmas értékű halotti útravalóról, kirabolni a sírt? Tolvajok mindig voltak, vannak és lesznek.

Sajnos azok az emberek, akik elsőnek jártak a piramisokban, nem vezettek pontos régészeti naplót, és ezzel sok olyan részletet semmisítettek meg, amely a modern régészek és a teljes igazság számára pontosításokat adhatott volna.

Ír a szarkofág hiányzó gránit fedőlapjáról (154. oldal), ami szerinte nem fért volna át a keskeny nyílásokon. Itt elkövette azt a tévedést, hogy ezt a tényt magáról a szarkofágról állapította meg. Azt, ami nem fér át a folyosók szűk keresztmetszetén, és ami hiányzik, azt gránitnak írja. Persze ez lehet fordítási hiba is. Mekkora lehetett egy ilyen fedőlap mérete, amivel befedték a sírt? A hossza 2 méter körüli, a szélessége 1,2 méter, de a vastagsága nem lehet több 0,5 méternél. Ezt ki lehet vinni azon az 1,3 méter magas alagútrendszeren, amelyen egy ember átfér. Különben a Menkaure-piramisban megtalálták a szarkofág fedelét, ami fából volt, és ki is vitték a piramisból. Lehet, hogy a Nagy Piramisban is fából volt a szarkofág fedele. Egy régi kiadású ismeretterjesztő sorozatban, amelynek a címe „A FÖLD ÉS NÉPEI", az van leírva, hogy a szarkofág fedelét a megszálló francia katonák vitték el, és az a tengerbe veszett szállítás közben, és örökre elveszett, mint ahogyan számtalan más is. A magyar, 1979-ben kiadott EGYIPTOM című útikönyv, amelynek az egyik lektora dr. Kákosy László professzor volt, a 340. oldalon így ír:

„Nincs benne egyéb, mint a király üres szarkofágja, amelynek borítólapja Napóleon katonáinak látogatása idején tűnt el".

Napóleoni katonák valóban gyűjtöttek minden mozgatható műemléket, amit csak Egyiptomban találtak, amint azt az előző és utána következő időkben és helyeken is tették. Bizonyíték erre a franciaországi múzeumok anyaga. Sőt a Szfinx orrának sérülését egyes történészek a francia katonák céllövő tudományának tulajdonítják. Ezt a céllövést mások, talán a francia szimpatizánsok – a frankománok – az arab mamelukok tevékenységének mondják, mert, ugye – egy civilizált sereg, mint a napóleoni, nem követ el ilyen barbárságot, csak kézleégetést és karóba húzást. Ezzel büntették ugyanis azt az arab merénylőt, aki megölte Beliard tábornokot, akit Napóleon fővezérnek nevezett ki, amikor titkon, de nagyon gyorsan elhagyta Egyiptomot. Az sem biztos, hogy a lovasrohammal támadó, hazájukat védőknek volt ágyúja ez időben. És mindez 1798-ban történt. A merénylő egészen jól bírta a kézleégetést. Amikor a ruhája ujja is meggyulladt, vigyorogva mondta: a ruhámat miért bünteted, az nem vétkes. A franciák ilyen kegyetlenek voltak? Igaz, hogy az első világháború kezdetekor történt az első igazi ismert koncentrációs tábor létesítése is, a franciák az országukban élő idegen származásút, németet, osztrákot, magyart stb. összegyűjtötték és öt évre, nem akárhogyan, deportálták.

Kézleégetéssel bűnhődött a római történelemből jól ismert elbeszélésben a római hősnek számító Mucius Scaevola is, aki becsempészte magát az ellensége táborába, mert ott az ellenség királyát, az etruszk Lars Porsenát akarta tőrrel megölni. Tévedett, és az egyszerű ruházatú király helyett a főhivatalnokot szúrta le, aki a királlyal ellentétben pompás ruhába volt öltözve. Egyes kutatók azt állítják, nagyon valószínű, hogy Mucius Scaevola leprás volt, azért nem fájt neki a keze égetése.

Megjegyzem, a már említett EGYIPTOM útikönyvben a 352. és 354. oldalakon lévő fényképek között az első piramist ábrázoló kép feletti szöveg „A Khefren-piramis", pedig ez a kép a Kheopsz-piramist ábrázolja. A következő képen már ugyanezen piramis alá a Kheopsz-piramis van írva. Ilyen téves ábrázolással sokszor találkozhatunk.

Nem ír azonban Jerzy arról, hogy a királyi kamrába a nagy galériából csakis egy, a turisták részére kialakított falépcsőn lehet bejutni, mivel a kamra és galéria alapsíkjai nem esnek egybe. Ezt a tényt nagyon kevés kiadvány mutatja be a maga valóságában. A királyi kamra és nagy galéria alapsíkjának csatlakozását majdnem minden ábrázolás lépcső nélkülinek mutatja be. Nemrégen az egyik műholdas csatornán egy Egyiptomról szóló műsorban úgy látszik, tudtak erről a szintkülönbségről, de azt nem felfelé, hanem lefelé irányulónak ábrázolták. Vajh miért?

Megemlíti, hogy az angol Howard Wyse ezredes számította ki a piramis hajlásszögét két megmaradt burkolólap segítségével, és az 51° 51' értéket kapta. Ez a számítás az 1830-as években történt. Két lap ellenére a megadott szögértéket igen pontosan adta meg. Mivel még földrengést is átélt a Nagy Piramis, és talán ma már ez a két lap sincsen meg a valódi helyén, a számítása nem ellenőrizhető le. Meglehet, hogy ez a földrengés döntötte le az alexandriai világítótornyot is.

Ha elfogadjuk egyes felmérők állítását, hogy a piramis északi oldala homorúra volt készítve az árnyéka biztonságos ellenőrzésére, akkor ez a szögérték még kérdésesebb. Homorú falazásnál az alap közelében más a falazat hajlása, mint a csúcsnál. Nyilvánvaló, hogy az akkori mérőeszközök pontossága sem veszi fel a versenyt a maiakkal, elfogadhatjuk valós értéknek a számítását? A leírásokban is szereplő, az északi oldalon lévő megmaradt két kőlap segítségével csak az egyik oldal hajlási szöge mérhető, illetve számítható, a másik három szöge csakis egy visszaszámolással adódik. John Taylort londoni újságtulajdonosnak írja (155. oldal), aki leközölte, hogy fáradságos számításokkal felfedezte a Nagy Piramis eddig ismeretlen arányait, sikerült megtalálni az építéskor használt mértékegységet. Állítólag előtte már Newton is, aki a korának egyik legnagyobb tudósa volt, végzett számításokat, és neki is feltűnt a Nagy Piramis méreteiben előforduló pár érdekesség.

„A Piramis egyik alapélét elosztva az év napjainak a számával, 0,635 méter hosszúságú egységet ad".

Így az oldalhossznak: 0,635 x 365,25 = 231,9337

méteresnek kellene lenni. Állítólag nem annyi volt, és akkor hol van a Paul Rippel állítása szerinti 0,525 méteres könyök? Lássuk a valós értéket, így számolva:

232,4 : 365,25 = 0,636276.

John Taylor nem volt újságtulajdonos, sem az egyetem professzora, amint azt sokan állítják róla, csak az egyetem könyvtárosa. Taylor szerint ez a 0,635 egység meglepő módon ismétlődik minden folyosó, kamra és fülke méreteiben. Ez az érték a földgömb sugarának tízmilliomod része. Érdemes mindig a közölt adatokat leellenőrizni, mert azok nagyon gyakran tartalmaznak hibát. Ezek az állítások sem fedik a valóságot. A föld sugara 6378 kilométer, és nem 6350. Mivel a Föld nem szabályos gömb, hanem „geoid", vagyis a sarkoknál kissé lapult alakú, minden bizonyára található 6350 kilométer méretű rádiusz is, de miért választottak volna alapul ilyen értékű rádiuszt? Ha az 1,3 méter magasságú és 1,09 méter szélességű folyosó, valamint a királyi kamra 5,2, 10,45, 5,8 méter méretű értékeit osztjuk a 0,635 „egységgel", nem kapunk egész számokat, amint a

85

ma elfogadott méretű oldalhossz és az év napjainak hányadosa sem adja az olyan sokat emlegetett 0,635 értéket. Jerzy dicséretére legyen mondva, másokkal ellentétben megemlíti, hogy:

„A legrégebbi ismert egyiptomi matematikai kézikönyv, az i. e. 2. évezred közepéről származó úgynevezett Rhind papirusz a mindennapi, egyszerű számtani műveletek első, nagyon-nagyon bátortalan lépéseit tartalmazza, amelyet nem is nevezhetünk matematikának. Vagyis kizártnak látszik, hogy ezer évvel e könyv megírása előtt az egyiptomiak ilyen magas matematikai műveltséggel rendelkeztek".

Ilyen bírálatokra Charles Piazzi Smith, mint azt már sokan tették, azt válaszolta:

„Ki állítja, hogy a piramis emberkéz műve".

Erre mit lehet mondani? Ilyenkor kapkod levegő után az ember, és eláll a lélegzete is, nem jut semmi okos ellenérv az eszébe. Csak a piramidológusok arca derül fel, és vidáman mondják: no lám, ezt faggyúzd meg!

Egyébként a piramisokat meg lehet építeni, természetesen rengeteg ember fizikai munkájának igénybevételével, minden matematika nélkül is, csupán a geometriai összefüggéseket és egyszerű eszközöket használva, amint azt majd a későbbiekben látni is fogjuk.

1989-ben jelent meg nálunk a „Dióhéjban" sorozat egyik kiadványa, amelyet eredeti német kiadásból magyarítottak. Címe: AZ EGYIPTOMI MŰVÉSZETRŐL.

Már a címlapjával is baj van. Amint azt a kiadvány második oldalán lévő felsorolásból olvashatjuk:

„A fedélen: szarkofág Tutanhamon sírjából (részlet). Kairó, Egyiptomi Múzeum".

Pedig a fedőlapon nem a szarkofág, hanem Tutanhamon hármas koporsója közül a legkülsőt láthatjuk, amely fából van, és aranylemezzel bevont. Ez van ugyanis az említett múzeumban. De ez nem szarkofág, hanem múmiakoporsó. A szarkofág, amely kőből van, ott maradt a Királyok Völgyében lévő sírban a középső múmiakoporsóval együtt. Hogy a múmiakoporsó nem szarkofág, erről bárki egyszerűen meggyőződhet, csak egy lexikont kell felütni a megfelelő helyen, vagy ránézni az említett sírra. Szarkofágjában van a szarkofágja? Sajnálatos, hogy ilyenfajta „elnagyolásokkal" sok írásban találkozhatunk, még komoly tudósok által elkövetve is – ebből látszik, hogy egy tudós is csak ember –, manapság már szinte nem számít hibának az ilyen elírás. Ezek az elírások lehetnek véletlenek, ismerethiányból fakadók, de sok esetben szándékosságról van szó, mert valamiféle hátsó gondolatot takarnak.

A 20. oldalon közli az írás, mint egy szent kinyilatkoztatást szokás közölni a hitre áhítozó embertömegek ezreivel, hogy:

„Az obeliszkek alapanyaga rendszerint Asszuánból hozott gránittömb volt. A köveket hatalmas teherbárkákon szállították felfelé a Níluson".

A folyók lefelé folynak, a magasabb helyről lefelé az alacsonyabb hely, a tenger felé. A Nílus Asszuán érintésével folyik a forrásától a Földközi-tengerbe. Asszuántól felfelé mintegy 15 kilométerre van az első úgynevezett katarakt, vagyis kisebb, a folyómeder leszűkülése miatt keletkezett vízesés. E felett van Núbia. Hogy ezen a zúgón miként és miért vitték volna a hatalmas köveket Núbia területére, azt nem közli az írás. Az obeliszkeket lefelé Luxor, Karnak, Alexandria, vagyis Egyiptom felé kellett szállítani.

A kiadványban a 2. oldalon az is szerepel, hogy a magyar szöveget az eredetivel egybevetette. A precíz németek is ilyen hibákat vétenek, vagy csak a magyar fordító és egybevető követte el mindezeket a komoly elírásokat, hozzáértés hiányában?

Egyébként a múmiakoporsó és szarkofág fogalomzavara más művekben is keveredik, és manapság már nem is számít ez hibának. Ilyen Christiane Desroches-Noblecourt könyve, amely

87

Tutanhamon életével és a feltárt sírjának eseményeivel foglalkozik, a címe: TUTANHAMON. Egy fáraó élete és halála.

Az 59. oldalon egy rajzot és egy fotót mutat be az ifjan elhunyt fáraó múmiájával kapcsolatban. A képhez tartozó szöveg fordítása a következő:

„A négy aranyozott szentélyt, a vászonleplet és a három múmia formájú koporsót mutató vázlatrajz".

A 189. oldalon egy fotó szövege a következő:

„A megigazulás koronája a király első múmia formájú koporsójának homlokán".

Ennek ellenére a 216. és 217. oldalakon lévő két színes kép szövegében már „múmia formájú szarkofág" meghatározás szerepel. Nyilvánvaló, hogy a szarkofág és a múmiakoporsó nem ugyanaz. Tehát vegyük komolyan, hogy a szarkofágba helyezték el a múmiakoporsót.

Erich von Däniken több kiadványában foglalkozik a piramisokkal. A SZFINX SZEMEI című munkájában – a magyar kiadás 1992-es dátumú – részletesen foglalkozik ezzel a témával. A könyv 41–42. oldalain leírja azt a tényt, hogy a múmiákat hogyan semmisítették meg, hogyan használták gyógyászati célokra, hogyan állították azokat a páncélok közé a fogadótermeikbe az előkelő uraságok az estélyük fénypontjának emelésére, sőt hogyan készített múmiákból egy üzletember, név szerint Agustus Stenwood, nátronpapírt. Nyilvánvalóan meglehetősen sok múmia veszett így el a tudomány számára.

Még olyan leírással is találkozni lehet, hogy Kairóból induló gőzmozdonyt fűtöttek múmiákkal, és a mozdonyvezető megjegyezte, hogy:

„Ezek a közemberek nem sokat érnek, adjatok egy királyt is".

A későbbiekben nagyon sok gondot okoz von Däniken úrnak a hagymafogyasztásról állítólagosan fennmaradt írás, miszerint az egyiptomiak igen nagy hagymafogyasztók voltak. Számításokat végzett azzal kapcsolatban, hogy milyen nagy feladat lett volna akár csak a hagymával való ellátást megoldani. (133. oldal) De hiszen a hagymának, hagymaevőknek és a hagymaszállítással foglalkozóknak mindegy, hogy a termőföldtől egy kilométerre lévő piramisig, vagy az ugyancsak egy kilométerre lévő településig kell szállítani. Nagy a valószínűsége annak is, hogy az ellátandó munkásemberek számát igen eltúlozva vette figyelembe. Majd így ír:

„Nincs ez másként a régi Egyiptom szakrális rőfjével sem, ami 63,5 centimétert tesz ki, és egybevág annak a távolságnak az ezredrészével, amelyet a föld forgásakor egy másodperc alatt az Egyenlítőn megtesz".

A mondat kissé zavaros megfogalmazása nyilván a fordító hibája. Vagy a Föld Egyenlítőjén lévő egy pontról van szó, vagy pedig a Föld Nap körüli pályájáról. De számoljuk ki az említett értéket. A Földünk egy nap alatt egyet fordul, vagyis annak egy egyenlítői pontja megtesz egy nap alatt:

$$40\,040 \times 1\,000 = 40040000 \text{ métert.}$$

Ha ezt elosztjuk az egy napi másodpercek számával, ami:

$$24 \times 60 \times 60 = 86400,$$

akkor:

$$40\,040\,000 : 86\,400 = 463{,}4259259$$

értéket kapunk, tehát az állítása így nem jó. Ha most a Föld Nap körüli pályájának egy-egy másodperc alatt befutott távolsága ezredrészét érti alatta, úgy a csillagászati egységgel, a Nap – Föld középtávolsággal számolt körpályát kell osztani az év másodperceinek a számával:

89

(2 x 149 600 000 x π) : (365,25 x 86 400) = 29,785678.

Ez sem a kívánt érték. Még akkor sem, ha a Föld körtől kissé eltérő ellipszis pályájával számolunk. Kepler szerint a Föld által naponta megtett út hossza változik a szerint, hogy az ellipszispálya melyik szakaszán mozog. A Nap a Föld ellipszispályájának egyik fókuszában van. A Föld és Nap összekötő egyenese által súrolt területek nagysága egyenlő mértékkel mérve (nap, óra stb.) egyenlő, állapította meg már régebben a nagy csillagász. Vagyis a Föld sebessége nem állandó az évi pálya befutásakor sem.

Megemlíti a 2300000 darab 3 tonnányi tömegű polírozott kőkockát, mintha nem látta volna a valóságot, pedig ott járt, hiszen arról fényképe is van az említett kiadványban. Úgy tűnik, egy forrásból vette az adatait az előzőekkel, és azt nem ellenőrizte le. (lásd a 166. oldalon)

Ott állt és nézte, amit nézett, de nem látta azt, amit látnia kellett volna. Hasonlóan ahhoz a szerzeteshez – Bernardushoz, őt később szentté is avatták –, aki Izland partjainál elhajózva a következőket írta:

„A sziget kopár, csak kővel borított. Kovácsműhelyek mindenütt. Vademberek izzó salakot dobáltak utánunk. Krisztus katonái, legyetek erősek az igaz hitben, mert a pokol mezsgyéin járunk".

Ebből látható, hogy nézni és látni két dolog. A szerzetes egy relatíve művelt ember volt, hiszen bizton többet tanult, mint egy átlagműveltségű polgár, és mégis, talán a vulkáni tevékenységet, a köpködő vulkánok repkedő lávadarabjait a kovácsok salakjának vélte. Lehet az is, hogy csak a dörzsölt hajósok ejtették át. Mert az emberek nagyon sokszor örömöt látnak abban, hogy más embertársaikat valamilyen módon lóvá teszik, hogy azután maguk között maradva jókat nevethessenek az ostoba tudós felültetésén.

Von Däniken úr leírja többek között, hogy egy kő beépítésére kettő perc jut. Ezt nevezik csúsztatásnak. Olyan, mintha azt állítaná valaki, hogy a vásárcsarnokban egy vásárló számára csak húsz másodperc jut, mert ha a nyitva tartási időt és a vásárlók számát összevetjük, ennyi adódna, ha csak egy eladó lenne. De ha ötven eladó dolgozik, ezt a húsz másodpercet meg kell szorozni ötvennel, ez viszont tizenhat percet eredményez. Ezért unatkoznak néha az eladók. Ugyanúgy nem egy helyen folyt a piramisok építése sem, nem egy helyen hordták fel és építették be azt a rengeteg követ. Egy sávban szállítva a köveket, azok mennyisége nem is fért volna el a szállító egységek által lefoglalt úthossz és a sebesség függvényében.

Azt feltételezni, hogy csak egy rámpát készítettek, és azon Nílusból vett iszappal kent felületen vontatták a köveket, a legalapvetőbb hibának számít, és igen erősen félrevezető az olvasók számára az építéssel kapcsolatosan, pedig még a tudomány emberei is használják ezt a szállítási formát. De a vontatók nem mehettek iszappal kent felületen, mert az ő talpuk is csúszott volna. A szállítási felület letisztítása és kiszárítása nem fér bele a 2 perces szállítási időigénybe. Vagy pedig olyan széles rámpát kellett volna építeni, hogy a vontatók a kent felület két oldalán még elférjenek száraz területen.

Ha azt feltételezzük, hogy a piramis körül 100 helyen vontattak, és csak az építésen, összesen 20000 ember dolgozott, akkor egy kő beépítésére

$$100 \times 2 = 200 \text{ perc,}$$

azaz több mint 3 óra jut. Az emberek száma pedig

$$20000 : 100 = 200 \text{ fő kövenként.}$$

Ez természetesen átlagértéket jelent, a kis kövek mozgatásához csak pár ember kellett, így a nagy kövekre sokkal több ember is jutott. A piramis oldalhossza 232,4 méter. Ennek a négyszerese 929,6 méter, így vizsgálva az egy-egy kővel dolgozók 9,29 méterre voltak egymástól az alap építésekor. Ez a távolság végig megmaradhatott az építés során, mert nem valószínű, hogy csak egy soron dolgoztak, és az összes kő helyreillesztése után kezdtek új sort építeni. Egyszerre több soron is dolgozhattak, lépcsős elrendezésben. Az egy kőre jutó 200 ember is jócskán túlzás, ebbe belefér a kőfejtők, hajókirakók, vontatók és élelmezők tömege is.

Ha azt feltételezzük, hogy naponta be kell építeni 570 darab egy köbméteres követ, akkor egy 200 fős munkacsoportnak naponta 5-6 m^3 követ kell odavontatni, felszállítani és helyre rakni.

Ugyanilyen csalóka az arab írók által a Nagy Piramisban lévő festmények és szövegek emlegetése, hiszen ott ilyeneket sohasem találtak, mégis sokan készpénznek veszik a meséket, és idézik azokat, nem néznek utána, hogy más írók vagy kutatók milyen véleményt mondtak.

Hosszasan részletezi von Däniken úr, hogy az egyiptomiak ismerték a mesterséges kő készítésének módját, és azokat tömegével építették be. Ha ismerték volna ezt, úgy bizonyára a templomaikat is ebből építették volna, nem beszélve a Szfinx-ről, a darabonként 200-300 tonnányi tömegű obeliszkekről és arról a 400 tonnányi tömegű kődarabról, amelyik a piramishoz tartozó templomba van beépítve. Ezek készítését, szállítását és felállítását sokan meg sem említik mint építési teljesítményt, pedig csúcsteljesítménynek számítanak az akkori technikai feltételek mellett.

Az asszuáni kőbányában a mai napig megtekinthető a befejezetlen obeliszk, a turistákat mindig el is viszik ennek a bemutatására, régebben még végig is lehetett gyalogolni rajta. Ez kb. 1000 tonnás. Az itt lévő gránitbányában kezdték készíteni, de megrepedt készítés közben és így azt félbehagyták, nem vésték le az alapkőzetről.

Tehát egyértelműen bizonyítható, hogy az obeliszkeket a gránitbánya anyagából készítették. Hatsepszut királynő halotti templomának falfestményei között láthat egy obeliszk-szállítást a kíváncsi látogató, ha odafigyel az idegenvezetőre.

Az egyik legnagyobb obeliszket Rómába szállították, és a Circus Maximus területén állították fel. Azt viszont már kevesen tudják, hogy ezt az obeliszket a római időben Claudius császár készíttette Egyiptomban, egyiptomi minta szerint. Tömege 460 tonna. Tehát még a rómaiak is értettek a nagy kövek mozgatásához, és ilyen teherbírású hajó építéséhez. Bizonyíték még a rómaiak építési tudására a sok ősi rom az egész római birodalom területén, valamint az egyiptomi területeken létesült, görögök és rómaiak által építtetett – az egyiptomi vallás szerinti elrendezésű – templom is. Sajnálatos módon sokan idézik ezeket a ma is látható romokat az ősi egyiptomiak tevékenységeként. Példának itt van a denderai templom – amit időszámítás előtt a II. században a ptolemaioszi fáraók kezdtek építtetni, és a római császárok, Domitianus, Traianus és még Neró is építtetett – mennyezetén lévő zodiákus, melynek látványát össze lehet vetni az egyiptomiak csillagászati ismereteivel.

Maga a zodiákus – magyarul állatöv – szó is görög-római eredetű, a csillagos égnek azt a sávját jelenti, amelyet 12 egyenlő részre osztottak, és látszólag egy év alatt járja be a Földünk. Ha pedig ismerték a mesterséges kő készítésének a módját, akkor meglehetősen rossz munkát végeztek, mert a piramisok ma látható kövei igencsak leromlott állapotúak, és erősen málladozók.

Aki nem tulajdonít komolyabb érdeklődést az obeliszkek készítése, szállítása problémájának, azt természetesnek veszi, miért csodálkozik el úgy a piramisok építkezési megoldásán? Milyen szerszámokkal készítették el a szinte tökéletes hieroglif faragásokat a gránit obeliszkeken?

Az obeliszkek tömege több esetben tízszerese a piramisba beépített legnagyobb kőtömb tömegének. Az egyiptomiakról feltételezzük a nagy tudást, de nem bírjuk elviselni azt, hogy nálunk sokkal kisebb tudásúnak vélt, egyszerűbbnek tartott emberek is értettek a nagy kövek mozgatásához, nem úgy, mint manapság. A mai ember belerokkan a sok munkába, mert pár ügyiratot el kell intézni. El sem tudja képzelni, hogy fizikai munkát is lehet végezni. A régiek dolgoztak is, és az az előkerült csontvázak csigolyacsontjain megállapítható kopásokat eredményezte.

Däniken úr így ír:

„A Nagy Piramisba tömegével építettek be hosszú gerendákat. Egyedül a királyi kamra teteje és a körülötte lévő tehermentesítő helyiségek több mint kilencven gránit gerendából állnak, amelyek mindegyike több mint negyven tonnát nyom.

A tehermentesítés nem a kamra körül, hanem felette van öt rétegben. A fedést kilenc kőhasáb látja el rétegenként. Akárhogyan szorozzuk is össze az öt tehermentesítő kamra fedését, nem kapunk kilencvenet. Mások százra taksálják ezeket a kőhasábokat. Valaki ezt írta a könyve hátoldalán lévő fülszövegbe:

„*a piramis alatti labirintus*",

gondolván a Nagy Piramisra. Tudta az illető, mit jelent a labirintus szó? Vagy csak felületes volt, amikor e sorokat írta, és talán a könyvében lévő szövegeket is ilyen felületesen fogalmazta meg? Vagy Bernardus hajósaihoz hasonlóan kacag a jámbor olvasón. Lektorok, óh, lektorok, milyen nagy baklövéseket kell elkövetni ahhoz, hogy ne kerüljenek azok az olvasók kezébe? Vagy lektorok nem is léteznek?

ELŐRE KISKÖNYVTÁR 1972. Bukarest.
A könyvecske érdekes, a Nagy Piramissal is foglalkozik.

275. oldal:

„*A piramis eredeti rendeltetése nem az lett volna, hogy fáraók temetkezési helyéül szolgáljon. Többen feltételezik, hogy a legismertebb és leghíresebb egyiptomi piramist, a Kheopszpiramist is csak utólag alakították át királysír céljára.*"

A sokak által meg sem építhető kőhegyet hogyan fúrták, vésték át, azt nem tudni.

„*Feltevésüket részben alátámasztani látszik, hogy a Kheopsz-piramis valamiféle felderítetlen építészeti összefüggésben van a gizehi nagy Szfinx-szel, amelynek korát még ma is képtelenek vagyunk meghatározni.*"

Ha csak egy logikus pillantást is vetünk a gizehi nekropolisz felülnézetére, akkor azt látjuk, hogy a Szfinx hatszáz méternyire, délre található a Kheopsz-piramis kelet felé mutató középvonalától, még a Khefren-piramis közepétől is délebbre van, így sokkal valószínűbb annak a feltételezése, hogy Khefren piramisának tartozéka volt. Ezt még az is bizonyítani látszik, hogy a Khefren-piramis sírtemplomához vezető út is ott található a Szfinx mellett. Egyébként dr. Kákosy László egyiptológus professzornak is ez a véleménye, lásd a Ré fiai könyvének 88. oldalán lévő szövegrészt a szobor készítési idejéről.

„Mivel Khefrén völgytemploma mellett van, az ő ural-kodása jöhet legikább szóba."

Majd így folytatódik a 276. oldalon:

„Tudnunk kell, hogy minden úgynevezett négyzetes piramisnak, így a Kheopsz-gúlának is, alapja olyan négyzet, amelynek kerülete egyforma hosszúságú annak a körnek a kerületével, amelynek sugara épp akkora, mint a gúla magassága."

Ezt a szöveget ő is valószínűen a Sziriat oszlopai című, már említett könyvből vette, és nem gondolta át az értelmét. Ezt a szöveget, így ahogyan van, el kell felejteni, mert szamárság. A fenti szöveg valótlanságának bizonyítására vegyünk egy 10 méter magasságú gúlát, amelynek az oldalhossza 30 méter. Ennek oldalait összeadva 120 métert kapunk, a magasságával rajzolt kör kerülete pedig 62,8 méter értéket ad.

$$2 \times 10 \times \pi = 62,8$$

Tehát az előbbi állításnak semmi értelme nincs, valótlansága nem lehet vita tárgya. Ez az állítás csakis egyetlen egy oldalhossz és magasságarány esetében érvényes. A könyv által leírt 148 méteres magassággal számolt körkerület:

$$148 \times 2 \times \pi = 929,9$$

nem egyezik meg a könyvben leírt 980,84 méteres hosszal, ami ott a négy oldal hosszának az összege. Ismétlem, a kör kerülete egyenlő nagyságú az átmérőnek és a π számnak a szorzatával. Ezek szerint már a Nagy Piramis esetében sem igaz a fenti állítás, pedig eddig ez volt a legfontosabb kiindulási adata sok írónak és piramidológusnak a Nagy Piramisról szóló elméletükben. Igaz viszont, hogy a 980,84 méter negyedrésze sem 232,71 méter, amint azt a szövegben találhatjuk.

$$980,84 : 4 = 245,21$$

A 278. oldalon al-Mammun kalifa piramis feltöréséhez teszi azt a tényt, hogy hiányzik a kőláda fedele a királyi kamrában, holott ezt akkor nem írták le, még az ezeregy éjszaka meséiben sem beszél róla Seherezádé. Csak jóval később, a Napóleon katonai megszállása utáni időkben történt meg ez a megállapítás Khufu szarkofágjának eltünt fedeléről.

„*A gúla belső előszobájának a hossza megszorozva π-vel 335,242 hüvelyket ad.*"

Ha elosztjuk a 335242 értéket π-vel, és szorozzuk a hüvelyk értékével, az előszoba méretét kapjuk méterben. E szerint a belső előszoba hossza:

$$(335,242 : \pi) \times 0,0254 = 2710 \text{ méter}$$

kellene, hogy legyen. Miért egy törtszám értékű méretet állapítottak meg az építők? Ezt még mérni sem lehet egyszerű eszközökkel. És a sokak által említett méret, a 0,635 nem található benne. Ez is igazolja azt a tényt, hogy minden számmal minden másik számot lehet osztani, szorozni, de nem biztos, hogy az eredmény egész számot fog adni.

ÚJABB IDŐK KIADVÁNYAIBAN ÍRT TÉVEDÉSEK

1994-ben került fordítás és 1995-ben kiadás alá egy remek kivitelű képeskönyv, az eredeti olasz kiadvány francia fordításából magyarra fordítva. Miért nem az eredetiből fordították magyarra, hiszen így kétszeresen jelentkezik a fordításból adódó elírás. Ez a könyv Alberto Siliotti munkája. A mű címe:

EGYIPTOM TEMPLOMOK, ISTENEK, FÁRAÓK

A könyv gyönyörű, érdemes forgatni. Sokszor azonban nem fényképfelvétel, hanem az egykori felfedezők és rajzolók képei láthatók, amelyek az illető rajzkészítő szubjektivitását tartalmazzák, eltúlozva a látottakat vagy a megmaradt festékfoltok alapján az eredetire színezve a bemutatott képeket. Sok esetben a bemutatott képen szereplő szobor, templom méretéről nincs viszonyítási alapunk, mondjuk egy ember, aki segítene a monumentalitás értelmezésében. Arról nem is beszélve, hogy olyan elemek vannak egy rajzon, amelyek nem láthatók együtt, de a képet rajzoló minél többet szeretett volna bemutatni a látottakból, spórolva a papírlapokkal. Aki nem látta a bemutatott képeket a valóságban is, annak ezek a képek lesznek az alapérték, ezeket fogja valóságosnak tartani.

A 126–127. oldalakon bemutatja a Nagy Piramis fényképfelvételét a város felé eső északi sarkáról, ahol az alapba épített legnagyobb kövek láthatók. Itt pár kődarab gerendaszerű kőhasábnak tűnik, de ezek a meghagyott természetes alap kövei. A XIX. században készült olyan rajz is, amely a piramis öszszes kövét hasonló vagy még nagyobb kőhasábokból épülőnek ábrázolja, ahogyan a piramisokat nem látó rajzoló azt Hérodotosz leírása alapján elképzelte.

Ez is lehet félrevezető, hiszen aki nem látta a maga valójában a Nagy Piramist, csak ezt a rajzot, az bizton hiheti, hogy minden építőkő ilyen méretű. A következő, kétoldalas ábrázolás azonban már nem léptékhelyes. A magasság és oldalhossz közel egyforma hosszúra van rajzolva. A jobb felső sarokban ábrázolt részlet – a királyi kamra és nagy galéria csatlakozásánál – viszont bemutatja a szintkülönbséget a két terem alapsíkja között. Ez közel másfél méternyi lehet, de legtöbben a piramisról írók közül elfelejtik ezt a tényt közölni. Manapság csakis egy fából ácsolt lépcsőn lehet a sírkamrába jutni. (12. ábra)

Valaki azt írta, hogy az egyiptomi templomépítők vaskapcsokkal erősítették össze a falak kőelemeit. Pedig csak a régészek által megtalált és visszarakott kőelemeket, amelyeket nem lehetett biztonságosan az eredeti helyükre rakni, erősítették meg vasalásokkal. Ilyeneket tényleg lehet látni, például Karnak romjai között is, ezek a vasak hengerelt **U** alakú profilacélból vannak. Lásd még K. Michalowski KARNAK című fotóalbumát példaként. Igaz, a luxori templom oszlopain van áthidaló és Kom Ombó templomának kövein is látható egy, az azok összeerősítésére szolgáló lovagkereszt alakú kiképzés, de ide a régészek megállapítása szerint fából készült elemeket helyeztek az építők.

NTT 1992. július. „A PIRAMIS és az indián nem létező kereke."
(Szatmári Jenő István)
Idézetek az írásból:

„Szeretnék az ügyben egy kicsit az ördög ügyvédje lenni".

Ez, amint azt a következőkben látni fogjuk, valóban sikerült is neki. Az írásában lévő állítások zöme viszont alapvetően badarság. Az amerikai piramisok aránylag kis kövekből épültek, de vannak templomfalak hatalmas kövekből is.

„Hogyan is jutott el a távoli hegyekből a líbiai-egyiptomi sivatagokon át az a sok hatalmas kőtömb a mai helyére, ahol piramis lett belőlük."

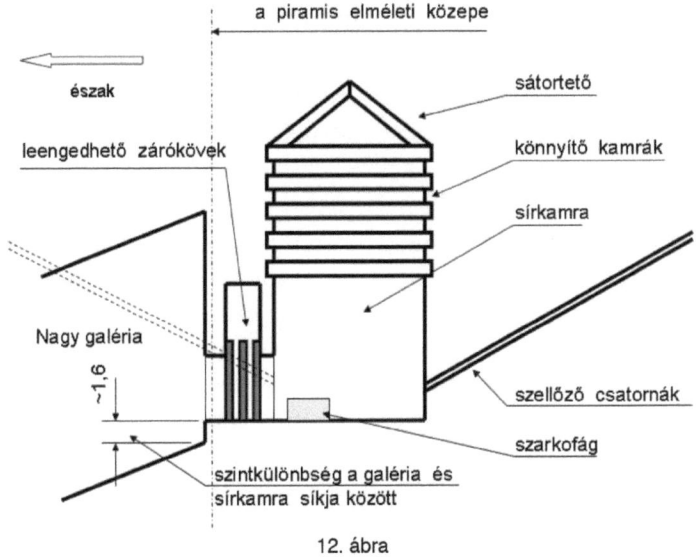

12. ábra

A válasz: sehogyan, ugyanis az asszuáni gránitot miért is szállították volna a líbiai sivatagon át? Ez a sivatag a piramisoktól nyugatra fekszik, Asszuán pedig délre a van, a volt Núbia területén. Talán a Líbia, Núbia hangzás tévesztette meg az írót. Az építőkövek nagy részét bizonyára ott a helyszínen termelték ki, harmadosztályú anyagból, azért málladozik erősen a Nagy Piramis ma látható felszíne.

A burkolatot képező finomabb mészkövek pedig a Nílus másik oldalán lévő, a mai nevén Tura kőfejtőiből származtak, ezt szintén nem a líbiai sivatagon, csak a Nílus vizén át szállították.

„Ráadásul a kőtömbök nagyobb része viszonylag „kicsi" kocka, melynek minden éle 10 méter. Persze ez a „kicsi" tömeg is 10 x 10 x 10, azaz ezer köbméter. Egy köbméter víz súlya 1 tonna. A kő gyorsan süllyed benne, tehát 3-4-szer nehezebb."

Ez már igen! Szó szerint így van leírva, és ezt a hibát más is észrevette, a következőkben látni fogjuk, hogyan. Hogy az író ezt az ostobaságot honnan vette, nem derül ki. Talán bolonddá akarta tenni a jámbor olvasókat? Ez esetben viszont a szándékos csalás esete is fennforog, amely büntetendő cselekmény, állítólag. Igaz, hogy az irodalomban elkövetett csalásokat nem szokás büntetni. Amint azt az előzőekben láttuk, az átlagos kőméret 0,68 méter, a térfogat pedig 0,314 köbméter. Vagyis 2,8 tonna köbméterenkénti tömeggel túlzón számolva is – a legnehezebb kőzet sem haladja meg a 3 tonna köbméterenkénti tömeget! – 880 kilogrammot tesz ki. Az író által állítottak esetében egy-egy kőtömb súlya kétezer-nyolcszáz tonna lenne, illetve az ő számítási adataival három-négyezer tonna. A hiba:

$$3000 : 0,88 = 3409$$

vagy:

$$4000 : 0,88 = 4545,45$$

Így lehet valakiből ezredes, legalábbis a tévedések terén. A királyi kamrát fedő kövek a legnagyobbak a láthatók közül, becsült súlyuk 45 tonna, és kb. 14 köbméter térfogatúak. Az írónak úgy látszik, volt már dolga olyan kockával is – különben nem hangsúlyozta volna ki, hogy minden éle –, amelynek nem minden éle azonos méretű, például 10 méter. Igaz ugyan, hogy ezt a nem egyenlő oldalhosszúságú testet nem kockának hívják. Hogy a köbmétert miért nevezi tömegnek, talán csak ő tudja megmondani. A tömeg súly, és nem térfogat. Mértékegysége a kilogramm, amelyet az Első Általános Súly- és Mértékügyi Értekezlet által Párizsban, 1889-ben elfogadott, és Sevres-ben őrzött platina-irídium henger mint etalon képvisel.

„Az amerikai ó-indián kultúrák is építettek ugyanilyen hatalmas piramisokat. Ugyanekkora kövekből."

Micsoda rossz megfigyelőképességgel rendelkeznek egyesek. Az amerikai piramisok egészen más jellegűek, lépcsők vezetnek a tetejükön lakható építményhez, amelyeket ezen a lépcsőn lehet megközelíteni. A kövek mérete leginkább a lépcsők magasságával megegyező méretű. Ezek a piramisok templomvárosokat alkotnak! Nyilván azért kellett a magasság, hogy a papok „fentről" szólhassanak a néphez. A hordószónok is feláll valamilyen magaslatra, például hordóra. Vagy egy erre szolgáló folyóirat hasábjain kapaszkodik fel a „tíz méter" élhosszúságú építőkőre. Hogy az amerikai piramisok kövei mekkorák? Kéretik megfigyelni a tévé műholdas csatornáinak valamelyikén, hát bizony nem 10 méteresek! Apróbb kődarabokból vannak illesztve és építve, kötőanyaggal rögzítették a helyükön. De a két piramisépítési mód nem keverendő. Nem egyformák, és az építési idejük is évezredekkel eltérő. Az egyiptomi és amerikai piramisok úgy hasonlítanak egymásra, mint az alma a körtéhez. Az első egyiptomi piramis i. e. 2600 körül épült, az amerikai piramisépítés csak az időszámítás kezdetétől az Újvilág, Amerika felfedezéséig tartott a tudomány szerint.

Ezen kívül Palenque egyik templomában már régebben találtak egy sír lefedéséhez használt kőlapot, az úgynevezett „űrhajós" sírfedelet, vagyis ott temettek is sokak állításával szemben, miszerint a piramisok nem sírok voltak. Igaz az is, hogy az ide temetett halott – aki állítólag Pakal király volt –, illetve halottak, mert a sírkamra előtt őrzőként több csontvázat is találtak, nem mumifikálódtak. Igen lebomlott állapotban találták meg porladó csontjaikat, habár az építmény jóval későbbi, mint az egyiptomi piramisok. A mai megállapítások arra utalnak, hogy az amerikai piramisok temetkezési célokat is szolgáltak. Mára már több piramis alatt találtak erre utaló leleteket, de legtöbbet még nem kutatták át ilyen céllal.

"... Aki ismeri a forgó mozgás szállító erejét, az a kereket is ismeri..."

A forgó mozgáskor fellépő erő a centrifugális vagy röpítő erő. Ezt bárki meg tapasztalhatja egy spárgára kötött nehezék körbeforgatásával. Ez az erő nem szállít, legfeljebb egy centrifugál szivattyúban. Amire az író a szövegében írtakkal gondolhatott, nyilván a gördülési súrlódási tényezőnek a csúszó súrlódási tényezővel szembeni kedvezőbb volta. Erre szokták használni a „pongyola" kifejezést. Ráadásul az egyiptomiak ismerték a kereket, amint a templomaik falvésetein is látható. Igaz, csak a hükszoszok támadásai után kezdtek lóvontatta harci kocsikat használni.

NTT 1993. március. „Számok és csúsztatások" (P. T. A.)

Ez az írás helyesbíti az előző írás hibáját a 10 méteres élhoszszúságú kövek méretét érintően. A tudós is követhet el hibát. Lássuk, hogyan!

„Hiszen a Kheopsz (Khufu) piramist felépítő kockatömbök éle kb. 1 méter. (Számítsa ki a cikk szerzője, hogy ha a 137 méter magasan lévő tetejéig 202 sor építőkőből álló „lépcsőfok" vezet, egy lépcsőfok milyen magas). Egy-egy tömb súlya kb. 2,5 tonna."

Az előzőekben már kiszámítottuk, és az itt közölt adatok szerint láthatjuk, hogy az átlag kőmagasság (a magasság osztva a sorok számával) 0,68 méter, és körülbelül 0,88 tonna a súlya, és ezt már nem illik egyméteresnek és 2,5 tonnásnak írni. (Az osztás próbája a szorzás, tanultam kisiskolás koromban, hát szorozzuk meg a 202 értéket a körülbelül egy méterrel. Ekkor azt kapjuk, hogy a piramis jelenlegi magassága nem 137, hanem körülbelül 202 méter.) Természetesen ez is akkor lenne igaz, ha a kövek kockák lennének. Bárki beláthatja, hogy 137 osztva 202-vel sehogyan sem lehet 1! Az egy köbméter térfogatú kő súlya lehet körülbelül 2,5 tonna. Vajon amikor a „Betlehemi csillag" bolygóegyüttállását és a napfogyatkozások dátumát számította ki ezer évekkel ezelőtti időpontokra, akkor is ilyen, úgymond lezseren számolt?

Egyébként, ha elfogadjuk a bibliafordítók általi közlést, mármint, hogy bölcsek jöttek napkeletről – bizonyság nincs róla – követve egy csillagot, amely csillag **megállott a hely felett**, ahol a Megváltó született, akkor a bolygóegyüttállásról szó sem lehet.

Először azért, mert ha tudósok voltak, akkor bizonyára feltűnt, hogy több égi objektum – ahogyan ezt több mai tudós állítja – egymáshoz közelít, és ez említést is kapott volna. Másodszor pedig teveháton vagy szamárháton utazni keletről, netalán Indiából, meglehetősen hosszú időt vesz igénybe. Igencsak valószínűtlen egy ilyen hosszú ideig vándorló bolygóegyüttállás szamárügetési tempóval haladva. Minden égi objektum naponta egyszer körbejárni látszik a Föld forgása miatt, így az nem haladhatott állandóan előttük, mintegy vezetve őket. Este, amikor keleten felkelni látszott az együttállás vagy csillag, pont az ellenkező irányban volt, mint hajnalban, amikor nyugaton lenyugodott. Mivel a csillagokat csak éjjel látjuk, éjjel utaztak talán? Arról nem is beszélve, hogy a csillag állítólag megállt a ház felett. A Föld forgása miatt egyetlen égi objektum sem képes megállni sehol. Az állócsillag nem azért álló, mert valahol megáll a látszólagos mozgása, hanem azért, mert a többi égi objektumhoz viszonyítottan nem változtatja a helyét az égi csillagrendszerben, legalábbis szemmel követhetően nem. Ezt a tényt bárki ellenőrizheti több hajnali vagy esti rövid ideig tartó csillagmegfigyeléssel. Láthatjuk azt is, hogy minden látható csillagkép naponta más pozícióban van ugyazazon időpontban.

Tapasztalhatja a megfigyelő, hogy mily gyorsan mozog minden megfigyelt objektum keletről nyugat felé. Percenként 0,25° az elmozdulás.

$$360° : (24 \times 60) = 0{,}25°$$

Távcsővel történő megfigyelés alkalmával állandóan után kell állítani, mert a megfigyelt objektum kimegy a látómezőből. Ezért a csillagászok a csillagok fényképezéséhez motoros utánállítású távcsövet használnak, amely pontosan követi a vizsgált objektumot, és az egyik mozgatási tengelyt a sarkcsillagra állítják, így már csak egyféle utánállító mozgatást kell végezni a követéshez.

Egy bolygót a csillagokhoz viszonyított elmozdulása alapján lehet könnyen megtalálni. Természetesen a keringési időnek megfelelően több-kevesebb megfigyelési idő - napok, esetleg hónapok - szükséges ehhez. Egy esti megfigyelés nem elégséges.

Így keresik az üstökösöket is, a vizsgált terület két hosszabb időkülönbséggel készült fényképfelvételnek összehasonlításával.

Ha a ház felett volt a bolygóegyüttállás és a retrográd mozgás, vagyis a látszólagos visszafelé mozgás, csakis egy, a házon átmenő délkörön állva lehetett így megfigyelni, és a napnak egy igen rövid időszakában. Ugyanis Betlehem közel harminc fokos szögön van az Egyenlítőhöz viszonyítva, ami nem teszi lehetővé, hogy általánosítva a ház feletti bolygóegyüttállásról mint tényről beszéljünk, hiszen a bolygók más síkban mozognak. Főleg, ha elfogadjuk a decemberi születést, amikor a Nap mozgási síkja legdélebbre esik.

Az építőkövek valós mérete ellenére egy későbbi kiadású könyvben, amit Földes Attila úr írt,

AZ EMBERT A MARSON TERVEZTÉK

a 114. oldalon azt olvashatjuk, hogy bizony egy-egy kőkocka 1-1,2 méter magas. Egy-egy még magasabb is, de nem lehet eléggé hangsúlyozni azt a tényt, hogy a piramisok építőkövei nem egyforma nagyságúak, nem kockák, hanem hasábok, és az átlagmagasságuk - amint azt már az előzőekben megállapítottuk - kb. 68 centiméter.

Hogyan írhat valaki olyan dolgot, aminek helyes voltáról nem győződik meg? Egy alapvető, egyszerű matematikai tudás, egy osztási művelet elégséges az állítás igazolására. És szintén alaptudás kell annak ismeretére, hogy milyen test a kocka vagy a hasáb. Ezek a szövegek így olyan félrevezetők, mint amikor az áremelés okozta bérkompenzálásra hivatkozva 5000 féle árucikket vesznek alapul az átlag áremelés kiszámításához. Ebbe az 5000-be belefér még a havasi kürt és a műhold ára is. Egy átlag vásárló a megélhetéséhez csak pár száz áruféleséget vásárol, még akkor is, ha a vásárolt zakó gombjait külön árutételként kezeljük. Többek között ezt is csúsztatásnak hívják. A csúsztatás a politikában általánosan használt mód, de a tudománynak nem lenne szabad használni, a tudomány tisztasága érdekében.

NTT 1992. augusztus. BŐSÍTŐ PIRAMISOK (Báthory Csaba)

„Öt-hat lépést kell megtenni egyetlen kockája mellett. ... A mezei turista, akinek a tudása, fölkészültsége szóba se jöhet... Először is rájön, hogy a fáraók csakis és kizárólag a Királyok Völgyében a Nílus balpartján elterülő kopár sziklás hegybe vájt barlangokba temetkeztek... Ugyan miért változtatott volna ezen az ősi szokáson Kheopsz fáraó..."

Egy lépés kb. 65 centiméternyit tesz ki, így valóban 3 méternél nagyobb méretek adódnának, de amint azt már tudjuk, ez nem a piramis átlag köveinek méretével azonos! A piramis sírtemplomába épített kövek esetében pedig ez valóság is lehet. Egy „mezei turista, akinek a tudása és felkészültsége szóba se jöhet", legalább nézzen utána annak, amiről ír. Különben egészen egyszerűen rájöhetett volna arra, hogy az öt-hat lépés nem igaz, ha már ott járt, és hogy a Királyok Völgyében „csakis és kizárólag" alig több mint 20 fáraó helyeztette örök nyugalomra a tetemét a mintegy 300 közül. És az első fáraó, aki ide temetkezett, I. Thotmesz (más néven I. Thutmozisz) volt, időszámítás előtt 1500 körül. De temetkeztek fáraók máshol, így Abusirban, Abbüdoszban, Szakkarában meg még több helyen. Valamint azt is észrevehette volna, hogy Khufu fáraó még ősibb volt azoknál, hiszen több mint 1000 évvel korábban élt, mint a Királyok Völgyében temetkezettek közül a legelső. Így nem is volt módja változtatni, a változást inkább a Királyok Völgye sírjainak készítése hozta.

Hérodotosz az „ép piramis" burkolatáról írta, hogy egy sem kisebb 30 maroknál! Ezen érték szintén 3 méter körüli, a mezei turista viszont ezt a burkolatot csakis Kairó épületeiben láthatta. Így az al-Riffai vagy al-Azhar és más mecsetben is mint csodálatosan faragott cseppkőmintás díszítésű elemeket.

"Mert a piramisaikban, amit ugye a tudomány mai állása szerint temetkezési helynek építettek, SEMMI nincsen."

A két hükszosz és ugyancsak két perzsa megszállást, valamint Hérodotosz leírását figyelembe véve azt, hogy I. Pszamtek fáraó időszámítás előtt 660 körül rendbehozatta a piramisokat, és a bejárataikat is újra eltüntette. Nem tudom, miért keres valaki a piramisokban bármit is, hiszen a bejárata is nyitva volt. A Királyok Völgye sírjai is üresek voltak. Tutanhamon Howard Carter által „feltárt" sziklasírjában, amelyet szinte érintetlenül tárt fel, sem találni ma az idólegesen otthagyott szarkofágon és a középső múmia-koporsón meg múmián kívül semmit. És azok is, ki tudja, meddig maradnak ott! Ezer évig biztosan nem. Pedig ezt a sírt majdnem teljes anyagával találták meg. A Királyok Völgyében lévő többi királysírban szinte semmit sem találtak. Igaz, Belzoni – az egyesek szerint legnagyobb egyiptológus – leírta, hogy helyenként múmiákon gázoltak át. Mert ezek a kutatók is, mint a rablók, általában nem régészkedve, hanem aranyat és más értéket keresve jártak ott!

A Dr. Kákosy László professzor által feltárt sírt, Jehutimesz sírját, a professzor állítása szerint már a temetés után száz évvel később kirabolták. Pedig nem is királyt temettek oda, nem tartalmazhatott annyi kincset, mint egy királysír, így nem is ösztönözhette a sírrablókat oly mértékben, mégis kirabolták, mint annyi más sírt is.

Ráadásként azt is megemlíthetjük, hogy mivel a Királyok Völgyében lévő sírokat is szinte üresen találták meg, ezen az alapon mondhatjuk, hogy azok sem sírok voltak. Ami üres, az nem lehetett sír?

„Oldalai, ahogyan a piramis valamennyi köve, tökéletesre csiszoltak."

Vajon mit látott a mezei turista? Szerinte milyen lehet egy csiszolt kő? Amit a piramisokból ma látni lehet, az bizony elkeserítően romos állapotú külső felszín. Egyáltalán nem egyforma nagyságú és nem csiszolt, hanem durva faragású kövekből van felépítve, helyenként egészen apró elemekkel kitöltött hézagokkal, ami azt látszik igazolni, hogy bizony gyarló emberek dolgoztak az építkezésen. Amint már említettük, a faragott, simított, csiszolt, polírozott, ezek a szavak mind mást jelentenek a felület megmunkálásával kapcsolatban, legalább is magyarul mondva.

„Mert a bejáratot évezredeken át keresték... a múlt század végén az egyiptológusok vezetésével indult kutatómunka során szinte alagutat fúrtak a kőtömbökből álló óriás oldalába, így is csak véletlenül bukkantak rá az egyébként egyáltalán nem zegzugos, így nem is titkos folyosóra."

A Nagy Piramis – mert, ugye, erről van szó – ismert feltörését 860 körül Al-Mammun kalifa végeztette el. A „múlt század kezdetén", 1818-ban, a második legnagyobb piramist, Khefren piramisát törte fel Belzoni, aki inkább kalandor volt, és talán csak annyira nevezhető egyiptológusnak, mint a fenti cikk elkövetője igazat írónak.

Belzoni először katona volt, majd szerzetes, erőművész és még ki tudja, mi, mielőtt az egyiptomi sírokat kezdte kirámolni, amely tevékenységre 5 évet fordított, mindenféle előtanulmány nélkül. Egy sír feltárása nála tíz napot jelentett. Vandál módon letörte II. Ramszesz szoborkolosszusának a fejét azért, hogy elszállítsa és pénzért eladja. Howard Carter 16 évet áldozott Tutanhamon sírjának feltárására és konzerválására. Egyébként Belzoninak nem kellett alagutat fúrni, hiszen először a sírrablók által vágott járatba, majd második kísérlete során az eredetileg épített folyósba jutott. Állítólag megtalálta a sírban a régebbi rablók által a falakra írt szöveget, amely az 1200-as évekből származott. Manapság Belzoni falfirkája is látható itt, és még sok másik, általa „feltárt" sírban, esetleg a többi sírfeltáró firkájával együtt.

Egyébként, mivel egy piramis építésén emberek ezrei dolgoztak, nem annyira volt titkos ez a bejárat, mint amennyire kinyithatatlan. Szó sem esik arról, hogy az építők tömegeit lemészárolták a mű befejezése után, tehát rengeteg szemtanú lehetett, akik látták a temetés előtti nyitott bejáratot. A zárókő be- vagy kiemeléséhez állványzatot kell építeni, amelyet nem lehet titkosan elvégezni.

Alig egy mondaton belül meg is cáfolja saját magát az író, az „egyáltalán nem titkos bejáratot, melyet évezredeken át kerestek, és csak véletlenül találták meg" szövegével. Azért igencsak titkos volt ez a nem titkos, ha évezredeken át keresték, és nem találták meg. A temetés befejezése után elhelyezett zárókő helyzete is ismert lehetett sokak számára, csak később felejtődött el ez az ismeret.

Ráadásul keveri a piramisok feltárásának történetét, amint azt számos másik író is megteszi, aki a piramisokról valamiféle irodalmi kiadványban közli a gondolatát.

Ismétlem, nem szabad elfeledkezni, hogy a Nagy Piramisban lévő folyosót a kemény kőből való tömbökkel zárták el az építők a bejárati ferde folyosó és Nagy Galéria között.

Ha meggondoljuk, ezt a zárókövet vagy úgy építették be, hogy az alá volt támasztva, amíg a temetés meg nem történt, majd a támasztás megszüntetésével eresztették le a mai helyzetébe, miután elhagyták a belső teret, vagy pedig úgy, hogy a zárókövet a Nagy Galériában tárolták, és csak utólag, a temetés befejezése után csúsztatták mai helyükre azokat. Nagyon valószínű az is, hogy a függőleges akna – mely a zárókövek és a Nagy Galéria között van, és nem szabályos kiképzésű – szolgálhatott a kőtömb elhelyezése után a piramis elhagyására, vagy a sírrablók készítették, és ezen keresztül hordták ki a bent lévő értékeket, megkerülve a zárókövekét, amelyek szétfaragása túl kemény munka lett volna. Mindenesetre különös, hogy a precízen kidolgozott járatok és termek között – még ha azok esetleg befejezetlenül maradtak is – egy ilyen kezdetleges kivitelezésű összekötő folyosó van.

„Mondjuk ott feküdt a halott fáraó, annak tetemét ugyan minek vitték volna magukkal?"

Nyilván, ha ott feküdt a fáraó, az bizony csakis halott lehetett. Ha gondosan olvasta volna von Däniken úr könyveit, akkor láthatta volna, hogy gyógyszernek, szobadísznek, papírnak vitték a múmiákat. És talán azért is, hogy ne egy ilyen zárt helyen bontsák le a pólyát, amelyben mindenki által köztudottan közel százötven darab értékes amulettet helyeztek el a bepólyázáskor. Ha belelapozott volna egy ilyen témával foglalkozó kiadványba, úgy láthatta volna, hogy a múmiapólya alatt aranyból készített ujjvédők, gyöngyökből lévő kígyók, madarak és drágakő amuletek voltak.

Ezt a tényt bizonyítja Chistrine Desroches-Noblesourt egyébként olvasásra érdemes könyve, melynek címe: TUTANHAMON.

Ennek a könyvnek, a 177. oldalán Howard Carter által feltárt sír királyi múmiájának a fején elhelyezett ékszereket mutatja be.

Próbálja meg az olvasó elképzelni, hogy ő a sírrabló, és egy évezredekkel ezelőtt bebalzsamozott és pólyával ellátott holttest milyen port kavar a pólya lebontásakor. Különben nagyon valószínű, hogy egyetlen sírrabló sem szeret hosszú ideig egy kriptában tartózkodni, hátha bezárják oda, mint Radamest Verdi Aida című operájában. Tehát a zsákmányával igyekszik minél előbb kifelé a napvilágra.

Talán már a sírrablások ideje előtt is szokás volt megenni az örökéletűnek tartott múmiákat. Ismert az a tény is, hogy egy régi egyiptomi papot megbüntettek, mert macskamúmiákat árusított gyógyászati célokra. Próbáljon meg a sírrabló eszével gondolkozni. Általában minden sírt teljesen üresen találnak meg, így a sziklákba vésett Petra város sírjait, amint a Földünk bármely területén lévő, értékesnek vélt más sírokat is. Majd így folytatódik:

"Kétmillió kőhasábból áll, amelyek egyenként 80–120 tonnányi súlyúak. Gránitból vannak."

Ebből a szövegből semmi sem igaz. Nehéz dolog a matematika még egészen alapfokon is. 80 és 120 tonna átlaga 100 tonna. A kettő adat átlagát a két érték összeadása, majd kettővel osztása adja. ((80 + 120) : 2 = 100) Ezt a sokszor említett 2,8 tonna köbméterenkénti térfogatsúllyal osztva 35,7 köbmétert kapunk, és ezt szorozva az általa leírt 2 millióval 71 millió köbméteres piramist adna a 2,7 millió köbméteressel szemben. Az így elkövetett hiba 26-szoros.

Ilyen tévedés azért egyáltalán nem semmi, mondaná egy mai kisdiák. Csakis az alapokat, a folyosókat és a termeket képező kövek vannak gránitból és valók Asszuánból. A fő kőtömeget nagy valószínűséggel ott a helyszínen termelték ki homokkőből és rosszabb minőségű mészkőből. A burkolata pedig finom mészkő volt Tura bányáiból, amint azt már meg-említettük. Vajon miért kocka egyszer, másszor pedig hasáb, mert a kocka a hasáb egy speciális alakja?

„Mennyire tehető Egyiptom lélekszáma a fáraók korában?

Körülbelül százezer fős létszámot lehet bizonyítani"

Khufu előtt visszamenőlegesen számolva a tizenkettedik fáraó, Hatsetszemui egyik feljegyzése szerint egy levert lázadás alkalmával százhúszezer foglyot ejtett és negyvennyolcezer embert ölt meg. Ennyi valótlanságot összeírni ilyen kis terjedelmű műben nem csekélység. De azért akad más ilyen is.

Ufómagazin 1993/2. A PIRAMISOK TITKA (Baloghné Kertész Judit)

„Napi 26 kőkockát kellett volna pontosan a helyére illeszteni."

Hát senki sem járt iskolába? A Nagy Piramis maga állítólag 20 évig épült, így napi 26 kővel számolva a beépített kövek darabszáma a teljes húsz év alatt:

$$26 \times 20 \times 365 = 189800 \text{ kődarab,}$$

szemben az előzőekben kiszámolt 8000000-val. Így az építés:

$$8000000 : (26 \times 365) = 842{,}9926 \text{ évig,}$$

de az általánosan írt 2300000 kődarabszám esetén is:

2 300 000 : (26 x 365) = 242.36

évig tartott volna, ha mindennap dolgoznak.

Majd a következőben megtudjuk:

„Ufo szállt a Kheopsz-piramis fölé, annak talapzatából egy kőlap alól egy különös kar segítségével egy fekete, dobozszerű tárgyat vett ki".

Valóban az a kar, amelyik 137 méterre lenyúlva köveket emelget, igen különös lehetett. Ilyen még manapság is nehezen készíthető, a mai igen magas szintű műszaki lehetőségek mellett. A talapzatot kőtömbök és nem lapok alkotják. A kőlapok a piramist körülvevő területet fedik, vagy fedték.

„Be kell látnunk, hogy az ókorban a mégoly magas szintű műszaki, technikai tudás birtokában sem valószínű, hogy rabszolgák ezrei építették volna fel az óriási gúlákat."

Ebben igaza van, a rabszolgákkal való építtetés tévedés. Nem úgy történt, ahogyan azt Madách írta az EMBER TRAGÉDIÁJA művében, vagy a moziban vetített filmen látjuk, hanem mesteremberek építettek, akik kialkudott bér ellenében dolgoztak, amelyet a leletekben lévő írások is bizonyítanak. Ugyanis találtak olyan írást, amely arról szól, hogy egy építkezésnél a kőfaragók reklamálják a fizetésüket, amit nem kaptak meg. Bizonyíték még a gízai nekropolisz mellett megtalált település és a munkások temetője is.

Az elfogott ellenségeket nyilván rabszolgaként dolgoztatták. Ahogyan nem oly rég is ezt tették a háborúban elfogott ellenséggel, például Szibériában dolgoztatva őket. Az állam vezetői ma is éhbérért dolgoztatják a saját népüket, a modern rabszolgákat, akiknek nagy része viszonyítva ma sem él jobban a piramisépítőknél. A rabszolgatartónak vagy a jobbágyokat tartó

111

földesúrnak kötelessége volt ruhát, élelmet és lakást biztosítani rabszolgájának vagy jobbágyának. Manapság meglehetősen sokan élnek lakás és élelem biztosítása nélkül, rosszabbul, mint az ókori rabszolgák, nem említve a minimálbérezésű dolgozókat.

A mai államok, szinte mind, ettől igencsak eltekintenek a sok nincstelennel való bánásmódjukat illetően, olykor még a lakhatáshoz való jogot is megszüntetik. Azok szabják meg a „törvényeket", mint a fáraók, akik maguk részére állapítanak meg hatalmas összegeket bérként, ami szerintük jár nekik a „munkájuk" végzése miatt mint miniszterek, a nép szolgálói. Nekik még ez a bér lemondásuk után több évig jár, „mert nem praktizáltak a miniszterségi idejük alatt". Igaz, megszereztek egynéhány vállalatot ez idő alatt, de az egyszerű, minimálbéres dolgozókat csak úgy elcsapják, kártérítés nélkül. A miniszterek béréhez hozzá kell számolni a számukra biztosított autó, gépkocsivezető, ellátási költségtérítés, lakás, kirendelt biztonsági őr és még sok más értékét is, amit a fenntartásukra fordítanak. Így még tetemesebb a bérezésük.

És amint látható, ezek a mai rabszolgák egyre csak szaporodnak a szabad emberek nincstelenné, rabszolgává válása eredményeként.

Ufómagazin 1993/4. ÉRDEKESSÉGEK (Herbert Egon)

„A piramisokban csak kevés kincset és alig néhány fáraó testének maradványait találták meg. Amit azonban ezekben az óriási szerkezetekben találni lehetett, attól óv és figyelmeztet Howard Carter angol egyiptológus felfedezése."

Howard Carter sziklába vésett sírt tárt fel, kevés dolga akadt a piramisokkal. A piramisokról írók általában mind azt igyekeztek bizonyítani, hogy azok nem sírok. Lám, mégis találtak némi kincset és fáraómaradványokat. Vajon miért és hogyan kerültek, és ki hurcolta ezeket oda? Arról nem is beszélve, hogy a Királyok Völgyében lévő sírokban is „csak kevés kincset és alig néhány fáraó testének maradványait találták meg". Igaz, találtak ott egy barlangba rejtve több múmiát, és ezek között bizonyíthatóan fáraó múmiák is voltak. Ezeket nagy valószínűséggel vagy a papok megvédeni, vagy a sírrablók raktározni rejtették el. Amikor elszállították Kairóba ezeket a múmiákat hajóval a Níluson, végig a partig gyászoló arabok kísérték azokat, jajgatva és lövöldözve. Talán azért, mert nem ők találták meg, és így elestek egy jó kereseti forrástól, a sírok kifosztásától, és kiárusításától, mert így elvették tőlük a megélhetés egy formáját. Ugyanis a sírok kifosztásának története közel azonos a „homo sapiens" megjelenésének időpontjával a világ minden táján.

„Az egyiptomi királyok szimbólumaként egy kobra egy kanári madarat elnyel, mely Carteré volt. Egyesek számára ezáltal nyilvánvalóvá vált, hogy borzalmas büntetés éri mindazokat, akik Tutanhamon fáraó sírját meggyalázzák."

Az említett madárnyelő kobra csak elbeszélésként maradt meg, éspedig úgy, hogy Carter vásárolt magának egy aranysárga kanárimadarat, talán a magányának enyhítésére, de valószínűlega kanárimadár inkább azért kellett, hogy az esetlegesen, a feltárt sírban jelentkező mérgező gázokat kimutassa, ugyanis némelyik madárfajta igen érzékeny ezekre a gázokra. Többek szerint Carter már tudott a sír helyéről. Lehet, hogy már készült a sír felnyitására, ezért vásárolta a madarat. A borzalmas büntetés pedig nem lehet egy gyors, egyszerű halál, mint a lord halála. Az állítólagos kobra bemászott Carter sátrába és megette a kanárimadarát, teljes hiteles bizonyíték nincs róla. A madár nyilván kalitkában volt, és valószínűleg nem a földön. Hogyan nyelte el a kobra? Egyesek az arab szolgájának, mások pedig Callendernek, a segítőjének tulajdonítják a madárevés felfedezését. Igaz, hogy a sír felnyitásakor először gyertyalánggal próbálták megállapítani az esetlegesen jelenlévő mérges gázokat. A sorozatos halál oka pedig nagy valószínűséggel egy gomba okozta mérgezés, amely gomba a krakkói Wawelben lévő Jagelló Kázmér kriptájában ugyanúgy megtalálható volt, és több haláleset történt az ott lévő királyi kriptát azonosítási szándékkal felnyitó

14 tudóssal, mint az említett fáraó esetében. Pedig nem is rablási szándékkal nyitották fel a krakkói sírt, hanem tudományos vizsgálat miatt. Az így felnyitott sírt a munka után rendesen újra befedték. Krakkóban a 14 tudós közül állítólag 12-en haltak meg az átlagnál gyorsabban, állítólag „Kanapenész aspergilus" vagy „Aspergilus Níger" gomba okozta fertőzés következtében. Ezt a gombát nagy valószínűséggel a fáraók sírjaiban is meg lehetett találni, csakúgy talán, mint minden valamirevaló kriptában. Egyébként Tutanhamon sírjába is betörtek, kétszer is, de a rablás nem volt sikeres. Ezt a szétdobált tárgyak, az olajakat tartalmazó edények hiányzó dugaszai és az újrapecsételt bejáratok bizonyították.

Meg kell még említeni azt is, hogy az Alpok gleccserében talált ókori vadász részben mumifikálódott tetemével foglalkozó, tudományos kutatásokat végző személyek közül is szokatlanul sok – az átlagnál jóval több – haláleset történt az elbeszélések szerint. Pedig helyenként még isszák is a finom osztrák glecservizet.

Hogy a sír építői ismerték a gomba szerepét, az nem bizonyítható. De akkor a krakkói kripta építői is tudták vajon? Egyébként a sírgyalázás nem egészen azonos a sír feltárásával, és Howard Carter közel 16 évig dolgozott a sír felnyitása után az abban talált értékek konzerválásán, hiszen képzett régész volt. Igaz, nem volt egyetemi végzettsége. Nem úgy dolgozott, mint például Belzoni, aki 5 év alatt számos sírt és templomot „vizsgált" és ürített ki. Tutanhamon fáraó múmiája a mai napig ott fekszik a sírjában.

Mondják, aki nagyon legyengült egészségi állapotban van, állítólag manapság is számíthat egy komoly, gomba okozta fertőzésre, ha megtekinti, netán még meg is simogatja a kripták falát. Ilyen eset, ha igazak a hírek, a közelmúltban is előfordult.

„A bejárat után hatalmas mennyiségű vázát, harci kocsit, trónszéket és ékszert fedeztek fel."

Itt Tutanhamon sziklasírjáról van szó. Neki volt talán a legkisebb sírja. A sírban igencsak zsúfoltan fért el a halotti útravalónak odahelyezett ajándék, többek között egy trónszék, pár szétszedett harci kocsi. Nyilván azt akarta írni a cikk szerzője, hogy hatalmas értékű kincset (vázát, harci kocsit, trónszéket és ékszert) fedeztek fel. (13. ábra)

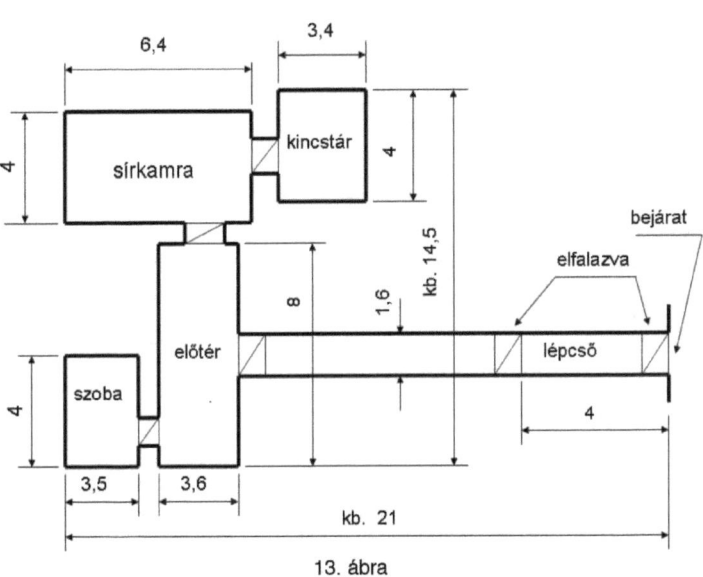

13. ábra

Ez tipikus példája egy olvasott és rosszul visszaadott szöveg értelemzavarának. Így születnek az igazán nagy baklövések egy olvasott szöveg helytelen újraírásával. Ebből az látszik kitűnni, hogy az olvasók között sokan nem értik meg azt, amit olvasnak vagy leírnak. Nem említi meg viszont azt, hogy lord Carnarvon kutyája a gazdájával „pontosan" egy időben múlt ki, legalábbis az elbeszélések szerint. Pedig a kutya nem is volt bűnös a sír feltárásában. Angliában élt, Egyiptomban sohasem járt. Igaz, már nagyon öreg lehetett. A lord is igen rossz állapotban volt már ekkor, hiszen autóbalesetet és operációt is átélt, és azért ment Egyiptomba, hogy ott az akkor felkapott gyógyító nyara-

115

lással javítson az állapotán. Lehet ez a gyenge állapot okozta a halálát, mivel nem tudta a szervezete legyűrni a kapott fertőzést, miután szúnyogcsípéstől szenvedett, valamint borotválkozás közben is megvágta magát.

A lord csakis egy újságnak adta el a feltárással kapcsolatos közlések jogát, a Timesnak. El lehet képzelni a többi újság íróinak dühét. A haláleset után, talán, hogy borsot törjenek a kiváltságos újságírók orra alá, rögtön megírták, lám, átok van a sír falára írva, pedig nem is láthatták a falakat:

„Mindenki meghal, aki a sír küszöbét átlépi".

Mindenki halandó, mi is, és az újságírók is, így ez az állítás igaz, csak a halál időpontja kérdéses. A sír látogatói közül állítólag még többen meghaltak, az orvosok állítása szerint olyan egyének, akinek a szervezete szintén legyengült, egészsége labilis volt, így a sírban lévő gombafertőzés okozta megterhelést nem tudta leküzdeni.

Nem sokkal a sír felfedezése után, amikor a lord meghalt, a főváros, Kairo mind a hat villamosáram-fejlesztője kikapcsolt, a városra teljes sötétség borult. Mondhatnánk, ez volt az ifjú fáraó gyászának a jele a lord halála miatt, mert a sírja feltárásával tudódott ki az a tény, hogy némelyek szerint nagy valószínűséggel megölték, hogy a trónját megszerezzék. A halott fáraó koponyáján ütés okozta sérülést találtak röntgen átvilágítás alkalmával. A tudósok közül többen balesetnek tartják a fáraó halálát.

Ahenszenamon, Tutanhamon felesége, hogy elkerülje a férje halála után egy közemberrel, Ajjal való házasságot, a hettitáktól, idegen ország királyaiól kért magának új királyi férjet, aki el is indult, de sohasem érkezett meg. Ezt egy ékírásos agyagtáblán lelték meg a hettita főváros (ma Törökország), Boğazköy területében végzett ásatás során. Ez a tény cáfolni látszik azon állítást, hogy az ifjú király balesetben hunyt el.

Aj nem volt királyi származású, de az Ahenszenamonnal való házasság révén fáraó lett. Majd a királynő is gyorsan meghalt, miután feleségül vette Aj, aki Ekhnaton fáraónak – Tutanhamon apja –, majd az ifjú fáraónak is fő bizalmasa és tanácsadója volt, nem pedig a fáraó rokona. Tehát csak királyi házasság útján lehetett fáraó. Talán a gyilkosságokat is neki kell tulajdonítani, hiszen számára jelentette a legtöbbet az ifjú fáraó és talán annak felesége halála, mert Aj lett az új fáraó az elhunyt fáraó hitvesének feleségül vétele után, így már megkaphatta ezt a címet.

Tutanhamont tehát Aj követte a trónon, sőt mint főpap, fáraói fejfedőben még a szájmegnyitási szertartást is elvégezte a Tutanhamon sírjának falán lévő festmény tanúsága szerint. Aj csak három évig uralkodott, sírját is befejezetlen és teljesen kirabolt állapotban találták meg.

Egy alkalommal pár óráig tartó teljes áramszünetet magam is átéltem Luxor területén. A teljes sötétségben ragyogó csillagok látványa lenyűgöző volt. Talán még az Androméda köd is látszott, vagy csak egy parányi felhőfoszlány volt, amely valami távoli fényt vert vissza. Gyönyörű volt az égbolt ilyen látványa. Elképzelhető, hogy a régi időkben milyen misztikus hatást váltott ki a csillagos ég teljes tündöklése. A ma élő, kivilágított területeken lakóknak fogalma sincs az égbolt csillagairól.

Ha igaz lenne az átok és annak beteljesülése, akkor nyilván a sír felfedezését szorgalmazó, majd azt feltáró Howard Carter lett volna az első, akire ennek vonatkozni kellene, és ráadásul ő erőszakolta ki a sír feltárását – amikor a lord már lemondott róla –, és töltötte a legtöbb időt, több mint tíz évet a sírban, kezébe véve minden egyes darabot.

Egyébként a belső, színaranyból készített múmiakoporsó súlyát is rosszul adják meg a különböző könyvekben. Cristine Desroches-Noblecourt TUTANHAMON című könyve 60. oldalának alján a következőt találni:

„*Színarany koporsó 2,5-3,5 milliméter vastagságú, súlya 1110,4 kilogramm*".

Alberto Siliotti KIRÁLYOK VÖLGYE című könyvében a 39. oldalon látható:

„kb. 110 kg tömör aranykoporsó".

Egyes írásművekben találhatjuk az ezeregyszáz kilogramm, másokban pedig a száztíz kilogramm tömegűnek adott értéket. Érdemes ezért utánaszámolni, legalább körülbelüli adatokkal – mert egy tizedes érték különbség van az adatok között –, mivel a koporsó falvastagsága változó, számítással igen nehéz lenne meghatározni a valódi értékket. Az arany lehet tiszta vagy ötvözött. Számoljunk tehát tiszta arannyal. Ennek a fajsúlya 19,3 kilogramm egy köbdeciméter térfogatnál. Ha az arany ötvözött, akkor természetesen ennél kisebb a térfogatsúlya. Ha fele arany, fele réz, akkor egy köbdeciméter már csak 14,1 kg.

Lássunk tehát egy körülbelüli számítást, amelynek az értéke nem pontos, de egyértelműen igazolja a valódi értéket. A valós értéket a koporsó köbtartalmának megállapítására például az általa kiszorított víz köbtartalmának megállapítása után az így kapott köbdeciméternek és az arany valódi fajsúlyának szorzata adja. Természetesen a tényleges tömeget csak mérlegeléssel állapíthatjuk meg pontosan, mivel a térfogatát és ötvözését nem ismerjük. De némi tájékoztatást kapunk, még ha nem is a tiszta valóságot, az alábbi számítással.

Vegyünk egy 3 mm falvastagságú, 0,5 méter ámérőjű, 1,85 méter hosszú csövet, amivel a koporsó méreteit próbáljuk megadni. A koporsó falvastagságát egy rövid számolással tudjuk körülbelüli értékkel megadni a következő szerint ((2,5 + 3,5) : 2 = 3). (14. ábra)

Adatok:
Az arany fajsúlya tiszta aranyból: g = 19,3 kg/dm^3.
A koporsó hossza: L = 1,85 méter.
A koporsó képzelt átmérője: d = 0,5 méter.
A koporsó átlagos lemezvastagsága: v = 3 mm.
A henger felülete: 0,5 x π x 1,85 = 2,906 m^2 (290,6 dm^2).
Térfogata: V = 290,6 x 0,03 = 8,717 dm^3.
A koporsó számolt körülbelüli tömege: 8,72 x 19,3 = 168,3 kg.

TUTANHAMON ARANYKOPORSÓJA
A vázolt megoldás egy hengerpalást térfogatszámítását mutatja be.

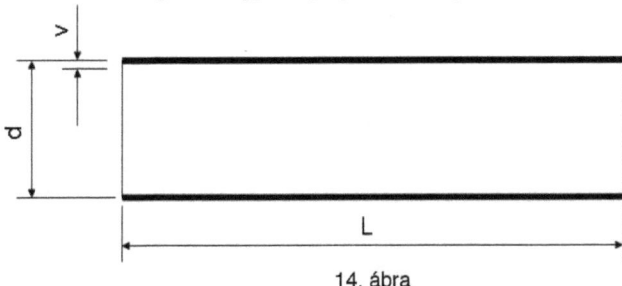

14. ábra

Ez a számítás a 110 kilogrammos tömeget igazolja. Egyébként a 110 kg adat szerepel a szakirodalom többségében. Ezek bizonyítják azt, hogy mindenki a maga igazát próbálja eladni, és ez sok esetben nem a valóságot tükrözi a jámbor olvasó felé. Még szakemberek közlése alapján sem. Szándékosság, elírás, ki tudja az okát? Tehát a koporsó súlya tiszta aranyból 168,3 kilogramm lenne a vázlat szerinti anyagfelhasználással. Ha az említett 1000 kilogrammot vizsgáljuk, a következő értékeket kapjuk az arany mennyiségéről:

$$1000 / 19{,}3 = 51{,}8 \text{ dm}^3$$

Egy dm^3, 100 milliméter, 3 mm vastagságra bontva:

$$100 : 3 = 33{,}33 \text{ dm}^2$$

Az 51,8 dm^3 pedig, az alanti felületnek megfelel:

$$51{,}8 \times 33 = 1\ 726 \text{ dm}^2$$

Ezt az értéket négyzetméterre átszámítva 17,2 m^2, felületet kapunk, ami egy kisebb szobányi terület. Jóval nagyobb egy múmia felületénél. Körülbelül 10 múmiát lehetne befedni ekkora felülettel.

119

Elixír, 1993. április. „Színek, számok és a Nagy Piramis" (B.M.)

Az író részleteket vesz át a Sziriat Oszlopaiból, majd utána ilyeneket ír:

„A Nagy Piramis méreteiből a régi zsidók és más népek „szent" hosszmértéke, az ősi rőf (illetve könyök) meghatározható".

Vajon a régi zsidók szent rőfje (illetve könyöke) azonos volt más népek mértékeivel? Vagy azt akarja igazolni, hogy amint azt már láttuk, mindenféle méretből mindenféle adat kiszámítható, ha ügyesen tesszük azt? Úgy, mint a sumér hüvelykből a π értékét. A rőf és könyök nem ugyanaz az érték. Régen mérték a szövetanyagot könyökben is, ami úgy történt, hogy a rőfös – így hívták a szövetárust – megfogta a szövet végét és a tenyere és könyöke köré csavarva mérte meg annak a hosszát. Ez a hosszúság 45 centiméter körüli, és két ilyen könyök mérete a rőf, amely érték 90 centiméter körüli volt.

„A kőgúla reális idő alatti megépítése olyan nehéz probléma, hogy még a mai gépek rendelkezésre állását feltételező tervezők is nagyban eltérő becslésekkel állnak elő."

Kéretik figyelembe venni, hogy a Níluson épített gát kb. 17 piramisnyi térfogatú anyagnak beépítését igényelte, és nem kellett hozzá 20 esztendő! Pedig még vízturbinák és áramfejlesztő generátorok is vannak az építményben, a Nagy gát építése alatt pedig tizenhét nagyobb műemléket – közöttük II. Ramszesz és a felesége hegynyi méretű sziklatemplomait Abu-Szimbel mellett – darabokra fűrészelve és szétszedve, összeszámozva őket más helyen újra felállították. Nem szabad azonban elfelejteni az amerikai, a német vagy a cseh szakemberek általi építési ajánlatot sem az 1900-as évek elején meglévő gépek felhasználása és árai mellett. A németek 400 millió márkát, a csehek 3,8–4,4 milliárd cseh koronát állapítottak meg a piramis felépítésére. Az építést 500 emberrel 20 évre becsülték.

Ha figyel a cikk írója, akkor azt is tudnia kell, hogy a kínaiak a Jangce folyón egy duzzasztógátat terveztek és építenek, amely 44 Nagy Piramis anyagmennyiségét igényli a tervezésük szerint beépíteni 9 év alatt! Igaz, hogy a kínaiak is a legmodernebb gépeket használták a munkálatokhoz. A kínaiak sem rabszolgának nevezett embereket használtak az építéshez.

„A négyzet alapú gúlapiramisok általános szabálya az, hogy az alapnégyzet kerületével azonos kör sugara adja a magasságot... nevezetesen, ha nem gördülőképes szemcsékből álló halmot szórunk (mondjuk, egy magasra nyúló szállítószalaggal), akkor a kialakuló kúp hajlása igen közeli lesz a fenti szabály szerinti gúlához."

Hogyan lehet általános szabálynak nevezni azt az esetet, amely csak egyetlen piramisnál áll fent, hiszen a piramisok hajlásszöge annyiféle, ahány piramis van. Példaként megemlítem Sznofru fáraó északi, rózsaszínű piramisát, amelynek az oldalhajlási szöge körülbelül 45 fokos. Az ebből a szögből adódó magassággal hiába próbálja az alapnégyzet kerületét kikörőzni.

A leszórt anyag hajlásszöge pedig természetesen erősen függ az anyag fajtájától, így például a víz vízszintessé válik, ha leöntjük. Vajon mit ért az író nem gördülőképes anyagon, amikor közli, hogy a kialakuló kúp, vagy mégis gördülőképes az anyag? És a kúp nem piramis. A kúp alapja kör és csak két oldallapja van, a kúppalást és az alapját adó körsík, az öt oldallal határolt piramissal szemben.

„Miért a határesetet valósították meg az építők, és nem egy jóval megnyugtatóbb (azaz laposabb) változatot. Az oldallapok hajlása az alaphoz 51° 51' tehát csaknem az ideális érték."

Miért 51° 51' az ideális érték, és nem mondjuk a 60°? 60 fokkal egyszerűbben lehet számolni, szerkeszteni. Például a kör felosztásánál a 60° hat egyenlő részt ad, a kör a rádiuszával pontosan hat részre osztható. Három egyenlő hosszú egyenes olyan háromszöget határoz meg, amelynek minden szöge 60° és így tovább. És még sok-sok érdekességet találhatunk az egyenlő oldalú háromszögben, vagyis amikor 60° az oldalak által bezárt szög. Mit ért határeseten? Ha valaminek határértéke van, az annál nagyobb vagy kisebb nem lehet, a szerint, hogy alsó vagy felső határértékről van szó. Az $y = x^2$ görbének például 0 az alsó határértéke.

Ki meri azt állítani, hogy nem lehet laposabb vagy meredekebb piramist építeni, hiszen a valóság ezt az állítást megcáfolja. Ha egy kicsit figyelmesebbek vagyunk, akkor ezt látnunk is kell. Egyébként a piramist ábrázoló rajza sem helyes. Ír még ilyeneket is:

„*Abdul el-Latif nevű bagdadi orvos és tanító félőrülten került elő a benn töltött pár óra múlva*".

A Nagy Piramis látogatóinak tízezrei mind eltöltenek egy-két órát az építmény belsejében, és általában nem lesznek félőrültek. Aki a Nagy Piramis belsejét bejárja, az egyáltalán nem pihen, hanem igen erős munkát kell, hogy végezzen. Még izomláza is lehet a látogatás befejezése után. Lehet, hogy Napóleon a piramisban töltött idő után jutott arra a félőrült gondolatra, hogy meghódítja az egész világot? Igaz, ezt már több hozzá hasonló zsarnok megpróbálta elkövetni, és egyik sem tanult az elődei balsikeréből.

„*A piramisban pihenő ember kipihentsége, pihenés utáni alkotó készsége nagyban javul.*"

– írja a későbbiekben, ezzel az előző állításának teljesen ellentmondva. Hát nem lesz félőrült, amint azt az előzőben közölte? Vagy az csak az arab orvosokra érvényes?

Az említett írás után „Aforizmák" cím alatt találhatók:

„*Sohase sajnáld az időt, amit arra fordítasz, hogy jól tedd, amit teszel.*"
(Joseph Joubert)

„A hallgatás a maga idején bölcsesség,
és többet ér minden beszédnél."
(Plutarkhosz)

Vajon ez a két aforizma szándékosan került ide, jelezve az írás értékét?

NTT 1993. július–augusztus. „A TEREMTÉS FÉNYEI"

„A piramisról nem nehéz eldönteni, hogy egy kicsit nagyra sikerült optikai prizma... a „teremtés" műveletéhez l egalábbis optikai prizma szükséges."

Ha ilyen egyszerű a dolog, bizonyára van is az író otthonában néhány így készült prizmateremtmény, tudományos nevén, mondjuk, PRIZMONKULUSZ.

Ami biztos, az biztos, a teremtést optikai prizma nélkül még csak elképzelni sem lehet. Csak azon csodálkozom, hogy az amerikai tudósok miért nem építenek piramisokat az említett teremtés kísérleteinek elvégzésére. Egy piramisról pedig eldönteni azt, hogy optikai prizma, egyáltalán nem nehéz, csak szamárság.

A prizma hasáb, amely lehet kör, háromszög, négyszög vagy más keresztmetszetű, de csúcsos, az nem, kivéve a kerékpárokon és gépjárművek hátulsó felén lévő „fényvisszaverő prizmának" nevezett, piros jelzőfoltot. (Nem találtak erre tárgyra más értelmes szót.)

Az író tévedésből a gúlát prizmának nézte. (15. ábra) Az optikai prizma egységesen tömör, átlátszó, háromszögletű, egy derékszöget és két 45 fokos szöget képező üveghasáb, amely egy optikai résen keresztül a ráeső fényt alapszíneire bontja, vagy ha az egyik, derékszöget képező sík lapjára merőlegesen éri a fény, úgy a ferde síkról tökéletesen visszaverődik a másik merőleges síkon át. Ezért használják például a távcsövekbe építve is, ez a prizmás távcső. A prizmás távcső megismerhető arról, hogy a szemlencsék távolsága kisebb, mint a tárgylencsék távolsága, és a két távcsőelem lépcsősen van megépítve.

GÚLA ÉS PRIZMA KÖZÖTTI KÜLÖNBSÉG

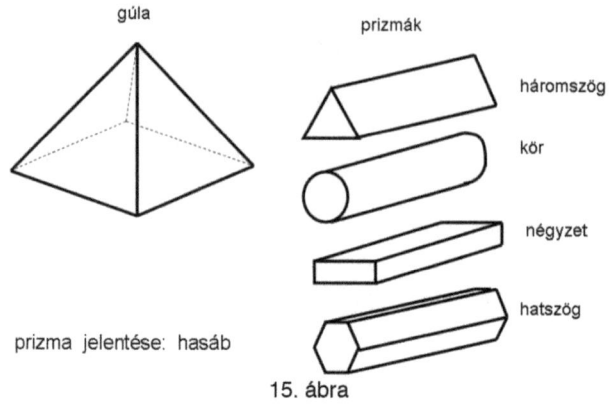

15. ábra

PRIZMÁS TÁVCSŐ

Elvi elrendezés

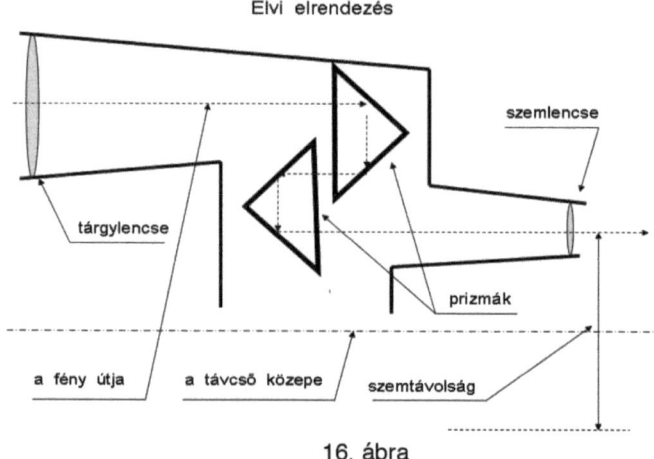

16. ábra

Ez a távcsőtípus általában nehezebb, mert az üvegprizmák jelentős súlyúak. A tubusa lényegesen rövidebb, a képalkotása viszont a felépítése miatt lényegesen jobb, mint egy egyszerű, mondjuk, színházi látcső esetében, ezért ma már minden komolyabb távcsövet – katonai, vadász stb. – ilyen szerelésben készítenek. (16. ábra)

Minden egyes sík lapon be-, illetve kilépő, ferdén érkező fénysugár törést kap az illető anyag törésmutatója, ill. anyaga szerint. A piramis nem egy tömb, hanem különböző nagyságú és fajtájú kőhasábok halmaza, közöttük tekintélyes résekkel. Ez teljesen lehetetlenné teszi a fény egységes terjedését, nem beszélve a kövek nem átlátszó voltáról.

Talán egyfajta kozmikus sugárzás áthatol a köveken – a kísérletek ezt egyelőre nem igazolták –, de a látható, optikai tartományú fény bizonyára nem képes erre a bravúrra. A kozmikus sugárzásnak viszont nem kell optikai prizma. Meglehet, a jövőben felfedeznek majd egy mindenen áthatoló sugárzást, amivel vizsgálni lehet a piramisok belsejét is.

„Azt tudom, hogy manapság nem áll egyetlen piramis sem, amely úgy viselkedne, mintha optikailag teljesen tiszta egykristály lenne. Azt viszont nem tudom, hogy közvetlenül az elkészítésük után."

Legalább már azt tudja, hogy manapság a piramisok nem viselkednek egykristályként. Meg kell nyugtatni az írót, hogy a gránit, a homokkő, a durva és finom mészkőből épített piramisok sohasem voltak, és nem is lehettek egykristályok. Az egykristály teljesen egynemű, és csakis egy darabból álló. Erről ne többet, nem éri meg a fáradságot.

Ufómagazin. 1993/10. FÖLDÜNK EGYIK REJTÉLYE: A NAGY PIRAMIS (Szőke Miklós Árpád)

Kezdjük talán azzal, hogy az írásban leközölt piramisábrázolás nem helyes, a már említett másfél méternyi síkbeli eltérést nem ábrázolja a nagy galéria ferde síkja és a „sírkamra" között.

„Schliemann, a 19. század legeredményesebb régésze."

Az eredményei elismerése mellett meg kell jegyezni, hogy amatőr régész volt, aki csakis a homéroszi hagyományokra hagyatkozott a feltárásait illetően. Igaz, hogy ez a hit vitte el Görögországba, ahol először kezdeményezett ásatást Mykenében. Az általa meglelt és Agamennonnak tulajdonított halotti maszk nem a királyé volt. Trója városát pedig több réteggel alábbinak tartotta a valóságosnál. Gondosan vezetett minden, a leleteket jellemző feljegyzést, de nem szakszerűen dolgozott. Trójában csak egy mély árkot ásatott, és nem rétegenként tárta fel a területet. Milyen régész az, aki az aranykincseket megtalálva rögtön otthagy csapot-papot, kivéve természetesen azt, amiért talán ásni kezdett, az aranyakat és a félig feltárt helyeket, sőt a feltárt rétegeket úgy összekeverve, hogy azok azonosítása mára már szinte lehetetlenné vált. Ha igazi régész lett volna, akkor a kincsektől, amelyeket eltulajdonított, nem tartva be szerződését, függetlenül folytatta volna az ásatásokat a teljes feltárásig, az engedélyének megfelelően beszolgáltatva a leletanyag felét a török hatóságoknak. Legalább ezt láthatná a kíváncsi múzeumlátogatók tömege valamelyik múzeumban. Lássuk az írást!

„Kheopsz-piramis nem más, mint egy időtlen idők óta Egyiptom földjén álló ufó."

Inkább USO, hiszen az UFO jelentésében szerepel a repülő szócska, „Unidentified Flying Object" (meghatározatlan repülő tárgy) a piramis azonban, amint azt ő maga is írja, időtlen idők óta álló, vagyis „Unidentified Staying Object", rövidítve USO (meghatározatlan álló tárgy).

„Az egész egyiptomi történeti kronológia teljesen bizonytalan lábakon áll... Mások szerint Surid vagy Szufisz király építette, méghozzá a vízözön előtt vagy közvetlen az után. És ezt nem kisebb valaki is állítja, mint Manethon egyiptomi író az i.e. III. században, akitől az egész ó-egyiptomi kronológia is származik."

Manethon, akitől ez a teljesen bizonytalan kronológia származik, időszámítás előtt a III. században így ír az egyiptomi királyokat felsoroló művében:

„Szufisz, vagy ahogyan Hérodotosz mondja, Kheopsz fáraó."

Az időszámítás utáni IX. században Akhbar az-Zeman arab történetíró pedig így jegyzi ezt az általa írt történelmi könyvében:

„Surid, Saluk fia, aki Szermun fia".

És így tovább sorolja a rokonságot, amint az az araboknál szokás. A két író között mintegy 1200 év telt el. Arról nem is beszélve, hogy a kegyetlen, emberirtó vízözön után közvetlenül nemigen volt a piramis építéséhez alkalmas értő és dolgozó ember, mivel a hagyományok szerint az emberiség akkor igen csak megfogyatkozott, csak Noé és családja – állítólag a Földön élők közül a legbecsületesebbek – maradtak életben. Ma úgyszintén az emberiség igen nagy százaléka jutna pusztulásra a becsületesség hiánya miatt.

A teljesen bizonytalan kronológia II. Ramszesz apjának, Széthi fáraónak temploma falán megtalálható, kartusokba – szent kötélgyűrűkbe – zárt királynevek formájában mind a mai napig. Több királyi kartus található a különböző templomok falaiba és oszlopcsarnokaiba vésve is.

„Soha senki nem talált benne még csak temetkezésre utaló nyomokat sem. De kialakításánál fogva nem is volt alkalmas rá."

Általában a többi királysírban sem találtak semmit – legalábbis az utóbbi évszázadok kincskeresői –, többször még szarkofágot sem, mert a sírrablók igen nagy előszeretettel mindent elvittek, ami csak mozgatható volt. Temetkezésre pedig szinte minden alkalmas, a papírzsáktól a Gangesz vizén való leúsztatáson át a tömegsírig és a díszes kriptáig. Ha járt Egyiptomban és figyelt, úgy az olvasó maga is megtapasztalhatta, hogy mi minden vacakot megvesznek a turisták, mint eredeti régiséget, azt remél-

127

ve, hogy az egy igazi fáraósírból való értékes darab. Csoda az, hogy még egyáltalán van eladó igazi műemlék.

Állítólag a waterlooi csatamező melletti malomból is sok rozsdás szeget adtak el az élelmes túravezetők a látogatóknak emlékül, azzal a megjegyzéssel, hogy Napóleon erre akasztotta a kalapját a csata vezénylésekor. Az így pénzzé tett szeget azután pótolni kellett másik rozsdás szeggel.

„Igaz, hogy mészkőből épült, de nem igaz, hogy az építéshez használt követ mind a közelében elterülő sziklás fennsíkból termelték ki... A rajta lévő bazaltborítás igencsak asszuáni eredetű."

Valaki állítja egyáltalán, hogy minden kövét ott a helyszínen termelték ki? A gondolkodó ember bizonyára nem, hiszen ott nincs gránitbánya. A külső borítás pedig Tura bányáiból származó finom, időtálló mészkő volt, amíg megvolt, és nem bazalt. A bazalt vulkáni eredetű kőzet. Az asszuáni bányákban viszont gránitot fejtettek, amely kvarcból és színes szilikátokból álló szemcsés mélységi magmás kőzet, nagy szilícium-dioxid tartalommal. A gránit 340 millió évvel ezelőtt keletkezett mélyben lévő olvadékkőzetként, a bazalt viszont 8 millió évnél általában nem idősebb vulkanikus kőzet. A piramis köveinek nagy része a közeli bányából származó, kevésbé finom mészkő és homokkő. A piramis kőanyagai a gránit, mészkő, homokkő és bazalt keletkezése között millió év különbségek vannak.

„Méreteit ma már senki sem tudja pontosan. Egy közelmúltban ott járt japán expedíció mérései szerint az alapél 230 méter 36 cm. A magasság 146 m 59 cm 9 mm. Ebből a két adatból a gúla külső méretei kiszámíthatóak..."

Vagyis amit manapság már senki sem tud pontosan, azt a zseniális japánok mégis milliméterre ismerik. Igaz, nem piko-, vagy nanométer pontosságig. És ami nagyon fontos, még a külső méretek is kiszámíthatók belőle, többek között az alapél hossza és a magasság is. Ezekből a méretekből a köbtartalmát nem tudjuk kiszámítani?

„Belső terében termek, folyosók és egy még rejtélyesebb, a találóan Nagy Galériának elnevezett helyiség található. Miért rendkívüli dolog ez? Mert egyfelől egyetlen más piramisban sincsenek ilyenek, maximum az alapban van néhány építmény."

Hogy minden piramis más, azt nem kell csodálni, hiszen az építtetőjük, építőjük és építési idejük is mindig más volt. A mai temetőkben lévő kripták is rendre másfélék. Ha jobban figyel a cikk írója, akkor észre kellett volna vennie, hogy Khufu apja, Sznofru mindkét piramisában van az alap felett építmény, sőt az északi piramisában csak az alap felett van folyosó és kamra. Ráadásul megtalálható a Nagy Galéria elődje is, mivel az északi piramisának mind a három és a déli két „termének" mennyezete ugyanúgy lett befedve, mint Khufu piramisának Nagy Galériája, vagyis az oldalakat alkotó kőhasábok minden sora kis távolsággal beljebb lett építve, hogy az áthidaló fedőkövek mérete minél kisebb legyen. Megtalálhatjuk ezt a boltozat elrendezést Hunei fáraó médumi piramisánál, tehát a Nagy Piramis építése előtti épülteknél is. Van vegyes elrendezésű piramis is, amelynek úgy az alapjában, mint a felépítményében található folyosó, illetve kamrarendszer. Ilyenek például a következők: Khefren, Hunei, Szahure és Neferirkare piramisai, sőt Khufu piramisa is.

Mentségére legyen mondva, azt is leírja:

„Külső méreteiből – melyet rendszerint pontatlanul adnak meg – már sokan és sokfélét véltek kiolvasni. De ez olyan, mint mikor egy embert csupán a külső megjelenéséből próbálunk megítélni".

Ne ítéljünk hát egy írás alapján sem!

Ufómagazin 1994/8. OPTIKAI PRIZMA (Estók Sándor)

„E korok uralkodói hanyatlásuk éveiben a piramisokat százszámra építtették. A legjelentősebbek az egyiptomiak, a maják és az inkák voltak."

Hogy a hanyatlás éveiben hogyan voltak képesek ilyen monumentális építményeket százszámra létrehozni vagy létrehozatni, az titok. Egyébként az egyiptomi és a maja népek ellentétben az inkákkal, akik csakis a népük - például a mexikói azték nép - uralkodói és annak családtagjai voltak. Az azték nép utolsó uralkodója, inkája, Atahualpa volt. Sajnos ezt a tényt manapság már a szakemberek is elhanyagolják, és például a kecsua népet inkáknak nevezik. (Az uralkodó fia az inka, felesége inkább, ő maga pedig a leginkább, régi gyermekmondóka.) Majd következik egy megállapítás a fáraók titkáról, amelyet már olyan sokan kifecsegtek, mégis titok:

„Eme trigonálszerkezet jelentése még ismeretlen. A fáraók titka továbbra is titok marad".

Majd ezek után részletezi, hogy a kozmikus energia a csúcson át - ami nincs is meg, egyesek szerint nem is volt - áramlik a piramis belsejébe, és ott „pyron" energia halmozódik fel. A trigonális jelentése háromszögletű, nem gúla alakú. A Föld forgása miatt a kozmikus energia áramlásának változó iránya hogyan követi állandóan a piramistengely irányát?

Ezután az egyik előtte író szövegéből átveszi a sokak által szajkózott szöveget:

„A piramis nem más, mint egy nagyra sikeredett optikai prizma. Éleit az égtájak felé pontosan tájolták".

Ő sem tudja, hogy a gúla bármilyen nagyra sikeredett, nem hasáb, mivel a prizma jelentése hasáb, és a hasáb nem összetartó oldalakkal rendelkező test. Vagy csak úgy ollózta? Úgy látszik, manapság egyetlen iskolában sincs mértannak nevezett vagy más téridomokkal foglalkozó tantárgy, amelyben a kocka, gömb, gúla, hasáb (prizma!) fogalmát megtanítanák. Azt sem tudja, hogy csakis az alapélek, illetve az oldalak vannak az égtájak felé tájolva, az oldalélek, amelyek az alapél sarkaitól a csúcsig tartanak, nem.

Ír arról is, hogy:

„Miszerint a fáraók nem csak a földi maradványaikat helyezték el a piramisokban örök nyugalomra, hanem napközbeni vagy éjszakai sziesztáiknak is helye lehetett".

Ezek szerint a fáraó, aki a földi maradványait mégiscsak a piramisba helyeztette, csak úgy gondolt egyet, ment a Nílus nyugati oldalán lévő piramisához, amit sokak véleménye szerint egy emberöltő alatt meg sem lehet építeni. Vagy elszállíttatta magát mintegy 10 kilométerre, mert, ugye, nem gyalog járt, hanem hordszéken vitték, és felmászott, vagy felvitték a piramisa oldalán lévő titkos, kivehető kőhöz, amit kivett, vagy valakik kivettek, de ekkor már nem lehet titkos. Becsúszott-mászott a Nagy Galériába, valamiféle módon megkerülve a folyosót lezáró köveket, majd onnan a sírkamrába ment – amit szintén kőlapok zártak le az építés után – egy kis sziesztára? Esetleg talán ott meg is őrült.

A sziesztáról tudni illik, hogy az csakis ebéd utáni, tehát déli pihenő, éjszaka nem sziesztáznak.

SZÍNES UFO 1994. SZEPTEMBER „A NAP HAJÓI", (Peter Fiebag, fordította R. Pap Edit)

„Csúcsát rézzel vonták be, mert az úgy csillogott, mint az égi hajó."

Persze, az égi hajó nem úgy csillog, mint a gyémánt, nem is úgy, mint az arany, csakis úgy, mint a réz. A réz igen gyorsan oxidálódik és zöld színre vált, úgy mondjuk, patinás lesz. Ez bizony rövidesen egyáltalán nem csillog, sőt eső hatására lecsurgó, zöld csíkokat mintáz a burkolat felületére.

„Az egyiptomi obeliszkeket később minaretekké és templomtornyokká alakították át."

Úgy látszik, nemcsak magyar viszonylatban jelennek meg valótlan szövegek. Vajon hogyan ment fel az imára szólító müezzin

131

a tömör kőoszlopba, összehívni az igazhitű ájtatos muszlimokat? Mire gondolhatott az író, amikor ezeket a sorokat papírra vetette? Vagy a fordító, amikor ezeket készítette? Az egyiptomiak templomaiban azonban építettek más templomokat a keresztények, valamint mecseteket az arabok. Ilyen Luxorban is látható, de a minaretet is apró kövekből építették. Az egyik, a fáraók építménye közelében lévő mecsetbe némi baksisért fel is mehet a kíváncsi turista megtekinteni Luxor panorámáját.

Luxorban az egyik obeliszk még mindig ott árválkodik az eredeti helyén, az egyiptomiak temploma előtt, tömören, komoran, mind a mai napig siratva a Párizsba szállított testvérét. Az elszállítottat 1836. október 25-én állították fel a Place de la Concordon. Mohamed Ali, az albán dohánykereskedőből lett egyiptomi alkirály mindkettőt a franciáknak akarta ajándékozni, de csak az egyiket szállították el. Majd Mohamed Ali az Alexandriában álló obeliszket az angoloknak ajándékozta, azt is elszállították. Ma Londonban, a Temze partján áll. Ezt az obeliszket állítólag már Kleopátra hozatta el az eredeti helyéről, Memphiszből, és állíttatta fel Alexandriában. Ezért a londoni obeliszket hívják olykor Kleopátra tűjének is, és háromszor állították fel, kétszer az egyiptomiak, egyszer az angolok. És még kétszer le is emelték ezt az obeliszket az alapot képező kőtömbről, egyszer a város átrendezésekor a híres Kleopátra munkásai, majd egyszer az angolok. Az obeliszk alapjáról leemelése legalább akkora feladatot jelent, mint az arra való felállítása, mégis megoldották régen is, nem is egyszer, majd a modernebb időben is.

HARMADIK SZEM 1995. június. KAPU A CSILLAGOKHOZ, (FandO)
Az írás elején ilyen szöveg olvasható:

"Egyiptomi papok gigantikus tervei szerint épültek a 4. és 5. dinasztia idején (kb. i. e. 2650–2150)".

Majd később így ír:

„Mi célból követték ezt a gigantikus tervet több mint fél évszázadon keresztül".

Nem fél évezredet akart írni? (2650-2150 = 500). Sokszor nem ártana egy kis matematikai gyakorlatot tartani, hogy egy kivonási művelet ne okozzon ennyire nehéz feladatot. Az 500 év kissé több, mint 50. Majd az első írott emlékek korát állapítja meg, a régészeti tudományokkal foglalkozók számításait megkérdőjelezve.

„Erre a legrégebbi írásos emlékekben, az úgynevezett piramis-szövegekben is találni utalást."

A piramisszövegek nem a legrégebbi írásos emlékek, még Egyiptom területén sem. Az első írásos emlékek, amelyeket megtaláltak, a mai tudásunk szerint nem egyiptomi eredetűek. Warkából, a Tigris és Eufrátesz területéről, Ur városa közeléből származnak. Az egyik legrégebbi olvasható írás Gilgames története, a Gilgames-eposz, amely állítólag az első írás a vízözönről. A hős Gilgames még az örök életet nyert özönvízi hajóst, Utnapistit (Noé?) is felkeresi az örök élet titkának megismerését remélve. Lehet, hogy van régebbi írás is, csak még nem fedezték fel. Piramisszöveget csak Unisz fáraó piramisában és az utána következőkben találtak. A későbbiekben áttér az úgynevezett szellőzőaknák szerepére. Megállapítja, hogy:

„Egész biztosan nem szellőzésre szolgáltak ezek az aknák, annak szerkezeti szempontból semmi értelme sem lenne".

Bauvalt idézi, aki állítólag „komputeren" ellenőrizte az aknák hajlásszögét, amint írja:

„A piramisok megjelenését közvetlenül megelőző időszakban az Orion különös, az akkoriban élt emberek számára bizonyára látványos konstellációban állt a Szíriusz csillaggal... ezt a csillagkonstellációt örökítik meg Kheopsz fáraó piramisában a szellőzőjáratok különleges hajlásszögei".

133

Hát mégis szellőzőjáratok voltak? A konstelláció együttállást, a mozgó objektumok egymáshoz való viszonyát jelenti, különösen a Napnak a bolygókhoz vagy a bolygóknak egymáshoz, vagy a csillagokhoz viszonyuló helyzetét értjük alatta. Az asztrológusok ezeket a konstellációkat építik be a jóslataikba. Mivel úgy az Orion csillagai, mint a Szíriusz álló csillagok, az egymáshoz viszonyított helyzetük, a konstellációjuk nem változik meg, legalábbis szemmel megfigyelhetően nem.

Mivel a Föld tengelye az égi egyenlítőhöz szög alatt hajlik, ez okozza a tél és a nyár váltakozásait, a csillagképek is jelentősen változó szög alatt láthatók, és az év felében nem láthatók, mert a nappali időben tartózkodnak az égbolt felénk álló szakaszán. Tehát a csillagok láthatósága és magassága is változik az évszaknak megfelelően. A Nap nyáron a ráktérítő, télen pedig a baktérítő felé mutató irányításban látható. A két helyzet 54°-nyi szöget zár be a Naphoz viszonyítva. Kérdés marad, hogy melyik időpillanatban felel meg a szellőzőcsatorna hajlásszöge az említett csillagok helyzetének. Aki kiszámította a szellőzőcsatornák Orionra, ill. Szíriuszra mutatását, miért nem közli velünk ezt az időpillanatot? És a napi szögváltozás miatt egyáltalán mutathatott pontosan egy objektumra?

A Naphoz viszonyított napi szögváltozás esetleg nagyobb lehet, mint a szellőzőcsatornából, annak keresztmetszetéből és hosszából adódó látószög. Az év különböző szakaszaiban a csillagok is változó magasságban látszanak. A Föld tengelyének ferdeségből adódó napi átlagos szögváltozás a Naphoz viszonyítva (16. ábra):

$$54° : (365,24 : 2) = 0,2957°$$

A csatorna, amely kb. 20 centiméteres nyílású, kb. 102 méter távolságnál éri el a burkolatot, ráadásul úgy 60 méternyire egy kőlappal van elzárva. A csatorna „látószöge":

$$tg\ \beta = 2 \times (0,1 : 102) = 0,00196$$

Ez megfelel 0,1123°-nak, tehát a látószög kisebb, mint a napi átlagos szögváltozás. Egyébként minden csillagkép a Föld forgása miatt kel, delel, majd lenyugszik, vagyis naponta átvonul a rajtunk átmenő délkörön. Hogy hogyan vizsgálták a csillag-konstellációt a burkolattal zárt piramisból a hatalmas mérőállomásból azon a kis nyíláson át, amelyet a múlt században bővítettek fel, és azon a zárókövön át, amelyet a kamerával felszerelt, önjáró masinával derítettek fel, azt nem írta le az említett szerzőpáros. De azután következik egy még ennél is érdekesebb állítás.

„Mire szolgálhatott ez a hatalmas „mérőállomás"... Bauval és Gilbert kutatásai szerint Kheopsz piramisában egyfajta termékenységi és feltámadási rítust végeztek, gyaníthatóan nem csak egyszer... a királynő kamrájában zajlott a „száj megnyitása" nevű szertartás."

A mérőállomásokban általában nem szokás szertartásokat tartani. A szájmegnyitási szertartás nem teremtési, hanem temetési szertartás. A halott múmiáján volt szokás végezni, és mivel „gyaníthatóan nem egyszer történt", akkor több múmiának is kellene a piramisban feküdni. Nem is beszélve a piramis járatainak kemény kövekkel való lezárásáról. Azt sem közli, hogyan mentek be a kemény kőhasábokkal zárt folyosón át a szertartást elvégezni. A szájmegnyitás szertartását miért egy befejezetlen, durván munkált padozatú helyen, a királynő kamrájában végezték, nem tudni, csak azt, hogy ott végezték? És ha ott szertartásokat végeztek, nagyon nagy szükség lehetett egy szellőzőcsatornára!

Egyszer megtörtént, hogy egy újságíró elaludta a rábízott színházi eseményt, amiről cikket kellett írnia, ezért ezt a cikket úgy fejből írta meg. Csak a későbbiekben derült ki, hogy elmaradt az előadás. Másik hasonló történet egy óceánrepülő párossal esett meg, akiknek egy előre jelzett időben kellett volna megérkezni, de valahol, egy máig ismeretlen helyen, lezuhantak és elvesztek. Újságírók várták az érkező gépet. Az egyik újságíró lusta volt várakozni, és már előre megírta az érkezésről szóló cikket, és anélkül, hogy meggyőződött volna annak megtörténtéről, kiadták az újságot. A valótlan írás miatt meg is bukott a lap. De miért nem bukik meg, ha mégolyan szép is, egy sor valótlanságot közlő kiadvány? Sajnos hasonlatosak ezek az írások is az említett, fejből írt sztorikhoz. Azok írnak cikkeket, akik sohasem láttak egyetlen piramist sem, csak hallottak vagy olvastak valamit valakitől, valahol és valamikor. Az írások egymást licitálják felül, egyre fantasztikusabb „elmélettel" előállva. Mintha verseny alakult volna ki a nagyotmondás terén, és az emberek el is hiszik. Mint ahogy a televízió műsorában látható kitalált történet rabszolgalányának felszabadítására is akartak gyűjteni pénzt.

Harmadik szem 1995. Július. **KAPU A CSILLAGOKHOZ**
(Gyuricza Éva)

> *"Egyetlen piramisban sincsen a*
> *Nagy Galériához hasonló építmény."*

Amint láthattuk, van hasonló építési megoldás a Khufu apja által építtetett piramisokban, sőt más piramisokban is megtalálható a Nagy Galéria boltozatának a lépcsőzetes elrendezésű kialakítása, csak a magasságuk volt kisebb!

Elixír 97/5. Május. *AZ EGYIPTOMI SZKARABEUSZ* (Simon Ferenc)

Itt is visszaköszön az előzőekben már sokak által leírt szöveg:

> *"A piramisok ugyanis elsődlegesen nem síremlékek voltak,*
> *hanem olyan napenergia-átalakító szerkezetek, amelyekkel meg*
> *lehetett változtatni egyes élettani tulajdonságokat, de még új*
> *típusú élőlényt is lehetett „teremteni" ... a világszerte megépített*
> *tízezernyi piramis valaha – mint prizmaalakú monokromátor –*
> *valóságos biológiai laboratórium volt."*

Valószínűen, mint ahogyan egy jól működő laboratóriumhoz illik, pipetták, petricsészék, lombikok, mikroszkópok és más laboratóriumi felszerelések is voltak, vagy vannak ezekben a „prizma" alakú „gúlákban" – amelyek prizma létük ellenére monokromátorok – valahol elrejtve. És bizonyára törhetetlen üvegből, nem rozsdásodó acélból készültek és talán még most is megvannak. És ha tízezernyi piramisban működött biológiai laboratórium, miért nem találtak meg még egyet sem közülük? És hogyan jutottak be a teljesen zárt laboratóriumba a laboránsok? Nyilvánvalóan bevarázsolták magukat, és valószínűen nem is egyszer tették ezt, hogy új típusú élőlényeket varázsoljanak a semmiből.

„A kísérleti alanyt már gyermekkorában kiválasztották. Ő volt a „fáraó". Nem tudjuk, hogyan, de kimérték a gyermek fáraó szervezetében rezonanciát okozó elektromágneses rezgés hullámhosszát... Bennem az a gyanú motoszkál, hogy valamikor őseink ezeket a meséket nem egyszerűen kitalálták."

Pedig milyen találékonyak tudunk lenni, ha nagyon akarunk. Ezt az itt bemutatott írások olvasásakor is megtapasztalhatjuk. Bizony, ami azt illeti, nagy a valószínűsége, hogy őseinkben nem motoszkáltak hasonló gyanúk, nem volt ilyen fantáziájuk és ollójuk, mivelhogy a szöveg egy része ollózott. A fáraók sok esetben saját maguk választották ki magukat fáraónak, akárcsak manapság is a vezérek, esetleg az előd megöletése árán is, és dinasztiákat alapítottak, vagyis örökölték a fáraóságot. Ugyanis általában nem gyermekkortól voltak „kísérleti fáraók", hanem az előd fáraó halála után kapták meg ezt a méltóságot, a dinasztia tagjaként, rang szerinti sorrend alapján. Harmincegy uralkodói dinasztia ismeretes Nagy Sándor fáraóvá választásáig a régészet által feltárt királylista szerint.

Egy másik kiadvány is foglalkozik a Nagy Piramissal, amelyről ilyen érdekességet ír:

„A piramis alatti labirintus, ...a királyi kamrában egy kőlapra leültünk meditálni, ez a kőlap valószínűen a szarkofág fedele volt."

Amint azt tudjuk, a Nagy Piramisban nincs más, csak a gránitkő edény, ami lehet szarkofág is, de a fedele – amiről csak mendemondákat találunk – már régen nincs meg, csak a sima padozatra, a saját fenekünkre lehet leülni meditálni. Egy kődarab volt ugyan, ha még ott van, a sírkamrában, de erre a kőre leülni nehéz lehet, mivel szabálytalan alakú. Khefren piramisában megmaradt a szarkofág fedele, így lehet, ebben a piramisban járt a történet írója, de labirintust csak a Dzsószer piramisában láthatna, ha bemehetne, de az zárva van a turisták számára. A labirintus általában útvesztő jelentéssel ismert.

A ZSEB sorozat:
A rejtélyes piramisok. Ókori üzenet vagy csillagtérkép? **REJ-TÉLYEK 98/4**

Ebben a kisformátumú és csak 36 oldal terjedelmű kiadványban igen sok a téves állítás. Nézzünk meg párat belőlük, a teljesség igénye nélkül. A harmadik oldalon található többek között a következő szöveg:

„A sorozat jogilag védett. Bármely anyagfelhasználása, átvétele még kivonatos formában is csak a kiadó engedélyével történhet."

Itt ajánlatos lett volna még a következőket is leírni: **Terjesztése, olvasása tilos!**
Kritizálni azért csak lehet? Ugyanis az ebben leírtak meglehetősen sok félrevezető információt tartalmaznak. Lássunk belőle párat. A 4. oldal:

*„Először ott van az időtállóságuk:
a piramisok majdhogynem érintetlenek maradtak."*

A hetedik oldalon az előzőben leírtaknak máris ellentmond:

„Ennek tudható be az is, hogy ma már meglehetősen viharvert ennek a gúlának a külseje, hiszen a belső mészkőtömbök nem tudtak ellenállni az eső és a szél erróziójának."

Így, két „r" betűvel írva az erózió. A 4. oldal végén van a következő szöveg:

„Azt is mondhatnánk, hogy pont abban a formában épültek, mely alakzatot egy földre zuhant és összetört tárgy is automatikusan fölvesz. Ha például port öntünk a földre, akkor is piramis alakú kupacot kapunk. Más szavakkal, ha egyszer valami piramis alakúvá omlott, akkor az már nem omlik tovább."

Nem régen véletlenül egy vázám a földre zuhant, de az összetörve úgy szétrepült, hogy alig tudtam összeseperni a darabjait. Amikor homokot szórtam le, az meg kúpot alkotott, és nem piramist, ráadásul kis mozgatás után sokkal laposabb, és nem szabályos kúpot formázott. Csúcsa teljes mértékében eltűnt, legömbölyített alakot kapott. Egyiptomban látni lehet olyan homokdombokat, amelyek manapság már csak lapos földkupacok, de valaha piramisok voltak, majd „tovább omlottak". Ezután folytatódik a következővel:

„Alapzata 13,6 hektárt tesz ki."

Egy ár (jele á) 100 négyzetméter nagyságú felület. A hektár (hektóár) ennek a 100-szorosa (hektó = 100). Egy hektár tehát 10000 négyzetméter, vagyis egy tíz méter szélességű, egy kilométer hosszú földsáv területe.

A Nagy Piramis alapja 232,4 x 232,4 = 54010 négyzetméter, ami megfelel 5,4 hektárnak, de a szakkarai Dzsószer lépcsős piramis fallal körülzárt szakrális területe 15 hektárnyi. Lásd még Alberto Siliotti EGYIPTOM című könyve 126. oldalán, lent, középen a Nagy Piramisról írva: „területe pedig 5 hektárnyi".

"Épp úgy, ahogyan a 20. században épült hidaknál, a piramisba is görgőket és talapzatokat építettek. A sok futballpálya hosszúságú piramis ugyanis a hőség és hűvös levegő miatt hőtágulásnak és összehúzódásnak van kitéve."

A görgők valószínűen krómacélból készültek, hogy időtállók legyenek. Egy futballpálya kb. 90–120 méter hosszú. (Mérete nincs pontosan meghatározva, ezt nagyon sokan nem tudják, manapság 100 méter körüli pályák épülnek!) A Nagy Piramis alapéle 232,6 méter. Hol van akkor ez a sok (232,6 : 100 = 2,32) futballpálya hossz? Ez bizony nem sok. Az alapterületekre már jobban illik ez a meghatározás. Talán így: területe több futballpálya nagyságú.

"A külső védőréteg 250 centiméter vastag, 20 tonnás kemény mészkő tömbökből. E fedőkövek összesen 144000 darab."

Hogyan számolta össze azokat a burkolóköveket, és adja meg a darabszámát, méretét, amelyek az írása 7. oldalának közepén szerinte is már 600 éve hiányoznak, azt nem részletezi, csak közli. A piramis teljes felülete a négy oldalháromszög felületének az összege, vagyis:

$$(232{,}6 \times 187{,}8 : 2) \times 4 = 87\,365$$

négyzetméter. Így egy fedő kőtömb felülete:

$$87\,365 : 144\,000 = 0{,}6067$$

négyzetméter, és ez szorozva a vastagságával, amelyet a kiadvány közöl, valamint a burkolókő sokat emlegetett 2,8 tonna köbméterenkénti térfogatsúlyával is, csak az alantiakat kapjuk:

$$0{,}6067 \times 2{,}5 \times 2{,}8 = 4{,}26.$$

Tehát egy darab 2,5 méter vastagságú burkolókő 4,26 tonna lenne, ha igaz lenne. Majd a nyolcadik oldalon folytatva írja, ahogyan azt többen is tették:

„A több mint 5 hektár felületű oldallapok".

A háromszög területét, mindegy, hogy milyen alakú, úgy számolhatjuk ki, hogy az egyik oldalának hosszát (**A**) szorozzuk az erre az oldalra emelt merőleges magassággal (**M**) és osztjuk kettővel.

$$T = A \times M / 2$$

Egy oldallap felülete így számolva:

$$(232{,}6 \times 187{,}8) : 2 = 21841$$

négyzetméter, vagyis 2,18 hektár, nem 5 hektár, hanem kevesebb. Ennek a négyszerese sem annyi, hanem több:

$$2{,}1841 \times 4 = 8{,}736$$

hektár, vagyis ez sem a leírt értékkel azonos. Úgy látszik, keverednek az alap és felület értékei. Ugyanis, ha a piramis alapterülete 5 hektár, akkor az oldallap-felületek összege csak nagyobb lehet, bármilyen kis magasság esetében is.

A 9. oldalon a következő van írva:

„*Épp a megfelelő helyen épültek, hiszen a világnak kevés olyan pontja van, ahol a föld ilyen hatalmas tömeget elbírt volna*".

Kivéve a több kilométer magasságú hegyeket, amelyeket igen sok helyen elbír a földünk. A 12. oldalon olvasható a következő:

„*A piramis négy oldalfalának magassága 9,131 hüvelyk. A négy magasság összesen 36,524 hüvelyket tesz ki. A tizedesjegy kettővel való elcsúsztatása után 365,24-et kapunk*".

A 187,8 méter oldalmagasság hogyan lesz 9,131 hüvelyk (187,8 : 0,0254 = 7393) és ha 36,524 értékét két tizedessel növeljük, hogyan lesz csak 365,24? Ez nem lehet igaz, ha csak úgy rátekintünk is. Ez egy csúsztatás.

A 13. oldalon:

"A Földön lévő átlagos tengerszint feletti magasság (ha a Himaláját vesszük a legmagasabb, Miamit pedig a legalacsonyabb pontnak) 5449 hüvelyk, amely pontosan a gízai nagy Kheopsz piramis magassága".

Ha a Himalája magassága 8880 méter és Miami a tenger szintjével egyenlő, akkor az átlag magasság:

(8 880 + 0) : 2 = 4 440 méter.

Ez osztva 25,4 milliméterrel, vagyis 0,0254 méterrel:

4 440 : 0,0254 = 174 803
(5 449 x 0,0254 = 138,4046).

De a piramis elfogadott magassága 147,4 : 0,0254 = 5803 sem adja a leírt értéket. A 13. oldalon találjuk többek között az alábbi, sokak által és sokszor idézett szöveget, amely úgy látszik, viszszafelé sült el, mint a kocavadász puskája, ezért vigyázva kell lődözni, amint azt az utóbbi évek vadászbalesetei is igazolják:

"Mindez azt mutatja, hogy 4600 évvel ezelőtt valaki meglehetősen sokat tudott bolygónkról".

A leírtak viszont azt látszanak bizonyítani, hogy manapság az emberek egy része, 4600 évvel a piramisok megépítése után, általában még az alapokat sem ismeri a matematika és geometria terén.

„A képzeletben meghosszabbított süllyedő járat a sarkcsillagra mutat... a 102 méter hosszú, ám oly kis ajtónyílással rendelkező járatból a látószög mindössze plusz-mínusz 1–3 fok."

A Föld tengelye a Nap körüli pálya síkjához viszonyítva kb. 27°-os szög alatt hajlik, és ezt a teljes pálya bejárása során megtartja. Ez okozza a nyári, illetve téli időjárás kialakulását, valamint a nappalok hosszának változását.

LÁTÓSZÖG A SZELLŐZŐCSATORNÁBÓL

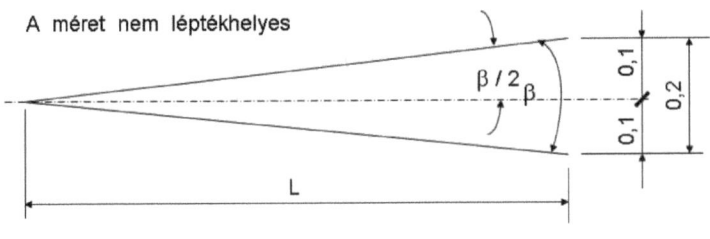

L = 102 méter, A = 0,2 méter

tg β / 2 = 0,1 / 102 = 0,000980392

β / 2 = 0,056172314°

β = 0,112344629°

17. ábra

Természetesen a manapság sarkcsillagul szolgáló objektumra nem mutathat, hiszen a föld tengelyprecessziója miatt már nem oda mutat a föld tengelye, ahová 4–6000 évvel ezelőtt mutatott. Ráadásul a sarkcsillag is változtatja a magasságát – a nyári illetve téli napforduló között –, megle-hetősen nagy szög alatt. Mely napon mutathatott tehát a sarkcsillagra ez az „ajtónyílás", és hogyan nyitották ki az ajtót? A látószög hogyan lehet mínusz értékű, és hogyan változhat?

A látószög értéke a 102 méteres járat és 20 centiméteres nyílás esetében: 17. ábra.

$$\mathrm{tg}\beta/2 = 0{,}10 : 102 = 0{,}000980392$$

Ebből számolva b/2 = 0,056172314 fok, és a teljes látószög ennek a kétszerese, vagyis 0,112344629 fok, de nem változik, hiszen a nyílás mérete és annak távolsága sem változik. A 6. oldalon az építés kezdete 4617, majd a 21. oldalon ez 4619 évre módosul.

„Nemrégiben robotkamerát küldtek egy keskeny akna feltérképezésére, amely egy ez idáig ismeretlen teremhez vezető ajtót talált... A híradások eddig ismeretlen kincsek megtalálásáról, réz kilincsekkel ellátott ajtóról és további termek felfedezéséről szólnak."

Nyilvánvaló az is, hogy a képzeletbeli „termekhez" – amit nem is fedeztek fel – vezető ajtó réz kilincseire rá van írva, Made in Hungary, és az Elzett Művek készítette.
Hogyan engedhető meg ilyen írásmű kiadása?

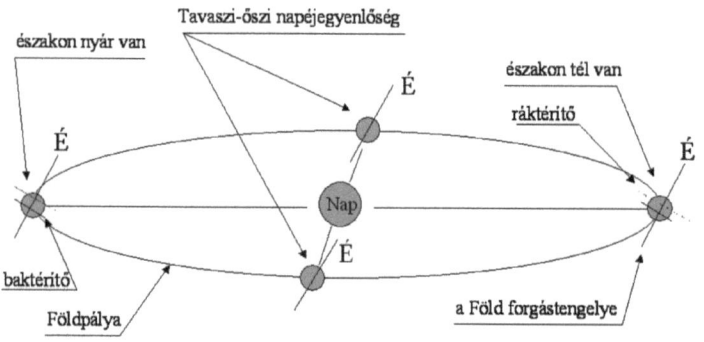

18. ábra

A Föld forgástengelye a Nap körüli pálya síkjával kb. 27°-os szög
alatt hajlik. Ezt a teljes pálya bejárása alatt megtartja. Amikor
a tengelyhajlás északi része a Nap felé mutat, kialakul a nyári, illetve ellenkező oldalon a téli időjárás. A mágneses pólusok
nem a forgástengely pólusaiban vannak, és állandóan változik a
helyzetük. Sőt a mágneses tengely a térképek szerint nem megy
pontosan át a Föld középpontján.

UFOKALENDÁRIUM 1999. AZ EMBERISÉG ŐSI MÚLTJA (Oláh
András)

A 156. oldalon olvashatunk arról, hogy a Nagy Piramis burkolatára szöveg volt vésve a következő írásmóddal:

„A szöveg ógörög, azaz magyar rovásjelekkel íródott".

A történelem kutatói szerint a görögök ősei nem a rovásírást
használó Pelazgok voltak. Hérodotosz szerint a pelazgoknak:

*„Egy barbár nyelvet kellett beszélniük, és a pelazg eredetű attikai
népnek, mikor egyesültek a hellénekkel, el kellett hagyni a pelazg
nyelvét, és meg kellett tanulni a hellénekét".*

A magyarság viszont, amint a tudósok mondják, egy kevert nép,
magyar, onogur, kazár meg más egyéb. A vándorlásuk vagy menekülésük alkalmával ezekkel a népekkel találkoztak és keveredtek, ha hihetünk a történetíróknak. Állítólag a görögök sohasem írtak rovásírással. A Trefort Ágoston idejében kialakult
finn-ugor rokonság is kétséges. Hogyan lett egy fekete szemű,
fekete hajú nép legközelebbi rokonsága, még nyelvi alapon is,
kék szemű, vörhenyesen szőke nép? Az ógörögök egyébként nem
egységes nép, hanem egymással is harcoló városállamok voltak.
Igaz, manapság sok, még nem magyar írásban is olvashatunk
a sumér-magyar (pelazg, szkíta, hun, etruszk, magyar) rokonságról, és az ékírást talán össze lehet hasonlítani a rovásírással, és rokonságba hozni vele, de amint már volt róla szó, a görö-

gök nem ék- vagy rovásíró nép voltak. Mindenesetre a pelazgok, szkíták, hunok és magyarok jó nyilazó népek voltak, így talán van némi rokoni kapcsolat is közöttük. Minden nép, régen és ma egyaránt, más népeket barbár jelzővel illet, és jogosnak ítéli a barbárokat a saját életformára átalakítani, vagy ha azok ezt az életformát nem akarják elfogadni, akár ki is irtani, lásd Amerika megszállását. Az is igaz, hogy orosz régészek, ha igaz a videó, találtak 14000 éves rovásírást Etiópiában!? Miért nem foglalkozik ezzel a magyarok tudós társasága? Csupán ennek a hírére rohanniuk kellene, hogy bizonyítsák, ez nem igaz. A föníciai ábécé évezredek alatt átalakult görög, héber, latin betűkre. Az, hogy két nép, évezredek különbségével, kitalálta ugyanazokat a betűket, igen valószínűtlen még akkor is, ha a jelek mind más betűt jelentenek.

158. oldal:
Olvashatjuk itt, hogy „Tutenkamen is magyar volt, Tudónk a mén volt a magyar neve". A szarkofágján, amely szó görög-latin eredetű (szerinte magyarul: sírkőfaj, rekesz) a következő szöveg olvasható: MAD-AR NEMSET URA.
A fáraó nevét állítólag így kell írni: Tutanhamon. (Tut-Ankh-Amon), vagyis Amon kedveltje. Van, aki így írja a fáraó nevét: Tutankhamon, de nem Tutenkamen. Majd így ír:

„Ghisei, azaz Gejszai (Gézai) piramisok... ide volt felírva, hogyan került az ember a földre. A fehér márványlapok hieroglifái több tonna arannyal voltak kiöntve, ezeket kiolvasztották, az égetett mészből épült aztán Kőíró (ma Kairó) városa".

A várost nem égetett mészből, hanem annak segítségével kőből, téglából építették. Az égetett mész csak az elemeket rögzítő habarcshoz kellett. Tulajdonképpen Kairó nem is létezik, amint arról már szó is volt. Annak valódi neve El-Qahira, Gíza pedig El-Jizzah, melyek arab szavak. Az persze igaz, hogy manapság még az arabok is használják az európai elnevezéseket. Tudni illik azt is, El-Qahira arab jelentése a Győzedelmes, így hívják arabul a Mars bolygót, és mert a város építésében szerepe volt, a várost is. Bécs sincsen, csak a mi nyelvünkben, a város neve Wien. A márvány is mészkő, de annak egy igen finom kristályos módosulata.

A mai Kairó területén a piramisok idejében nem volt egyiptomi település, hiszen azt a kiáradó Nílus minden évben elmosta volna. A római megszállás alatt épült itt egy erőd, amelyet Babilon erődnek hívtak. Amikor az arabok meghódították Egyiptomot, az arab fővezér, Ibn-Al Ász itt táborozott le a győztes csata után, amikor a várat védő görögök feladták azt. Táborozásukhoz sátrakat is vertek, majd később elindultak Alexandria elfoglalására. Amikor a vezér sátrát le akarták bontani, észrevették, hogy egy galambpár fészkel annak tetején. A zord, fanatikus katona, aki akár a lemészárolt ellenfele hasát feltépve annak máját is képes volt megenni, nem zavarta meg a galambok nyugalmát, inkább otthagyta nékik a sátrát.

Állítólag Mohamed próféta halála után a vezéri pozíció eldöntésére felálltak egymással szemben a két párt seregei, és a harcot egymás sértegetésével kezdték valahogy így: Még ma megöllek és megeszem a májadat. A mese szerint a győztes meg is tette, amit ígért. Mese, igaz?

Amikor Alexandria elfoglalása után visszatért, a sátor még mindig állt. Itt létesített egy települést, amely pálmalevéllel fedett sárkunyhókból épült, a galambok fészkelte sátor után az El-Fusztat, „A sátor" nevet adta neki. Ez a település tovább fejlődött. Ibn-Tulun vezér megépíttette a ma is róla elnevezett és máig álló mecsetet. A belháborúkból a Fatimidák (Mohamed lánya, Fatima neve után) kerültek ki győztesen, lerombolták a települést, csak a mecseteket hagyták épen, majd új várost építettek a romok helyén.

Az új város építését úgy időzítették, hogy akkor kezdjenek az építők dolgozni, amikor a Mars, az el-Qahira – a Győzedelmes – áthalad azon a délkörön, amelyik éppen rajtuk ment át. Ezért lett az új város neve El-Qahira. Állítólag egy zsinegrendszert készítettek, rajta sok csörömpölő szerkezettel, hogy a zsineg megrántásakor az alvók egyszerre ébredjenek és kezdjenek

147

az építéshez. Mondják, mindenki elaludt, de egy holló szállt a zsinegre éppen a kívánt időben, így az építkezés pontosan kezdődhetett. Manapság még az arabok is használják az európai elnevezéseket, például az egyik légitársaságuk neve „AIR CAIRO". Mindenesetre egy éjjel szálldosó holló elég ritka látvány lehetett, a Mars csak éjjel látható.

AZ ORION-REJTÉLY – A piramisok titkának megfejtése
Robert Bauval és Adrian Gilbert

A könyv érdekes felfedezést boncolgat, de amint már láttuk, lehet hasonlóságot véletlenül is létrehozni. Ennek a könyvnek a témája az, hogy a gízai piramisokat az Orion csillagképnek megfelelően építették. A három nagy az Orion övével azonos elrendezésben épült fel. A Nagy Piramis „szellőző" csatornája szerintük a déli oldalon az Orion középső három csillagának egyikére mutat, az északi oldali pedig az északi sarkcsillagra. Sajnálatos módon az időpontot nem közli, amikor ez a tény megvalósul. Mivel, mint már szó volt róla, a Föld tengelye az égi egyenlítővel szöget zár be, ez okozza az évszakok változását is. A Föld tengelye az állócsillag Naphoz és az égi egyenlítőhöz viszonyítva elmozdul, minden égi objektum a helyét változtatni látszik, tehát az előzőben leírt eset csakis az év egyetlen egy időpillanatában, másodpercében lenne csak látható, ilyen irányításban, ahogyan az írországi Newgrange – építése az időszámítás előtti III. évezredre tehető – síremlékbe is csak egy napon világít be a Nap a megfelelő helyre. Azt sem közli, hogyan nézték a csillagokat a lezárt csatornákon keresztül a zárt piramisból.

Peter Lemesurier könyvea A NAGY PIRAMIS REJTÉLYÉNEK MEGFEJTÉSE.

A Gold Book kft. adta ki és igen sok meggondolandó állítással van megtűzdelve, amivel szintén érdemes kicsit foglalkozni.
Tiltja a kiadvány sokszorosítását, bármely részének információs rendszerben történő tárolását, sugárzását. Talán igaza

van, ugyanis nagyon sok valótlannak látszó állítást talál benne az olvasó. Rengeteg számítást közöl, például így:

$$41,21" = (2 \text{ KK})$$

Ezt úgy kell értelmezni, hogy 41,21 piramishüvelyk, ami két királyi könyök, ez:

$$(41,21 \times 25,41) : 2 = 523,573$$

centiméter, amely az úgynevezett piramis-könyöknek egy újabb változata. (635, 525, 520 stb.).

A számításaihoz történelmi tényeket csatol, mint például a Megváltó, Buddha stb. életéből vett események leírását. Vagyis olyan tényeket, amelyek csak jóval későbbi időkben következtek be, mint a piramis építése, tehát ezek az adatok így utólag csak építéskori jóslásnak minősülhetnek. Ezekről az egyiptomi falfestményeken, kőbe vésett szövegeken nem talál-ható nyom. Ha ezek a dolgok az építés idejében ilyen nyilvánvalók voltak, miért csak a Nagy Piramis tervezője rögzítette azokat, és éppen ebben az építményben? Miért csak a Nagy Piramis volt az, amelybe kódoltak annyi adatot, amennyit ez a könyv tartalmaz? Csak a Nagy Piramis építői voltak zsenik, az előttük építkezők még kis butuskák, majd az utánuk építkezők elbutult utánzók, epigonok lettek?

Lássunk pár valótlanságot a közlések közül, a teljesség igénye nélkül.

18. oldal:

„a finom kötőanyag... mészkőből készült teljes külső bevonatát (minden egyes darab huszonegy acre)".

A piramist vizsgáló szakemberek szerint – és a régiek szerint, akik látták is valóságban – kötőanyag nélkül építették meg, ezt le is írták.

Az „acre" angol területmérték. 1 acre 4840 négyzet yard, ami megfelel 4046,78 négyzetméternek. Egy acre egy kődarab felületének igencsak nagy, egy oldal felületének pedig kicsi. A leírás szerinti 21 acre jó megállapítás lehet a piramis 4 oldalára. Egy oldal felülete:

$$(232{,}4 \times 186) : 2 = 21613$$

négyzetméter, így a négy oldal felülete:

$$((21613 : 4046{,}78) \times 4 = 21{,}363 \text{ acre}).$$

Egyébként a „külső" felülete már 1830 körül is hiányzott, többek szerint, az északi oldallapja még homorúra is volt építve, tehát arról ma valamit is megállapítani pontosan nemigen lehet, csak feltételezni, de az nem tény! Igaz, több esetben megemlíti az írásában – ellentétben más írókkal, akik ragaszkodnak az általuk írt dolgok valóságához –, hogy ez csak feltételezés.

20. oldal:
Kétségbe vonja, hogy a Piramist Kheopsz építtette, mivel

„az igen hatalmas munka lett volna egy sírépítmény számára".

Ismételten meg kell jegyezni, hogy a Kheopsz apja, Sznofru által építtetett két dahsuri piramisba kb. 20%-kal nagyobb térfogatú anyagot építtetett be, mint a Nagy Piramis térfogata, és építtetett harmadik piramist is, vagy amint azt sokan állítják, csak befejezte az elődje félbehagyott építményét. De a piramisok mellett templomokat is építettek.

21. oldal:

„Az egész egybefüggő földtömeg földrajzi közepe, beleértve az amerikai kontinenst és az Antarktiszt is".

Az egybefüggőt nyilván nem választják el óceánok egymástól, mint a földünk kontinenseit és szigeteit. A tömeg – még ha az a Földé is – súly, és nem felület. Helyesen így kellett volna meghatározni: "A Föld összes szárazföldjének felülete". Von Däniken úr csak egyszerűen azt állította, hogy a piramison átmenő délkör felezi a Föld szárazulatait.

Nagyon sok esetben az ilyen előforduló hiba az olvasott szöveg újraírása, és annak nem megértése miatt következik be, és sajnos nagy bakit eredményez. Lehet fordítási hiba is.

23. oldal:

Ha valaki *"a Föld bolygó építészeti szimbólumát akarná meghatározni, nem igen találna jobbat a gízai Nagy Piramisnál"*.

Ez csak természetes, egy gömb vagy geoid alakú test legjobb építészeti szimbóluma egy piramis. Egy köré pedig talán egy egyenes, és egy pontba minden belefér, akár még az ősrobbanás is. A Duna partján – a sok egyéb ostobaság között – a kőgátra pingálva található egy falfirka:

"Mondd el az egyenesnek, milyen a gömb".

Természetesen egy gömbnek is nehéz megérteni, hogy milyen is egy egyenes. Így van ez a magukat piramidológusnak és a magukat tudósnak nevezőkkel, és így van ez a gazdag és szegény állampolgárokkal, ők sem értik meg vagy nem akarják megérteni a másikat. Próbáljon meggyőzni egy régészt a piramidológus, vagy egy piramidológust a régész, vélt vagy valós igazáról. Ez szinte lehetetlen feladat. A saját igaznak vélt állítás minden mást lefed, és elvből ostobának tartja mások állítását, még akkor is, ha tudja, hogy a saját állítása nem igaz.

23. oldal:

"A Piramis építői szándékosan abbahagyták a tetőt fedő kövek beépítését, és bár egyetlen fedőkő sem maradt in situ (a helyén) ... A piramis minden egyes külső és belső méretét ki lehet fejezni Pi-vel és 365,242-vel".

Hérodotosz, aki az ép, rendbe hozott piramist látta, minden követ in situ (a helyén), nyilván megemlítette volna ezt a hiányosságot, a piramis befejezetlen voltát. Nyilván feltűnő lett volna, ha a két befejezett mellett egy csonka gúla áll, „jé, ennek nincsen csúcsa", mondta volna, és gyorsan lejegyezi, mint ahogyan annyi más érdekességet lejegyzett.

Hérodotosz leírása annyira részletes, hogy még az emberek szokásait is rögzíti. Szerinte a nők vásárolnak be, a férfiak meg a házimunkát végzik, még a szövés is a feladatuk. Bronzedényből isznak, és azt mindannyian ki is mossák. Más népek felülszövik be a vetülékfonalat, az egyiptomiak alul. Még azt is leírta, hogy a férfiak a tisztaság miatt körülmetéltek, és guggolva pisilnek, a nők meg állva. Tehát nagy a valószínűsége, hogy elfogadható a közlése, annyira részletes. Csak a piramis esetében hibázott volna?

De ha igaz az építéskori befejezetlenség, akkor nyilván a felső síkot is az építési technológiájuk szerint „tökéletesre készítették" volna, nem pedig egy romhalmaz szerű kivitelben. Egyébként dr. Zahi Hawass a gízai piramisok felügyelője talált egy összetört piramidont itt, a gízai nekropolisz területén, amelyet egyes régészek a Nagy Piramis csúcsának tartanak. Erről a törött piramidonról látható egy fénykép például Robert Bauval írónak „A TITKOS KAMRA" című könyvében is. Ha ez a piramidon Khufu piramisának a csúcsa, akkor a sokak által említett, a piramis csúcsát képező arany gúla nem lehet valóság. Ha volt csúcs, legfeljebb aranylemezekkel fedett lehetett, ez nem válthatott ki olyan vágyat a megszerzésre, mint egy nehéz aranytömb. Ha például az obeliszkek csúcsa arannyal lett volna fedve, hogyan távolították azt el a rablók? Ezt a legegyszerűbben a kőoszlop feldöntésével érték volna el, más esetben valamilyen állványzatot kellett volna építeni az érték megszerzéséhez.

Meg kell jegyezni azt is, hogy a 63,5 centimétert könyöknek nevezni nem a legsikerültebb. A régi emberek előszeretettel használták a testükkel kapcsolatos, úgy mondhatjuk, kéznél lévő mértékeket: ujj, hüvelyk, arasz, bakarasz, láb, könyök, öl és így tovább. Mérjük le a *könyökünket!*
Az író szerint a piramis minden méretét ki lehet fejezni π-vel. Persze hogy ki lehet fejezni mindent π-vel vagy bármilyen más számmal – hüvelyk, arasz, láb, könyök stb. –, csak nem kapunk egész számokat, ahogyan a könyvben lévő számtalan másik meghatározás értéke sem egész szám. Sőt, az így kifejezett számok értéke általában mindig törtszám lesz.

A 115. oldalon olvasható:

| *4) A galéria felső (D-i) végének jellegzetessége* | *A nagy lépcső az emberi fejlődésben* | *Egy „nagy lépcső" skálaváltás* |

| *35) A nagy lépcső megvilágosodott inkarnáció* | *35,762" fellépőjének* stb. | *magassága* |

Egy emberi kar könyökben, kinyújtott ujjakkal nem nagyon haladhatja meg az 55 centimétert. Az egyiptomiak állítólag aránylag kis termetűek voltak, tehát még kisebb volt ez a mértékük. Meglehet, mégis a merőlegesre behajlított karjuk hosszmérete volt ez a misztikus királyi könyök. Van, aki szerint ez a mértékegység a behajlított kar mérete plusz egy tenyér szélessége volt. Valamikor az építőmestereink is használták a testük egyes elemeinek méretét, így keletkezett a magyar „suk" nevű mérték is: ez a két tenyér mérete volt, kinyújtott hüvelykujjakkal egymás mellé helyezve, két sukos fal, mondták nagyapáink. A suk körülbelül 32 centiméter. Így lehet az is, hogy az egyiptomiak ennek a kétszeresét használták alap mérték egységnek. Persze az emberek nem voltak egyforma méretűek, így a testükkel meghatározott mértékegységek sem voltak azonosak a különféle népcsoportok szerint. Az öl szintén emberi testel kapcsolatos mérték, a kereszt alakban kinyújtott két kéz ujjhegyeinek távolsága, ezt a méretet még ma is használják néha (400 négyszögöles telek).

26. oldal:

„Még ha a Nagy Piramis nem is létezne többé, akkor is rendkívüli pontossággal meg lehetne adni külső méreteit az ősi királylisták ábrázolásainak kísérleti geometriai módszerrel történő rekonstruálása révén".

Valahogy úgy, mint a hajó árbocának hossza, a szél sebessége és az elfogyasztott rum mennyisége is rendkívüli pontossággal meghatározza a hajó kapitányának életkorát a kísérleti geometria szerint. Hogyan lehet egy írott szöveget rekonstruálni a kísérleti geometriai módszer segítségével, azt nem közli az író a jámbor olvasóval. Ha leírja, hogyan lehet meghatározni a fenti állítása szerint a Piramis méreteit, még hihető is lenne az, de csak bizonyítás nélkül állít tényeket, ahogyan azt a piramisokról írók közül sokan mások is megteszik. Majd egy igen merész meghatározás következik a tudós csillagászok képességére kedvezőtlenül.

36. oldal:

„Csupán az asztrológia képes az időpontok olyan pontos meghatározására".

Asztrológia = csillagjóslás! Asztronómia = csillagászat. Igaz, mindkettőt lehet állítólag magas szinten is művelni.

41. oldal:

„Az épületnek öt éle és öt oldala van (négy oldal plusz az alap)".

CSONKAGÚLA OLDALAI ÉS ÉLEI

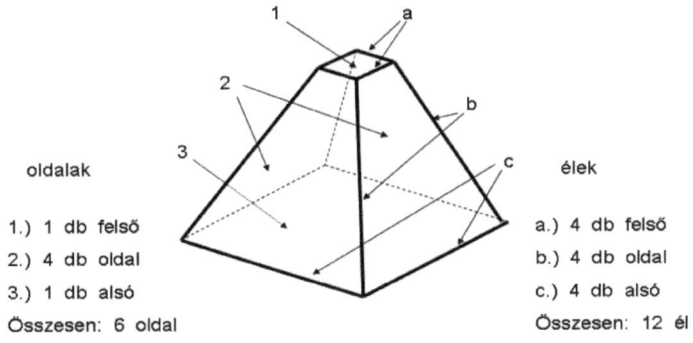

oldalak
1.) 1 db felső
2.) 4 db oldal
3.) 1 db alsó
Összesen: 6 oldal

élek
a.) 4 db felső
b.) 4 db oldal
c.) 4 db alsó
Összesen: 12 él

19. ábra

Csak az öt oldal stimmel, de csakis akkor, ha a teljesen ép piramist tekintjük a vizsgálat tárgyának. Ez esetben is nyolc élt találunk, négy az oldal- és négy az alapél. Ez az állítás még többször is előfordul, így feltételezhetően nem tévedésből lett így leírva. Ez a kijelentés még rosszabbra sikeredett, ha figyelembe vesszük azt az állítását, hogy a piramis csonkagúlaként lett építve. Ugyanis egy négyzetes csonkagúlának hat oldala – alaplap, felsőlap és négy oldallap –, valamint tizenkét éle van, négy az alapsíknál, négy a felső síknál és négy az oldalak találkozásánál. Az ötös szám sehogyan sem szerepel bennük, legfeljebb „törtszámként". Mindent lehet akár így, törtszámmal is kifejezni, mint ahogyan a közléseinek nagy része ilyen törtszámmal való meghatározás, de minek! (19. ábra)

45. oldal:

„*a Piramis tulajdonképpen egy síremlék, amelyben szarkofágok vannak elhelyezve*".

Legalább azt elhiszi, hogy a piramis síremlék. Ebben a piramisban csak egy szarkofágszerű tárgyat találtak. A piramissal foglalkozó írásművek nagy része mereven tiltakozik a síremlék és szarkofág meghatározás ellen. Mint írják: beavatási hely, templom, laboratórium, esetleg monokromát egykristály prizma, a teremtés helye volt.

A 74-82 oldalakon és még több helyen lévő számok, méretek, szögek szerinti következtetésekhez nem fűzök mást, csak annyit, hogy a könyvben 736 kiemelt utalást találni, amelyek valamiféle kapcsolatot jeleznek a piramis építésekor kódolt valamilyen fogalommal, például „a Messiás jelenléte, spirituális visszafejlődés" stb. A kiemelt utalások között 270 esetben törtszám szerepel. Ezek az utalások többször is szerepelnek az írásműben a sorok között.

Hogy az építés után körülbelül 2700 évvel később élt farizeus Pált jelképezi valami is, ami a Nagy Piramisban rögzítve van, kétlem. Szinte hihetetlen, hogy a piramis építésekor már tudtak Pál fordulásáról és talán arról is, hogy Pilátus kezet mos, vagy netán azt is előre látták, hogy a tálibok Buddha-szobrokat robbantanak, vagy a történelem minden mozzanata tudott volt?

84. oldal:

> „Hagyjuk ennyiben a dolgot,
> tartózkodva minden további megjegyzéstől".

Mindenesetre az a tény, hogy a lefelé vezető járat és a Nagy Galéria közötti megkerülő vágat milyen módon készült, nem tűnt fel az írónak és még sok más írónak sem, kissé gyanússá teszi az egész írásukat. Az írók szerint a „végtelen precizitással" megépített piramisban ilyen „primitív" járat kialakítása nem vall a nagy tudású építők munkájára, inkább sírrablókra. Lehet, hogy az építést vezető, ellenőrző papok egyike jelölte be a helyet, ahol ki lehet alakítani egy vágatot a kincsek megszerzésére, vagy titokban készíttette az építkezés alatt ezt a helyet. Mindenesetre sokaknak fájhatott a foga a halotti útravalónak szánt hatalmas értékre a temetés után. Szinte minden sírt kiürítettek. Ha figyelembe vesszük a mintegy 300 eltemetett egyiptomi királyt, talán nem is termelhettek annyi aranyat, drágakövet, amennyit eltemettek. Ha csak a Tutanhamon sírjában talált aranyat vesszük figyelembe és szorozzuk a királyok számával, (0,2 x 300 = 60) hatvan tonnányi kincset kapunk eredményül. Természetesen csak körülbelüli értékkel tudjuk ezt tenni, pedig ez a király nem a legnagyobbak közül való. Alig 18 évet élt, igaz, az egyik leghíresebb. Lehet, hogy a fáraók aranyát többször is eltemették halotti útravalóként?

Igaz, hogy ennek a könyvnek az írója szerint ezt a vágatot felülről készítették, és „talán az alsó nyílását" ki sem vágták. Ismétlem, egy precíz építményben ilyen primitív munka – még a nagy galériában csatlakozó nyílás is az – nem az okos építőkre jellemző megoldás. Más sírokban is találtak ilyen egyszerű módon készített vágatot a kincsek elrablásához. A másik két gízai piramisban a rablók munkája egyértelműen látható. Belzoni is, aki a második legnagyobb piramis, úgymond, „régészeti" felnyitását végezte el, először a rablók által készített járatot találta meg.

Jut eszembe! Ha minden jövendő kiolvasható a piramisba kódolva, akkor benne van akár a feltörés és a kirablás ténye is, ami igencsak fontos dolog lehet egy ilyen monumentális építési feladat megvalósítása és megőrzése esetében. Remélem, a következő írók, akik a piramisokkal foglalkoznak, most ihletet kapnak és megtalálják ennek a ténynek a rejtett kódját is.

194. oldal:

„Az olvasó könnyen össze tudja vetni
az alábbi rajzot a Halottak könyve terminológiájával".

Kétlem, hogy egy átlagolvasó egyáltalán ismerné a Halottak könyvének terminológiáját (szakszókincsét). Összevetni csak azokat lehet, amiknek láthatjuk együtt a leírását és a rajzát. A megadott méreteiben olyan értékeket is közöl, melyeket nem tud lemérni közönséges mérőeszközökkel, például a 210. oldalon 1881,246 és 1881,223 értékeket. Ilyen értékek csak mikronmérő eszközökkel mérhetők. A 213–214 oldalakon megemlíti a négy vak embert, akik egy elefántot vizsgálnak meg, és négyféle elképzelést mondanak el. A piramist vizsgálat alá vevők is pontosan ezt teszik. Van, aki egyszerűen temetkezési helynek, aki vallási központnak, aki az ufonauták által épitettnek, aki az özönvíz előttinek, aki a teremtés helyének stb. tartja. Ki-ki a beállítottsága szerint, de hol az igazság?

Általánosan szokás mondani, hogy az amerikai földrészen található piramisok az egyiptomiak szerint lettek építve, tehát közös alapon nyugszanak. Ez fordítva nem lehet igaz, mert az amerikai piramisok közel 3000 évvel később épültek. Talán az egyiptomi piramisépítők jártak az újvilágban és vitték át a tudományukat. Lehet, de miért csak a piramisépítés maradt fent az indiánok között? Ha ott jártak az egyiptomiak, akkor annak más vonalon is láthatónak kellene lenni. Egymástól független emberek, népek is juthatnak ugyanarra a gondolatmenetre. Nagyon jó példa erre az íj feltalálása. Az íjat megalkották a földünk minden táján, igaz, nem egészen ugyanolyan az alakjuk és az anyaguk, minőségük, de az elv ugyanaz. Az amazóniai indiánoknak csak a fákon lévő állatokra kellett vadászni, így a nyilaik nem repültek túl messzire, nem úgy, mint a Parsus nép nyilai. Az ő nyilaik még nagyobb távolságból is átütötték a római harcosok páncélzatát. A Parsusok (Parthusok, Pártusok?) így csatát is nyertek a rómaiak ellen. Köztudottan jó nyilazók voltak a szkíták, hunok és állítólag a honfoglaláskori magyarok is.

Tehát teljesen függetlenül juthatnak ugyanarra a gondolatmenetre az emberek. Példa erre a találmányi hivatalba küldött rengeteg azonos megoldás is. A Föld szinte minden pontján található csontból, pattintott kőből készült szerszám vagy más régi tárgy, amiket más-más népcsoport készített. Ugyancsak megtalálhatók a világ minden táján az agyagból készített, égetett edények. Elképzelhető, hogy egymástól függetlenül alkották meg ezeket a tárgyakat, annál is inkább, mert a kivitelezésük nem azonos. Van korongozott, agyaghurkákból készített, sablonban gyártott ősi edénylelet, tehát igen külöbözők. De bumerángot csak Ausztráliában használták vadászatra, más területen legfeljebb játékszerként szerepel.

Készült egy látványos videoszalag a Reader's Digest kiadásában – „EGYIPTOM ARANYKORA. Egyiptom és az istenek" címmel, amely a következőket közli a kíváncsi nézőkkel:

„több mint egy tonna tömör arany".

Ez az állítás Tutanhamon aranykoporsójára vonatkozik, amiről már tudjuk, hogy 110 kilogramm körüli aranyból van készítve. Említi még az aranytárgyak százait is. Majd közli, hogy az egyiptomiak nem rabszolgatartó nép voltak, de később ellentmond ennek. Azt állítja, hogy a Punt országának legyőzése után a férfiakat elhurcolták rabszolgának. Azt is állítja, hogy a szkarabeusz bogár minden reggel előbújik a föld alól, követi a Nap útját, alkonyatkor pedig újra elbújik a földalá. Ha ez igaz, akkor nyugati irányba haladva valahol rengeteg szkarabeusz tetemnek kell lenni, mivel éjszaka nem mennek vissza kelet felé a föld alatt, és valahol, valamikor, mind elpusztulnak.

Közli, hogy az egyiptomiak szerint az Orion az éjszaka napja. Hasonlatosan a Bibliához, amely szerint Isten teremtette a két világítót, nappalinak a Napot és éji világítónak a Holdat. Az év felerészében azonban a Nap, a Hold, az Orion nem látható, mert éjjel pontosan a Föld másik oldalán van. Mindenki látott már teliholdat, vagy olyan állapotot, amikor nem látható a Hold. Ugyanazon csillagok sem láthatók minden éjjel, de nehéz megfigyelni a mozgásukat, mert rengetegen vannak.

Közli azt is, hogy időszámítás előtt 1126-tól maga az Amon papság tulajdonítja el a sírok aranyát, mivel a bányák már kimerültek. Szerinte Karnak templomegyüttese 300000 négyzetméter területen létesült.

Ez a templom együttes körülbelül 600 x 1400 méter területen fekszik, ami 0,84 négyzetkilométer nagyságú, azaz 840000 négyzetméter. Egy négyzetkilométer felület egymillió négyzetméter.

Több templom, kápolna, régebbi templomrom és még két szent tó is tartozik a karnaki templomegyüteshez. Nem egy fáraó építkezett ezen a területen, néha úgy, hogy az elődje építményét lerombolta, annak köveit használta a saját templomához. Az építmények egy része későn, már a görög fáraók uralkodási idejében épült. A fő templom kb. 150 x 350 méter alapterületű. Itt a sokak által emlegetett szakrális észak-déli tájolásnak a nyomát sem lehet felfedezni, pedig nem kötötte hegyvonulat az építési irányt, hiszen sík területen létesült az együttes. De mindenre mindenütt lehet egy bizonyos időpillanatot és egy irányt találni, ami egyezni látszik, és ez a témával foglalkozó ember saját véleménye szerinti igazság. A Nazca-fennsík ábrái is lehetnek a csillagokhoz tájoltak, a terület többszáz kilométeres részének térképe, földönkívüliek műve, az állatokat vízzel ellátó csatornák építése vagy valami más, attól függően, ki ír róla.

Ugyanígy nincs észak-déli tájolása Szakkara masztaba sírjainak, Szekmenhet piramisának, Tell el Amárna sírjainak, Abüdoszban I. Széthi templomának, Dendera Hathor templomegyüttesének, Théba Nekropoliszának, a Királyok és Királynők völgye sziklasírjainak, Medinet Habu templomainak, Asszuán sziklasírjainak, és még sok másik templomnak és sírnak. Természetesen ennek az indokolása lehet az, hogy az építmény tervezője vagy építtetője más irányítással egy-egy csillagra tájolta ezeket a létesítményeket is.

A TITKOS KAMRA
Atlantisz titkai és a Feljegyzések Csarnoka
Robert Bauval

Robert Bauval több könyvet is írt a piramisokkal kapcsolatosan. Ez a könyve rengeteg más írás felhasználásával készült, így mintegy tudományos munkának számít, így talán már a bigott piramidológusok mint tudományos munkát nem is fogadhatják el.

A könyv 17. oldalán található egy érdekes szövegrész, amely megszívlelendő:

„Walter Mitty: James Thumber egyik ismert történetének (The Secret Life of Walter Mitty (1942)) főszereplője. Az angolszász *nyelvterületen gyakran olyan személy gúnyneveként használják, aki álomvilágban él, és mint irodalmi alak, azt hiszi, sokkal intelligensebb és sokkal érdekesebb ember, mint valójában".*

Ezt a szöveget érdemes megjegyezni és kicsit megrágni, mert komoly igazságot tartalmaz az emberi tulajdonságok vizsgálatához. Az emberek nagy többsége szeretne okosabb, gazdagabb, intelligensebb, ismertebb lenni, mint a többiek. Ennek érdekében követnek el, úgymond, rendkívüli dolgokat, mint a Föld körülvitorlázása, legnagyobb sportteljesítmények, a világ meghódítása, esetleg még a legnagyobb bűnök elkövetése árán is. Herosztratosz az Artemisz-templom felgyújtója; vagy Hitler, Sztálin, a népirtók; Amerika, az első atombomba ledobója. Ezzel civileket, nőket, gyermekeket öltek halomra előzetes figyelmeztetés nélkül. A háborúban minden megengedett, mondták, és a mostani háborúikban, melyeket minden alkalommal saját országukon kívül hajtanak végre, és az ott élők öngyilkos robbantói nem harcosok, terroristák, fúj! Még gyermeket is ölnek.

Ebben a könyvben is előfordulnak írói vagy fordítói tévedések. Lássunk belőle párat. (A számok a könyv oldalszámait jelzik.)

37. oldal
Az író rögzíti a kövek darabszámát: 2,5 millió, átlagosan két tonnás értékkel. A piramis összes tömegének 6 millió tonnát ír. Ha a 2,5 milliót megszorozzuk 2-vel, akkor csak 5 millió tonnát kapunk eredményül, egy millió tonna hiányzik.

45. oldal
Az ötödik bekezdésben állítása szerint jól ismert, hogy a görög Aszklépioszt Imhoteppel azonosították. Imhotep időszámításunk előtt 2700 körül építtette a lépcsős piramist, jóval a görög történelem kezdete előtt. Trója ostroma i. e. 1200 körül történt. Aszklépiosz pedig időszámítás előtt 800 körül élt, ha élt. Majd így folytatja:

„a klasszikus Aszklépiusz név formájában hírneve végül az akkori ismert világ legtávolabbi sarkaiba, a hellenisztikus királyságok, és végül a Római birodalom legrejtettebb zugaiba is eljutott".

Mintha egy kissé összemosódnának az ezer évek. A hét klasszikus görög bölcs között nem találjuk Aszklépiosz nevét, és a bölcsek nem Imhotep korában éltek és alkottak. Így Homérosz időszámítás előtt 800, Pitagorasz 580, Platón pedig 427–347 körül élt. A görög bölcsekről időszámítás előtt a VIII. századtól kapunk említést. A hét görög bölcs a lindoszi Kleobulosz (i. e. 600), athéni Szolón (i. e. 640–559), spártai Khilón (i. e. VI. sz.), priénéi Biasz (i. e. VI. sz.), milétoszi Thalész (i. e. VI. sz.), mütilénéi Pittakosz (i. e. 650–580) és a korinthoszi Periandrosz (i. e. VII–VI. sz.). Róma megalapítása a monda szerint időszámítás előtt 753-ban történt. Az egyiptomi Imhotep kora és görög-római időszakok között 2000 évnyi különbség van.

A király állítólag a nem tőle született ikreket, Romuluszt és Rémuszt egy pásztorra bízta, hogy ölje meg őket. A pásztor megsajnálta a kicsiket, és a feleségének adta, aki előző időben nyilvánosházban dolgozott. Ezeket a nőket hívták nőstényfarkasnak.

48. oldal
Az 5. és 6. dinasztia piramisaiban talált szövegek szerinti vastrónust említ meg. Ez az időszak időszámítás előtt 2500-tól 2200-ig tartott. Ez időből semmiféle vas szerszám nem került elő, nagy a valószínűsége, hogy még nem ismerték a vasat. Ez lehet egy hieroglif írású szöveg rossz fordítása is. (Fém = vas?)

56. oldal
Itt a Borgia pápák (1492) bika jelével veti össze az ápisz bikákat. Az első ápisz templomot I. Nektanebó építette időszámítás előtt 600 körül. A két esemény között 2000 évnyi idő telt el. Szabad évezredeket így kezeli? Ezt az összemosásnak hívják, és a politika szokta nagyon jó eredménnyel használni, az irodalomnak nem szabadna ezt tenni. Pedig egyre több könyv jelenik meg, csupán fantáziát tartalmazva.

60–61. oldal
Ezeken az oldalakon ír egy mágikus könyvről, amelyet Thot írt, és Setne herceg talált meg Nefer-Ka-Ptah nevű nemes sírjában. A sírban találkozik halott felesége szellemével, aki elmondja, hogyan talált rá a mágikus könyvre férje, Nefer-Ka-Ptah. Itt mintha hiányozna egy meghatározás, egy a betű, mert így Setne herceg a saját halott felesége szellemével találkozott.

„*A könyvet egy vas láda tartalmazta, amely Koptosznál merült le a folyó közepén, a vas ládában egy bronz láda, a bronz ládában egy a pálma fájából készült doboz, amely egy arany dobozt tartalmazott, ez volt a könyv igazi tartálya.*"

Ezután kiderült, hogy a könyvet

„*kígyók nyüzsgő tömege és mindenfélefajta mérges hüllő őrizte*".

Mint a mesében általában szokott lenni, sárkányok, szörnyek őrködnek a kincsek felett. Hogyan maradt épen víz alatt az írás, hogyan került az a nemes sírjába, az nagy titok.

83/3
Itt is előkerül a párizsi piramis.

„*Párizsban a Palais du Louvre udvarába tervezett ... piramis oldalainak a hajlásszöge harminckét fokos, ugyanannyi, mint a Nagy Piramis hajlásszöge.*"

A párizsi piramis említett 32° fokos oldalhajlásának, és a Nagy Piramis oldalhajlásának egyezését elvégezhetjük a közölt adatok szerint, hát tegyük meg. (21. ábra)

KHUFU ÉS PÁRIZSIPIRAMIS ÖSSZEHASONLÍTÁSA

A háromszög szögeinek összege 180°

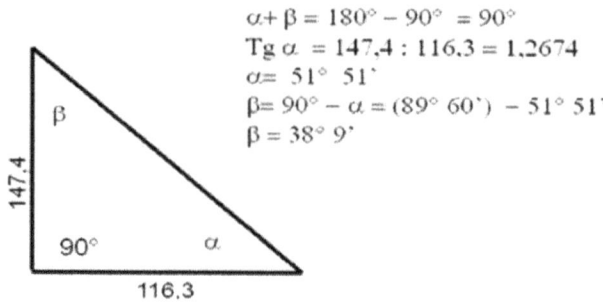

20. ábra

Ami azt illeti, a Nagy Piramis oldalának a hajlási szöge (α) az eddigieket figyelembe véve 51°51′. Ha a függőleges tengellyel bezárt szögre (β) gondolt, akkor sem jó ez a megállapítás. Lehet, hogy elírással van dolgunk. A háromszög szögeinek összege, amint azt tudjuk, 180°. Mivel a vizsgált háromszögnek egy szöge derékszög, vagyis 90°-os, a másik kettő összege szintén 90°. Ebből kivonva a maradék egyik szöget, megkapjuk a másikat.

A függőlegessel bezárt szög tehát a következő:

(89°60′ = 90°-os értékkel!)

(89°60′) − (51°51′) = 38°9′

Vagyis, ha a párizsi piramis egy oldalának hajlásszöge 32°, akkor nem egyezik a Nagy Piramis oldalának hajlásszögével. Vagy a párizsi piramis szöge nem 32 fokos.

88. oldal

„Unisz Dzsószer piramisától délre emeltet magának piramist. Ebben az utóbbi síremlékben hirtelen szakítanak azzal a korábbi hagyománnyal, hogy alkalmaznak feliratokat a piramis belsejében."

Így a szöveg jelentése az, hogy eddig feliratozták a piramisbelsőt, de most már nem alkalmaznak feliratot, mert szakítanak a feliratozás hagyományával. De éppen, hogy ebben az utóbbi (Unisz) piramisban találtak először feliratokat, tehát szakítottak azzal a szokással, hogy nem alkalmaznak feliratot. Meglehet, hogy az előtte épített piramisokban is volt írásos anyag, de nem véset vagy falfestmény formájában, hanem csak külön tárgyként elhelyezve, mint a többi halotti útravaló. Mert az egyiptomiak is a halottaik mellé tették az elhunyt kedvelt tárgyait és ételeit, italait, ahogyan több más nép is tette, és teszi ezt ma is a halottjaitól búcsúzáskor. Ez a szokás azért alakult ki, hogy az elhunyt rokonnak, királynak biztosítsák a túlvilági ellátást. (Fordítási hiba?)

89
Az ebben a bekezdésben leírt majdnem 5000 év csak 4300 körüli!

91/2

„Ozirisz nagy becsben tartotta Hermészt (Thotot)... Ő volt Ozirisz írnoka, aki bármiről is volt szó, változtatás nélkül elfogadta Hermész tanácsait."

Még egy kisebb beosztású főnök sem engedi meg, hogy egy írnok (titkárnő) beleszóljon a dolgaiba. A második mondat irodalmilag helytelenül van fogalmazva, vagy fordítva, ahogy számtalan más írásban is gyakran előfordul.

„írnoka, aki elfogadta"

Szerkesztésben az elfogadás az írnokra vonatkozik. Az „aki" helyett Oziriszt kellett volna írni. (Így... írnoka. (pont!) Ozirisz, bármiről is volt szó, elfogadta írnoka... stb.). Egyébként az egyiptomi szövegeket a görögök értelmezése szerint elfogadni nem látszik egészen helyesnek. Thot a Hold ura, az isteni írnok, aki a túlvilági elszámolást végzi.

94. oldal

„Azt a dombocskát, amelyen a piramis és a föld alatti kamrák ... végül egyfajta vízzel körülvett szigeten építették meg. A vizet egy csatorna segítségével a Nílusból nyerték."

Az a „dombocska, amin a Nagy Piramis áll", a sivatag része, amely a Nílus áradási vízszintje felett kb. 140 méterrel kiemelkedő hullámos felület. A piramis köré vizet „vezetni" csak emelőművekkel lehet. A víz nem használ az öröklétnek megőrzendő, nagy munkával előkészített múmia megóvásának. Ez a sivatagi rész nem egy önállóan kiemelkedő, domb alakú képződmény. Azt fennsíknak is nevezik, ami minden további elemzést kizárva egy magaslatot jelent. (22. ábra)

NÍLUSVÖLGY A GIZAI PIRAMISOKNÁL

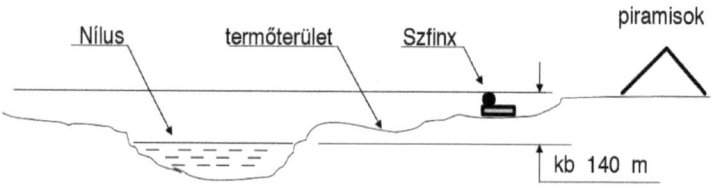

21. ábra

166

A folyó ebben a magasságú tájban ásta meg a mostani, alacsonyabban lévő medrét, és a sok évezred áradásai mosták ki a mai termőterületet. Hogy hogyan vezették csatornák segítségével fel a vizet a folyóból a dombocskára, az a nagy titok. Ma, mivel a gát megépítése miatt megszűnt az évi kétszeri áradásos elöntés, a termőterület öntözését is csak nehéz munkával vagy energia felhasználásával lehet megoldani, pedig lényegesen alacsonyabbra kell a vizet felemelni, mint ahol a piramismező van. Az emberi beavatkozás miatt általában kárt szenved a természet.

A továbbiakban még megtoldja azzal a feltételezéssel, hogy:

„mintegy gigantikus várárkot képezve,
a Nílusból csatornákkal ideszállított víz vette körül".

Ezek után egyáltalán szabad elfogadni ebből az írásból bármit? Az írás maga mondja ki a lehetetlent, a folyóból a dombocskára vezetett víz közlésével.

Miért nem tűnik ez fel annak, aki elolvassa ezt a szöveget? A jámbor olvasónak mindent el lehet adni? Úgy látszik, igen. Talán Homérosz leírásában a Mairisz-tó vizében lévő két piramist keveri a gízai piramisokkal. A piramist körülvevő vizet is fel kellett volna emelni a piramis szintjére, és a párolgási, elszivárgási veszteséget állandóan pótolni. A víz nem folyik felfelé, azt csak hatalmas munkával lehet feljuttatni. A piramisok területe, a Szultán Ali mecset és a turai kőbánya közel azonos magasságban van.

Lépjünk most egy nagyobbat a sorok között, mert van itt más érdekes is. Nagy Sándor csatázik a perzsákkal a következő létszámarány szerint:

136. oldal

„tíz az egy arányban volt a perzsa sereg fölényben
az ő seregével szemben. (40000 katona volt Sándor oldalán,
600000 a perzsa oldalon)"

Ez testvérek között számolva is tizenöt az egyhez arány.

600000 : 40000 = 15

145. oldal

„Mohamed Ali Téren, Szent Márk protestáns temploma áll"

Alexandriában is, mint mindenütt, ahol politikai váltás történik, változtak az utca- és térnevek. Ezt a teret ma Midán el-Tahrir, magyarul Felszabadulás tere néven ismerhetjük meg. 1956. július 26-án a Szabad Tisztek forradalma győzött Egyiptom területén, és nagyon sok régi név, utca, tér elnevezése változott meg az egész országban, így Kairóban is van Tahrir tér és Július 26-a utca is. Így szokás átírni a régi elnevezéseket a saját „népünk" javára, lásd Kolozsvár, Csorba-tó stb. A megszállók vagy új hatalmak a legnagyobb igyekezettel dolgoznak a régi nevek, emlékek megszüntetésén. És igyekeznek *a múltat végképp eltörölni!*

149. oldal

„Talán a legvandálabb tett, amelyet az egyház Alexandriában elkövetett, a híres könyvtár és Museion szándékos elpusztítása volt."

Itt nyilván a keresztény egyházról van szó, mivel annak megalapítása előtt egyház még nem volt ismert. Manapság már minden vallás vagy más szervezet használja az egyház kifejezést, példának ilyen a szcientológiai egyház, evangélikus egyház stb. Nem védeni akarom egyik egyházat sem, csak a tényeket közlöm. Az Alexandriai nagy könyvtár, amelyet köztudottan Nagy Sándor alapított, a történelem szerint közel egymillió kötettel állítólag akkor égett le, amikor Julius Caesar i. e. 48-ban Alexandriát elfoglalta. Caesar, látva az egyiptomiak sokszoros hajófölényét a kikötőben, felgyújtatta azok 50 hajóját. (Egyiptomi útikönyv, 530. oldal). A tűz átterjedt a könyvtárra, amely teljesen leégett. Többek szerint a könyvtár felgyújtása szándékosan történt, ami pedig általában a véleményező által nem szeretett népcsoport műve szokott lenni. Így lehet azok ellen nagyobb gyűlöletet szítani.

Tehát a régi könyvtár felgyújtását sehogyan sem lehet a keresztények rovására írni minden bűnükkel együtt, hiszen Julius Ceasar időszámítás előtt 44-ben halt meg. Marcus Antonius 200000 könyvvel új könyvtárat alapít, időszámításunk előtt 33-ban. Ekkor még kereszténységről beszélni sem lehet, az csak később keletkezett. De hát akkor kik tették, ha tették, és miért? Nyilvánvalóan Antonius birtokában nem lehetett az az ősi tudásanyagot tartalmazó írástömeg, amely az ostrom alatt semmisült meg. Természetesen lehet, hogy az ostrom után létesített kétszázezer kötet is szándékos gyújtogatás áldozata lett. De erről, az elkövetőről és szándékos gyújtogatásról nem maradt semmilyen bizonyíték, egyelőre.

Idézet Várkonyi Nándor Az írás története című művéből:

„De az igazi menedékhely Bizánc. Konstantin a 4. században birodalma fővárosává teszi, s az egyiptomi görög királyok és római császárok példájára igyekszik a hellén műveltség központjává és műhelyévé avatni. Mikor az alexandriai könyvtárat Kürillosz érsek fanatizált csőcseléke felégeti, s meggyilkolja vezetőjét, a kiváló filozófus asszonyt, Hüpatiát, Konstantin a görög tudósok segítségével könyvtárat állít Bizáncban a pogány és a keresztény irodalom műveiből. Julianus Apostata egy másikat is alapít, tisztán a klasszikus irodalom számára. Konstantin könyvtára 476-ban leégett, de helyreállították, s úgy látszik, túlélte a keresztes háborúkat; egy része Konstantinápoly elfoglalásakor, 1453-ban a szultán tulajdonába, illetve könyvtárába került.

A gyújtogatás kedvelt tett ma is bizonyos dolgok eltüntetésére. Eltüzeljük vagy bezúzzuk a régi rendszer könyveit, annak teljes eltüntetésére. Kürillosz érsek már csak a pótolt könyvtárat égethette el, ami így is csúnya tett volt. Állítólag a megszálló arabok elégettek minden más irományt azzal az érvvel, hogy a Korán mindent tartalmaz, amire szükség van, más nem kell. Van, aki ezt az állítást a Biblia-égetéssel kapcsolja össze. Az arab égetés azonban időszámítás utáni 600 évet követően történhetett meg, amikor az arabok elfoglalták Alexandriát. A torinói halotti leplet - egyesek szerint ez Leonardo hamisításának tulajdonítható - is már legalább a harmadik templomi tűzeset érte. Egy megesik, a második is lehet véletlen, de a harmadik már némi megsemmisítési szándék gyanúját ébreszti. Egyébként, ha a ma látható halotti lepel azonos az 1357-ben Lirey-ben, a köznép széles tömegeinek bemutatottal, akkor Leonado, aki 1452-ben született, ezt nem készíthette. Ha Leonardo hamisította a ma láthatót, akkor az 1357-ben bemutatott lepel hol van, vagy a Lirey-ben való bemutatás is csak mese? Már az 1350-es években is felmerült a hamisítás vádja. Lehet, hogy ezért mutatták be 1357-ben, de ez a hamisítás szintén nem kapcsolható Leonardo személyéhez. Mivel 1532-ben tűz károsította a leplet, ezért nagy a valószínűsége, hogy a tűz szennyezése miatt a radiokarbon vizsgálat nem adhat egyértelműen egységesen elfogadható eredményt. Egy ilyen témájú kiadványban pontosítani illene a leírtakat, a történelmi tények közlésével.

150. oldal

„1945-ben ...Mohamed Ali El Samman és testvére, Kalifa, a Jabal El Tarif lábánál... ástak... itt ásott el Kr. u. 350 körül egy ismeretlen gnosztikus pap egy nagy agyagedény korsót, amelyben gondosan tárolt, papirusz-tekercsekből álló „könyveket" rejtett el."

I. D. Amuszin A HOLT-TENGERI TEKERCSEK című munkája szerint Muhammad edh Dhib nevű arab fiú elveszett kecskéjét kereste, így jutott fel a kétemeletnyi magasságban, a hegyoldalában lévő barlangba, ahol bőr tekercsekkel - nem egyiptomi papirusszal - teli cserépedényeket fedezett fel. Köztudott, hogy a kecskék, mint a zergék is, igen jó sziklamászók. A gnosztikus általában a korai kereszténység görög filozófiai elemekkel kevert, misztikus vallásfilozófiai elmélettel azonosított fogalom!

Eliette Abécassis „KUMRÁN, avagy ki ölte meg Jézust?" (Magyar TV-ben hangzott el: *aki sokak szerint nem is élt, különben is, a rómaiak végezték ki*) című könyve a fülszövegében így ír:

„1947 áprilisában a Holt-tenger északnyugati partvidékén, a Kumrán melletti barlangokban ókori kéziratot fedeztek fel."

Igaz, az is szerepel ennek a könyvnek fülszövegében, hogy:

„valódi és elképzelt történet".

172. oldal

„Emlékezzünk vissza, hogy 1999. december 31-én éjfélkor, az egyiptomi hatóságok egy aranyozott sisakkövet helyeznek el a Nagy Piramis tetején."

Ezt a „sisakkövet" a mai napig nem helyezték el, de talán nem is fogják, hiszen a Nagy Piramis felső részéről tíz méternyi hiányzik, így az teraszban végződik. Ezt időszámításunk előtt 40 körül már Diodorosz is tudta. Ez a felület nem egysíkú, tehát annak megkoronázása a hiányzó rész rendbehozatalát is igényli.

Majd az egyiptomi templom- és piramisépítők őseit, a mai koptokat minősíti:

194. oldal

„Valami furcsa téveszme folytán a koptokat gyakran tekintik a fáraók valódi leszármazottainak."

Valóban, ebben tökéletesen igaza van, mert nem a fáraók, hanem a fáraók népe, az egyiptomi nép leszármazottjai a koptok, amint azt a bekezdés végén írja is az előző állításának teljes értékű cáfolataként:

171

„Kr. u. ötödik és hatodik században az őshonos egyiptomiak nagy részét keresztény hitre térítették... Kr. u. hetedik században a muzulmánok meghódították Egyiptomot. Ekkor sok keresztény vette fel az iszlám vallást... Azon kevesek, akik megőrizték keresztény hitüket, „kopt" néven váltak ismertté."

Tehát valami furcsa téveszme folytán nem figyelte meg, hogy mit ír. Ez a szöveg az előzőben közölt állítását rögtön tagadja, és igazat ad azoknak a kutatóknak, akik a keresztény hitre térített/tért koptokat – ezek a kevesek három milliónyian vannak – Egyiptom őslakói leszármazottaiként fogadják el.

204. oldal

„A megfelelő időben pontos képzeletbeli vonalakat lehet húzni a Nagy Piramis bejáratától a Nagymedve második csillagáig, amelyet sarkcsillagnak, illetve Északi csillagnak nevezünk."

Lehet húzni, csak mikor, és esetleg nem a folyosó szögével egyező egyenesen. A Sarkcsillag nem a Nagy Medve (Nagygöncöl) csillagaihoz tartozik, hanem a Kismedve (Kisgöncöl) rúdjának végső csillaga. Már az is kérdéses, hogy melyik Nagy Medve második csillaga, ha a rúdja felől nézem ez, ha a kerekei felől, akkor az. Annyiban van köze a sarkcsillagnak a Nagymedve csillagképhez, hogy ennek a csillagképnek, mint szekérnek, két hátsó kereke által meghatározott körülbelüli egyenesen, úgy öt keréktávolságnyira található a Sarkcsillag.

A sokat emlegetett Feljegyzések Csarnoka lehetett akár valamelyik templomban is, amelyik a Nagy Piramis építményrendszeréhez tartozott. De lehet ez a csarnok, ha van, magában a piramisban is, talán a sokak által olykor állított titkos kamrákban! Hérodotosz írásaiban a Mairisz-tóban álló két nagy piramis lehet talán az itt említett, vízben álló építmény, de ezeket a piramisokat a mai napig nem találták meg.

217. oldal
Ebben a részben két amerikai ifjú hölgy felfedezéséről van szó. Állítólag engedéllyel fúrásokat végeztek a Szfinx közelében. Érdemes végiggondolni az írás szövegét.

„A fúrások nem jártak semmilyen számottevő eredménnyel, mivel néhány lábnyi mélységben, a mészkő kőágyban Hansen elérte a talajvízszintet. Az ősz az éves áradásokat követő, úgynevezett magas nílusi vízállás időszaka, amikor a vízszint eléri a maximumot, és csak néhány yardnyira van az alatt a természetes kőzetalap alatt, amelyre a szfinxet rávésték."

Hogy hogyan kaptak engedélyt a fúrások elvégzésére, és kik voltak a fúrásokat végzők, mert minden bizonnyal nem a hölgyek, azzal nem foglalkozik. Ha az áradáskori vízállás, amely csak néhány yardnyira van a Szfinx kőzetalapjától – ellentétben a nem áradáskori, néhány lábnyira lévő vízmélységtől –, és a Nílusból származik, és ilyen magasan áll, akkor bizony az egész Kairó legalább 100 méter mélyen víz alatt lenne, mivel a Szfinx is egy, a Nílus vízszintje felett több tízméter magasan lévő fennsíkon áll. A továbbiakban még írja:

„1957-ban [sic!], az asszuáni gát megépítése előtt még sokkal magasabban állt a talajvíz."

A gízai piramisok, a Szfinx és nekropolisz egy fennsíkon helyezkednek el. Ez a fennsík Kairó – amelyet 969. augusztus 5-én alapította Gauhar esz-Sziqilli, aki a bevonuló Fátimida sereg vezére volt – és Gíza felett van. A piramisok fennsíkja körülbelül úgy viszonylik a városhoz, mint a budai várhegy a Dunához, amint azt a 21. ábra is mutatja.

Amióta létezik Asszjut és Eszna hídgátja, amelyeket az angolok 1898–1902 között építettek – ez a régi gátrendszer –, Kairónál már nem önti el a város egyes részeit, és termőterületeket a folyó. A földeket manapság öntözőrendszerekkel, külön munkával kell vízzel ellátni és trágyázni. Mariette viszont még megélt egy árvizet, amely a város nagy részét elöntötte, és neki is nagy károkat okozott.

Ha ez ilyen valótlan állítás, hogyan hihető el a nem bizonyítható fúrások közlése? És ezek valótlanságát az ARE (Associaton of Research and Enlightenment, magyarul Kutatás és Megvilágosodás Társasága) tagjai nem vették észre? Az sem világos, hogy ha a talajvíz szintje csak pár yardnyira van a Szfinx „fekükőzete" alatt, akkor az ott „lévő" feljegyzések csarnokát hogyan védik meg a víz beszivárgásától? Ilyen talajvízállásnál a Nagy Piramis föld alatti kamrájában is állandóan víznek kellene lenni. Mindenesetre az, aki ott járt a helyszínen, és azt írja, hogy a piramis egy dombocskán áll, miért hajlandó ilyen valótlan állításokat leírni, elgondolkodtató. A szajkók pedig tovább rikácsolják, bővítik ezeket az állításokat a jámbor olvasók felé.

A könyv a továbbiakban azzal foglalkozik, hogy ki, mikor, kivel, miért és mit próbált eltitkolni, átadni vagy eltulajdonítani a Szfinx és piramisok körüli kutatások eredményeiből. A könyvben a már említett Orion-elmélet is sokszor napirendre kerül. Sajnálatosan azt, hogy az égi objektumokkal kapcsolatos esemény, például az Orion idézett kelése az év melyik időpontjára vonatkozik, azt sohasem rögzítik. A cirkumpoláris csillagok sohasem kerülnek a horizont alá, azokat mindig látni lehet, természetesen csak éjjel, amikor a Nap lenyugszik, és sötét lesz, de felhő nincs. Ha nappali világos van, akkor ebben a látómezőben sem láthatjuk őket. Az Orion nem cirkumpoláris csillagkép, ezért a Föld forgása miatt mindennap kel és nyugszik. Természetesen mindez szintén csakis éjszakai időben és mindennap más-más időpontban és magasságban látható ugyanaz a csillagkép, és az év felében éjjel sem látható, mert a Föld másik oldalán van.

A 22. ábra ábra szerint látható, hogy egy égi objektum általában mindennap felkel és lenyugszik, de csak azt láthatjuk, ami estétől reggelig történik meg. Nappali időben nem láthatjuk a csillagokat, pedig azok akkor is ott vannak, csak a Nap fénye teszi láthatatlanná őket. Az ábra szerint a vizsgált objektum felkelése, vagyis a látóhatárunkon való megjelenése január 1-én

A CSILLAGOK KELÉSE ÉS NYUGVÁSA

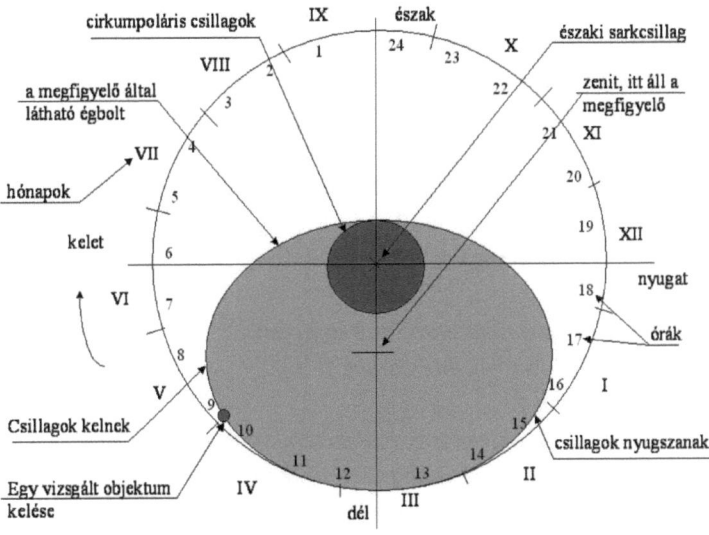

22. ábra

18,30 órakor, február 1-én 16,30 órakor, június 1-én 8,30 órakor, október 1-én 00,30 órakor, és így tovább történik. Ha egy bizonyos eseményt kapcsolunk egy csillagkép felkeléséhez, akkor illik megadni az időpontot is, amikor az esemény történik. Természetesen a Föld tengelyferdesége miatt a csillagokat is hol magasabban, hol meg alacsonyabban láthatjuk. Van olyan csillag is, amelyik kimegy a látómezőnkből, vagyis ilyenkor nem látható éjjel sem.

Ezt az ábrát úgy kell használni, hogy a kör alakú égboltra felrajzoljuk a csillagokat pontosan a hosszúsági és a szélességi helyzetüknek megfelelően. Az ellipszis alakú részt, a vizsgálat helyéről látható csillagok mezőjét átlátszó fóliára rajzolva az órák körével együtt rögzítjük a nálunk látható csillagok térképén, majd a kívánt hónap kívánt időpontjába forgatjuk a fóliát. Most a fejünk fölé emeljük úgy az ábrát, hogy a zenitpont legyen a fejünk felett, a sarkcsillag pedig a valós irányában. Ekkor minden, abban az időpontban látható csillagot a neki megfelelő pozícióban fogunk látni és tudunk azonosítani. Minden, az egyenlítőhöz viszonyított vizsgálati helynek más és más ilyen égbolt-azonosító szerkezetet kell készíteni, és a cirkumpoláris, vagyis mindig látható csillagok is mások lesznek. Előfordulhat, hogy készen lehet vásárolni ilyen csillagos ég azonosító szerkezetet.

A könyvben – és sok másik könyvben is ugyanezt tapasztalhatjuk – nagyon sok helytelen fordítás vagy a magyar nyelvtannak ellentmondó fogalmazás található egyéb hibákkal, ilyenek:

„Talajhoz rögzített hatalmas szarkofágfedél";
„keverheti. 70 Azt kell mondanom";
„repülő-géppilóta";
„a Nagy Piramis északnyugati részén fekvő iroda... kertje";
„Valamennyien Mosely Otthonából érkeztem, ahol megebédeltek";
„az Állami Fáraók Korabeli Régészeti Emlékek másodtitkára";
„az éggömb képét néztem a 3.6 éggömbön";
„egyeztem bele abba, hogy";
(Talán így: egyeztem bele, hogy)

„Május vége felé a nap belép a Tejútba... Július közepén a nap felbukkan a Tejút másik oldalán".

A nap így kis „n" betűvel, a Tejút viszont már nagybetűs formában van írva. Csak az lenne szebb, ha így lett volna írva:

A május vége felé a Nap belép a Tejút egyik oldalán, június elején azután kilép egy másik Tejút másik oldalán.

A Tejutunk – a csillagászat mai ismeretei szerint – egy spirálgalaxis, amelynek a körülbelüli méretei a következő értékűek: átmérője 100000, vastagsága pedig 30000 fényév. A Naprendszerünk az egyik spirálkaron, a középtől mintegy 30000 fényévnyire helyezkedik el. A Nap, a fenti szerint meghatározva, legalább tíz fényévnyi távolságot futna be másfél hónap alatt.

Sok ilyen jellegű elírást találunk, ha figyelmesen olvasunk. Az már szinte elfogadott a napi sajtóban és még a parlamenti beszédekben is, hogy angolos mondatszerkesztéssel a többes birtokviszony sokszorozódik, például ilyen formában: „...a tanárok fizetései kevesek a családjaik eltartására..." Helyesen: „A tanári fizetés kevés a család eltartására". Ez csak példa, nem ebben a könyvben fordult elő, egy tanár tette közzé a rádió nyilvánossága előtt egy fizetésemelési reklamációjában. Képzeljük el az illetőt tanítás közben. Ez a helytelen, magyartalan kifejezési forma, egy mondaton belül a többszöri többesszám használata, manapság – talán az angolból való fordítások miatt – már teljesen szokványossá vált tanult emberek beszédében is. Divat lett manapság az ömlengés is, az egyszerűen kifejezhetőt bonyolult mondatba szerkeszteni, és sokszor nyögve, ki tud több eee-t mondani az előadásában. (Már mindenki bevállal. Van kivállal is? Van igazándiból, kutakodik, látszódik, tanyasi és rengeteg ilyen szó is.)

Azt hiszem, a következő a csúcs!

VÍZBEN ÁLLÓ PIRAMISOK, LEBEGŐ KÖVEK
Sörös István, 2001

A tévében több alkalommal is foglalkoztak egy magyar „felfedezésével", amivel a felfedező azt igyekszik bebizonyítani, hogy az építkezésen hajókat használtak a kövek helyrerakásához. Ezt könyvben is kiadták, címe: Vízben álló piramisok, lebegő kövek. Az író Sörös István geodéta. A könyv 2001-es kiadású, így nehézséget okozott a beszerzése.

Szerinte a köveket hajókkal szállították a Níluson a folyó vízszintjének magasságában álló Szfinxig, majd vízlépcsők segítségével az építési helyükre. A Piramis melletti Hajómúzeumban lévő hajóról állítja azt, hogy az építkezésnél használták. Ez a hajó a megtalált darabokból lett összeállítva, kb. 42 m hosszú és 5,5 m szélességű.

Ilyen módon az építmény tetején lévő tóban úsztatott hajóval való építés esetében a piramis felső szakasza már nem építhető,

mert nem fér el a hajó. A felső rész csak hagyományos módon
építhető tovább. A víz kitölti az építmény belső üregeit, réseit
is, és az egész, a kövek közötti területet használat előtt ki kell
szárítani, vízteleníteni kell.

HAJÓVAL ÉPÍTÉS

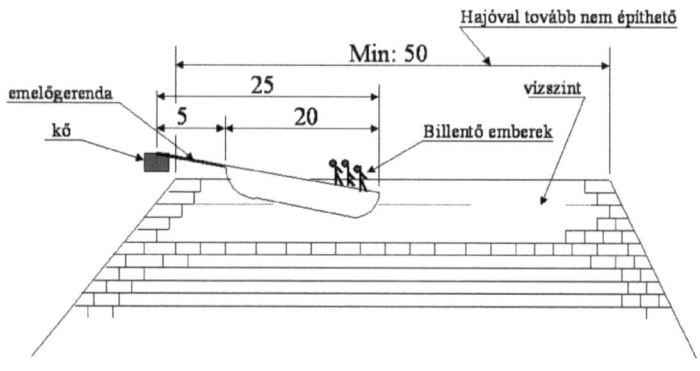

23. ábra

A vízlépcső gondolatát már más is megalkotta, név szerint Manuel Miguel, aki szerint 64 vízlépcső (64 x 3 = 192 méter!) segítségével jutott fel az építőkő a piramishoz, a vizet pedig munkások tömege merte felfelé. Tehát ez a gondolat sem új, nincs új a Nap alatt. Bemutattak egy ábrát, amelyen a piramis már eléggé magasra van építve, és egy hajó úszik a piramis tetején lévő tavacskában. (23. ábra)
Az építés megoldása így tényleg egészen újszerű, de rejt némi átgondolatlanságot is. Az elmélet megalkotója több alapvető dologról megfeledkezik. Az író szerint a piramis burkolatát az építés során előbb készítették a sorok felrakásánál, hogy az építmény tetején egy tavacskát létesítsenek. Az így készített sorokat gipsszel vízállóvá tömítették. Az alapot képező, kb. másfél méter magasságú kövek – tömegük kb. 8 tonna! – elhelyezése ho-

gyan történt? Hajóval nem, az biztos. A burkolatot legalább két méter magasságban elő kellett készíteni, hogy abban egy kővel terhelt hajót „navigálni" tudjanak. Mivel az építési terület egy részének a kőzetét nem vésték le, hanem meghagyták az épülő piramis anyagaként, hogyan hajóztak ebben az építési szakaszban? Hogyan szárították ki az építés után, a belső kövek közötti hézagokban, folyosókban lévő rengeteg vizet? A szállításhoz a vízben úszó hajóra a köveket felhelyezni sem a legegyszerűbb feladat. Ha a bemutatott hajót (ez a piramis melletti aknába helyezett példány a szerző szerint) a végéről, a kiemelkedő orr vagy far megkerülésével kezdjük terhelni, akkor az orra vagy fara elsüllyed. Ha az oldaláról terheljük, akkor pedig felborul. Pontosan a közepére kell helyezni a terhelést. Ki lehet próbálni, ha egy úszó deszkalapot a végeinél vagy az oldalainál terhelünk, az felborul. (24. ábra)

A hajót terhelő anyag felrakásához és leszedéséhez külön hajórakó építményeket kell készíteni az előzőben vázolt probléma megoldására. Ez talán nagyobb feladat, mint a kövek más, hagyományos módon történő mozgatása. Ráadásul a befejező sorok nagy részét mégiscsak hagyományos módon kell készíteni, mert ott már nem fér el a hajó, még akkor sem, ha jó a hajó. Ha a befejezést tudták hagyományos módon készíteni, miért kell hajózni? Navigare necesse est? Manapság is előfordul, hogy egy nem megfelelően terhelt hajó felborul.

A piramis körüli csatornát úgy kellene megépíteni, hogy a sarkoknál a köveket szállító hajók be tudjanak fordulni, amint azt a 25. ábra mutatja. A körülhajózhatósághoz a sarkoknál íves kialakítást kell készíteni, vagy pedig a csatorna hajóhossz szélességű. És a hajó mozgatásához vontatás szükséges. Derékszögű csatlakozás esetén maximálisan a csatornaszélesség 1,42-szerese hosszúságú hajó fordulhat be. A könyv 116–117 oldalain lévő ábrákon nem ilyen a csatorna kialakítása.

A víznek a megfelelő munkahelyre szállítása sok ezer ember munkáját igényelné, olyan feladat lenne, mint a Danaidák feneketlen hordójának megtöltése. Ennyi ember a köveket egy-

HAJÓTERHELÉSI PROBLÉMÁK

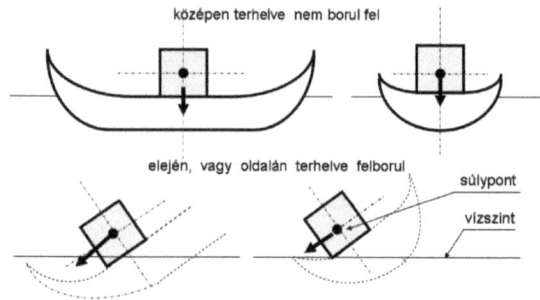

24. ábra

A PIRAMIS KÖRÜLI CSATORNÁK

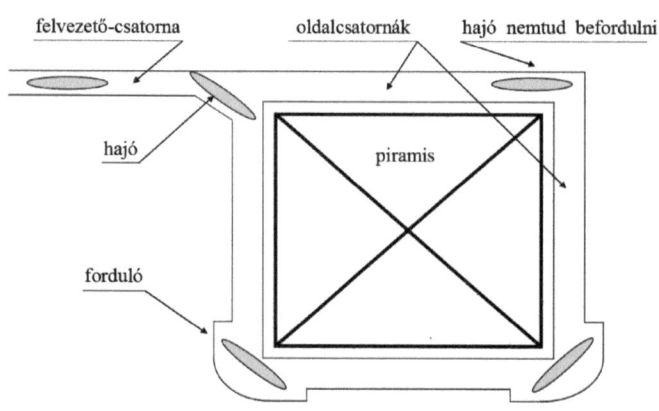

25. ábra

szerű vontatásával sokkal gazdaságosabban tud dolgozni. Ezzel a módszerrel, amint majd a későbbiekben látjuk, több száz év lenne szükséges az építés befejezéséig.

Arról sem szabad megfeledkezni, hogy a hajó billentése a hajó hosszirányú elmozdulását eredményezi, ezért a hajót minden irányban ki kell kötni, mert a billentés hossztengely irányú elmozdulást okoz.

A vízoszlop nyomása sem elhanyagolható, ugyanis tíz méter magasságú vízoszlop egy atmoszféra, vagyis egy kilogramm centiméter-négyzetenként nyomással nyomja az alapot minden irányban. Egy cm^2 keresztmetszetű és 10 méter magas vízoszlop pontosan egy liter térfogatú. Ötven méter magas építményt figyelembe véve ez a víznyomás már öt kilogramm/cm^2 nyomást eredményez az alapnál. Egy köbméter víz 1000 kilogram, vagyis egy tonna. Ez a nyomás egy méter élhosszúságú négyzetes felület esetében

$$100 \times 100 \times 5 = 50000$$

kilogramm, vagyis négyzetméterenként 50 tonna erővel préseli kifelé a burkolat követ. Ezt a vízoszlop nyomásából adódó jelentős nagyságú erőhatást 3000 kilogramm/centiméternégyzet szilárdságú acél anyagból készítve, kb. 16 centiméternégyzet feletti keresztmetszetű, kb. 4,5 cm átmérőjű rúdanyag viseli el. Biztonságos munkához még nagyobb keresztmetszet szükséges!

Nem szabad figyelmen kívül hagyni azt a tényt, hogy az oldalfalakhoz kellene tolni az építőköveket víz alatt búvárkodva, ellenőrizhetetlen állapotban. A hajó mozgatását evezőkkel nem lehet megoldani, mert előbb vagy utóbb véletlenül nagyobb sebességgel érkezik a hajó a kőfal mellé, kiütve abból egy szakaszt. Csakis 3 vagy 4 kötél segítségével lehet biztonságosan elvégezni ezt a feladatot. A mozgatáshoz tehát biztonságos kötélszerkezetet kellene kiépíteni, amely biztosítaná a balesetmentes mozgatást. Ezt a szerkezetet vagy a már felépített ferde síkú burkolatra, vagy a víz alatti, már a helyükre rakott kövekre kellene telepíteni, és minden sor után áthelyezni. Ez a munka viszont az építési időt növelné nagymértékben.

A piramis oldalára ki kellene építeni egy utat is a dolgozók, és a vízhordók „hangyatömegének" a feljuttatásához. A víztükörnek az oldalakat meghatározó kősor legfelső síkjáig kell érnie – feszített víztükör –, mert a hajó máskülönben nem tud bólogatni, illetve csak egészen kis mértékben. Minden egyes kődarab emeli a vízszintet, esetleg úgy, hogy a piramis oldalán folyik le a kiszorított vízmennyiség.

A hajókat vajon a piramisalap tetején építették, vagy egészben emelték a munkaterületre azokat? A feleslegessé vált hajókat egészben emelték le vagy szétszedték, és azért találták meg azokat ilyen állapotban?

Ebben a könyvben nagyon sok említésre érdemes dolgot találni. Érdemes a könyv lapjai szerint sorban menni, és megvizsgálni az ott állítottakat. A könyvből vett, szó szerinti idézetek dőlt betűvel kiemelten olvashatók.

FESZÍTETT VÍZTÜKÖR

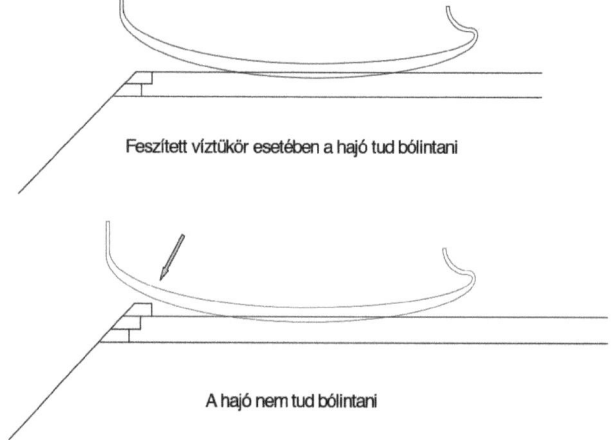

26. ábra

16. oldal: (Egy ajánlás!)

*„Talán e könyv szerzője, Sörös István felfedező lesz az első,
akinek elméletét nem lesz túl egyszerű megcáfolni senkinek,
ha meg lehet cáfolni egyáltalán".*

Én azért itt most megpróbálkozom ezzel a nehéz feladattal.
19. oldal alja, egy kép megjegyzése:

*„A képen egy irdatlan méretű rámpát pillantottam meg, és
rengeteg embert, akik mint a „hangyafolyás",
húzzák az óriási méretű köveket".*

Szerintem a hajók üzemelésére a Nílusból csakis óriási hangyafolyásnyi embertömeg képes a vizet a készülő építmény legmagasabb pontjára feljuttatni.

A 20. oldalon bemutatja az általa egy vízszintezőnek tartott műszert. A későbbi fejezetben majd megláthatjuk, hogy egy függőón és három egyforma hosszúságú bot segítségével is ki tudjuk tűzni a pontos vízszintes síkot.

Szerinte minden valamire való építkezésen használták a hajókat a kövek felrakásához. Valóban, az asszuáni és turai építőanyagot csak hajók segítségével lehetett eljuttatni a Níluson az építkezésig, de csak a folyóparti kirakodásig.

23. oldal:

*„Gondoljunk csak az árvízvédelemnél használt homokzsákokra.
Az aprószemcsés homok vízzel érintkezve annyira összetömörödik,
hogy vízzáróvá válik."*

Ez esetben nagyon lényeges a zsák, amely régen sűrű szövésű, duzzadó anyagból készült, amelyen nem tudott átjutni a homok. Ezek bizony, úgymond, könnyeztek az átszivárgó víz miatt. Manapság műanyag zsákokat használnak, ezeken valóban nem szivárog át a víz. A folyók áramló vizétől jelentős távolságban lévő, úgynevezett csápos kutak vize a szennyezett folyóvíznek a kavicsos-homokos rétegen való átszivárgása és szűrése után ivóvíz minőségű lesz.

Az itt említett zsilipkapukat hogyan nyitották és zárták? Víznyomás, ha egy 5 x 5 = 25 négyzetméteres felületet vizsgálunk, az egész felületen jelentős erőt képvisel. Amint már láttuk, ahányszor tíz méter a vízmagasság, annyi kilogram/cm² a nyomás. Itt a négyzetcentiméterenkénti nyomás átlag 0,25 kilogramm/centiméternégyzet lesz. Ugyanis az átlag magasság (0 + 5) / 2 = 2,5 méter, ami 0,25 kilogramm/cm², 1/4 liter víz tömege. Az egész felületen a nyomás:

$$500 \times 500 \times 0,25 = 62500 \text{ kg,}$$

vagyis 62,5 tonna.

„Habár fölül a gálya,
S alúl a víznek árja,
Azért a víz az úr."

24. oldal:

„feltehetően minden feladatot elsősorban úgy közelítettek meg az ókori építészek, hogy vajon vízzel hogyan lehetne a szükséges műveletek elvégzését megkönnyíteni".

Szerintem inkább a könyv szerzőjére lehet ezt a megállapítást alkalmazni. Képzeljük el, hogy egy harminc méter magas templom építésekor milyen nyomást kell elviselni egy támfalnak. A falazat legalsó részén ez a nyomás 3 kg/cm². Ez megfelel 100 x 100 x 3 = 30000 kilógramm, vagyis 30 tonna erőnek egy négyzetméteres felületen. Amikor az építést befejezték és a hajókat a sziklába vágott tárolóba helyezték, azt „légmentesen" lezárták. A zárókövek mérete kb. 5 x 1 x 0,7 = 3,5 m³, két kilogrammos térfogatsúllyal számolva ez kb. 7 tonna tömegű, és hagyományosan, kézi erővel kellett elhelyezni ezeket. A könyv 114.

oldalán egy kép található ezekről a kövekről, több tonnásnak
említve azokat. Ezeknek az aknáknak és a beléjük helyezett tárgyaknak bezárásukkor teljesen száraznak kellett lenni! És ezeket a köveket nem lehetett hajózni!

32. oldal:

> „Azáltal, hogy a hajó lebólintott, nem süllyedt mélyebbre,
> mert úgy van kialakítva a hajó öblössége, hogy mindig
> ugyanakkora felhajtóerő képződik rajta,
> csak úgynevezett eltolt érintési felülettel".

A felhajtóerő a hajó közepén, ahol a legszélesebb, mondjuk, 6 méter hosszú, 4 méter széles hajótesten keletkezik. Az orr- vagy farrészeken, ahol a szélesség erősen csökken, ha átlagosan 2 méter, ezt a felhajtóerőt úgy 12 méteres szakasz biztosítja. (6 x 4 x 0,2 = 4,8 m^3 víz, ugyanennyi tonna.)

24–25. oldal:

> „sás vagy papiruszhajó... mivel anyaguknál fogva
> elsüllyeszthetetlenek voltak".

A többször idézett Thor Heyerdahl papirusz hajója bizony közel volt az elsüllyedéshez, mire megérkeztek, és nem is a végcélhoz. A Titicaca-tóban lévő hasonló eszközöket használat után ki kell szárítani. Tehát a papiruszhajó hosszú idejű használatra nem egészen alkalmas, mert bizony elázik.

A 27 oldalon azt mutatja be az író képek segítségével, hogyan emelik ki egy balatoni vitorlás horgonyát a hajó bólogató billentésével. Szembe kell, hogy tűnjön az olvasónak a tény, hogy a hajó orra a billentéskor a szokásosnál mennyivel mélyebbre merül, a tatja viszont kiemelkedik. A hajó vízkiszorítása a hajó, az azon lévő személyek, tárgyak és a horgonyemelés erőhatásával egyenlő. Ha a terhelés a hajó elejére, a kisebb felületű részre összpontosul, akkor az mélyebbre merül. Ugyanez áll a piramis napbárkáira is, ahol a nagymértékűen keskenyedő hajó lebólintott része talán még víz alá is kerülhet. Nyilvánvaló, hogy egy balatoni vitorlás nem hasonlít egy ókori egyiptomi halotti bárkára.

36. oldal:

„Mikor az építők már fenn voltak például százhúsz méter magasan (igen, odafent a piramis belsejében...)".

A 147 méteres magasságból levonva a 120 métert, marad 27 méter, egy aránnyal számolva az építmény szélességét:

232 : 147 = x : 27, ebből x = 232 x 27/ 147 = 42,61 m

Ezen a négyszögön már régen egyetlen hajó sem tud dolgozni, mert a középszakasz köveit már nem lehet elhelyezni. Hogyan építették tovább a piramist? Ha hagyományosan vontatták valamiképpen a köveket, akkor miért nehezítették az építést eddig a rengeteg víz felcipelésével? Több mint két hajóhossz szabad vízfelület szükséges a középső kő helyre rakásához.

De hogyan is kötötték fel a terhet az „úszó darukra"? Még nagyobb kérdés, hogyan támasztották alá a terhet az átkötésnél? Mert, ugye, az emelt kő a kötél rövidítésekor valahol a már megépített lejtő oldalán van, amit húzáskor meg is karcolhat, de nem támaszt alá. Az alátámasztásra valamiféle szerkezet kell, amely minden átkötéskor tartja a követ.

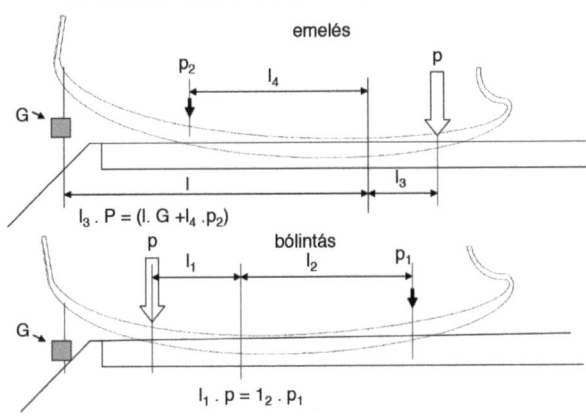

ERŐHATÁSOK A BÓLINTGATÓ HAJÓNÁL

I = a G teher erőkarja emeléskor
l_1 = a bólintó emberek erőkarja
l_2 = a kiemelt hajórész erőkarja bólintáskor
l_3 = az emberek erőkarja emeléskor
l_4 = a kiemelt hajórész erőkarja emeléskor

27. ábra

$$l_1 \times p = l_2 \times p_1$$

A 130. oldalon van egy ábra, ahol a követ szállító hajót a rakományával együtt emelik valamilyen szerkezettel, így a 10 tonnás kő helyett minimálisan értékelve is 20 tonnát kellene emelni! A billenő hajóra viszont csak a rakomány van kötve, és víz, víz mindenütt, és emeli a követ.

A 44–45 oldalakon hivatkozik Thor Heyerdahlra. Az egyik állításban azt állítja a napbárkáról:

„*Tengerhajózásra ugyanis szemlátomást alkalmatlan*".

Majd később:

„*A kecsesen ívelő hajótest, a rendkívül magas, felfelé ívelő orr és far magán viselte mindazokat a jellegzetességeket, amik csakis a tengerjáró hajókon*" *figyelhetők meg.*

Heyerdahl nem jutott el a tervezett céljáig, Barbados szigetén befejezte útját, mert a hajója úgy átázott, hogy közel volt az elsüllyedéshez. Minden felesleges dolgot kidobáltak, és a hajó orr- és farrészét is levágták az elsüllyedés megakadályozására.

47. oldal:

„Mint geodéta, kétséget kizáróan rájöttem arra, hogy szintezni csak vízzel lehet".

Ha a szintezésen a vízszintes sík kitűzését érti, azt bizony más módszerekkel is meg lehet oldani, csak egy függőlegest kitűző függőón kell hozzá, és egy kis gondolkodás. Például az útépítéseknél a munkások is kitűzik a geodéták által kimért pontok közötti részek vízszintes síkját a sokszor látható három darab T alakú eszközzel.

„... egy hajó ...5 métert tud emelni?..."

Most nézzük meg, hogy egy kőelem 50 méterre való feleméleséhez és helyre rakásához mennyi időre van szükség. Az 50 métert 11 kötéssel tudjuk felemelni (50 : 5 = 10 + a megépült falazaton való átemelés). A hajó elszállította a követ a megfelelő helyre, ezalatt lent, a piramis lábánál az újabb követ emelés-kezdeti állapotba helyezték. A hajó az emelési helyre megy: 0,5 perc. Az emeléshez a bólintást végző emberek átvonulnak a hajó orrához: 0,2 perc. Leengedik a kötelet, és azt az emelendő kőre kötik 0,5 perc. A bólintó emberek hátra vonulnak, megemelve ezzel a követ 5 méteres szakaszon: 0,2 perc. A piramis oldalán alátámasztják a követ: 0,5 perc. Ez eddig 1,4 perc. Ezt kell megismételni még tízszer. A hajó megfordul és a rendeltetési helyére viszi, és a helyére bólintják a követ: 0,5 perc. Egy kő helyre rakásához kell 11 x 1,4 + 1 = 16,4 perc igen nagy jóindulattal, kedvező feltételekkel számolva. A teljes napot vizsgálva egy hajó (24 x 60) : 16,4 = 87,8 darab követ rak a helyére. Naponta kb. 700 követ kellene elhelyezni a 20 éves építési idő alatt, ami azt jelenti, hogy legalább 8 hajónak kellene éjjel-nappal dolgozni 20 éven át, hiba nélkül.

49. oldal:

„Magasabb volt a világóceánok... és azokba érkező folyók torkolati szintje is. A vízszintkülönbség az i. e. 2700-ban tapasztalható és a mai állapot között közel 20 méter lehetett... Megfigyelhető, hogy a piramisok a Nílus szintjéhez képest közel azonos magasságban épültek, vagyis azon a szinten, ameddig annak idején az áradó Nílus már nem tudott tovább emelkedni... Görgetegkövek, kavicsrétegek, cementálódott iszaptömbök".

Ha ma valaki lenéz a piramisok szintjéről, az egész várost lent a mélyben látja, amint azt a könyve 61. és 68. oldalain lévő fényképek is bizonyítják. Négy métert számolva egy épületszintre a 20 szintes épületeket 80 méternyi magasságukkal is lent, a mélyben látjuk, tehát a Nílus vízszintjéhez számított kb. 140 méteren állunk. A folyók hajdanvolt jelenlétét kavicslerakódás jelzi, lásd a nyékládházai kavicsbányákat. Görgeteges kőzetlerakódást inkább az esetenként előforduló vízárak készítenek, amelyek azután összecementeződhetnek, nem cementálódnak, mert ez a szó már foglalt a gépiparban, a lágyabb acélok felületének edzése, előkészítése céljára. (Interneten bebillentyűzve: **cementálás, cementáció**. Egy fém felületi rétegének az edzése oly módon, hogy fémet hevítés közben olyan anyaggal borítunk be, amelynek a szénrészecskéi belediffundálnak. Ilyen volt az acélgyártás legrégibb formája is, ahol a vasat faszénnel burkolták, és úgy hevítették.)

54. oldal

A következő pár oldalon a Nílus-deltával foglalkozik, amelyet tölcsértorkolatként ír le, mintegy sugallja, hogy a táj lakatlan volt. Idézet egy internetes cikkből:

„Ezbet Rushdi falunál sikerült rábukkanniuk a régészeknek: az i. e. 20. században egy közepes méretű királyi birtok állt itt egy templom-épülettel. A település az elkövetkező kétszáz évben jelentősen gyarapodott: területe elérte a 75 hektárt. Tárgyrégészeti és antropológiai vizsgálatok egyaránt bizonyították, hogy a város lakói már ekkoriban is Kanaán területéről betelepedett sémiták voltak! A hükszosz uralom idején újból megnőtt a település mérete, amely ekkor már elérte a 250 hektárt. Ezzel a város alapterületét tekintve háromszor akkora lett, mint az eddig feltárt legnagyobb kanaáni város, Hácór. Ez már önmagában is elegendő bizonyíték arra, hogy a feltárt területet a hükszosz fővárossal, Avarisszal azonosítsuk, amely tehát az i. e. 1650-1540 körüli idő körül virágzott".

Az Avariszt újjáépítő II. Ramszesz egyik feliratán „Széth négyszáz éves uralmáról beszél", nyilvánvalóan a hükszosz-uralomra utalva ezzel.

II. Ramszesz fővárosa állítólag a legkeletibb Níluság mellett volt. Itt találták meg Tannisz város hatalmas kövekből épült romjait és számos más települést is. Tehát a folyó nem volt tölcsértorkolatú, a deltája már négyezer évvel ez előtt is sűrűn lakott volt.

68–69. oldalakon bemutat egy ábrát, ahol szerinte a Szfinx vízben áll, és valamiféle vízemelő pumpák segítségével jut fel a víz az épülő piramis tetejére. A piramis lábazata is vízben áll, ahol a köveket szállító hajók közlekedhetnek. Az így feljuttatott víz azután körforgásszerűen, hajóemelő zsilipeken jut vissza a Szfinx víztárolójába, amelynek a szintje szerinte a Nílus szintjével azonos.

Az itt látható ábrán szemléltetett piramison lévő emelőhajó már az ábra szerint sem képes a felbólintgatott követ tetszőleges helyre szállítani.

A 70. oldalon a Szfinx hátán lévő hatalmas deszkákon ide-oda gyalogló embertömegek pumpálják a szobor körüli tavacskából a vizet.

Nézzük meg a vízigényt is! A zsilipnek egyszerre két hajót kell befogadnia, az egyik felfelé szállítja a követ, a másik lefelé üresen kell, hogy haladjon. Mivel ezek nem bólogatósak, valamivel kisebbek az emelő hajóknál. Vegyünk 20,4 méteres bárkákat, amelyeken a bányászott helyről hozták a köveket átrakodás nélkül. Egy zsilip mérete így kb. 21 x 9,5 méter vízfelületű. Öt méter emelési magassággal egy zsilipelés vízigénye:

$$21 \times 9{,}5 \times 5 = 997{,}5 \text{ m}^3,$$

vagyis minden 10 tonnányi kő felemeléséhez kb. 997 köbméternyi vizet, vagyis 997 tonnát kell feljuttatni a zsiliprendszer legmagasabb pontjáig. A zsilipeken lefelé folyó vizet pótolni kell. A végzendő munka az emelés magasságától és az emelendő tömegtől függ, mindegy, hogy milyen módon végezzük el. Az emelési munka egyenlő az emelendő tömeg szorozva az emelési magassággal. (**A = Q x H**) Ez 10 tonnás kő és 50 méter emelési magasságnál 10 x 50 = 500 tonnaméter. Zsilipelési víz 50 méterre felemelése 997,5 x 50 = 49875 tonnaméter. Az, hogy pumpálják vagy merik fel a vizet, nem befolyásolja az elvégzendő munka mennyiségét. A munkát át lehet számítani lóerőre, kilowattra stb. Például egy lóerő egyenlő 75, egy kW pedig egyenlő 102 méterkilogramm munkával. Ez azt jelenti, hogy egy lóerő teljesítése egyenlő egy kilogramm súly 75 méterre, egy kilowatt pedig 102 méterre felemelésével. És még a munka hatásfoka nincs a számításban.

74. oldal:

„Óhatatlanul felmerült az igény egy távolról is jól látható iránypont megépítésére. A hófehér kőburkolattal ellátott piramisok tükörfényes, óriási felületeikkel reflektorként verték vissza a nap 24 órájában minden irányba a napsugarakat és a Hold fényét".

Hogy minden irányba és a nap 24 órájában, egy kissé túlzás. Csak a déli, nyugati vagy keleti oldalak világíthattak egész évben, mert az északi oldalt csak a tavaszi napély-egyenlőségtől az őszig éri a napfény, és a napnak csak bizonyos szakaszában.

A Nap éjjel nem látható, a Hold köztudottan minden holdhónapnak csak a felében látható éjjel.

„60-80 kilométer távolságból látható volt. Közeledve a folyó torkolatához, a hajósok... pontosíthatták saját pozíciójukat."

A gízai piramisok kb. 250 kilométerre vannak a Nílus torkolatától, vagyis a tengertől. Nem úgy, ahogyan a könyv 118-119. oldalán látható, a tenger mellett. Egyébként itt látható a képzelet és valóság. A kétoldalas ábrán a piramisok a tenger mellett vannak, a bal alsó ábrán lent pedig látható a piramisok alatti város, távolban a sötét sávval, ami a Nílus melletti zöld termőterülettel azonos.

A 116-117. oldalakon a piramis felső szakaszának és csúcsának az elképzelt megépítését mutatja be. Rögtön fel kell, hogy merüljön a kérdés, ha ezt így is lehet csinálni, miért kellett volna a piramisépítmény tetejére tavat készíteni?

A következő oldalakon állítja, hogy számításokkal igazolt, hogy a napbárkák 2,5-3 tonnás kövek emelésére tökéletesen alkalmasak. Mi történt az alapkövek 8, a nagy galéria és a kamrák oldalának 8-10, a bejárat és a kamrák fedésének 45-80 tonnás köveivel? Azok hogyan kerültek a mai helyükre? 80 tonnát több mint 25 darab, 3 tonna emelőképességű hajó együttes munkájával lehetne megemelni.

A halotti útnak ferdén emelkedő szakaszaiból még a mai napig látható részek vannak, azokat hogyan építették meg? Zsilipkamráknak itt nyoma sincsen. Hol látható az 5 méter emelési magasságú zsilipkamrák valamilyen megmaradt része?

A 132-133. oldalakon a templomok fedését biztosító, a pülonokat áthidaló kövek hajóval felhelyezését mutatja be. Rögtön közli is az elmélete megcáfolását az oldalakon bemutatott fényképekkel, melyek szerint az emelőhajó nem fér el az oszlopok között. Túl sokat foglalkoztunk a hajóval építéssel, bár még több valótlanságot vizsgálhatnánk, ideje továbblépni. 2000-ben megjelent két kötet a piramisokról, meglepő módon azonos címmel, de két író, két kiadó és két magyarra fordító műveként.

Az egyiket Mustafa Gadalla írta Historical Deception: „The untold story of Ancient Egypt" címmel. 1996-ban adta ki a Bastet Publishing. (Magyarul: Az Ókori Egyiptom el nem mondott elbeszélése/meséje. Ahol az untold jelentése = el nem mondott, ami nem egészen egyenlő a titkossal.) Magyar címe:

AZ ÓKORI EGYIPTOM TITKOS TÖRTÉNETE

Amint az látható, a magyar fordítás címe nem teljesen az eredeti értelemmel bír, ahogyan sok más idegen nyelvből magyarított szövegnél is előforduló értelem-módosulást találhatunk. Az angol untold értelme elmondatlan, a titok pedig angolul secret vagy concealed.

A másikat Herbie Brennan írta: The secret History of Ancient Egypt címen, és a Judy Piaskus Publishers Limited adta ki 2000-ben. Itt a magyar cím jól van fordítva:

AZ ÓKORI EGYIPTOM TITKOS TÖRTÉNETE
De kapott egy toldalékcímet is

HOGYAN TŰNT EL EGY FEJLETT CIVILIZÁCIÓ?

Ez viszont nem szerepel az eredeti címben. Már az is érdekes, hogyan lehet szinte azonos címmel kiadni ugyanabban az évben két könyvet. Mindkettőben találni rengeteg olyan részt, ami csak feltételezés, esetleg ellentmondás, tévedés. Lássunk belőlük párat.

Lehet fordítani egy szöveget a kiadó nyelvéről egy másik nyelvre „ad libitum", vagyis tetszés szerint, és „ad litteram" azaz szó szerint. Az utóbbi a nehezebb, mert ez esetben mindkét nyelvet anyanyelvi szinten kell ismerni és alkalmazni, nem elégséges csak egy szótárt használni. A tetszés szerint pedig nagy tévedéseket szülhet. Mindkét esetben követhetünk el hibát. Persze az olvasott szövegben írtakat is lehet megérteni vagy csak sejteni, kapiskálni, főleg akkor, ha nem tökéletes a nyelvtudásunk vagy szaktudásunk. Képzelhető, hogy egy kapiskálva értett szöveg továbbadása esetén a fordítás milyen értelemmódosító lehet. Egy angol szó, mint már foglalkoztunk vele, több értelmezést is fedhet. Amint láttuk, a *blue* lehet kék, de letargikus is, arról nem is beszélve, hogy a szótárak szerinti értelmezések helyett nagyon sokszor használtak az átvitt értelmezések (szleng). Először Mustafa Gadalla könyvét nézzük át, hátha találunk benne valótlan állítást.

20. oldal:

"Az ókori és mai Egyiptom lakosságának nagyfokú hasonlósága... a hódítók az esetek többségében nem változtatják meg az eredeti lakosság karakterét... a hódítók létszáma többnyire jelentősen alulmarad a meghódítottakéhoz képest, az újabb generációk karakterét továbbra is az eredeti lakosság antropológiai vonásai határozzák meg... A bevándorlók általában rövid időn belül alkalmazkodnak a meghódított ország sajátos adottságait tükröző szokásaihoz, és az eredeti lakossággal összekeveredve fokozatosan feladják saját szokásaikat".

Jó szöveg. A bevándorló hódítók így látják vagy akarják láttatni, felszabadításnak a megszállást. Ez a meghódított Egyiptomban nem így történt, de az Amerikában vagy Ausztráliában lévő őslakossággal sem. A már többszáz évvel ezelőtt hazánkba telepedett, német ajkú svábok még mindig németnek tartják magukat, német szokásokkal élnek. Az egyiptomiak nem sémi eredetű faj voltak, nem úgy, mint az arabok. Az arab szó maga azt jelenti, hogy sivataglakó, és szemben a perzsa és egyiptomi népekkel az égető Nap helyett az enyhet adó Holdat imádták. (Félholdas lobogó.)

A sokistenhívő egyiptomi őslakosok, kik a belháborúkat megunták, aránylag kis ellenállást tanúsítottak az egy Istent hívő, őket elözönlőkkel szemben. Hogyan is hódíthatna meg egy kis seregből álló nomád nép egy igen jól működő, szervezett társadalmat? Alexandria ennek ellenére csak 14 hónapos ostrom után került arab fennhatóság alá. Az arabok vallása lett az irányadó, a többi vallást csak megtűrték. Egy időben az őslakosokat képviselő, akkor már keresztény, kopt vallásúaknak súlyos keresztet kellett a nyakukban hordani. Még a nyelv is arab lett az egyiptomiak nyelve helyett. Mára már minden régi egyiptomi név arabra változott: El Qahira, Bur Sa'id, El Suweis, Luxor, Karnak, Bibán el Muluk, Deir el Medina, Aswán, mind arab szavak, sok esetben az eredeti egyiptomi elnevezés teljesen ismeretlenné vált. A régi elnevezéseket általában csak a feltárt leletek alapján lehet esetleg pontosan meghatározni, néha még úgy sem. De az ősi szavak tökéletes kiejtése már örök feledésbe merült. Mivel magánhangzókat nem írtak, ki-ki a kedve szerint fordítja azokat. Hufu, Khufu, Kufev, Kufej stb. mind ugyanazt jelenti, csak más nemzetiségű értelmezőtől eredeztetve.

Mohamed próféta, aki kereskedő volt és csak élete negyvenes éveiben vált az iszlám hitvallás alapjainak hirdetőjévé, nem írt összefüggő könyvet. Gondolatait pálmalevélre, kődarabra, teve kiszáradt lapockacsontjára írta. Ezeket gyűjtötték össze követői és foglalták könyvbe, részben a saját fogalmazásukban. Ez a Korán. Természetesen a vallási vezetők, mint minden vallás esetében, kissé módosították – kanonizálták – az eredeti szöveget. Ez a vallás is születésekor békés alapokon nyugodott, csak a későbbiekben alakult ki belőle egy ág, a harcos, a hitetleneket, néha a saját vallástársaikat is kiirtó jellegűvé. Mohamed halála után már harcok alakultak ki a vezető pozíció megszerzéséért. Ez majdnem minden vallásra és szellemi irányzatra, még a kommunizmusra is jellemző vonal.

A hit vagy elv érdekében a legszörnyűbb bűnöket szokás elkövetni, legyen az bármelyik istenhívő vagy politikahívő csoportosulás. Aki nem velünk, az ellenünk, azt meg kell ölni és a javaikat elvenni. Az egyiptomi templomok homlokzatán a fáraó öli a leigázott ellenséget. A megszállók az ősi építményeket is nagy igyekezettel rombolták le, kőbányának használva azokat. Az iszlám tiltotta az emberábrázolást, ezért nagy előszeretettel csonkították meg az egyiptomiak szobrait. A megszállók általában mindenütt ilyen jellegű szövegekkel próbálják igazolni tettük jogosságát, az ősi föld számukra kijelölt föld stb. Mindenütt szétvert arcú szobrokat lát a kíváncsi turista, még a Szfinx arcát is próbálták az ágyúlövés mellett vésővel szétfaragni a vallás dicsőségére. Van, aki az arc csonkítását ágyúlövés helyett csakis vésőnek tulajdonítja. Nem a franciák tették! Hogyan is követhetne el egy civilizált nép, mint a francia, ilyen ágyúzást? A beolvadásról csak annyit, hogy a mai bevándorlók, akik igazán kisebbségben vannak egy országban, saját templomot építenek (buddhisták, mohamedánok), és külön városrészeket foglalnak el (Chinatown, Harlem), hogy egységesek maradjanak. Sőt az is nagyon valószínű, hogy az ott-honmaradottak, apa, anya, nagyszülők részére támogatásként pénzt küldenek az óhazájukba az új hazájukból. Tehát a fent idézett szövegben vajmi kevés igazság található. Nézzük tovább.

20. oldal:

> „Hérodotosz szerint Egyiptomnak körülbelül 20000 jelentős lélekszámú városa volt... Lakossága Vespasianus idejében elérte a 7,5 milliót".

$$7500000 : 20000 = 375$$

Tehát 375 ember jut így egy városra, ha mindenki városban lakik. Mintha ennyi lakosú város nem is lenne olyan jelentős lélekszámú. Talán így kell érteni: több jelentős, 20000-es létszámú városa volt. És a megszállók hatására az ősi szokásokat, vallást szinte teljesen elfeledték, vagy a megszállók kényszerítették erre az őslakosokat.

22. oldal:

> „Az ókori egyiptomiak egyik meghatározó vonása volt az odaadó hazaszeretet, amely ma is jellemzi" őket.

Ma a 40 milliónyi lélekszámú országban 3 millió az őslakosok, koptok száma. Most az arabok szeretik ezt az ősi hazát, amit harccal szereztek, és ma mégis őseiknek tekintik a fáraókat, akiket legyőztek. A mai amerikaiak is szeretik az őslakóktól elhódított földet. Minden normálisan gondolkodó nép szereti a hazáját, áldozatokat hoz érte. A haza értékeinek –terület, építmény, üzem stb. – idegenek kezére juttatása hazaárulás. Árulók pedig jó pénzért mindig, mindenhol találhatók voltak, és lesznek. Kitér a könyv a vallás felépítésére, a Mózes által leírtakra, és a katolikus vallási részletekkel azonosítja azt. Így a világ teremtését, a Szentháromságot is. Ozirisz = a Szentlélek, Ízisz = a Szűz Anya, Széth = a Sátán stb. Szinte minden vallás leírása gyilkossággal kezdődik. Megölik az egyiptomi Oziriszt, az indiai Visnut, a bibliai Ábelt, az újszövetségi Jézust. Mintha a vallások egy tőről erednének, vagy a vallásokat megalkotó emberek ugyanazon gondolkodásúak lettek volna. Az ősi írásokat is ki-ki a maga gondolatai szerint értelmezi.

88. oldal:

„A királyi cím öröklése Egyiptomban a legidősebb lányutódon keresztül történt".

Azt hiszem, ezzel a gondolattal Manethon királylistáját figyelembe véve teljesen egyedül áll. Érdekes módon Szekhemhet Dzsószer fia, II. Ramszesz I. Széthi fia, Khufu Sznofru fia volt, és így tovább. Az uralkodói pozíció öröklődött az uralkodó család tagjai között fentálló rokonsági sorrendben, és dinasztiákat alkottak. Az uralkodó család kihalása, netán legyőzése után egy újabb család tagjai folytatták az uralkodást, de szigorúan meghatározott sorrend szerint. Igaz, pár esetben, amikor nem volt fiú utód, a leány utód választott magának királyt, ez a nem régi történelemben is előfordult, a magyar királynő, Mária Terézia, az orosz cárnő, Nagy Katalin, az angol királynő, Viktória bizonyítja ezt. A következőkben írja:

88. oldal:

„*Az ország ókori történelme során az uralkodói cím
sok törvényes örökösével előfordult, hogy nem ment férjhez,
és maga vállalta az uralkodói szerepet".*

Hatsepszut, Tauszere és Kleopátra királynőkön kívül nem nagyon tud felsorolni női uralkodót. És Hatsepszut is mint gyám uralkodott III. Thotmesz mellett, de amikor az örökös már felnőtt, nem adta át a hatalmat. A Karnak templomában lévő, Hatsepszut által emeltetett obeliszk fallal körülkerítését – a fáraónő halála után – a hatalmától megfosztott III. Thotmesz fáraó bosszújának tulajdonítják úgy, ahogyan a Hatsepszut templomában a királynő nevének nagyszámú kivésését is. Ilyen névkivésés máshol is történt, talán az új uralkodó így próbálta eltulajdonítani az elődje tetteit. Egyébként III. Thotmesz volt az egyik legnagyobb fáraó. Mégis Hatsepszut az, akiről regéket írtak, aki a mai történelem szerint is ismertebb. A népek régi emlékeinek megsemmisítése mindenütt tapasztalható.

114. oldal:

„*A régi templomok lebontása és ujjáépítése tehát teljesen
törvényes eljárásnak minősült, amelynek megvolt
a maga jelentése és funkciója".*

A lebontás/rombolás inkább a megszállók és földrengések műve volt. Milyen hatalmas munkát jelentett volna egy templom „lebontása", azt a rengeteg hatalmas oszlopot, fedőkövet épen lebontani. Rombolni, ledönteni, amint azt a modern időkben is láthatjuk, sokkal könnyebb, mint építeni.

119. oldal:

„*A falakon látható, a mindennapi életből vett jelenetek
hasonlósága ellenére nincs két egyforma sír...
a kidolgozás minden esetben különböző".*

A mai temetők kriptái is rendre mások, a halott is, és építő is más volt, ahogyan minden ember más szeretne lenni, mint a többiek. Talán nem is akart vagy nem tudott minden építő ugyanúgy dolgozni. Ilyen már van, én mást készítek, nem másolok! A költő, aki nem tud vagy nem szeret jambusokban írni, szabad verset ír, ahol bűn a rím; aki nem képes szépprózát írni, az krimiket hoz össze.

127. oldal:

„Összesen tíz nagy piramist ismerünk, mindegyike egy 80 km sugarú körön belül helyezkedik el".

Ez a kör inkább egyenes, mert Gíza, Szakkara, Dahsur és Meidum a Nílus nyugati partján, közel egyenesen található. A kisebb piramisokat is figyelembe véve közel 80 épült, és ami senkinek sem szúr szemet, alig kétszáz évnyi idő alatt. Belefér a kétszáz évbe mindez, ha Khufu piramisa 20 évig épült?

128. oldal:

„A tíz piramis közül csupán egyről, Dzsószer szakkarai lépcsős piramisáról lehet bizonnyal állítani, hogy síremléknek készült, a sírkamrák és az azokban talált leletek alapján. A többi kilenc piramis nem síremlék. A kilenc építményben összesen tizennégy kamra van, amelyekben mindössze három üres szarkofágot találtak".

A piramisokkal foglalkozó régebbi leírásokat olvasva arról kapunk felvilágosítást, hogy például a Nagy Piramisban is találtak mumifikált emberi testmaradványokat, amikor a kőtörmeléket kitakarították. A „szarkofág fedelét" pedig a napóleoni katonák szállították el, a szarkofágba pedig temetni szoktak.

Ha csak azt olvassuk és közöljük, ami a számunkra kedvező, akkor a megtévesztés bűnébe esünk. A Nagy Piramis melletti három kis piramis közül a legdélebbre fekvőről megállapították, hogy Henutszen királynőé volt. A piramist körülvevő sírok egyikében amerikai régészek megtalálták Sznofru felesége, Kheopsz anyja, Hotepheresz hercegnő érintetlen sírját, amelynek leletanyaga ma a kairói múzeumban látható, ott van kiállítva.

Ezek ismeretében, valamint a sírkamra lezárására és a folyosó eltorlaszolására szolgáló kemény anyagú kövek mai napig meglévő bizonyítékaira tekintettel kijelenteni, hogy a Nagy Piramis nem sír, hanem beavatási templom volt, kissé merész. De az, aki azt állítja, hogy templom volt, azt is közölhetné, hogyan képzeli el a szertartások lefolytatását ebben a zárt építményben. Hérodotosz írásai közül is csak azt fogadják el a hasonló kiadványok, amelyek az elméletek kiagyalói számára alkalmasak, pedig Hérodotosz az írásaiban határozottan állítja, hogy:

„A piramisok általában a királyok temetkezési helyéül szolgáltak".

A Dzsószer piramisában lévő kamrák és aknák egyikében is csak két alabástrom koporsót, egy másikban pedig egy koporsó talapzatát találták meg üresen, akkor azt miért fogadjuk el sírnak? Lehet, hogy egyes fáraók annyira önzők voltak, hogy nem akartak mással örök álmot aludni, ezért külön piramisba temetkeztek. A mai „nagy" embereknek is külön síremléke van. Igaz, hogy néha kilakoltatják az oda helyezett halottat. Jó példa erre Sztálin, akinek a maradványait áthelyezték Lenin mellől a Kreml falába, ma is ott van.

128. oldal:

„Kheopsz holttestét egy mélyen a piramis alatt fekvő kamrában helyezték el, amelyet egy, a Nílusból idáig vezető csatorna táplált vízzel, így maga a sír egy földalatti szigeten nyugodott".

Ezzel foglalkozni nem szabad, hiszen hosszú időt vett igénybe a holttest nátronnal kezelése, kiszárítása, konzerválása. A múmiát azután a víz – amit a Nílusból odavezetni nem lehet, csak valamilyen módon szállítani – nyilván átnedvesítette volna, ami a múmia gyors lebomlásához vezet, a mumifikálók munkáját minden igyekezetük ellenére tönkretéve. A zseniálisan gondolkodó egyiptomi papok csak erre nem gondoltak volna? És a földalatti kamra befejezetlen, így legfeljebb oda akarták elhelyezni a mumifikált testet, de lehet, hogy észrevették annak nedvesedését, és ezért készítették a sírkamrát magasabb, szellős helyre. Ha akarom, zseniálisan gondolkodó és dolgozó emberekkel van dolgunk, de ha úgy akarom, kissé ostobácska, tudatlan volt az egyiptomi nép.

131 oldal:

> „A későbbi piramisok... különböznek a korábbi, illetve későbbi síroktól, annál az egyszerű oknál fogva, hogy nem temetkezési célokra szolgáltak".

Merész a kijelentése, és bizonyítást nem ad hozzá.

134/2

> „Ekkora tömeg szervezett és eredményes együttműködését csak úgy lehet elképzelni, hogy az emberek kényszer nélkül dolgoztak. Ez a változat pedig minden további nélkül elfogadható, ha elvetjük azt a feltételezést, hogy a piramisok síroknak készültek".

Azt hiszem, ennek az állításnak a helytelenségéről senkit sem kell meggyőzni, főleg akkor, amikor tudjuk, találtak régi egyiptomi írást arról, hogy az egyik építkezés munkásai reklamálják az elmaradt fizetésüket. Fizetésért viszont bármit lehet építtetni, sőt még rombolni és gyilkolni is. És a temetkezésen dolgozni minden időben az egyik legbiztosabb foglalkozás, és a legjobb üzlet is, mert halottakat mindenkor temetni kell. Kivételt talán csak a harctéri halottak és az erőszakrendszerek által kivégzettek képviselnek, mert azokat nem az általános szokásnak megfelelően földelik el, hanem nagy, közös tömegsíba helyezik a testeket, és még sírjaikat is igyekeznek a felismerhetetlenségig eltaposni, akár lovakkal, hogy az utó-

kor tudatából kitöröljék. És az utókor sajnos nagyon sokszor el is felejti ezeket a tetteket is.
Majd következik az újabb lényegi ellentmondás!

134. oldal:

"Sznofru jó király volt. Ugyanakkor a neki tulajdonított két, tekintélyes méretű dahsuri piramis (csakúgy, mint a neki tulajdonított, „összedőlt" médumi piramis) megépítése több mint háromszor annyi építőanyagot és munkást igényelt, mint a Kheopsz-piramis".

Tessék figyelni arra, amit állítunk, mert bizony sokszor igen nagy az ellentmondás, pedig csak egy kicsit kellene meggondolni, mit írunk. Ezt az átgondolatlan szövegrészt majd a 137. oldalon vesszük komolyabb vizsgálat alá, mivel megismétlődik ott is! Addig is lehet gondolkozni a lényegi ellentmondásról!

136. oldal:

"A rámpa megépítéséhez 13,37 millió köbméter építőanyagra volt szükség (ez hétszerese a piramis építéséhez szükséges anyagmennyiségnek)".

Számoljunk! A Nagy Piramis kb. 2,7 millió köbméter térfogatú. Ha megszorozzuk héttel, akkor testvérek között is 18,9 millió köbmétert kapunk eredményül.

137. oldal:

"A Kheopsz-piramist 115000 darab fedőkővel borították, oldalanként 2,15 hektárnyi felületen. Minden egyes kőtömb több mint tíz tonnát nyomott".

Nem egyértelmű, hogy a 115000 darab kő a piramis egy oldalára vagy az egész felületére vonatkozik. Mások az egész piramisfelületre 144000 darab 20 tonnás kőtömböt közölnek az írásukban. De bármit írhatunk a darabszámról, mert ellenőrizhetetlen a szöveg. Amint láthattuk, ki-ki az általa képviselt elmélet szerint állapítja meg a piramis burkolatának, fedőköveinek a számát és a nem bizonyított rámpa anyagszükségletét. A piramis déli oldalán lévő, most készített fedőkő nem húsz tonnás!

137. oldal:

„A két dahsuri és a médumi piramist egyaránt Szofrunak tulajdonítjuk, azzal kell számolnunk, hogy a fáraó 24 éves uralkodása alatt kilencmillió tonna kő kibányászását, elszállítását és beépítését végeztette el. **Ez több mint háromszorosa a Nagy Piramis építéséhez szükséges anyagmennyiségnek.** Ekkora volumenű vállalkozás puszta logisztikájának a kiszámítása is elképzelhetetlenül nagy feladat".

Így, kiemelve van leírva. Ez a szöveg így, ahogyan le van írva és hangsúlyozva, helytelen. Ugyanis a Nagy Piramissal szemben több mint a háromszorosa csak akkor lehetne ezeknek a tömege, ha a felsorolt három Sznofru-piramis közül legalább egy tömege jóval nagyobb lenne a Nagy Piramis tömegénél. De ez esetben már nem a Khufu-piramis lenne a legnagyobb, a NAGY. A Nagy Piramis köbtartalma, amint azt már többször megállapítottuk, 2657280 köbméter. Ez a kőmennyiség a többek által említett 2,8 tonna köbmétersúllyal számolva 7500000 tonnányi tömeget jelent.

Azt is kiszámolhatjuk, hogy a két dahsuri piramis térfogata összegezve 3142828 köbméter, ami az előző köbmétersúllyal számolva pedig 8799918 tonna kőtömeget jelent. Több egyiptológus szerint a médumi piramist Sznofru csak befejeztette, az eredetileg Hunei fáraó részére készült. Fogad-juk el, hogy az írásban közölt 9 millió tonna kőmenynyiség valóságos érték, de a logisztikai (matematikai logika, szállítmányozás?) alapon megállapított háromszoros anyagmennyiség valótlan állítás. Csak körülbelül 20%-kal nagyobb a két dahsuri piramisba épített kőmennyiség köbtartalma és ez által a tömege a Khufu piramisába építettnél. A harmadik piramis pedig kisebb, mint a másik kettő bármelyike. (57. ábra) A műveltségünk fitogtatására szeretünk idegen szavakat használni. Szerintem ez az egyszerű néppel szemben nagyképűségnek mondható, és sok esetben nem is jól alkalmazzuk ezeket a szavakat. (Puszta logisztikájának kiszámítása, talán „a logisztikájának puszta kiszámítása"). Majd folytatódik a szöveg több, más csodálatos dologgal, állítással megtoldva, olyan tudást feltételezve a régi egyiptomiak részéről, amit a mai tudomány is szeretne valamilyen módon megalkotni. A mesefilmekben gyakran szerepel a gravitáció csökkentése, esetleg a teljes megsemmisítése, amikor az emberek könnyedén repkednek.

138. oldal:

„Az egyiptomiak ismertek egy olyan módszert, amelynek a segítségével semlegesíteni tudták a Föld gravitációs erejét".

A Föld forgó mozgása – mint minden más forgó mozgás – centrifugális, vagyis röpítő erőt eredményez. A gravitáció tartja egyensúlyban a Föld anyagát, semlegesítésével a Föld anyaga szétszóródna a világűrben. Ha csak egy kőtömbre valósítjuk meg ezt a trükköt, akkor az repül ki a rendszerünkből, vagy pedig „navigálni" kell a követ, csökkentve és növelve a gravitációs erőt a kő környezetében, és a helyére tolni a repülő kődarabot.

138. oldal:

„kőtömböket vízi úton... viszonylag könnyen mozgatható ... az igazi problémát természetesen nem a kőtömbök mozgatása jelenti, hanem a Nílus és a gízai fennsík közötti vízi út kialakítása".

A fennsík jelentése egy magasabban lévő, aránylag sík terület. Az előzőben lévő ábra szerint a Nílus és a gízai fennsík közötti vízi út csak vízlépcsők vagy csoda alkalmazásával valósítható meg. Ez az írásrész azután több szövegben is megjelenik, átgondolatlanul, más szerzők által közölve. Bocsánatot kérek, de alapvetően hibás elképzelésről van szó. Dombról levezetni a vizet egyszerű, de oda felvezetni már olyan emelő berendezés szükséges, aminek a megépítése is igen komoly technikai megoldás, és rengeteg munkát igényel az üzemeltetése.

A folyókon lévő zsilipes hajóátemelőket vegyük alapul, ahol minden egyes zsilipeléskor egy teljes zsilipkamrányi vízre van szükség. A hajó mozgatását a folyó vize végzi. A „felfelé" való haladáskor a hajó beúszik az alacsonyabban lévő vízszintű kamrába, az alsó ajtót becsukják, és a folyó vizével töltik fel a zsilipkamrát. A hajó méretétől függően akár több ezer köbméter vízzel. Majd a felső ajtó nyitása után kiúszik a hajó a zsilipkamrából. A „lefelé" történő hajómozgásnál az alsó kapu csukott, a felső nyitott. A zsilipkamrába beúszott hajó alatti vízszintet a magasabb vízszint felőli ajtó becsukása után az alacsonyabb szintre csökkentik, kinyitják az alsó ajtót, és a hajó kiúszik az alacsonyabb vízszintre. Ez a vízi út pedig igen komoly építési megoldást igényel, hogy az állandóan folyó víz sem tudja elmosni, tönkretenni. Az egész csatornarendszert úgy kell kiépíteni, hogy a víz szivárgását is megakadályozzuk, mert az növeli a vízigényt.

Itt jegyzem meg, hogy a vízi utak forgalmát a gátrendszer tönkreteszi. A Dunán a gát megépítése óta alig látni uszályvontatmányt. A gát javítja a hajózást, mondták az építés előtt, és csökkenti az árvízveszélyt. A Duna átlag vízszintje állítólag 2-3 méterrel alacsonyabb lett, és eddig nem látott nagy áradás is volt. Ha valami oknál fogva átszakad a gát, Budapesten új árvízi hajósra lesz szükség. Erről is lehetne könyvet írni.

139. oldal:

„Egyes arab legendák a piramis galériáját obszervatóriumként emlegetik. Az éjszakai égbolt 80%-a látható lenne a „nagy galériából".

Lenne-lenne, de hogy hogyan, azt nem mondja el. Persze ez csak akkor lenne így, ha nyitott lenne, de egy teljesen zárt építményből semmi sem látható az éjszakai égboltból. Talán látni lehetne az éjszakai égbolt 80%-át, ha nem lenne az obszerváló feje felett sok ezer tonna kő.

A legenda értelmezései magyarul:
1.) vallási tárgyú írás, ez az igazi **legenda**;
2.) valakinek kimagasló tetteit kiszínezve vagy túlozva elbeszélő mű, ez a **rege**;
3.) kitalált történet, mendemonda, ez meg a **mese**.

Tessék választani kedvük és ízlésük szerint! Aki nem beszél helyesen magyarul, az keveri ezeket a fogalmakat is, így azután megszületik például X. Y. legendáriuma is. Ez olyan, mint a névválasztáskor választott két **s** és **y**, mert ezt eredetileg csak a „nemesi" származás tehette, ezért mondják: az y mindig kétes. Régen az y végződés kötött volt a „ranghoz", ma már önkényesen olyan nevet választanak az emberek, amilyen tetszik.

139. oldal:

„A „király kamrájában" elhelyezett nyitott szarkofág valójában egy háromdimenziós mérőeszköz, amely arányaiban a tömeg mérésére szolgáló egyiptomi mértékrendszer néhány alapvető egységét testesíti meg".

Mint már említettem, a tömeg súly, és nem térfogat, mint egy háromdimenziós edény. A térfogat mértékegysége a mi társadalmunkban a liter. A tömeg mértékegysége a kilogramm, és részben független a térfogattól, csak az anyag fajtája határozza meg. Sajnos a szavak eredeti értelmét többször átlényegítik azok, akik nem tudják, vagy nem is akarják szabatosan kifejezni magukat. Így alakulnak ki új kifejezések, néptömeg, pénztömeg, pénzeszköz, bevállal, igazándiból, látszódik, tanyasi stb. kifejezés. A háromdimenziós teret kitöltő anyag tömege, súlya az anyag milyenségétől, fajsúlyától függ. Majd ezután a régi nóta következik, mint már annyiszor.

139. oldal:

„*A Nagy Piramis – hasonlóan a többi piramishoz – nem más, mint egy óriási méretű napóra... jelezte a napfordulókat".*

Bármilyen, a méretét és helyzetét nem változtató tárgy vetett árnyékával lehet jelezni a napfordulókat vagy akár az órákat, perceket is, ha pontosan végezzük a mérést. Ha a tavaszi napéjegyenlőség reggelén, napfelkeltekor két karót úgy helyezünk el, hogy azok csúcsa által meghatározott egyenes éppen a Nap felső vagy alsó peremére mutasson, meghatározhatjuk például az év pontos kezdetét és hosszát.

A Nagy Piramis árnyéka viszont egy sík felületre vetül, ami bizony némi gondot okozhat a mérések hitelesítésében. A Nap köríven mozog, a vetett árnyék pedig sík felületen, ezért az árnyék változása mindennap más értékű lesz. A piramis mint napóra több, a témáról író művében szerepel. Több esetben úgy, hogy a Piramistól északi irányban elterülő felületet egyforma nagyságú kőlapokkal burkolták, mert ennyit halad az árnyéka naponta.

A Nagy Piramis északi oldala után csak egy kisebb „*sík*" felület van, az után pedig egy erősen lejtős szakasz található. Az árnyék változása nem fér el a vízszintes szakaszon, tehát órának nemigen alkalmas. A tavaszi napéjegyenlőség után és az őszi napéjegyenlőség előtt pedig nincs árnyéka a piramisnak, tehát még ha óra szerepet töltene is be, akkor is csak fél évig tudna működni, amíg nem „nyeli" el a saját árnyékát, ezt a tényt pedig nem lehet letagadni.

AZ ÁRNYÉK VÁLTOZÁSA AZONOS SZÖGVÁLTOZÁSOKNÁL

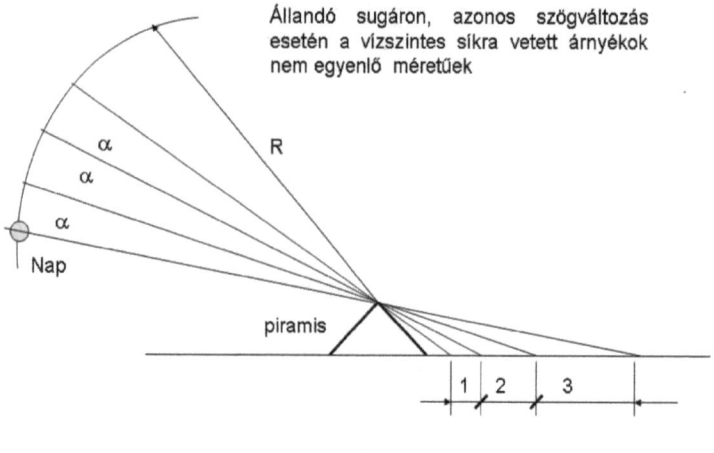

28. ábra

Az órák és percek pontos jelzését pedig egy bonyolult rendszer szerint lehetne meghatározni a Nap magassága szerint, mert egy köríven történő mozgás egyenesre vetítésével van dolgunk. (28. ábra) A Nap két-két delelése közötti vetett árnyék nem azonos hosszúságú. Egy függőlegesen leszúrt bot vetett árnyéka reggel végtelen, de a delelési idő felé haladva egyre rövidül, deleléskor a legrövidebb. A legegyszerűbb napóra egy függőlegesre állított rúd, ezt nevezik gnomonnak. Árnyéka deleléskor egy év alatt nyolcas alakot ír le. A nyolcas két hurok része a telepítési helyétől függően változik. Csak az egyenlítőre telepített gnomon nyolcasának két hurokrésze egyforma. Időmérése a vetett árnyék naponként nem egyenlő volta miatt csak külön számítással pontosítható, ezért a napóra készítésnél több elrendezési formát szokás használni. Az egyik forma az ekvatoriális megoldás, amikor a gnomon irányítása a Föld tengelyével azonos irányítású. Az idő leolvasása egy, a gnomon tengelyére merőleges síkra szerkesztett köríven lévő egyenlő osztással történik. Ez a megoldás csak a tavaszi és őszi napéjegyenlőség között használható. A horizontálisnak nevezett napóra számlapja az ekvatoriálisból szerkeszthető, a számlap vízszintes, ellipszis alakú, és az órák osztása nem egyenlő. A vertikális elrendezés csak pontosan kelet-nyugati falra szerkeszthető, itt a számlap függőleges síkban van, szerkesztése szintén az ekvatoriálisból vezethető le. Tehát egy jól működő napóra csak igen komoly csillagászati, geológiai és geometriai tudás mellett készíthető, és csak nappali időben használható.

139. oldal:

„Csúcsa a sarokpontot, a kerülete pedig az Egyenlítőt jelképezi".

Ezen az alapon egy pont akár a világegyetem jelképe is lehet, amibe belefér Odüsszeusz bolyongása is.

140. oldal:

„A Nagy Piramis az északi félteke 1:43200 méretarányú kicsinyített mása, 43200-as méretaránya pontosan felezi a 86400-as értéket, pontosan 86400 másodperc van 24 órában".

A Föld északi/déli féltekéje nagyjából félgömb. Hogyan lesz ennek a mása egy gúla, azt nem közli. A Föld tömege:

$$5{,}975 \times 10^{21}$$

tonna, amely érték nem a piramis tömegével egyező arányú. A Föld, mivel nem gömb, egyenlítői sugara 6378,388 kilométer, a sarki sugár pedig, 6356,912 kilométer. A 43200-as kicsinyítés olyan fogás lehet, mint a sumer hüvelyk meghatározása a nyolc centiméteres kockakőből.

143. oldal:

„Minden tudós egyetért abban, hogy a Szfinx szoláris szimbólum. Az oroszlántest az erőt, az emberfej pedig a tudatot, az értelem hatalmát jelképezi".

Itt most nyilván sok tudós tiltakozik. A szoláris annyit jelent, hogy a Nappal kapcsolatos, például: szoláris szél. Nyilván több tudós is akad, aki nem ért egyet a szövegben közöltekkel. Vagy ezek nem tudósok? Aki velem ért egyet, az tudós, aki pedig nem ért egyet, az bizony nem tudós. Talán olyan eset még nem is fordult elő, hogy abban mindenki egyetértett. Egyébként a vizsgálati anyagok és módok változása miatt sok tudós értelmezése változott meg az idők folyamán, és ezért revideálták addigi álláspontjukat. Például a tudósok régebbi állítása szerint a fekete lyuk a mindenség olyan pontja, ami mindent magához vonz, elnyel, abból semmi nem jöhet ki. Manapság már azt állítják, hogy mégis kiáramlik belőle valamiféle sugárzás.

143. oldal:

> „A régi templomok lebontása és ujjáépítése tehát teljesen törvényes eljárásnak minősült, amelynek megvolt a maga szakrális jelentése és funkciója".

Amint már tárgyaltuk, a lebontást vagy rombolást inkább a megszállók végezték, vagy a földrengések műve volt. Milyen hatalmas munkát jelentett volna egy templom „lebontása", azt a rengeteg hatalmas oszlopot, fedőkövet épen lebontani, és talán még át is kellett faragtatni a másik templomhoz. Rombolni sokkal könynyebb. Látni, hogy más írásból átvett szöveggel van dolgunk.

146. oldal:

> „A kutatók többsége ma már elfogadja azt a feltételezést, hogy a Szfinx testének erózióját víz okozta".

Bemutat egy ábrát, amelyen a szobor körüli falazat, amelynek az alapja a jelenlegi talajszint alatt van, függőleges kopásaira mutat, mint eróziós kopásokra. Ilyen kopásokat tényleg okozhat vízfolyás, de ahhoz meglehetősen sok ideig kellene a víznek folynia. (29. ábra) Ha a szobrot körülvevő mélyebb építmény, mint egy tároló edény, megtelik vízzel, akkor ott nem folyik a víz ilyen jellegű koptató hatással. Ilyen kopás csak akkor keletkezik, ha ebben az építményben van egy víznyelő, mint a mosdókagyló vízleeresztője. Csak ilyen irányú állandó vízmozgás okozhat a falazat peremén körül hasonló függőleges koptatást. A Szfinx testének állapota a mai napig erősen romlik. 1988 februárjában a jobb oldali vállának meglehetősen nagy darabja leomlott. A fejfedőjét két oldalon már korábban betonnal támasztották alá, mert félő volt, hogy a fej letörik, így megváltozott a szobor látványa is. Mark Lehner régész egy filmen bemutatja, hogy a Szfinx testéről, talán só kiválása miatt, rétegek válnak le. Ez okozhatta a víz koptató hatásának tulajdonított károsodást is, talán már a szoborá alakítása előtt ezer évekkel. Amíg homok temette be testét, kevésbé sérült, a nyaka viszont a homok koptatásának kitéve erősen – és a fedőkövektől megfosztva –, rétegesen kopott, mivel a kőzet, amiből készült, puha és keményebb rétegekből épült fel.

A szobor feje keményebb anyagból és magasabban van, ezért kevésbé kopott a szél szállította homok hatására. A kincskereső „egyiptológusok" még vasrudat is vertek át a szobor testén, kincses kamrákat keresve. A hátán, a fej mögött lyukat véstek, szintén kamrákat keresve, sikertelenül.

Ennek a kopásnak a szél által hordott homok is lehet az okozója, ami sokkal hatásosabban koptat, mint a víz. Kellene egy szélcsatornás vizsgálatot végezni, megépítve a Szfinx és környezete kicsinyített mását, természetesen azonos minőségű anyagot használva, és sivatagi homokkal kevert levegőt fújni át a rendszeren.

SZÉLCSATORNA VIZSGÁLAT A SZFINX ESETÉBEN

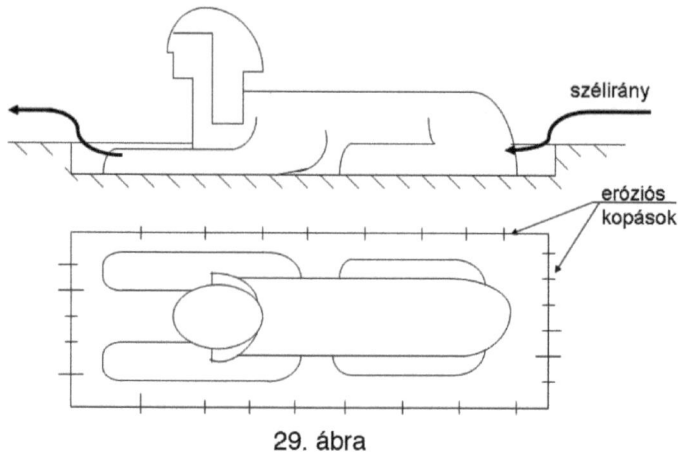

29. ábra

A légárammal szállított homok csodákra képes. Így tisztítják a rozsdás fémfelületeket korrózióálló festés előtt, amint az látható is például a Dunán átívelő hidak festésének felújításakor. Ezzel a módszerrel teljesen fémtiszta felületet lehet készíteni, amely a szerkezet időtállósága szempontjából igen fontos. Rozsdás felületre felvitt festékréteg alatt az oxidáció tovább folytatódik, ami a szerkezet statikai jellemzőinek erős romlásához vezethet. Amint az a vázlaton látható, a szél iránya, kiterjedése és nyomása erősen megváltozik a szobor körüli mélyedéshez érve. Áramlástechnikai egyenletek ismeretében az is tudható, hogy ilyen esetben a szélsebesség és szélnyomás szintén változik. A függőlegesre változó szélirány a peremnél előidézheti a jelzett koptatást. A szobor is nyilvánvalóan kultikus jelentőségű volt, annak környezetét tisztán tartották sok éven át, ami a jelzett áramlást biztosíthatta. A terület elhagyása után borította be csak a homok a szobor alapját és testét. A testen lévő kopások nagy része viszont egyértelműen a szél erejének tudhatók be, így koptak a környező hegyek és a Nílus-part sziklái is. Ami a szobor restaurálását illeti, IV. Thutmoszisz még herceg korában a szobor homokból kiálló feje mellett elaludva álmot látott, amely azt közölte vele, hogy ha kiásatja a szobrot a homoktakaró alól, akkor fáraó lesz. A herceg elvégeztette ezt a feladatot, még ki is javíttatta a hibákat, erről a szobor első lábai közé helyezett sztélé is tanúskodik. IV. Thutmoszisz jóval Khufu után, időszámítás előtt 1500 körül élt.

Az is valószínű, hogy már a szobor készítésekor is voltak hiányzó részek az alapkőzetben, amit ki kellett pótolni más, idegen anyaggal, hogy a szobor egyes részeinek a folytonosságát biztosítani tudják. Ez hasonlatos lehet egy restauráláshoz. Ha ez a pótlás Khufu idejére esik, akkor akár a fáraó által létesített is lehet. Az is tény, hogy a Szfinx is kapott finomabb kőből készült burkolást, mint a piramisok. Tehát ennek a burkolatnak a korát kell vizsgálni, nem az alatta lévő szobortestet, mert a burkolat alatti rész vízözön előtti is lehet, de a szobor burkolata nem. Meglehet, hogy a finomabb burkolat egy részét is lefejtették más építkezéshez vagy kincskereséshez. Bizonyítható, hogy a szobortest eredeti burkolatát már több esetben javították. Nagy a valószínűsége, hogy maguk az egyiptomiak is végeztek javításokat, de a görög-római idők javítása egyértelműen bizonyított, a kövek nem eredeti anyagúak. A modern időkben is végeztek javításokat, amelyek inkább károsnak bizonyultak, mint végleges megoldásnak. 1979-ben a szobor északi oldalának kb. egyharmada, a déli oldalnak kb. kétharmada volt eredeti anyaggal burkolva.

Megjegyzendő, hogy a szoborral foglalkozók, tudósok vagy piramidológusok elfelejtkeznek a Szfinx burkolatáról említést tenni!

A gízai piramisoktól délnyugatra lévő Quasr Farătra oázis mellett található több érdekesen, a víz és szél által koptatott sziklaképződmény, melyek közül egy meglepően a Szfinx formájára hasonlít. Meglehet, hogy a gízai Szfinx is hasonló képződményből lett kialakítva, vagy annak a hatására faragták ezt a titokzatos szobrot. Ha természeti képződmény volt az alap, akkor a víz általinak mondott kopások egyértelműen magyarázhatók. A természet meglepő sziklaalakzatokat képes létrehozni. Látni ilyeneket sok területen, Amerikában többek között az Ördög Hídja; Törökországban, Kappadokia környékén a Tündérlábak ilyenek. Nálunk a Pilis hegységben, Piliscsaba mellett a Csabai Gomba, az Ördög Oltára vagy Dobogókő mellett a Vadálló kövek és így tovább.

Tehát sokszor csak a szemlélő szubjektív véleménye alapján történik valamilyen kijelentés, ami természetesen igaz is lehet, amíg annak egyértelmű cáfolata meg nem történik. Maga az író felteszi a kérdést, hogy hogyan lehetséges az, hogy a szobrot koptató víz nem hagyott nyomot a környezet alapkőzetén. Ez azt igazolja, hogy a kopásokat vagy nem víz, vagy csak erősen irányított vízáramlás okozta. Ennek ellenére állítólag Khufu halotti templomán szintén megfigyelhető „víz" okozta hatás.

Így a Szfinx testének víz általi kopását okozhatta valóban víz is, éspedig úgy, hogy a 60 millió éves sziklaképződmény felületét részben meghagyták eredeti formájában – mondván: e szikla hasonlatos egy oroszlánhoz, csak ki kell egészíteni –, és csak burkolták azt megmunkált kőlapokkal a szobor alakjára. Így igaza van annak, aki vízözön előttinek, de annak is, aki 5000 évesnek véli ezt a szobrot. Nagyon sokszor a részletkérdések adják meg az igazi választ, de a részletkérdéseket nemigen szokták boncolgatni.

A későbbiekben áttér a Biblia ószövetségi anyagára, amint azt már többen megtették az elmúlt hosszú évszázadok alatt, és ilyen észrevételeket tesz:

157. oldal:

„A Bibliában szereplő dátumok és kronológiai adatok olyan mértékben valószínűtlenek, illetve tévesek, hogy racionális közelítéssel képtelenség komolyan venni őket".

Ezt már sok régészettel foglalkozó szakember is kétségbe vonta, mert a Biblia szerinti teremtés közel nyolcezer évvel ezelőtti dátuma kétséges, az őskori leletek jóval régebbi időkben is tartalmaznak emberi eredetű leleteket. A lerombolt Jerikó is állítólag legalább tízezer éves.

Érdekes módon az egy emberpártól való eredeztetést senki sem vonja kétségbe, pedig köztudott az egymás közötti házasságok génromboló hatása. Így néhány generáció után elkorcsosulnak az utódok, amit még az állatok is tudnak, Az oroszlánok például ezért kergetik el a hím ivarú szaporulatot. Az embereknél is megfigyelhető ez a változás vagy korcsosulás, ha több generáció egymás között házasodik és szaporodik. A belházasságok miatti korcsosulás testi jellemzői egyes embercsoportoknál jól láthatók. Az állatok szaporításánál is gondolnak erre, ezért nem a saját rokonsággal történik meg a továbbszaporítás, mert ez nagymérvű korcsosulást jelent.

Majd a következőben az ószövetségi Bibliával kapcsolatosan érdekes szöveg olvasható:

158–159. oldal:

„Ezek a történetek évszázadokon át szájhagyomány útján terjedtek, mielőtt írásos formában rögzítették őket. A szóbeliség időszaka alatt érthető módon számos változáson mentek át... Mózes öt könyve Mózes haláláról is beszámol... logikusnak tűnik a feltételezés, hogy a halála után keletkezett...".

A szájhagyományokból mit lehet valóságnak tartani, és mi az, ami a hagyományozások során átlényegült, talán sohasem tudjuk meg. Ilyen lehet egy hagyomány átalakulása: „A nagy király olyan erős volt, mint egy oroszlán", mondja az egyik. „Olyan volt, mint egy oroszlán", így a másik. A következő már hízelegve így mondja: „Teste oroszlántest volt", és oroszlán-testű szobrot farag a királyról. A régészek azután nem tudják hová tenni ezeket a szobrokat. Így is lehet.

A Bibliáról mást is ír.

„Az Ószövetség ma használatos fordításai Kr. u. IX-X. században keletkezett... héber szöveg alapján készültek. Ennek a szövegnek az első változatát a Kr. u. II. században készítették azoknak a hatásoknak az alapján, amelyet egy papi tanács hozott Kr. u.

70-ben a Jaffa város melletti Jamniában. A tanácsot azért hívták össze a zsidó vallási vezetők, hogy meghatározzák az Ó-szövetség tartalmát és formáját."

Vagyis kanonizálják, akárcsak az Újszövetséget a pápák. Minden régi hit- vagy eredet-legendának van valami alapja, csak az idő múlásával vállhat többé-kevésbé mítikusra, ami azután a további értelmezésekkel még változhat. Az egyik eredet-legendát elfogadjuk, a másikat nem. Mi az a hatás, ami elfogadhatóbbá teszi az egyiket a másiknál?

A 235 oldaltól megtudjuk, hogy Dávid király tulajdonképpen III. Thotmesz fáraó (akit Hatsepszut királyné állított félre hosszú időn át?), Mózes Ehnaton fáraó, Salamon király III. Amenhotep fáraó, Jézus pedig Tutanhamon fáraó volt. Ebben az esetben pedig Dávid király után következő fáraók, így II. Amenhotep, IV. Thotmesz, III. Amenhotep uralkodását követte a Dávid fia, Salamon?

Dávid király időszámítás előtt 965(?) körül halt meg, fia, Salamon pedig 926(?) körül élt, ha a Biblia adatait próbáljuk szem előtt tartani, azonosítani és elfogadni. Az egyiptomi III. Thotmesz és III. Amenhotep pedig időszámítás előtt 1400–1324(?) körül élt a régészek szerint.

Képzeljük el, hogy Mózes, aki Ehnaton fáraó, odamegy a fáraóhoz, aki Mózes, hogy a népét kiszabadítsa a rabszolgasorsból, amilyen sors állítólag nem is volt Egyiptomban. Mózes, aki fáraó, eldobja a botját a fáraó előtt, aki Mózes, és így tovább. Miért kellett volna a zsidóságnak elmenekülni Ehnaton/Mózes vezetésével Egyiptomból, hiszen ha fáraójuk volt, minden bizonnyal kiváltságos helyzetet biztosított a népe számára, nem rabszolgasorsot. Ehnaton és Tutanhamon fáraókról fennmaradt képmások – tudjuk, hogy az egyiptomi ábrázolások hűen tükrözik az emberi arcvonásokat, egészen az embercsoport felismeréséig – egyáltalán nem mutatnak sémi vonásokat. Csak itt lenne helytelen az ábrázolás, és Jézus 1300 évvel korábban élt volna, amikor még nem is volt Római Birodalom, amely kivégeztette?

Olvashatunk olyan állítást is, hogy Hammurapi (i. e. 1750) sziklába faragott ábrázolásán szerepel a tízparancsolat, de ez esetben Mózes (i. e. 1300) a már létező parancsolatokról kapott megerősítést. Ez közel ötszáz év különbség.

Belefér ekkora tévedés/hamisítás abba a történetsorozatba, amelyet sok millió ember igaznak fogad el? És mi lenne ennek az értelme? Kinek lenne ez jó? És ha csaltak a történetekkel, mit lehet elfogadni az egész történelemből? Csaltak, igaz, az egyiptomiak is, amelyet sok esetben bizonyítani is lehet. Ilyenek a fáraók átvésetett szövegei is, amelyekkel sajátjuknak állítanak olyan dolgokat, ami nem volt az övék.

A negyven éves vándorlás a Sínai-félszigeten szintén csalóka lehet, hiszen egy tevegelő utazó pár nap alatt eléri a Magyarországnál kisebb félsziget határát, bármelyik irányban indul is el. Miért található Mózes-hegy több helyen is, (Muszadag)? Még az Arab-félsziget déli részén is található Mózes és Illés hegye.

És miért találták meg Ehnaton fáraó szarkofágját Amarnában, ha Mózes volt? A Vörös-tenger a legdélebbi részén, Jemennél kb. 80 kilométer széles, és csak az Arab-félszigeten képzelhető el a 40 éves vándorlás.

256. oldal:

„Jézus kilétét kutatva... ha Jézus valóban a római uralom idején élt Palesztinában, miért nem szerepel a neve egyszer sem a kor három legjelentősebb történetírójának – Philo Judaeusnak, Justus Tiberiasnak és Josephus Flaviusnak – a munkáiban".

Figyeljünk jobban arra, amit olvasunk, majd a későbbiekben elmondunk, állítunk belőle. Josephus Flavius A zsidók története című művében, mely magyar fordításban is, található pár sor ezzel az állítással kapcsolatban. Ezt a könyvet megtalálhatjuk a nagyobb könyvtárakban vagy esetleg megvásárolhatjuk antiquáriumban. A könyvet görög „eredetiből" fordította dr. Révay József. Az eredetivel összevetette, jegyzetekkel ellátta és az előszót írta dr. Hahn István. A kiadás 1966-ban Budapesten történt. A 387. oldalon, a harmadik fejezet 3. pont alatti szövegében - tehát az írás egyik, számokkal jelölt szakaszának a közepében - található ez a szó szerinti idézet:

„Ebben az időben élt Jézus, ez a bölcs ember, ha ugyan szabad őt embernek neveznünk. Ugyanis csodákat művelt és tanította az embereket, akik szívesen hallgatták az igazságot, és sok zsidót és sok görögöt megnyert. Ő volt a Krisztus. És ámbár főembereinek följelentésére Pilátus keresztre feszíttette, most is hívek maradtak azok, akik eddig szerették. Mert harmadnap feltámadt és megjelent közöttük, mint ahogy Istentől küldött próféták ezt és sok más csodálatos dolgot előre megjövendölték felőle. S még ma is megvan a keresztények felekezete, amely róla vette a nevét".

Lehet, hogy csak a magyar változatban van ez így leírva? De az említett könyvben a fenti idézet így, szó szerint megtalálható. Az előszóban leírtak vitatják ennek a szövegrésznek valódiságát, azt későbbi betoldásnak vélik. Josephus Flavius görög nyelven írt. Ha ez az „eredeti", vagyis Flavius által leírt könyv, akkor abban, egy szöveg pontokba szedett részében történt betoldásnak egyértelműen látszani kell (átírás, átszámozás). Ha viszont az eredeti Flavius-könyvnek egy görög nyelvű másoló által készített könyvét fordították magyarra, akkor az már nem az eredeti. De akkor a „Görög eredetiből fordította" szöveg nem igaz, azt így kellett volna írni: „Az eredeti görög könyv másolatából fordította". Egyébként ezen időben is, mint minden időben, valószínűleg volt több „próféta" is, ezeket sem említik meg.

Jézus létét sokan vitatják például így: „Jézus valószínűleg nem is létezett, különben is a rómaiak végezték ki." Ez a buta szöveg a magyar tévében hangzott el. Kivégezni azt, aki nem is létezik, ostobaság. Az, hogy nem zsidó rítusok szerint történt a kivégzés, tömeges megkövezés, lehet a felelősség áthárítása is, ti tettétek, nem mi. Az állami hóhért sem teszik felelőssé a gyilkosság miatt, hanem a bírói ítéletet hozókat, vagy azokat sem. Egyébként az emberi kegyetlenség bizonyítéka a keresztre feszítés, amikor is egy magatahetetlen embert, aki a szeretetet hirdeti, megszünteti az állat vagy ember feláldozását, helyette kenyeret és bort áldoz, az egyik legnagyobb kínzásnak vetik alá. Milyen gyűlölet kell ahhoz, hogy egy megkötözött embernek az arcába vágunk bottal, ami még a Leonardónak tulajdonított halotti leplen is jól kivehető. Ez nem vall emberséges bánásmódra. És mennyi embert ítéltek ilyen és ehhez hasonló kínhalálra, a kínzók és nézők szórakoztatására. A magatehetetlen embert ütni, kínozni egy ép, erős embertárs által, a legnagyobb barbárság. A barbárság kora a történelemírók szerint már régen megszűnt, sajnos nem így van. Ha pedig a rómaiak részt vettek ebben a kivégzésben, akkor semmi esetre sem történhetett időszámítás előtt 1700 évvel, mert Nagy Sándor időszámítás előtt 332-ben foglalta el Egyiptomot, a Római Birodalom pedig ezután terjesztette ki a hatalmát erre a területre, amikor a rómaiak megjelenése után megszűnt a Ptolemaioszok uralma.

Jézus sírját a fellelhető írások szerint üresen találták. Feltámadt, nem létezett, vagy ellopták a testét? Az i. e. 1300 körül született Tutanhamon, Ehnaton fia, akit egyesek az időszámítás kezdete körül meghalt Jézussal azonosítanak, pedig mind a mai napig a királyok völgyében fekszik a sziklasírjában lévő szarkofágba helyezett középső múmiakoporsóban.

312. oldal:

„A hatalmas kőfal több mint egy négyzetmérföldnyi (2,56 négyzet-kilométer) sivatagot kerít körbe. A fal által határolt téglalap hosszúsága 549 méter, szélessége 274 m, magassága pedig 9,1 m volt".

Ez Dzsószer sírjára vonatkozó állítás. Hogyan lett a fal által határolt területből több mint egy négyzetmérföldnyi, vagyis 2,56 négyzetkilométer, amikor 549 méter egyenlő 0,549, 274 méter pedig 0,274 kilométerrel. Számítsuk ki ezekkel az adatokkal a befoglalt terület valós értékét egy egyszerű szorzási művelettel:

$$0{,}549 \times 0{,}274 = 0{,}150426 \text{ km}^2.$$

Ennyit a számolási tudományról.

316. oldal:

„Bizonyos madarak, például a sólyom, a keselyű, a gólya, a főnix, a vadliba stb. különböző spirituális tulajdonságok megtestesítői voltak".

Az itt felsorolt, spirituális tulajdonságokkal rendelkező madarak közül egyik, a főnix nem valóságos élőlény. A főnix mesebeli madár, és minden ötszáz évben elégeti magát, de azonnal újjászületik a poraiból, mint a piramisokról leírt valótlanságok. Igaz, ezek a valótlanságok nem égetik el magukat, csak osztódással szaporodnak. És érdekes módon a tanult emberek, akik a modern kor vívmányaival élnek, mobiltelefon, számítógép, egyre többen hisznek el csodás történeteket

316. oldal:

„Király kamrájában" talált gránitláda eredeti funkcióját tekintve szent „bárka" volt. Az adeptusoknak ebbe kellett befeküdniük, hogy elnyerjék azt a természetfeletti erőt, amellyel csak a beavatottak rendelkeztek".

Az adeptus szó már beavatott személyt jelent, így csak adeptus jelöltről lehetett szó. Mivel az egyiptomiak igen élethűen, felismerhetően ábrázoltak, valószínűleg bárka alakú bárkát faragtak volna ehhez a szertartáshoz. Mivel ez a láda alakú bárka igen rövid, meglehet, hogy Prokrusztész ágyként is szolgált, aki hosszabb volt, abból levágtak, a rövidebbet pedig megnyújtották. Persze mindezt csak azután tették, miután átvarázsolták magukat a piramis burkolatán, alacsony folyosóin és kemény kőből készített záró elemein. És ha ezt a műveletet többször is végrehajtották, akkor a piramis bejárata nem lehetett titkos.

312. oldal:

"Punt mitológiai ország lehetett, amelynek valóságban nem volt földrajzi megfelelője... Hatsepszut feltehetően békés szándékkal látogatott el Punt szent földjére".

Nem Hatsepszut, hanem a küldöttei jártak Punt földjén, amelynek valóságban, legalábbis szerinte, nem is volt földrajzi megfelelője, majd rabszolgának elhurcolták az ott talált férfiakat. Van még szó számtalan feltételezésről és valótlanságról, mint például az egyiptomi pergamen.
De nézzük a másik könyvet is. Abban is találni hasonló dolgokat. Például a Dzsószer-piramisról. És az ilyen szövegeket azután egyes olvasók továbbragozzák, szerkesztik, más leírásokat figyelmen kívül hagyva és saját elképzelésükkel megtoldva időpontokat és más jellemzőket keverve a leírásukba.

14. oldal:

"A piramis látványa... több mint 5,7 km földalatti folyosót, aknát, lépcsőt, járatot és kamrát vájtak a fennsík felszíne alatti kőzeteinek rétegeibe".

Az írás szerinti szöveg azt sugalmazza, hogy az csak Dzsószer fáraó piramisára vonatkozik. Természetesen ennyi vájat az egész szakkarai temetkezési területen található esetleg – hogyan számolták össze? –, nem pedig a Dzsószer piramisa alatt. Ebben a piramisban 11 kamra és hozzá vezető folyosórendszer található két szinten. Ezek a folyosók összesen körülbelül 500–600 méter hosszúságot képviselhetnek. Meg kell jegyezni, hogy itt bizonyíthatóan temettek is, és találtak emberi maradványokat és temetési tárgyakat, melyeket a sírrablók otthagytak, de ezek nagy része a későbbi időben elveszett, mint megannyi, a sírrablók vagy régészek által kiásott más tárgy is elveszett a tudomány számára.

"Nem kevesebb, mint 400 földalatti helyiséget kapcsol össze."

A piramis alapterülete 121 x 109 = 13189 négyzetméter. Két szintre számolva egy helyiségre kb. 66 négyzetméter jutna, ha fal egyáltalán nem lenne közöttük.

$$13189 : (400/2) = 66,94$$

Mint az előzőben láthatjuk, két szinten 11 a helyiségek, kamrák száma, amelyek között némelyik a régészek szerint befejezetlenül maradt, olyan, mintha az építés után készült volna. Ennek a piramisnak a földalatti helyiségei nem látogathatók a turisták által.

15. oldal:

> „földalatti helységek... Ezek a termek... sztélék
> (vésett oszlopok)... életnagyságú szobra".

Keveredik a sztélé és a terem valódi fogalma. A sztélé nem vésett oszlop, hanem figurális és szöveges kőlap, rendszerint sírkő vagy emlékmű. Ha a Nagy Piramisban kamrának nevezzük a legnagyobb helyiséget – nem helységet, mint a Helység kalapácsa című Petőfi-műben –, akkor az itt lévő fülkéket sem illik termeknek nevezni (tornaterem, tanácsterem, előadó terem, de éléskamra, sírkamra, hálószoba stb.)

Az életnagyságú szoborról meg kell jegyezni, hogy a szerdábfülkében lévő ülőszobor csaknem életnagyságú, ami látható is a Kairói Egyiptomi Múzeum földszinti 42. termében, Szakkarában csak a másolatot látni a szerdában.

20. oldal:

> „Semmi kétség sem férhet ahhoz, hogy temetkezéseket tartottak a piramisokban... ezek egyáltalán nem bizonyítják, hogy a piramisokat eredetileg síremléknek építették... a Westminster Apátságban lévő sírok sem jelentik azt, hogy az Apátság nem templom".

Így párhuzamot vonni a több ezer éves piramisok és századokkal ezelőtt épült templom között, csak félrevezetés lehet. A Westminster Apátsági templomába az emberek százai mennek nap mint nap szertartásra vagy csak megnézni, mondjuk, Shakespeare sírját. Az apátsági templomot már eredetileg úgy építették meg, hogy oda temetni is lehetett. A lezárt piramisokba a temetési szertartások után nem lehetett bejutni, így semmi sem bizonyítja azt, hogy a piramisok nem sírok vagy síremlékek voltak, és nem annak készültek.

A 21. oldalon megemlített Hoover-gát a Colorado folyón – szemben a Nagy Piramis 2,7 millió köbméterével – 66 millió köbméter vasbeton beépítésével készült, villamos energiát fejlesztő gépek telepítésével, és nem kellett az építéséhez 20 év, mint a Nagy Piramis építéséhez. A gátépítést 1931-ben kezdték és 1935-ben adták át.

A 22. oldalon visszaköszön von Däniken úr a kétpercenként beépítendő kőtömbök megemlítésével, megtoldva azzal, hogy ennyi idő alatt kellett volna kiásni, megmunkálni és helyére tenni. Ha mindez egy helyen történik, lehetetlen ugyanúgy, mintha a születéseket vagy temetéseket, amelyek percenként történnek a Földön, mind egy helyen kellene ellátni. Csakhogy a kövek kezelése, ahogyan az újszülöttek ellátása is, nem egy helyen történik. Ha száz munkahelyet feltételezünk, akkor máris 200 perc, vagyis több mint 3 óra jut minden egyes kődarabra minden munkahelyen, amint azt már kiszámoltuk az előzőekben. Kisiskolás koromban egy tanárunk bemutatta a rémhír terjedését. Az első padban ülőnek súgott valamit, majd ez a fiú a mellette ülőnek és így tovább. A végeredmény kacagást váltott ki az osztályban. Az irodalom is hasonló, néha nevetséges eredményt produkál.

22. oldal:

"Azzal bízta meg az amerikai Indiana állambeli mészkőtermelő üzemet, hogy határozzák meg, mennyi időbe telne annyi mészkő kiásása és elszállítása, amellyel még egy Nagy Piramist

felépíthetnének... A legmodernebb technológiát (nagy erejű robbanószereket, erőgépeket...) felhasználva az egész indianai üzemnek 81 évre lenne szüksége".

Ez azt jelenti, hogy a fenti üzem évenkénti termelése

$$2700000 : 81 = 33333$$

köbméter, ami csak egy kicsiny üzem termelésének felel meg. Nálunk, Magyarországon a múlt század nyolcvanas éveiig négy nagy cementüzem működött, amelyek mindegyike külön-külön több mint évi egymillió tonna cementet készített. Tehát egy ilyen üzem 4,7 év alatt teljesítette volna a bányászási és szállítási feladatot. A köveket nem kiássák, hanem kitermelik.

Az Egyesült Államokban sokkal nagyobb formátumban működik minden technikai megoldás. Például nálunk 27 tonna szállítási kapacitású motoros járművel történt a kibányászott kő szállítása, de Amerikában 80–120 tonna teherbírású szállítójárművek dolgoznak. A négy hazai cement-üzemünk – amíg működtek – kb. egy év alatt dolgozott fel egy Nagy Piramis mennyiségű mészkövet, és adagolt ki zsákos vagy ömlesztett formában.

Úgy a következő oldalakon, mint a könyv egész szövegezésében nagyon sok rosszul értelmezett szót használt a szerkesztő vagy fordító. Persze ezzel nem egyedülálló a piramisokról írók között. Az idegen szavakat, sőt sokszor a magyar szavakat is többféle értelmezésben használhatjuk, nekünk kell kiválasztani a megfelelő alakot úgy, hogy azt mindenki számára, aki a témával foglalkozik, teljesen egyértelműen rögzítsük. Sokan állítják, hogy ezt a szót magyarul nem lehet kifejezni. Szerintem aki ezt állítja, nem tud magyarul, vagy nem érti meg az idegen szót. Vagy az vezeti a közlési vágyában, hogy azt bizonyítsa, ő tökéletesen beszéli az idegen nyelvet, amit más egyszerű halandó nem érthet meg.

Például az angol *room* szó jelentése lehet szoba, terem, sőt még albérlet is. Nem mindegy, hogy melyik értelmezést hol, milyen mondatban használjuk. A Davison általi kamrát teremnek, a királyi nevek kötélgyűrűjét kartusáknak, sőt kartusájakéntnek írni igen helytelen választás. Hérodotosz írásából is csak azt fogadja el, amelyik a könyvében lévőket támogatja, egyébként nem valami szavahihetőnek állítja be az ókortörténész tevékenységét. Pedig a történészek nagy része alapozza tudását Herodotosz műveire.

26. oldal:

„Hérodotosz arról számol be, hogy az építmény alatt földalatti kamrákat találtak... Ezeket a kamrákat „egy kis szigetre" építették, amelyet a Nílusból csatornán idevezetett vízzel vettek körül".

Ha van valami igazságalapja ennek a szövegnek, akkor ezek a kamrák csakis a Nílus partján lévő templomépítmény alatt lehettek, mert ezt lehetett körülcsatornázni a Nílusból vezetett vízzel, a fennsíkon álló piramisokat igen nehéz lett volna Nílusból szállított vízzel teli csatornával körül venni.

Vagy pedig a már említett Fájjum-oázis tavában (Mairisz-tó?) lévő építményről van szó, ide tényleg vezettek Nílus-vizet. Sajnos az ott lévő, Hérodotosz leírásában szereplő, a tó vizében álló meglehetősen nagy piramisok maradványait még nem találták meg. Az is lehet, hogy ilyen nincs is, vagy talán nem is volt soha. Hérodotosz talán az egyiptomiak elbeszélését, meséjét hallgathatta, ebből készítette az írásait.

28. oldal:

„A piramis építőjének még ekkor is Kheopszot nevezte meg, Khufu sehol sem jelenik meg Historié című művében... Vajon Kheopsz valóban Khufu volt?".

El kellene fogadni, hogy a görögök görögösen használták az egyiptomi neveket is. Menkaure fáraó neve is Mükerinosz a görögöknél. Nagy a valószínűsége, hogy a mi István királyunkat is Stephanosnak hívnák görögül. Az Magyarországtól elcsatolt magyar területeket, városokat is gyorsan átnevezték, az új tulajdonosok nyelve szerint.

73. oldal:

„Tiahuanaco egy hosszú, sekély, kb. 5 km széles és alacsony hegyekkel övezett völgyben helyezkedik el. A völgy tengerszint feletti magassága 384000 m".

Ez a 384000 méter 384 kilométert tengerszint feletti magasságot jelent, ahol az alacsony hegyek közötti völgy van, és az édesvízzel kevert sós vizű Titicaca-tó is csak 27 méterrel van alacsonyabban, mint a völgy, tévedés. A Föld legmagasabb hegye a Mount Everest csak 8880 méter magas. Talán 3840 métert akart írni.

79. oldal:

„Svéd repülőgéptervező két diagramja is megtalálható. Az első diagram egy sziklafal előtt álló... embercsoportot ábrázol".

Diagramm két vagy több tényező, kölcsönös, összefüggő változását, arányát szemléltető ábra. Amiről beszél, a sziklafal előtt álló embercsoport, csak vázlat, rajz, vagy kép lehetett. A diagram általában koordináta rendszer felhasználásával készül.

79–81.

„200 pap a hangszerek mögött... akik a dobolás révén akusztikus levitációs módszert alkalmaznak, hogy köveket emeljenek a magasba... A sziklafalon körülbelül 250 méter magasban egy barlangnyílás tátongott, amely előtt egy széles sziklapadon a szerzetesek kőfalat építettek... egy szánon a jakok egy 1,5 x 1 x 1 m méretű követ vontattak a tál alakú kőhöz... a szerzetesek a magasba emelik dobjaikat és kürtjeiket... eközben a kő is a hangszerekkel emelkedett... Amikor a kőtömb a bejárat széléhez emelkedett, a hang hirtelen abba maradt, a kőtömb pedig kavics és porfelhő kíséretében földet ért..."

Tehát lezuhant! Ez a kő körülbelül 4,5 tonnát nyom. Ha ezt a 200 ember hagyományos módszerrel emeli fel, kötelek segítségével, akkor egy ember 22,5 kilogrammos terhet emel, minden zenei képzettség nélkül. A mai emberek is szállítanak nagy terheket hang hatásával, például így: „Hóóó-rukk". A későbbiekben írva még anyagot is megsemmisítenek, csupán hang hatásával. Vége az anyagmegmaradás törvényének, amit már úgyis sokan, amatőrök és némely tudósok is túlhaladott elméletnek tartanak. Végre megoldódott, hogy az országunk anyagi javai hogyan tűnnek el a hangoskodók között. De nagyon vigyázni kell a nagy hangszeres produkciókkal, főleg a mai szokatlan új zenei változatok előadásánál, mert elő-fordulhat, hogy egy zeneest hallgatósága még el is tűnik a hanghatások miatt. Mondjuk, hazamegy, mert nem tetszik neki az előadott műsor.

83. oldal:

„*Épít egy infrahangos műszert... a francia rendőrség sípja alapján, amely... többek között ultrahangot is képes kiadni*".

Az infrahang és ultrahang kettő, de a fülünk egyiket sem képes érzékelni, hallani. Az infrahang nem éri el a 20, az ultrahang pedig meghaladja a 16000 másodpecenkénti rezgésszámot. Mire használhatják a francia rendőrök ezt az igencsak különös, kéthangú, az emberi fül számára észlel-hetetlen sípot? Lehet egyáltalán ilyen nem hallható-kéthangú sípot készíteni? Régen a tornatanároknak volt kéthangú, két csőhosszúságú sípjuk, amelyet például vezénylésre, a diákok masíroztatásánál használtak, bal, jobb helyett.

87/2

„*... Egy arab legenda szerint a piramisokat hang segítségével építették fel...*"

Hang kellett az építéshez, mert meg kellett mondani, hogy mit és hogyan tegyenek. Az arabok több mint 2000 évvel az építés után érkeztek Egyiptomba, tehát egészen jól emlékezhettek arra, hogy miként építették a piramisokat az egyiptomiak, ezer évekkel korábban. A legendát mint fogal-mat már megvizsgáltuk. Az araboknak rengeteg meséje van, Seherezádé állítólag ezeregy mesét tudott elmondani.

87. oldal:

„A papok felénekelték a köveket a lépcsős teraszokra, miközben a piramis egyre magasabbra emelkedett".

Hurrá, itt van a piramisépítés tökéletes megoldása. Igaz, ez a megoldás nem alkalmazható a Királyok Völgyében lévő sziklasírok létrehozására, amelyek között van olyan, aminek az elkészítése többek állítása szerint a piramisok építési munkájával egyenlő, amint azt a sírok feltárói megjegyezték. Itt inkább ki kellett énekelni a köveket a sírokból. Még ha a feléneklés igaz is, nem emelkedik egyre magasabbra a piramis, csak egyre magasabb lesz az építmény. Nemcsak az idegen nyelveket, de a magyart sem ismerjük pontosan, egyértelműen.

7. oldal:

„A szakkarai Lépcsős Piramis alatt talált 40000 tárgyi lelet közöl körülbelül 30000 rózsakvarcból, dioritból és bazaltból készített hattyúnyakú váza volt ...hosszú, vékony nyakú".

A hattyúnyak alatt kettős ívű, leginkább egy **s** betűre vagy a **2**-es számra hasonlító alakzatot értünk. Az egyenes nyakú legfeljebb egy repülő hattyú lehet. Egy kirabolt piramisban hogyan találtak negyvenezer tárgyat, amik közül harmincezer a váza? Ennek a királynak a váza volt mániája? A vázák állítólag általában alabástromból készültek, és nem dioritbol. A Hórusz szeme című műben látható is, az itt bemutatott vázák pedig nem hattyúnyakúak. Hatsepszut Deir el Bahari (Északi kolostor keresztény elnevezéséből, arab szavakkal átvett név, mint ahogyan sok más is) halotti temploma közelében bemutatják, hogyan készítik az alabástrom vázákat földbe ásva, és alakos szerszámoknak a kis nyíláson behelyezése és forgató rudazathoz rögzítése segítségével. Az ezt a megoldást bemutató helybéli emberek azt állítják a jámbor turistáknak, hogy minden váza így készül, és másképpen nem is készíthetők. De ezt a vázát már több mint tíz éve nem ásták ki mint kész darabot. A megnövekedett vásárlás biztosítására már gépen készítik a vázák tömegét, amelyekről szintén állítják, hogy kézzel készítettek.

95. oldal:

„Kínaiak például egy elképesztő módszert fejlesztettek ki, hogy fúrással tengervizet találjanak. Először fúrólyukat ástak... nehéz, darura felfüggesztett fémből készült fúrófejet eresztettek le az aknán. A fúrófejet tartó bambuszköteleket a hosszú emelőkarhoz erősítették. Az emelőkarra ugró ember felemelte a fúrófejet, majd amikor leugrott róla, a fej nagy robajjal lezuhant... ezzel a módszerrel a kínaiak akár 260 m mély sósvizű kutat is tudtak ásni".

A kínai kuli állítólag nem fel és le ugrált, így nagyon lassú lett volna a fúrás, hanem rajta ugrált a 30. ábra szerint.

Az ugrálás rezgésbe hozta a rudat, amely viszont a verőfejet mozgatta kis kilengésű rezgések formájában, aminek eredményeképpen a kőzetből apró darabkák váltak le, amit azután vízzel kimostak a mélyülő kútból. Ezt a módszert ma is használják, persze modern formában. Ezt hívják ütvefúrásnak, csak gépesítették az ősi módszert.

Az ötvösök is használnak hasonló megoldást, amikor egy befogott, hajlított acéleszköz egy részére ütögetnek kalapáccsal, és az eszköz másik végének rezgése szabályos mélyedést készít a munkadarabra. És miért kellett annyira a sós víz, hogy ilyen lassú, nehéz munkába fogtak, talán abból párolták az ét-

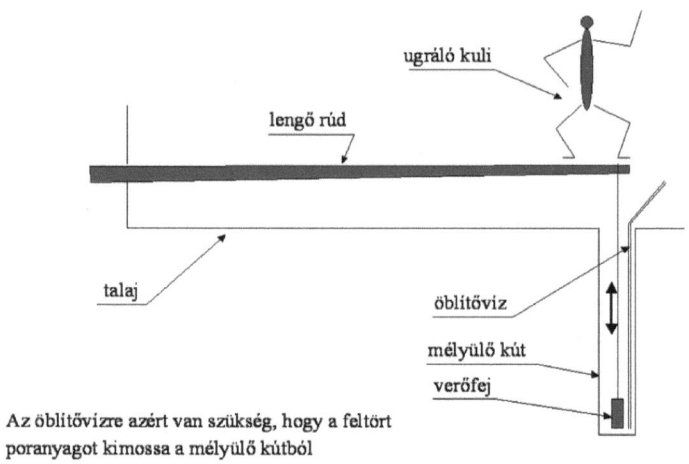

30. ábra

kezéshez szükséges sókészletüket? Szerintem inkább ivóvizet próbáltak nyerni ezzel a kútmélyítési munkával. Bent a szárazföldön nehéz is lett volna sós, pláne tengervizet találni. A tengerek vize is ihatóvá szűrődik, ha megfelelő távolságban készített kútból nyerjük ki azt.

103. oldal:

„Ha sorba kapcsoljuk a cellákat, akkor galvánelemet kapunk".

A galvánelem csak egycellás lehet. Azért elem, amint az 1,5 Volt feszültségű változata bizonyítja, például a ceruzaelem ilyen. Ha sorba kapcsolunk elemeket, akkor galván telepet, más nevén Volta-oszlopot kapunk. Ez pedig például az úgynevezett lapos elemnek felel meg. Ilyen esetben az egyes galvánelemek feszültsége összeadódik. A rádiózás kezdeti szakaszában, amikor a villamos árammal való ellátás hálózata még nem volt kiépítve – a fülhallgatós kristálydetektoros készülékek modernizálására –, a kezdeti, de már komolyabb működésű hangszórós készülékekhez használták a telepes működtetési megoldást, amikor a rádió elektromos feszültségét egy nagyobb, apró elemekből összeállított telep biztosította. Ez a telep cinklemeznek és szénrúdnak savas közegbe helyezésével működött, élettartama a cinklemez elmaródásáig tartott. Persze, a mai nagy tudást adó iskolákban nem tanítanak olyan tantárgyakat, mint amilyeneket az elmúlt században még tanítottak.

A 104. oldalon ismertetett egy bagdadi leletet, amelyik állítólag galvánelemnek használható. Miért nem Egyiptomban találták, ha ott használták? Egyébként – ha igaz a hír – a kutatók már találtak olyan, faggyúval készített anyagot, amelyik nem füstöl, ha mécsesnek használják, tehát nem hagy nyomot a falak felületén. A régen használatos petróleumlámpa sem füstölt, ha a láng fölé volt helyezve lámpaüveg, és megfelelő világítást biztosított, ha a láng nagysága jól volt beállítva, és megfelelő búrával volt ellátva.

107–108.

„Howard Carter... felfedezett egy sor frigyládaszerű edényt is, amelyeket Matrjoska babákhoz hasonlóan egymásban tároltak".

Lehet, hogy a szarkofágot burkoló hármas, aranylemezekkel fedett fa szekrényre gondolt, de ennek az alsó felülete nyitott. Az is lehet, hogy az alabástrom vázára, amelyik két egymásba épített vázából áll, és ha benne világítanak, megjelenik az ifjú fejedelmi házaspár alakja. Felfedez és feltár nem egyenértékű szavak.

De egyikük sem hasonlítható a frigyládára, mely szerinte „elsősorban az izraeliták fegyvere lehetett, és majdnem biztos, hogy Egyiptomban készült". Meglehet, hogy a frigyládával történő beszélgetéseket a régebbi hajósok szócsövének segítségével bonyolították le, egy, a zárt sátorrészben lévő személy beszéde alapján, ahogyan a kapitány a hídról a kazánházba vezető csövön adta ki a gépek működtetésére vonatkozó utasításait. Nincs leírva az ellenkezője, tehát lehetett így is, mondják egyesek a hitetlenek közül, mert hitetleneket mindenhol, minden témában találni eleget, létüket megszüntetni nem lehet.

114. oldal:

"Legtöbb (arab) legenda azonban a piramis csúcsán látható szellemfényekről szól ... A fények valóban láthatók".

Egy villámfényes éjszakán a türelmes figyelő láthat hasonló fényeket tornyon, magas fa csúcsán, amelyet a légkörben felhalmozódó és kisülő elektromos töltés okoz. Ezt hívják népiesen Szent Elmo tüzének.

117. oldal:

"kb. 876 köbméter anyagot használtak fel a megépítéséhez. Becslések szerint 2300000 kőtömb alkotja... Ha ehhez hozzáadjuk a kövezett utakat... az épületegyüttes 2700000 köbméter".

A 876 nyilvánvalóan valamiféle nem odafigyelés miatti elírás lehet. Miért éppen ennyi, 876 m^3 került rögzítésre, mivel lehet azonosítani ezt a számot? Csak a Nagy Piramis maga, minden más létesítmény nélkül kb. 2650000 köbméter kőanyagot tartalmaz. Vagy pedig „naponta használtak fel 876 köbméter anyagot" stb. A pontos értelmezés szempontjából igen fontos, hogy mit írunk le.

118. oldal:

"Oldalainak hosszúsága között a legnagyobb különbség 4,4 cm... Napjainkban mágneses iránytűvel érhetünk el ilyen pontosságot".

Napjainkban a teodolit nevű műszerrel sokkal pontosabban tudunk mérni. Valaha, amikor még az Adria feletti tengerszintre vonatkozott az országos 0,000 szint, teodolit segítségével „hozták el" ezt a magasságot az Adriáról a Velencei-tó melletti

Nadapra, ez a NADAPI ALAPJEL. A mérést az Adriától Nadapig és vissza elvégezve a hiba nem lehetett több 5 milliméternél. Az iránytű nem ad pontos értéket, csak egy főkörön, amelyen rajta van a mágneses északi sark is. A vas tárgyak, vas tartalmú kőzetek mint mágneses anomália is befolyásolják a mágneses iránytű által mutatott értéket. Verne Gyula A tizenöt éves kapitány című könyvében egy vasdarabbal térítik el a hajót a valódi útirányából, már az író is tudta ezt a tényt.

A 119. oldalon lévő fejtegetések csakis „feltételezések" a Khufu-piramison megmaradt köveket illetően, csak több megmaradt burkolókő mutathatta volna a pontos értéket, mert ez a kettő az átélt földrengéskor és a többi kő lefejtésekor el is mozdulhatott. A Nagy Piramis oldalhajlását a két megmaradt fedőkő segítségével határozta meg Vyse ezredes az 1820-as években. Vyse mérései az egysíkúságot feltételezték, manapság többen állítják a piramis északi oldalának homorú voltát. (Van, aki állítja, hogy az oldalak két háromszögből állnak, így kétszeresen is homorúak.) A mai kőfaragók nagyon ügyesek, tudnak faragni ilyen köveket milliméteres pontossággal, a piramis déli oldalán láthatjuk is ezt az oldalhajlást bemutató kövek formájában, ezeket utólag készítették, bemutatási szándékkal. Az ügyes kőfaragók még tökéletes szobormásolatot is tudnak készíteni, amint az látható sok régi műemlék másolataként, például Firenzében a városháza előtt álló Dávid-szobrot, amely másolata az eredetinek, és az eredeti megóvására készült.

A 120–121. oldalakon John Taylort, amint azt már előtte sokan állították, az egyetem könyvtárosát újságíróként mutatja be, aki:

> *„Arra a következtetésre jutott, hogy ez az egység a 63,5 centiméteres könyök… amely majdnem megegyezik a Nagy-Britanniában és az Egyesült Államokban napjainkban használt hüvelyk hosszúságával".*

Valami nem stimmel. Az angol hüvelyk mérete 25,4 milliméter. A fent említett könyök azután a 127. oldal szövegében a fenti méretről hirtelen 640-re változik. Jobban oda kellene figyelni, amikor adatokat közlünk vagy fordítunk. Így lehet egy hegynyi piramisból villamos erőmű, amit a földönkívüliek építettek, vagy egy pingvinből, mivel frakkot visel, pincér. De lehet írni könyveket is csupán a fantázia segítségével és némi szókinccsel megáldva. Sajnos az olvasók vagy felületesen átsiklanak az olvasottakon, vagy ilyen szöveggel találkozva egyszerűen félredobják a könyvet, mondván: még egy felesleges könyvet vettem.

125. oldal:

„Miért a nehezen megmunkálható és 800 km-re bányászott gránitból építették meg a Király Termét, amikor a piramis többi részéhez szinte kizárólag mészkövet használtak".

Talán azért, mert a gránit sokkal teherbíróbb a mészkőnél. A terem mennyezete gránitból építve mégis megrepedt, a sokkal kevésbé teherbíró mészkőből építve talán be is omlott volna.

Manapság is szállítanak igen messziről megfelelő kőanyagot szobrok, épületek számára, olyan helyre, ahol nem található a célnak megfelelő anyagú és időtállóságú nyersanyag. Ezért rendelnek például a szobrászok finom kőanyagot, márványt Carrarából.

126. oldal:

„A precízen megtervezett „szellőző" aknákat, melyeket természetesen soha sem használtak szellőzésre – valójában miért építették".

Amint már említettük, amíg a piramis burkolata nem volt elkészítve, igen hatásos szellőző szerepet tölthetett be természetesen, amely a belső terek megmunkálásához szinte szükséges volt a faragáskor keletkező por elszívására. És talán gondoltak a mai látogatók friss levegőellátására is. A későbbiekben, amint azt már sokan tették, megemlíti a piramis oldalsíkjának homorú voltát, de nem bizonyítható, hogy a fedőkővek is homorúra voltak építve, ez is csak feltételezés. Most azután egy igen érdekes fejtegetés következik, érdemes nagyobb figyelmet szentelni neki, mert sokat elárul a mai emberek tudásáról.

219. oldal:

„Történetesen az egyik szupernova pontosan beleillik a képbe. Mindössze 45 millió fényévre helyezkedett el a Földtől, és valamikor Kr. e. 12000-9000 évvel ezelőtt ragyogott... Bár a 45 millió fényév csillagászati értelemben nagyon közelinek számít, azért a távolság igen nagy. Egy szupernova töredéknek pedig évszázadokba telne egy ekkora távolság megtétele... akkor érte el a Földet, amikor Platón szerint Atlantisz megsemmisült".

A 12000 és 9000 különbsége 3000 év. Ez alatt az idő alatt valószínűen több észlelhető szupernóva fellángolása is megtörténhetett. Hát igen, egy szupernóva-töredék – így, hosszú ó-val kell írni – még ha csak töredék is, azt a távolságot, amit a fény 45 millió év alatt fut be, csekély évszázadok alatt meg tudja tenni. Ráadásul ez a szupernóva-töredék el is érte a Földet, néhány évszázad alatt, a fénysebesség sok ezerszeresével, amikor Platón szerint Atlantisz megsemmisült. És még továbbiak erről a szupernóva-töredékről.

220. oldal:

„Kissé csalóka, a lángoló szupernova akár többszöröse is lehetett a Föld tömegének... hatalmas szökőár volt, amely feltartóztathatatlanul északi irányba terelte a vizet, több száz kilométer magas álló hullámokat korbácsolva".

Vannak még csodák. A nóva új csillagot jelent. Ez a csillagnak olyan fellángolása, amely a szerkezetét nem alakítja át. A szupernóva szintén fellángoló csillag, de a fénykibocsátása sokkal nagyobb mértékű, mint az a nóvánál figyelhető meg. Kétféle szupernóva-robbanás ismert a mai tudomány szerint. Az egyik kisméretű, öreg, a mi Napunkénál alig nagyobb objektum robbanása. A másik viszont fiatal csillag, de a mérete többszöröse a Napunkénak. Ezek a robbanások a csillag anyagának igen jelentős részét lökik ki gáz formájában. Ilyen például a Rákköd. Ezekből a robbanásokból nem kerülhet a Föld közelébe többszörös földtömegű objektum, pláne ilyen rövid idő, pár száz év alatt. Tessék elképzelni, milyen szuper az a nóva, amelyiknek az anyaga a 45 millió fényévnyi távolságot csekély évszázadok alatt megteszi, megdöntve Einstein elméletét a fénysebességről, örömet okozva az egyre szaporodó tiltakozóknak. És azok a fránya korbácsolt állóhullámok, amelyek a Mount Everest magasságának 11-szeresére emelkednek, igazán nem mindennapiak. A hullám valamiféle mozgással jár. Ha áll a hullám, akkor nincs mozgás, nincs hullám. A centrifugális erő az egyenlítő felé terelné a vízhullámokat, mint a Szaturnusz gyűrűi is az egyenlítőjénél alakultak ki.

225. oldal:

„Ezen a földön azonban a víz sem akkor, sem máskor nem hull a mezőkre az égből, az ugyanis mindig alulról érkezik; ez az oka tehát, hogy az itt őrzött hagyományok a legősibbek a világon".

Nálunk, ha a víz alulról jön, akkor baj van, mert az csőtörést vagy árvizet jelent. Itt, ezen a csodálatos földön viszont az emberek az ősi hagyományaikkal és az alulról jövő esővel csakis boldogok lehetnek, legalábbis az egyik népdalunk szerint, amikor is: Sűrű eső, záporeső hull a magas egekbül, boldogtalan csak én vagyok egyedül. Én Kairóban is megértem egy kis esőt, amely a fenti állítás ellenére a magasból esett. Igaz, alig fedte be az autó szélvédőjét, de mégis felülről jött, tehát eső volt. Alulról érkezik az eső, nem is hangzik jól.

És a felülről jövő víz, amit köznyelven esőnek hívunk, véletlenül, valami oknál fogva mégis esik, akkor az amúgy is majdnem teljesen elfelejtett történelmi hagyományainkat elmossa, eltünteti? Már a neve, eső, azt mutatja, hogy bizony fentről hull alá kisebb-nagyobb cseppek alakjában.

225. oldal:

„Nem utal semmi arra, hogy ismerték volna a robbanószereket vagy hajítófegyvereket. Amikor mégis háború tört ki, a más területen elért technikai fejlettség ellenére, pattintott hegyű íjakat és nyilakat használtak".

Mindenesetre a pattintott hegyű íj igen feltűnő eszköz lehetett volna, sőt még a mai korban is az lenne, ha ilyen tárgy egyáltalán elképzelhető. A robbanószereket együtt említeni a hajítófegyverekkel olyan, mintha a szamaragolóval és a lökhajtásos repülőgéppel vagy a kődobálóval és tank-ágyúval tennénk azt. Az íjak által kilőtt nyilak készültek pattintott kovakő heggyel.

230. oldal:

„Nectanebó idejére (Kr. e. III. század) az ország annyira legyengült, hogy könnyű prédát jelentett a perzsa hódítók számára".

Nagy Sándor az időszámítás kezdete előtt 331-ben jött és alapította Alexandriát, ez testvérek között is az időszámítás előtti IV. század, a perzsák pedig még előtte voltak Egyiptom megszállói, tőlük vette át erőszakkal a hatalmat Sándor, az ifjú félisten.

Heribert Illig és Franz Löhner könyve A KHEOPSZ PIRAMIS. A könyv védett, az alábbi szöveggel:

„Minden jog fenntartva, beleértve a sokszorosítást, a mű bővített, illetve rövidített változata kiadását is. A kiadó írásbeli hozzájárulása nélkül sem a teljes mű, sem annak egy része semmiféle formában (fotókópia, mikrofilm, Internet vagy más hordozó) nem sokszorosítható".

Kritizálni azért ezt is lehet. Tegyünk így!

Kezdetnek vegyünk egy kis ízelítőt a Kheopsz építési terve című fejezet adatai és számításai közötti eltérésekből. Arról ne is beszéljünk, hogy a 22. oldalon „Achet Chufu" lefordítva „Kheopsz horizontja", tehát görögről lett lefordítva. Ugyanis Kheopsz a Chufu vagy Khufu görög változata. Ugyanígy nagyon sok írásban találhatunk helytelenül idézett fordítást. A kőbányászok vagy kőfejtők helyett szinte állandóan kőtörőket ír a fordító. A kettő nem ugyanaz, akárcsak a török követ és követ török. A különbség lényeges! Az angol quarry szó értelmezése kőbánya, vagy mint ige követ fejt, nem pedig tör. A kő fejtése azt jelenti, hogy a kőbányában a termett követ kibányásszák, törése pedig azt, hogy felaprózzák a kifejtett nagy darabokat, például útépítési céllal. Egy kőbánya működtetésekor többféle méretű kőanyag keletkezik. A meghatározott célra fejtett kövek mellett aprókő és hulladékkő is keletkezik.

21. oldal
Itt az van leírva, hogy Kheopsz piramisának térfogata 2,6 millió köbméter, a 24. oldalon a magkövek és fedőkövek, tehát az összes építőkő térfogatának összeadása után (2203075 és 123426) ez az érték csak 2326501 köbmétert tesz ki a 2,6 millió helyett. Érdemes néha egy kis matematikai művelettel ellenőrizni a leírtak valódiságát.

23. oldal
Az írás szerint a kövek átlagos nagysága 127 x 127 x 71 centiméter, átlagos tömege pedig 2,5 tonna. Így egy átlagkő térfogata:

$$1,27 \times 1,27 \times 0,71 = 1,145159$$

köbméter lenne. Ha ezzel elosztjuk a mag- és fedőkövek köbméterét, amit az előzőek szerint közölt velünk az említett írás:

$$2\ 326\ 501 : 1,145159 = 2\ 031\ 612$$

kődarabot kapunk.

Az átlagkő adatait úgy lehet megadni, hogy a teljes mennyiséget (térfogat vagy tömeg) elosztjuk a kövek darabszámával. A darabszám a piramisnál, amint arról már többször megállapítottuk, hogy csak becsült érték lehet, nem ad pontos értéket! Ha nem így teszünk, valótlan értéket kapunk. Példának vegyünk 7 egységet: 1, 1.5, 2.5, 3, 4, 5, és 7. Ha helyesen járunk el, akkor

$$(1 + 1,5 + 2,5 + 3 + 4 + 5 + 7) / 7 = 3,428$$

értéket kapunk. Ha azonban csak az első és utolsó értékkel számolunk, akkor bizony igen helytelenül járunk el, és csalóka értéket kapunk, mint:

$$(1 + 7) / 2 = 4$$

Így lehet például az átlagos fizetés értékét megadni és politikusan igazolni azt, hogy milyen jól élünk, hiszen az átlagfizetés például az egymillióból és tízezerből átlagosítva egészen tűrhető értéket ad.

$$(1000000 + 10000) / 2 = 505000$$

KHEOPSZ-PIRAMIS MÉRETEI fejezetben rendre egymásnak kissé ellentmondók az adatok. Például egy oldal gerincmagassága leírva 184,84 méter. A közölt adatok szerint az alapél hossza 230,83 méter, majd alább a következő adatokat találjuk: északi oldal 230,253, keleti oldal 230,394, déli oldal 230,454 és a nyugati oldal 230,361 méteres oldalhosszúságú, a 230,83 érték nem található. Az ezred-milliméterkeket hogyan mérték?

A háromszög magassága, vagyis az itt, egy oldalgerinc magassága alatt megadott érték számítással meghatározva valójában a következő, a számításhoz a Pithagorasz tételét használjuk:

OLDALMAGASSÁGOK

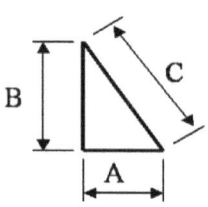

$A^2 + B^2 = C^2$

AHOL: B = 146,59 méter
A = 230,83 : 2 = 115,415
Vagy: A = 230,253 : 2 = 115,1265
230,394 : 2 = 115,197
230,454 : 2 = 115,227
230,361 : 2 = 115,1805

A fenti adatokból számolva C = $\sqrt{146{,}59^2 + 115{,}415^2}$ = 186,572
Vagy: 186,394
186,438
186,456
186,427

31. ábra

Az átlaggal több helyen is baj van, ilyen az a megállapítás is a 27. oldalon:

„*2,5 tonna átlagos súlyú kőkockák csaknem 150 méteres magasságba való emelésével*".

Az olvasó azt hihetné, hogy minden követ csaknem 150 méteres magasságba kellett emelni, pedig legfeljebb csak egyet, a csúcskövet kell csaknem ilyen magasra helyezni, az átlagos emelés 150 méter magas gúlánál kb. 50 méter körüli.

A könyvben leírt 30 láb hosszú burkolókövek méretét állítólag Hérodotosz 30 maroknak írta. A 30 láb körülbelül 9,9 méter, a 30 marok pedig 2,7 méter körüli érték.

Ez nagy valószínűséggel a mértékek összekeveredéséből adódó hiba. Nem lehet megállapítani, hogy az ilyen méretű kövek hol helyezkedtek el az építmény burkolatán, az alapnál

240

vagy mind ilyen méretű volt. Amint az eddigiekből látható, a mértékegységek rendszerint keverednek és sokszor hibás értéket adnak.

33. oldal:

„*Mivel a vízszintesen fekvő kőrétegeket a vékony eróziórétegek tisztán elválasztották egymástól, csak ezeket az 50 cm széles vágatokat kellett kivésni".*

Az eróziót, lepusztulást a szabad felszínen a vizek vagy szelek okozzák. A szél általában vízszintesen, a folyóvíz pedig függőlegesen koptat. Ezek a rétegek, amelyekről írt, csakis lerakódásiak lehetnek, mert a lerakódó tengeri üledék különböző keménységű sávokat alkotott, most ezeket a sávokat bányásszák és használják például építőanyagként.

36. oldal:

„*Szakócák beütésével és feszítővas segítségével egy hasadékot csinálnak, és azt maximálisan kifeszítik".*

A leletek és az egyiptológusok alapján a vasat még nem ismerték a piramisok építésekor, a szakócák pedig keményebb kőből készített, két-három ökölnyi nagyságú elliptikus tömbök, melyekkel ütöttek, és így koptatták a megmunkálandó anyagot.

„*Ha ez leomlik a falból, kampóra akasztják, és célirányos ütésekkel a kívánt méretűre formázzák."*

Ez a kampóra akasztot kő mindenesetre érdekes lehet. A tévében egy alkalommal egy ilyen szakócáról, amely több, mint két ökölnyi nagyságú volt. Azt mondták, ezzel simították a szobrok arcát. Ez szintén nem valóság, legfeljebb nagyoltak vele. A szakóca csak a durvább munkákhoz használható eszköz.

„8 emberből álló csoport naponta 20 kődarabot fejthet ki."

Az átlag 2,5 tonnás követ meg sem tudják mozdítani, hiszen 2500 : 8 = 312,5 kilogramm jut egy főre.

A 31. oldalon bemutatja, hogy a kísérleti piramisépítésnél a 300 kilogrammos csúcskövet tizenöt ember teszi helyre. Ezek az emberek így 20 kilogramm terhet emelnek fejenként. Vagy ilyen nyámnyila emberek tették ezt ma, vagy pedig a nyolc fővel kezelt tonnányi kövek mozgatása nem a valóság. A mélységi gránit nehezebb az üledékes mészkőnél, így még nagyobb lenne ez a terhelés egy főre vetítve.

A következő oldalon említett fellah piramist csak rombolt, nem pedig épített. A fellah, aki nem Ré, hanem Allah követője, csak i. u. 630 körül került az egyiptomi területre, ahol az új vallási előírásoknak megfelelően igen sok, az előttük itt élt nép által készített műemléket semmisített vagy rongált meg. A területeket elfoglaló új nemzetek nagy igyekezettel lerom-bolnak mindent, amit a régen itt lakók készítettek, hogy ne legyen mire emlékezni. Nagy Sándor is leromboltatta a szép Persepolist, állítólag. Vagy a „barbár" magyarok várait robbantották fel a „művelt" győztesek.

Ha a köveket 50 centiméter széles csatornákkal határolták körül – ilyen szélességű csatornában meglehetősen kényelmetlen dolog követ vésni, faragni –, egy átlagos kőtömb térfogata:

$$1,27 \times 1,27 \times 0,71 = 1,145 \text{ m}^3$$

A vésés hossza:

$$1,27 + 1,27 + 0,5 = 3,04 \text{ m}.$$

Ennek a térfogata pedig:

$$3,04 \times 0,71 \times 0,5 = 1,079 \text{ m}^3.$$

KŐFEJTÉS KÖRÜLFARAGÁSSAL

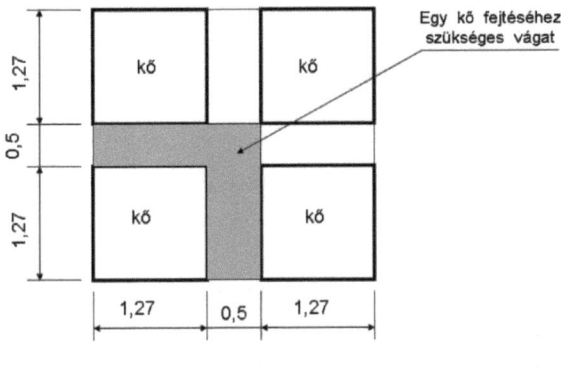

32. ábra

Vagyis egy köbméter térfogatú kő kivésésekor:

$$1{,}079 : 1{,}145 = 0{,}94 \text{ m}^3$$

hulladék keletkezik ezzel a módszerrel. Így az egynapi munkájával egy, az előzőekben felvázolt 8 fős kőkitermelő brigád az előírt 20 kődarab kivésével:

$$20 \times 1{,}145 = 22{,}9 \text{ m}^3$$

anyagot készít, de ugyanakkor:

$$20 \times 0{,}94 = 18{,}8 \text{ m}^3$$

hulladékot is termel.
Még ilyen mennyiségű homok kilapátolása is gondot okozna manapság nyolc embernek. Mindenesetre szeretném látni, amint

a könyv írója részt vesz egy ilyen vésési gyakorlaton, törölgetve az izzadt homlokát.

A napi 500 kő kitermelése alkalmával:

$$500 \times 0{,}94 = 470 \text{ m}^3$$

hulladék van a bányászott területen, ez akadályozza a fejtési és szállítási munkát. Ha ezt a tényt megvizsgáljuk, a piramis építéséhez felhasznált kövek mellett:

$$2\,600\,000 \times 0{,}94 = 2\,444\,000 \text{ m}^3$$

hulladékot termeltek.

A piramist alkotó kövek ilyen módon történő kitermeléséhez tehát majdnem olyan mennyiségű hulladékot készítenek, mint az építendő mű. Hol található ez az így keletkezett zúzalékkő? A munkálatokat végzők számát szerintem igencsak alábecsülte.

Ezek csak a nagyobb bakik, amelyeket ezek a könyvek tartalmaznak. Sok kis fordítási hiba, elírási hiba rejtve maradt, azokat az említett írások, könyvek olvasója próbálja meg észrevenni, ha figyelmesen olvas, meg is találja.

De nemcsak az itt vizsgált könyvekben található hasonlóan téves szöveg. Sok más előadás, könyv és folyóirat szintén fel-fel kapja a piramisok vagy más rejtélyesnek látszó dolgok témáját, ha fel kell valamivel dobni a munkálkodásukat. Az olvasók tömege pedig kapva kap az ilyen témák után, talán azért is, hogy a mindennapi gondjait elűzze valami fantasztikus dologgal. És talán ez is a politikát irányítók célja. A népnek kenyér és cirkusz kell, hogy féken tartható legyen. Ahogyan a megélhetés nehezebbé válik, úgy növekszik a cirkusz, egyre dagad, mint a kiöntéssel fenyegető folyó. Kenyeret és cirkuszt, mondták a régi rómaiak is.

Ezek csak egy töredékét mutatták be az utóbbi évek termésének, de azt hiszem, jól mutatták be a témáról szóló írásokat. Az sem lehet kétséges, hogy bizony rengeteg olyan szöveget olvashatunk, amelynek a valótlansága egyértelmű mindenki előtt, aki veszi a fáradságot, hogy egy kicsit odafigyeljen ezek olvasásakor.

Ömlesztve érkezik a tudatlanság, ostobaság, félrevezetés a jámbor olvasó elkápráztatására. Az sajnos szeret is elkáprázni. Hinni akar valamiben, mert hit nélkül elveszettnek érzi magát, a régi hitét pedig kellően megtépázták az utóbbi idők szemfényvesztései. Egyre újabb és újabb írók jelentkeznek, az előző írók szövegét tovább ragozva, módosítva és még újabb felfedezéssel megtoldva, miáltal egyre nagyobb badarságok születnek. A hozzáértők nem veszik a fáradságot az ilyen írások elolvasására és cáfolására, nincs rá idejük, elég nekik az egymás közötti vitáikat lebo-nyolítani, abból is bőven kapnak eleget.

Azt is bárki tapasztalhatta már, hogy még a sózással tartósított hús is megromlik, ha párás helyen tartjuk. Az istenkirály testét pedig épen kellett volna tartani mindaddig, amíg megérkezik a hosszú utazása végén a holtak birodalmába. Ezt a célt szolgálták volna a piramis mellé rejtett, darabjaira szedett hajók is. Ezért próbálták megóvni a testét az enyészettől mumifikálással. És a száraz, tiszta levegő biztosítására talán még a szellőzőcsatornákra is szükség lehetett. Van szellőzőnyílás a mai temetőkben lévő kriptákon is. Kis kripta, kis nyílás, nagy piramis, nagyobb nyílás. Tessék megnézni a temetői kriptákat!

Itt kell megjegyezni ismét, hogy az olyan nagy tudású egyiptomiak nem ismerték az agy szerepét, azt mumifikáláskor egyszerűen eltávolították a koponyából, de nem őrizték meg, mint a többi eltávolított belső szervet, amelyeket négy kanópuszedénybe zárva egy naoszba, szentélybe, helyeztek és eltemettek. A szentély oldalaihoz védőül istenségek szobrait állították.

Hogy miért csak a Nagy Piramis van az érdeklődés középpontjában, amikor például az Abu sír mellett lévő Szahure fáraó piramisának esetében, többek szerint, az alapkerület fele osztva a piramis magasságával pontosan olyan értéket ad, amely megegyezik a természetes logaritmus alapszámával. Ezt a számot Napier határozta meg, és a 2,71828 értéket adja. Ennek a piramisnak építőkövei 50 tonnát is meghaladó tömegűek. Nagyobbak, mint a Khufu piramisának legnagyobb építőkövei. Ha nagyon akarunk, találhatunk más esetben is különösnek tűnő adatokat.

245

Sajnos az előzőekben leírt valótlanságok, fordítási tévedések, netán ostobaságok nap mint nap megtalálhatók valamelyik kiadvány oldalain. Ha nincs érdekes téma, amivel fel lehet dobni egy lap olvasottságát, úgy elő-előkapják a piramisokat vagy a földönkívülieket tölteléknek. Ez minden alkalommal bőven eladható.

Minden bizonyára van a piramisba kódolva valós adat is. Mivel az egyiptomiak vallása a nappal mint istenséggel kapcsolatos volt, igen valószínű, hogy az oldalhajlása megegyezett a tavaszi napéjegyenlőség déli 12 órájának vagy más jeles eseménynek napállásával. Hihető, hogy az oldal hossza meggyezik az év napjainak a számával „piramiskönyökben" mérve. De a sok belemagyarázott dolog, amely a piramis romlásával, méreteinek elvesztésével arányosan szaporodik, csak az elszabadult fantázia szüleménye. Sokszor a „tegyünk még rá egy lapáttal" elve is érvényesül. Ha a piramis pár kilométerre a mai helyétől északra vagy délre épül, az oldalárnyéka más magasságot határoz meg, amellyel nem lehet olyan kört rajzolni, amelynek a hossza megegyezik a 232,4 méter hosszú oldalak hosszának összegével. A piramis építményének a megvalósítása, tájolása, a talaj lemunkálása stb. nem is olyan borzasztóan megvalósíthatatlan feladat volt, mint ahogy azt sokan hiszik. Bizonyítja ezt az is, hogy az egyiptomi piramisokat és a maya piramisokat az ősi, hatalmas templomokat hangyaszorgalommal felépítették. Miért nem csodáljuk ennyire a „tudatlan" termeszek által épített, a termeszek méretéhez képest hatalmas lakóvárakat, amelyekbe még légkondicionálás is van építve?

Manapság minden bizonnyal nehezebben épülne meg egy piramis, hiszen sokan beleszólnának, sok ostobaságot mondanának. Ki így, ki úgy akarna építeni, akárcsak a bősi vízi erőmű létesítése során az építsük, ne építsük többéves vita és elpazarolt nem kevés munka és pénz.

Sok-sok szöveget írnak meg anélkül, hogy átgondolnák a szöveg valódi értelmét. Olvashatunk gyakran olyan írást is, hogy:

„Meg kell tehát találni a Fudzsijama hegye, a Kriván, a Matterhorn, az egyiptomi piramisok, a mezopotámiai zikkuratok, az azték teokalik, a maja naptemplomok, a Machu Picchu, a kínai pagodák, az indiai sztupák, a görög templomok, a Stonehenge kőköre, az impozáns katedrálisok és az apró falusi templomok felépítésében elrejtett közös gondolatot... Pedig a világszerte azonos stílusjegyeket hordozó kőkolosszusokról szinte ordít a közös megoldás".

A Fudzsijama vulkán, a Kriván és a Matterhorn gyűrt hegységek, az egyiptomi piramisok sima síkokkal határolt felületű építmények. A lépcsős zikkuratokra az alapélükkel párhuzamos, a maja és azték teokalikra az alapélükre merőleges lépcsőkön lehetett feljutni a tetőn lévő szentélyhez. A sztupák buddhista vallási építmények. A Stonehenge köveire egyáltalán nem volt szokás felmenni. A katedrálisok kőből, a falusi templomok pedig általában égetett téglából épültek. Akkor mi a közös bennük? Az, hogy vannak, láthatók és használhatók? Hát, ilyen dolgokhoz nem kell semmit hozzáfűzni. Természetesen más is jut eszembe. Például az, hogy miért lehet ilyen valótlan állításokkal bombázni az olvasók szürkeállományát, a fejeket. Csodálkozom, hogy efféle írás elolvasása után nem ordít fel fájdalmában a jámbor olvasó, mint ahogyan azok a csodálatos, közös stílusjegyek ordítanak. Talán az oszd meg, és uralkodj lehet a magyarázat.

Az emberiség már évezredek óta ugyanúgy éli az életét, csak az elnevezés változott. Helóta, rabszolga, plebejus, jobbágy, muzsik, munkások, nép, mind ugyanazt a felosztást jelenti, csak más elrendeződésben. A rabszolga valamilyen feladatot végzett el a tartója ellátására. A jobbágy, muzsik, nép stb. ugyanezt teszi. A munkás ugyanúgy szolgálja a munka-adóját, mint a rabszolga az urát. Minden a régi, csak másképpen hívjuk, talán azért, mert így szebben hangzik.

Olvashatjuk, hogy a három nagy piramist 12000 évvel ezelőtt építették az Orion csillagkép övének három csillaga szerint. A csillagképeket így csak a földünkről láthatjuk! Ha hihetünk a Biblia vízözön leírásának, hogy az ár egy részét a felülről lehullott csapadék okozta, és hogy csak az ár után volt szivárvány, a csillagokat nem lehetett látni, tehát a 12000 évvel ezelőtti építés ezt figyelembe véve, nem valóság.

PRÓBÁLJUNK ELLENŐRIZNI!

Ha valakinek a kezébe kerül ez az írás, ne higgyen el feltétel nélkül mindent, ami le van írva benne. Próbáljon meg utánanézni és utánaszámolni, gondolkozzon el a leírtakon, ez talán külön örömet is fog okozni. Nagyon lényeges, hogy igyekezzünk pontosan, szabatosan, félre nem érthetően elmondani, leírni azt, amit mással közölni akarunk, mert nagyon sok félreértésből adódó kellemetlenséget kerülünk el vele. Mindenki a saját gyakorlatából is tud felemlíteni ilyen nem szabatos kifejezés miatti kellemetlen félreértést. És milyen nehéz pontosan, szabatosan írni, és a leírtakat sokszor még megérteni is. Ehhez hasonló rossz mondatokkal bombázza a hallgatókat a média: *A párnám alatt aludtam a fényképével.* Helyesen így kellene mondani: A fényképével a párnám alatt aludtam. Tehát figyeljünk a magyar mondat helyes szórendjére is.

Szavakkal nagyon nehéz mindent egyértelműen kifejezni, magunk is tapasztalhattuk már, amikor félreértettünk valamilyen információt. Ha egy materialista embert megkérdezünk, hogy hisz-e Istenben, akkor nagy valószínűséggel azt feleli: nem vagyok vallásos. Pedig azt hiszem, hiszi és vallja, hogy nincs Isten, és az egyetlen, de nem bizonyítható, a világot megváltó elmélet az életről az ő birtokában van. Tehát neki ez a vallása. A helyes válasz az lett volna, hogy „nem vagyok istenhívő". Szerintem igen helytelen az istenhitet a vallással azonosítani, pedig ez mára már teljesen elfogadottá vált, sőt sokan csak azokat tartják vallásosnak, akik kereszténynek vallják magukat.

Tehát egy igazi materialista konokul hiszi és vallja a szerinte megdönthetetlen alapigazságot, hogy Isten pedig nincs, szemben az istenhívővel, aki pedig konokul azt vallja és hiszi, hogy van Isten. És hol van az igazság? Sokszor használjuk ezt a kifejezést: az igazság odaát van. Vagyis mind a két csoport vallásos, akár istenhívő, akár evolúcióhívő. Az istenhívő leteríti az oltárt egy fehér terítővel, ráhelyezi a szükséges dolgokat és elvégzi a szertartást, elénekli a vallási énekeket, elégeti a boszorkányokat vagy a más istenben hívőket. A kommunista leteríti az előadói asztalt egy vörös terítővel, erre ráteszi Lenin szobrát és megtartja szertartásos előadását, elénekli az Internacionálét, kivégzi a nemkívánatos „burzsoá" vagy annak kikiáltott elemeket, vagy a más párthoz tartozókat. Az eddig elmúlt évszázadok ilyen formában teltek el, valószínűen a következők is hasonlóak lesznek. Tehát mindenki vall valamiféle nem bizonyítható elképzelést, mindenki vallásos, én ezt vallom, te azt vallod, és ezért még ölik is egymást.

Az emberiség történelmében gyakran előfordult, hogy egy népcsoport nagy igyekezettel próbálta kiirtani egy másik népcsoport tagjait. Az északi területeken élnek a lemmingek. Ezek az apró állatkák időnként nagyon elszaporodnak, és emiatt az élelmezésük rosszra fordul. Ilyenkor rengetegen megindulnak egy irányba. Tűzön-vízen át mennek, és sokszor szinte mind elpusztulnak, így áll be a kedvező, jobb élet biztosítása a megmaradottak számára. Lehet, hogy ez az emberiségre is áll, azzal a különbséggel, hogy egyes embercsoportok elözönlenek mások által lakott területeket, leölve az ott lakókat, vagy háborúkat kezdeményeznek, így szüntetve meg a túlszaporodás okozta feszültségeket. A mai példák cáfolni látszanak a múlt századi tudomány állítását, hogy a Föld az emberiség megduplázódását is el tudja látni. Jelenleg csak az élet jelen formájában kitermelt szemét mennyisége is a teljes pusztulást ígéri. Manapság egyesek – lásd „guidestone" címen, az interneten – szerint 500000000 – ember kell a Föld élhetőségéhez. De akkor miért szórunk szét annyi roncsautót, amelyek a talajba bomolva annak a termőképességét teszik tönkre? Miért építünk felhőkarcolókat, melyeknek a fenttartásához a kilowattok százezrei szükségesek? Miért tartunk nagy hadgyakorlatokat, ahol az oxigén millió köbméterit égetjük el a robbanóanyagok és hadigépezet segítségével? És így tovább. Csak a mai elektromos játékok ellátására egy egész erőmű működtetése szükséges.

Van, aki temetkezési helynek tartja a piramisokat, van aki egészen mást lát és fogad el a piramisok rendeltetésének. Ez talán attól függ, hogy kinek milyen írásából szerezte az információit, hiszen az emberek a tudásukat nagyrészt valakinek az írásából, előadásából és nem saját tapasztalásból merítik. Azt a fáradtságot, hogy sok ember írását elolvassák, meghallgassák, mérlegeljék, és azután mondjanak véleményt, csak kevesen veszik maguknak, pláne keveseknek adatik meg az, hogy közvetlenül, saját tapasztalat útján szerezzenek információt és jó információt. Sokan inkább hagyatkoznak mások véleményére, és azt a maguk igazának tartják, és tovább ragozzák. A sok valótlanság, amit olvasni lehet, leplezheti a valódi igazságot. Sok esetben még az értelmezés is megváltozhat. Más esetben a valóság titkolása valakinek vagy valakiknek akarata szerint történik, amint az ufók, a földönkívüliek esetében is látható. Ebben a témában minden bizonyára a nagy fegyvergyárak és kísérleti telepek felhasználják az UFO jelenséget a saját dolgaik eltitkolására úgy, hogy egy lezuhant kísérleti repülő szerkezetüket ufónak állítják be. Egyesek a rosswell-i ufókatasztrófát leírók közül a megtalált ufonauta kezét háromujjúként, orr-, fül- és száj-csökevényekkel közlik le. A katonai titkos ügynökök az általuk készített filmben négy ujjal rendelkező lényről beszélnek. Mások bemutatnak egy filmet, ahol boncolnak egy hatujjú lényt. Valamelyik nem igaz. Meglehet, egyik sem. Ufológus előadásokon gyakran bemutatnak egy „eltulajdonított" filmet a halott ufonauta – vagy csak egy bábu – boncolásáról, ahol egy hatujjú lényt látni. Az orr, fül, száj, karizmok szinte emberiek. Az, hogy egy ilyen titkosnak minősített témánál, ahol még komoly, élet elleni fenyegetéseket is leírnak a témával foglalkozók, egy alapvető esemény filmezésénél hogyan volt lehetséges kb. 16 tekercsnyi háromperces filmanyagot eltulajdonítani, általában senkinek sem tűnik fel. Pedig talán ez jelzi a „hivatalos csalás" megtörténtét, a nép felültetését, a figyelemelterelést. Egyesek – még az „értő" hozzászólók is – komolyan állítják, hogy a hatujjú ufonauta boncolását nem lehetett filmtrükkel hamisítani, az anynyira valóságos. Már a filmezés hajnalán is tudtak olyan trükköket bemutatni, amelyek teljesen valóságosnak tűntek. A mai híres Jurassic park filmben ott szaladgálnak teljesen valóságszerűen a dinoszauruszok, még a laboratóriumot is összetörik, de mindenki tudja, hogy ez csak filmtrükk.

Annyira ostobák az amerikai titkos ügynökök, hogy nem számolták meg a behozott tekercseket, és nem vették észre a folytonossági hiányokat. Mindenki láthatott olyan filmjelenetet, ahol a szereplők tűzön kelnek át, repülnek, mint a madarak, vagy nemlétező várkapun megy be a szereplő. A várkaput egy egyszerű maszk segítségével filmezik, amit a kamera elé helyeznek. Ezek is gyakorlati trükkök, mint a filmezés területén oly sok más. Lehet filmet összevágni úgy, hogy egy azonos időben lejátszódó eseményt korábbinak, vagy későbbinek mutat be. Ez sokszor nyomon is követhető trükk, még a politikában és a médiában is előfordul néha. A legjobb trükköket két különböző színű fényre érzékeny réteggel bevont film adja. Az egyik színre érzékeny fénnyel felvett rész, például a háttér, előhívása után a másik színre érzékeny rétegre felveszik a fő témát, és például tűzből újra megszületik a baziliszkusz.

Roswell 400–500 kilométeres körzetében több katonai kísérleti bázis is található. Ilyenek: Los Alamos, White Sands, Corona, maga Roswell is katonai bázis volt. Egy hangsebességnél nagyobb sebességű jármű percek alatt megteszi ezt a távolságot. Ha igaz az állítás, hogy a lezuhant valami négyszáz méter szélesen másfél kilométer hosszan szóródott szét, és 500 katona szedte össze a darabokat, meteorológiai ballon nem lehetett, legfeljebb egy Zeppelin léghajó. Az is különös, hogy bemutatnak a széttépett darabok közül egyet, amely tépett alumínium fólia kinézetű, de ha összegyűrik, az eredeti alakjára ugrik vissza, és nem lehet fúrógéppel átfúrni. Akkor hogyan szakadt apró, öszszegyűrt darabokra a lezuhant objektum?

Magyarországot egy kétszeres hangsebességgel haladó repülőgép kb. 10 perc alatt végigrepüli. Ez alatt az idő alatt még a légi újratöltését sem lehet megoldani. Los Alamos volt az atombomba kutatásának fő központja. Bizonyára sok földi titkot rejt még manapság is ez a terület, ahol a tudósok hada ilyen világot rengető emberölő szerkezetet szerkesztett meg. Nem mindenki tud tíz perc alatt 150000 embert, férfit, nőt, gyermeket válogatás és előre bejelentés nélkül megölni, és ezt dicsekedve a legnagyobb haditettnek beállítani. A történelem régebbről feljegyzett „állítólagos" nagy mészárlásai, VI. Mithridatész király epheszoszi nyolcvanezer fős, Julius Caesar galliai nyolcvanezer fős emberirtása eltörpül mellette, és ezek a tettek akár egész napokat kitöltöttek. Azért kellett ledobni az atombombát, mondják, mert így több ezer emberi életet mentettek meg. Ez igaz. Csak ott a kérdés, hogy miért kellett gyermekeket, asszonyokat, betegeket így megölni. Két katonai támaszpont is megtette volna ugyanezt. Kíváncsiak voltak a robbanás emberekre gyakorolt hatására? És a Szovjetunió is megtámadta a kivérzett Japánt.

Az emberek iskolába járnak és nagyon sokat tanulnak, de esetleg elfelejtenek úgy józan paraszti ésszel gondolkodni. Meg tudnak oldani komoly matematikai feladatokat, amiket beléjük töltöttek, de teljesen elvesznek olyan problémák megoldásánál, amit az ősi időkben élt emberek könnyedén elvégeztek. Pedig a megoldás ott van szinte a kezükben, csak nem ismerik fel azt. Az ókori emberek hatalmas méretű köveket mozgattak meg csupán emberi erővel, amint az látható is a Föld szinte minden területén, különféle építmények, templomok, sírok, királyi paloták formájában.

E kis eszmefuttatás után menjünk vissza a piramisokhoz.

Érdekes módon azzal szinte senki sem foglalkozik, hogy a régi egyiptomiak hogyan készítették és állították fel az olykor 31 méter magas, 200–460 tonnányi tömegű obeliszkjeiket. És hogyan akarták kiemelni az asszuáni gránitbányában látható, ezer tonna körüli súlyú obeliszket a fejtő gödréből. Vagy azzal sem sokat törődnek, hogy ezeket még el is kellett szállítani, a hajóra úgy felrakva, hogy az ne billenjen fel, és a rendeltetési helyén olyan módszerrel felállítani, hogy közben ne sérüljenek meg, ne törjenek darabokra. Pedig a Nagy Piramisban lévő legnagyobb kődarabok tömege ennek csak a tizedrésze. És még egy kérdés: Hogyan faragták az összetaró oldalú obeliszkek talpát úgy, hogy az a kőoszlop tengelyére merőleges?

252

Több obeliszk ledőlt, és csak a romjai maradtak meg, másokat pedig elszállítottak, majd az európai nagyvárosokban újra felállítottak. Van ilyen elszállított obeliszk Párizsban és Londonban is. Rómában tíznél több is található, de az egyik nem fáraó által készíttetett, de eredeti egyiptomi területen és módon készült. Talán az egyik legismertebb obeliszk látható a Piazza San Giovanni in Lateranón. Ezt a kőoszlopot IV. Thutmoszisz fáraó faragtatta időszámítás előtt a XV. század táján, Augustus császár hozatta Rómába és a Circus Maximusban állíttatta fel. Nagy Constantinus császár el akarta szállíttatni Konstantinápolyba, de meghalt, és az obeliszk maradt. Később V. Sixtus pápa állíttatta fel a mai helyén. Van obeliszk a Piazza del Popolón és még több más téren is. Rómában áll a legtöbb egyiptomi obeliszk, aki Rómában jár, láthatja is ezeket.

Van egy másik obeliszk a Szent Péter téren. Ennek az obeliszknek a legérdekesebb a története. Ez az, amelyiket nem egy igazi fáraó idejében faragtak. Ez az obeliszk egy római császár, Caligula parancsára készült Egyiptomban II. Ramszesz obeliszkje alapján. Az kor legnagyobb teherhajóját kellett megépíteni Rómába szállításához. A pápa a Circus Maximus császári cirkuszban állíttatta fel, ahol sok keresztény is vértanúságot szenvedett. Később ledőlt, és vastag iszapréteg alá került. V. Sixtus pápa, aki az obeliszkek nagy kedvelője volt, ásatta ki és helyeztette a mai helyére.

A felállítást Michelangelo és Sangallo nem tartotta megvalósíthatónak. De egy építész, Domenico Fontana egy évi tervezgetés után elvégezte a felállítást. A pápának külön emelvényt készítettek a nagy látványosság végigszemlélésére. Több ezer kíváncsi is összegyűlt, ezért a pápa elrendelte, hogy aki a munkálatok alatt egy szót szól, azt kivégeztetik. 900 ember és rengeteg ló erejével végezték ezt az igen nagy munkát. A feszülő köteleken a súrlódás következtében lángnyelvek keletkeztek, amit egy éppen Rómában tartózkodó genovai tengerész vett észre, és amint az a hajókon is szokás volt, felkiáltott: vizet a kötelekre! A lángokat eloltották, a tengerészt lefogták, de a pápa megbocsátott neki, sőt meg is jutalmazta. 1586. április

30-án este a mai helyére került az obeliszk. Ez a pápa rengeteg pénzt költött obeliszk-felállításokra, az állam gazdasági helyzetét erősen rontva ezzel.

Azzal sem foglalkoznak a piramidológusok, hogy szinte minden ókori rommezőn az építmények nagy része igen pontosan derékszögben kitűzött, függetlenül a tájolás észak-déli vagy attól eltérő voltától. Vajon miért nem tűnik fel ez a derékszögűség, hiszen ezt első pillantásra láthatja mindenki. Úgy tűnik, hogy az ősi építkezéseken a vízszintes sík faragása, párhuzamos oldalú kövek, valamint a derékszög készítése vagy függőleges oszlop felállítása egyáltalán nem okozott nehéz problémát az akkor élt emberek számára. Sőt az észak-déli tájolás sem. Sokan állítják, hogy az egyiptomiak szinte mániákusan tájolták építményeiket észak-déli irányban. A derékszögű építkezés valóság. Igaz, sok esetben készült épület úgy, hogy a bejárati kapuzat falsíkja nem merőleges az építmény főtengelyére. Az észak-déli tájolás főleg Szakkarában és Gízá-ban megépített piramisoknál valósult meg. De Szakkarában a sírok nagy része, sőt Szekhemkhet piramisa nem ilyen tájolású. A Királyok Völgye és a Királynők Völgye sírjai közül talán egy sem igazi északi tájolású. Követik a hegyek, völgyek vonulatának alakulását.

Az asszuáni sírok, Medinet Habu, Karnak, Dendera, Tel el-Amarna, és még sorolhatnánk sok mást, nincsenek észak-dél irányba tájolva.

Több tudós ember állítja a piramis vízszintes alapjának készítésére a vízzel való felöntést. Nagy a valószínűsége, hogy nem így, vízzel felöntve munkálták le a felesleges részeket. Az építmények egy magaslati területen helyezkednek el, talán még az építésnél is nagyobb feladat lett volna a víz felszállítása. Az amerikai indián építkezések esetében sokkal nagyobb terület, egész piramisváros alapját faragták vízszintes síkúra ott, ahol vizet felcipelni a hegy tetejére szinte lehetetlen megoldás lett volna. És az építőknek még arra is kellett gondolni, hogy a csapadékvizet el kellett vezetni, ezért vízelvezető árkokat kellett készíteni, éspedig úgy, hogy a síkra munkált felületen ne tudjon megállni az esővíz. Úgy a sík felületnek, mint az elvezető árkoknak, megfelelő lejtést kellett készíteni. Az egyenetlen talajon megállt volna a dzsungelben állandóan hulló csapadékvíz, mindenütt pocsolyát képezve és rengeteg élősdit termelve. Tehát a vízszintes sík készítése nem jelenthetett nagy feladatot ezer évekkel ezelőtt sem. Ez a feladat egy mindenki által elkészíthető, egyszerű szerkezettel megoldható teljes pontossággal. Kezdetleges szerszámaik ellenére igen ötletesen oldották meg a felmerülő problémáikat. Ha a régmúlt idők emberei csak annyira lettek volna figyelmesek, csak annyira használták volna az eszüket és munkaerejüket, mint a ma élő emberek nagy része, akkor a piramisok, a hatalmas templomépítmények, a Stonehenge és még sok más ősi építmény a mai napig nem épült volna fel. Szerencsénkre, vagy szerencsétlenségünkre, a ma élő emberek között is sokan vannak piramist építők, csak az építményeiket ma másként hívjuk. Ma is vannak nagyravágyó emberek, akik olyan „örök időkig" álló emlékművet szeretnének készíteni az utókor számára, amelyről regéket mesélnek gyermekeiknek a kiagyalók és megvalósítók is. „Ezt én csináltam, vagy csináltattam" – mondják. Ők völgyzáró gátat, duzzasztóművet, felhőkarcolót, atombombát, űrrakétákat és sok más efféle monumentális létesítményt építenek. A világunk minden táján láthatjuk ezeket a tervezési, építési és kivitelezési csodákat. És minden ilyen beavatkozás alapjaiban változtatja meg az élővilágot. Valami oknál fogva a bősi gát megépítése óta az uszályvontatás szinte megszűnt a Dunán.

A mai emberek nagy tömegeinek életvitele hatalmas változása miatt nincsen ideje okosan, ráérősen gondolkodni. Futni kell a megemelkedett igények teljesítésének biztosítása miatt. Így aztán nem marad idő arra, hogy teljes ellazultsággal tudjunk gondolkozni. A mai emberekben állandóan ott van egy alapfeszültség a máshoz viszonyított megélhetés biztosítása miatt. A szomszédok már új autót vettek, mi meg csak egy régivel rendelkezünk. A régi emberek összebújtak a hideg elől egy kis lakóterületre, és csak ezt a kis területet kellett fűteni. A mai emberek a gondolkodást másokra bízzák, akik azután a maguk javára használják az eredményt. A mai emberek csak pazarolnak, egy főre is fűtenek egy egész lakást, 100 négyzetmétereket, jelentősen növelve ezzel a széndioxid-termelést. Nem beszélve arról, hogy mennyivel gazdaságtalanabbul élünk ma a városainkban. Régen a háztartási hulladék is szinte minimális volt, és azt is feldolgozták. Nem hordták ki a szeméttelepre a lebontott épületek tégláit, hanem újra beépítették azokat. Ma nem is bontanak, hanem lerobbantják és elszállítják a nemkívánatos épületeket. Manapság a sok hulladékba kerülő anyag, élelmiszer, építőanyag, vas, ólom, papír, műanyag és egyéb más mennyisége veszélyezteti a földi életet is. Ezt hozta a modern idők szele. Csak vásárolj, és dobd ki a felesleget. A mammutcégeknek érdeke az, hogy minél több árut tudjanak, akár feleslegesen is, a tömegeknek eladni, sokszor a valódi érték többszörösét tartalmazó áron, és a nagyobb fogyasztóknak adnak kedvezményt. Az emberek tömegei pedig csak vesznek és vesznek, amíg a saját hulladékukba nem fúlnak. Az eladások érdekében sokszor még törvénymódosítást is kiharcolnak a profit biztosítása érdekében. A kisembereket szinte kényszerítik az energiák megtakarítására, de másokat biztatnak azok nagymértékű pocsékolására, és fizetnek is érte. Például ilyen többek között a Párizs és Dakar közötti autóverseny, és az éjjel-nappal világító reklámok is. A régi népeknek, egyiptomiaknak és másoknak csak egy ágyékkötő, egy gyékényből font szandál és némi egyszerű táplálék kellett, és nagyon sok idejük maradt a nagy feladatok megvalósítására. Így van ez manapság is a természeti népek esetében, az őserdőkben vagy Afrika szavannáin élő egyszerű embereknél. Ezeknek a népeknek az élethez alig szükséges valami. Pár edény, kés, nyíl és némi élelem. Lakóhelyük is megtalálható a környezetükben lévő anyagok között. Néhány karó, gally, pálmalevél és kevés sár, máris kész a lakható lakás. Az egyiptomiaknak csak egy ideológiát kellett a fejükbe tölteni arról, hogy a főnök, a fáraó egyben az Isten, akiért él és dolgozik a szegények tömege. Akárcsak a mai világunkban, csak most egyre több „fáraó" élvezi az ágyékkötősök munkáját, és azok még bután éljenzik és fizetik is őket.

A Nílus völgyében lévő terület kiválóan biztosította a megélhetéshez szükséges növényzetet. Alig kellett vele foglalkozni, mert az áradásos iszap igen jó termőtalajt biztosított az évente kétszeri aratáshoz. A folyó bőséges halászatot tett lehetővé. A vadon élő és háziasított állatokkal alig volt gond, a dús növényzet biztosította az élelmüket. Így nagyon sok idő maradt az építkezésekre és vallásos tevékenységre, a fáraók kiszolgálására. Ezért igyekezett minden nép, hettita, hükszosz, perzsa, görög, római, francia, angol megszállni ezt a területet, saját célra használva annak javait. Manapság, a nagytőke az, ami ezt a „megszállási" feladatot végzi, és nemcsak Egyiptom, de a világunk teljes területén láthatóan teszi ezt. Ma is vannak fáraók, csak másképpen nevezik őket. Iparmágnások, bankárok, maffiavezérek vagy egyéb módon a népük élére került, azt irányítók, Napóleon, Lenin, Sztálin, Hitler, Castro és más vezetők, akiket követ az emberek nagy tömege. Ma is őket isteníti, értük dolgozik és hal éhen az éhbérért robotolók, a modern „rabszolgák" hatalmas tömege, csak nehéz saját magunkat rabszolgának elfogadni. Pedig egy kis összehasonlítással látható ez a tény. A mai fáraóknak kevésbé jut eszébe az, hogy az „ágyékkötős" nincstelenek is emberek, akinek legalább a piramisépítés örömét meg kellene adni. Nagy csoportokat löknek a megélhetés szélére vagy a halálba, közben a demokráciát szajkózva. Hegyeket lehet mozgatni az összehangolt tömegek munkájával. Milyen demokrácia az, ahol a gazdagoknak joga van a saját fizetésük nagyságát, majd a rabszolgáik minimálbér értékét is meghatározni, maguknak kivételes lakóhelyet követelni, de a sok szegény környezetét autókkal, benzingázzal szennyezni? Pedig ez történik!

Az ősi hatalmas építmények megvalósításához nem kellett szinte semmi matematika, csak a józan ész és némi geometriai ismeret, anélkül, hogy a geometria szót ismerték volna. Mint ahogyan azt a későbbiekben látni is fogjuk. Kellett viszont sok pontos megfigyelés az évszakok változásáról, a csillagok és bolygók mozgásáról. Azt sem kellett tudniuk, hogy a Nap egy izzó égitest, vagy hogy mi keringünk körülötte, avagy fordítva van ez. Ahhoz, hogy a Nagy Piramis alapjának a hosszát meghatározzák, csak egy mérőeszköz kellett, amelyet például az év napjainak a számával megegyező számmal azonosan, egymás után egy egyenes mentén lefektettek.

Az egyenes kitűzése egyszerű feladat, két függőlegesre állított rúd meghatároz egy egyenest. A közöttük lévő szakaszt pedig másik rudak segítségével pontosan ki lehet tűzni. Az év napjainak a megszámlálása nyilvánvalóan szintén nem okozhatott nagy gondot. Az év hosszának meghatározása is egyszerű feladat, amikor a felkelő Nap felső széle pontosan két, erre a célra létesített karó egyenesébe kerül, kezdődik az újév, majd amikor ismét ez a viszonylat következik be, vége egy évnek, kezdődik az újabb év. Az év napjainak megállapításához csak a Nap egy állásához, mondjuk a tavaszi napéjegyenlőség napfelkeltéjéhez kellett viszonyítani. Például egy edénybe mindennap egy kavicsot kellett tenni, az év hosszának pontos meghatározásakor megszámolni.

Egyébként a matematikával és politikával zsonglőrködve vagy „ügyeskedve" mindent és annak az ellenkezőjét be lehet bizonyítani, amint azt már egy 8 x 8 centiméteres kockakőnél és a sumer hüvelyk esetében is láthattuk, csak ügyesen kell a szavakat forgatni. De hiába jár valaki a legjobb iskolába, ha ott ő a legrosszabb tanuló.

Az utóbbi években annyi mindent írtak folyóiratokban, könyvekben, annyi mindent mondtak különböző előadásokon a piramisokról, hogy az írásokba, előadásokba sok olyan adat került, amely igen könnyen beláthatóan nem áll a valóság talaján. Ezek között sok olyan ordító hiba van, amely egy, a témával kapcsolatosan nem tájékozott olvasót teljesen tévútra vezet. Nem tudni, hogy az ilyen írások elkövetői milyen szándékkal tették, amit tettek. A józan ésszel való kicsiny gondolkodás rámutat a nyilvánvaló tévedésekre.

Lehet az ilyen írás csupán a tudatlanság egyik megnyilvánulási formája. Merthogy az említett írásművek és előadások sokszor igencsak emeletes ostobaságokat tartalmaznak... Nem kell egyetemi tanárnak lenni ahhoz, hogy egy egyszerű matematikai műveletet elvégezzen valaki, csak venni kell a fáradságot hozzá és a négy alapműveletet ismerni.

Az, hogy egy ember anyagiakban megkárosítja egy másik embertársát, büntetendő cselekmény. Persze ez is csak általában igaz, és a mérleg sem azonos a különböző mérlegeléseknél, és a mérleg még cinkelve is van. Egy kisember mérlege sokkal jobban kileng, mint a fáraóké, amely mérleg sok esetben meg sem mozdul a változáskor, csaláskor. Vajon miért nem büntethető meg az, aki szellemi vonalon károsítja meg embertársait? Az intellektuálisan, szellemi téren elkövetett bűn, népbutítás vagy más félrevezetés nem bűn? Az emberek nem mindig azt látják, amit néznek. Ezt használják ki a szemfényvesztők, bűvészek is. A fotózással is nagyon sok esetben torzul a látvány. Nagyon sok fénykép készül a gízai piramisokról, ezeket láthatjuk útikönyvekben, folyóiratokban meg sok más helyen. Sok esetben a középső piramist mutatják be úgy, hogy az a Khufu-piramis, mivel 11 méterrel magasabb helyre épült. Nagyon jó példa erre az EGYIPTOM 1978-as kiadású útikönyv képei közötti fotó és a TERMÉSZETTUDOMÁNYOK sorozat CSILLAGÁSZAT című, második, átdolgozott, 1996-os kiadása, amelyben még 15. oldalon lévő fotó alatti szöveg is a következő: „4. kép. A leghatalmasabb piramis, a Kheopsz (középen)".

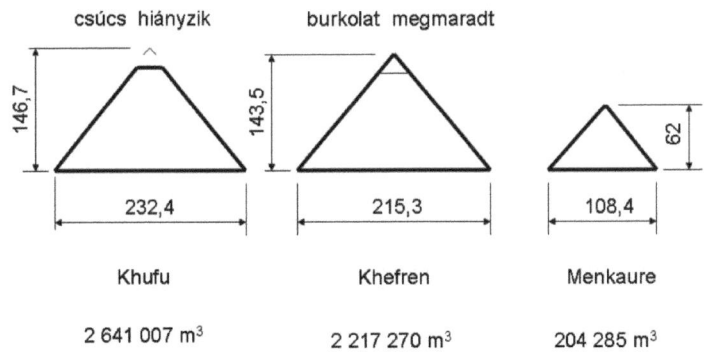

33. ábra

Az igazság mindezek ellenére az, hogy nagyon könnyű megkülönböztetni a gízai óriásokat. Kheopsz (Khufu) piramisnak hiányzik a csúcsa és még több kősor is, és északi a három piramis közül, legközelebb található a Mena House Oberion szállodához. Középen a Khefren-piramis van, amelynek a csúcsa szinte érintetlenül megmaradt, a simára munkált burkolat egy részével. (33. ábra) A déli, vörös piramis Mükerinosz fáraóé, és lényegesen kisebb a másik kettőnél. Az ő szarkofágját megtalálták az angolok, haza is akarták szállítani, de az a hajójukal együtt a spanyol partok közelében a tengerbe veszett. Szinte össze-téveszthetetlenek ezek a piramisok, mégis általában rosszul mutatják be őket. Érdemes lenne megvizsgálni a ma még látható külső burkolat köveinek a megmunkálását a teljes, ép felületen, a tört vonalú piramison. Talán látható rajta a burkolat elhelyezésének a módja, egy utólagos faragás.

A GIZAI PIRAMISOK HELYZETE

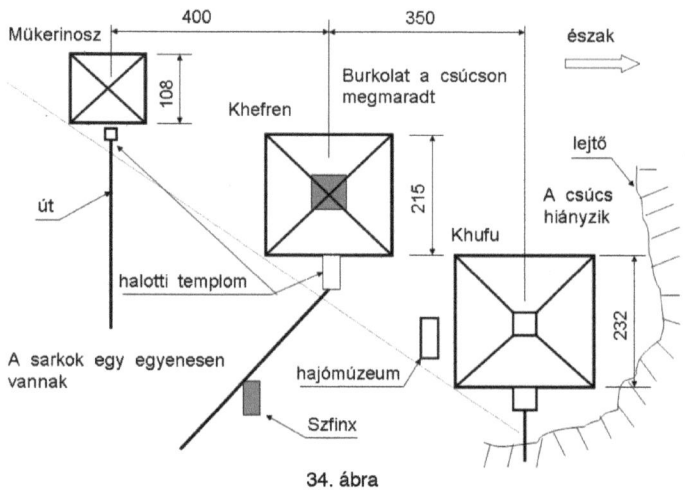

34. ábra

A 34. ábra a gizai három nagy piramis felülnézete, a méretek méterben megadva. Itt látható, hogy a délkeleti sarkaikat érinti egy képzeletbeli egyenes, és azt is, hogy a Nagy Piramis északi oldalánál egy igen erős lejtő van, ami cáfolni látszik a Nagy Piramis árnyékának időmérő szerepét. Az is látható, hogy a Szfinx meglehetősen messze van a Khufu-piramistól, tehát annak a tartozéka, amint azt sokan állítják, nemigen lehetett. Az is bizonyított, hogy Khefren piramisa csak három méterrel alacsonyabb, mint a Khufu-piramis. Az adatokból kiszámítható, hogy mind a három piramis más oldalhajlással készült.

Érdekes a gízai piramisok légi felvételét nézni, abból is lehet következtetéseket levonni. Például az Orion csillagképpel azonosítani az elrendezésüket. De az is feltűnő, hogy sarkaik egy egyenesre esnek, és ezt az egybeesést tervezetten készítették, vagy csak véletlenül alakult így, nem tudni. Ehhez is lehet valamiféle elméletet készíteni.

Persze előfordul, hogy a tudományos magyarázatok is a tévedések mezejére jutnak. A televízió egyik előadása arról szólt, hogyan mérte meg Thálész, a nagy görög matematikus a Nagy Piramis magasságát a vetett árnyékból. Az előadó professzor általános esetet mutatott be, ami az óra állásától független, és a vetett árnyék nem párhuzamos az észak-déli iránnyal. Mindenféle matematikai kifejezéssel élt, használta a binárisokat, és értelmesen megmagyarázta a feladat megoldását. Ez esetben a szerkeszthető, az oldalakkal párhuzamosok segítségével, meglehetősen bonyolult módszerrel számítható a vetett árnyék hossza és a feladat megoldása.

Thálész, aki jó matematikai ismeretekkel rendelkezett, valószínűen egyszerűbben oldotta meg a feladatot, mint ahogyan mi gondoljuk. Minden bizonnyal ismerte az alábbiakban leírt megoldást úgy is, mint a pontos delelési idő meghatározásának egyik megoldását. Feltételezhetjük ezt a tényt azért is, mert volt fogalmuk a déli időpontról, amikor a Nap a legmagasabban áll. Igen pontosan tudtak égtájakat kitűzni az építményeiken. A derékszög fogalma sem volt ismeretlen számukra, azt már ősidők óta, már jóval a

A PIRAMIS MAGASSÁGA THÁLÉSZ SZERINT

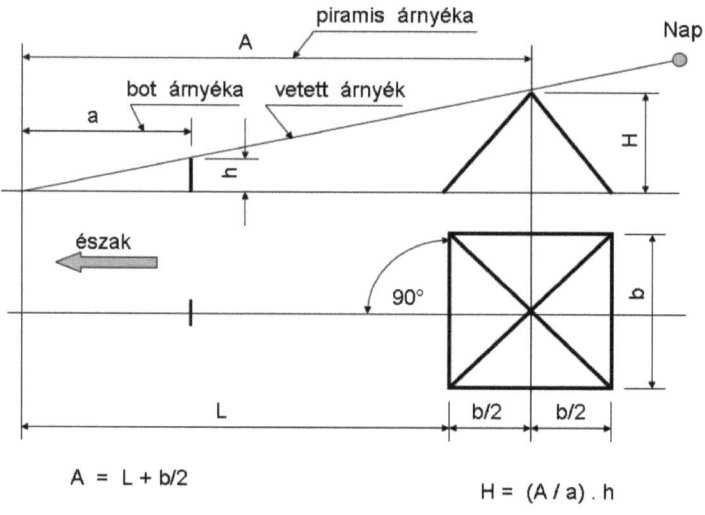

$A = L + b/2$

$H = (A/a) \cdot h$

35. ábra

görögök előtt is alkalmazták. Ha pontosan déli időben végezzük el ezt a mérési feladatot, akkor a legegyszerűbb a megoldás. Mivel a piramis észak-déli tájolású, a pontos déli időpontot úgy is meghatározhatjuk, hogy az északi oldalt megfelezzük, arra a piramis oldalára merőlegesen egy egyenest tűzünk ki. Amikor a piramisárnyék csúcsa az így kitűzött egyenesre kerül, dél van, és ekkor legegyszerűbb a mérések és számolások elvégzése. Ekkor speciális esettel találkozunk, az árnyékok a legrövidebbek. Csupán egy függőlegesre állított bot hosszát és a vetett árnyékok hosszát kell ismerni, majd egy osztással megállapítani, hogy hányszor nagyobb a Piramis árnyéka a bot árnyékánál. Ezt az értéket kell azután megszorozni a bot hosszával: a 35. ábra. Az ábra szerint: ha a bot hossza **h**, akkor a piramis magassága számítva a következő: **H = (C/c) x h**. Lehet ilyen egyszerű is, de mindent lehet bonyolultan is tenni, de minek?

Tehát még egyszer! Megmérjük a piramis és a bot árnyékának hosszát a vizsgált időpontban. Megnézzük, hányszor tudjuk a piramis vetett árnyékára a bot árnyékát ráhelyezni. Ez egy osztási feladat és kapunk egy hányadost. Most ezzel a hányadossal megszorozzuk a bot hosszát, ez lesz a piramis valódi magassága. A piramis árnyékának a hossza, az oldal fele és a vetett árnyék csúcsának az oldalig való, mérhető értékének összege. Valamikor régen még a kisiskolás, elemista tankönyvben is volt egy ilyen magasság-meghatározási példa, amikor a nagypapa a kisunokájának mérte meg a templomtorony magasságát a sétapálcája segítségével.

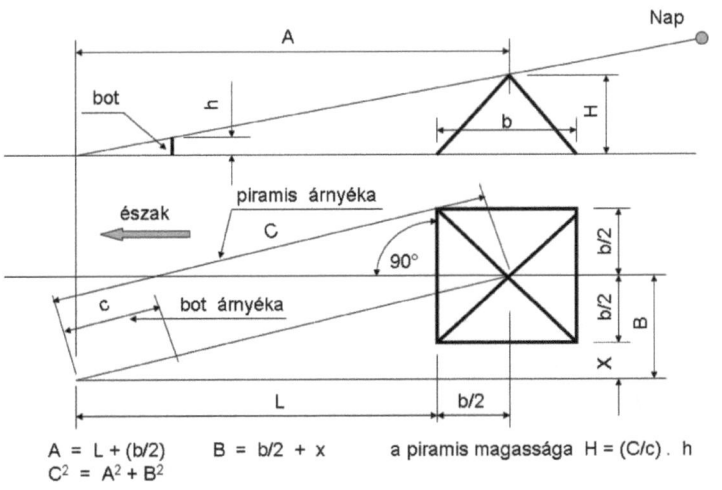

36. ábra

A tévében egyszer bemutatott általános esetben is, tehát nem a pontos déli időpontban, lehet egyszerűen elvégezni a feladatot a 36. ábra szerint. Ez a számítási megoldás visszavezethető az előző feladathoz, csak itt a vetett árnyék nem mérhető közvetlenül, azt egy külön számítással kell meg-határozni.

Amint látható, a megoldás igen egyszerű, egy kisiskolás is elvégezheti azt. Nem kell hozzá komolyabb matematikai ismeret, csupán az osztás és szorzás művelete, és egy függőlegesre állított rúd, amelynek hossza egy egység, mondjuk, a méter vagy egy piramis-könyök.

Ez esetben a piramis vetett árnyékának hossza meghatározásához is csak a Pitagorasz tétele szükséges, amit a görögök már akkor is ismertek.

A továbbiak pedig az előző számításhoz hasonlóan végezhetők el: a kiszámított árnyék hosszát osztjuk a bot árnyékának hosszával és szorozzuk a bot megmért, valódi hosszával.

Egy másik, alapvetően helytelen tudományos magyarázat a következőben látható. A televízióban és más hírközlésben már például többször beszéltek olyan gravitációs rendellenességről, amikor egy gördülő tárgy a lejtőn felfelé mozog. Állítólag a Földünk több pontján, Olaszországban, Lengyelországban és még több helyen is előforduló esettel állunk szemben. Ilyen hely Róma melletti a Rocca di Papa nevű terület, amelyről több alkalommal olvashattunk, vagy a tévében láthattuk. Az úttestre helyezett sörösüveg látszólag a lejtőn nem lefelé gurul, hanem felfelé.

Persze a jóból mi, magyarok sem maradhatunk ki. Itt is található hasonló „gravitációs anomália". Vác városunk egyik külső területén van ilyen útszakasz, amint arról értesülhettünk tévéelőadásokban is. Majd egy alkalommal, úgymond, „tudományosan" kaptunk kielégítő választ arról, hogy ez csakis érzéki csalódás. A lejtő nem arra lejt, amerre mi látni véljük. Tévedésünket bizonyítandó egy vízszintmérőt helyezett a vizsgált úttestre az előadó. Lám, a vízszintmérő buborékja mutatja a valóságot, és a lejtő nem arra lejt, amerre a látszat mutatja. Lehet, hogy így van, de a bizonyítás ezzel a módszerrel nem lehetséges. Könyörgöm, ha a vizsgált útszakaszon van gravitációs anomália, akkor az a vízszintmérőre is hat, annak a buborékja is a rendellenes gravitáció szerint fog mutatni. A földmérők műszere, a teodolit is vízszintezővel van alaphelyzetbe állítva, feltételezve, hogy a gravitáció iránya mindig a Föld középpontja felé mutat, tehát ezzel sem lehet bizonyítani. A vizsgálatot egészen másképpen kell elvégezni. Ha a vizsgált útszakaszra merőlegesen állítottunk egy egyenes rudat, és annak állását egy távoli függőlegessel, mondjuk, egy templomtoronnyal vetjük össze, akkor kapunk talán igaz választ a kérdésünkre. A rendellenesség, ha van, azt jelenti, hogy itt a gravitáció eltér az általános esettől, és nem a Föld középpontja felé mutat. Nézzük meg pár ábra segítségével a helyzetet. Egészen egyszerű, mondhatni alapvető eseteket vizsgálva.

Először a vízszintes síkon mozgatott testre ható erőket vizsgáljuk meg.

A (G) tömegű test erőhatása megegyezik a gravitációs erő irányával. A test mozgatásához szükséges erő (P) nagysága nagyobb kell legyen, mint a test tömege (G) szorozva a súrlódási tényező (v) értékével **P > G x v**.

ERŐHATÁSOK VÍZSZINTESEN MOZGATOTT TEST ESETÉN

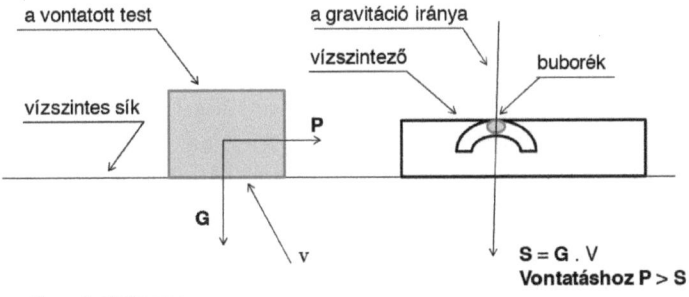

37. ábra

Ha a súrlódási ellenállás értéke egyenlő vagy nagyobb a vonóerőnél, akkor nyugalmi állapot van, a test éppen nem mozdul. A súrlódási tényező anyagfüggő. Minél simább és síkosabb a vontatási felület, annál kisebb vontató erő kell a test továbbításához. Tehát, ha síkosítjuk, kenjük a szállítási felületet, akkor kisebb erő alkalmazásával tudjuk elvégezni a feladatot. (37. ábra) Az egyik egyiptomi ábrázoláson látható is ilyen megoldásnak vélhető falikép, amikor egy szánon álló hatalmas szobrot vontat rengeteg ember öntözött talajon. Ha csak egy tárgyat vontatunk egy adott felületen, csakis akkor lehet ezt a megoldást alkalmazni, mert a vontatók nem az öntözéssel síkosított felületen haladnak.

A lejtőn lévő erőhatásokat a 38. ábra mutatja be szemléletesen, vontatáskor a testre ható erők irányának berajzolásával. Ezek az erők természetesen számítással meghatározhatók a tömeg, a lejtés szöge és a súrlódási tényező ismerete esetén.

A testre egy, a lejtési irányban lefelé mutató csúsztató erő is hat. Ha felfelé akarunk vontatni, akkor ezt az erőt is le kell győzni a súrlódási erő mellett, így csak nagyobb erővel tudjuk elvégezni a munkát, mint az előző, vízszintes esetben. Igaz, a súrlódási erő a lejtő meredekségével arányosan csökken, de a lefelé mutató erő miatt mégis nagyobb munkát kell végeznünk, mert az viszont egyre növekszik, egészen a test tömegéig, amikor a lejtő már függőlegesre módosul. Amint a 38. ábrán látható, a vízszintmérő buborékja a gravitáció függőlegesében van, így meghatározható a lejtés iránya.

A lejtőn álló test tömege (G) továbbra is a függőleges gravitáció irányába mutat. A lejtőre merőlegesen a lejtési szögtől (α) függően kisebb erő (A = G x cosα) hat, amelynek az értéke G-től 0 értékig változik. Vagyis ez az erő 0°-os lejtőszög esetében G nagyságú, 90°-esetében pedig 0. Ha a test lejtőn áll, akkor egyensúly esetén az erőhatások a következők:

ERŐHATÁSOK FERDE SÍKON VONTATOTT TEST ESETÉN

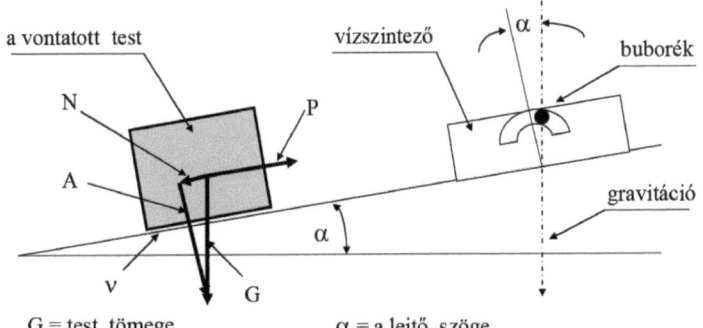

G = test tömege
ν = súrlódási tényező
S = súrlódóerő
P = vontatóerő
A = a lejtőre ható erő
N = csúsztatóerő

α = a lejtő szöge
A = G . cos α   N = G . sin α
S = A . ν   P > S + N
P > n . G . cos α + G . sin α
P > G . (n . cos α + sin α)

A test tömege (G) a gravitáció függőlegesében hat. A lejtőre ható erő (A), a súrlódóerő (S) a testre ható erő és súrlódási tényező (N) szorzata. A vontatáshoz szükséges erő nagyobb kell legyen, mint S + N.

38. ábra

A lejtőn lefelé ható, csúsztató erő N = G x sin α
A súrlódási erő pedig B = G x cos α x ν
Tehát P = N + B

$$P = G \times \sin α + G \times \cos α \times ν$$

Vagyis a test vontatásához szükséges erő (P_v) nagyobb, mint a súrlódó erő (B) és a csúsztató erő (N) összege.

$$P_v > G \times (\sin α + n \times \cos α)$$

Ha gravitációs anomália van, és a lejtő szöge (α) kisebb, mint az anomális-gravitáció függőlegeshez viszonyított szöge (β), akkor a test a lejtőn fefelé (N) akar elmozdulni. Ha ez az N erő nagyobb, mint a súrlódási erő, a test a lejtőn felfelé el is mozdul. Ekkor a nyugalmi állapot biztosításához (P) nagyságú, lejtőn lefelé ható erőre van szükség.

A lejtőn lefelé csakis akkor fog haladni a test, ha a P erő nagyobb, mint a lejtőn felfelé ható erő és a súrlódási erő összege. A 39. ábra figyelembevételével a következő erőhatások láthatók: G = a test tömege, N = a lejtőn felfelé mutató erő, α = a lejtő szöge, β = a garvitációs erő függőlegessel bezárt szöge. Ez esetben a test lejtőn lefelé vontatásához szükséges erő (P) két részből tevődik össze, a lejtőn felfelé ható erő (N) és a test lejtőn való súrlódási erejének (B) összegéből.

Ismételten, a gavitáció rendellenessége esetén, ha van ilyen egyáltalán, még inkább változik az erőhatás. Mivel ilyen esetben nem a Föld középpontja a gravitáció iránya, előfordulhat, hogy az eltérés szöge nagyobb, mint a lejtő szöge. Ilyen esetben a test felfelé akar elmozdulni. Ha lefelé akarjuk mozgatni, akkor nagyobb erőt kell kifejteni, mint a lejtőn felfelé ható erő (N) és a súrlódási erő (B) összege.

Ezt főleg akkor tapasztalhatjuk, amikor gördülő súrlódással van dolgunk. A gördülő súrlódási tényező sokkal kedvezőbb mint a csúszó, ezért tudunk kerékpárral jóval kisebb erő bevetése mellett rövidebb idő alatt nagyobb távolságot megtenni, mint gyalogosan. A csúszó súrlódási tényező értéke általános esetben 0,1–0,5 között van, szemben a gördülő súrlódási tényezővel, amelynek az értéke 0,05–0,001. Tehát csúsztatva 10 tonna tömeget 5 tonna, gördítve pedig 0,5–0,01 tonna vonóerővel lehet továbbítani. Ezért tud egyetlen ember eltolni vagy húzni 20 tonnás vasúti kocsit. És ezért lenne célszerűbb a rengeteg kamion helyett vasúton szállítani az árut, ugyanis a gépkocsi gumikereke és az út közötti súrlódási tényező jóval nagyobb, mint az acélsín és acél kerék között.

A 38. ábránál megfigyelhető, hogy az N csúsztatóerő a lejtés irányába, de lefelé mutat, míg a 39. ábránál ez az erő a lejtés irányával ellenkező. Az erővektor mennyiség, tehát iránya, értelme és nagysága van, és egy nyílban végződő egyenes szakaszszal lehet ábrázolni, ahol az egyenes irányítása az erő irányát, az egyenes hossza az erő nagyságát, a nyíl pedig az értelmezését jelenti, természetesen megfelelő léptékben.

Több egy pontra ható erőnek egy eredő erő felel meg, amelynek a hatása megegyezik a több erő együttes hatásával. Például két egy pontba ható erő eredőjét úgy kapjuk meg, hogy felrajzoljuk az egyik hatóerő irányát (ez egy egyenes), nagyságát (ez az egyenesen megfelelő léptékben felmért vonalszakasz hossza), és végül értelmezzük, vagyis az erő hatásának irányában a vonalszakasz végére nyilat rajzolunk. Most az így felrajzolt erő nyíllal jelzett végénél a másik hatóerővel ugyanezt tesszük. A két erő eredője az első erő kiindulási pontjától a második erő végpontjáig húzott egyenes szakasz hosszával egyenlő, természe-

ERŐHATÁS GRAVITÁCIÓS ANOMÁLIA ESETÉN

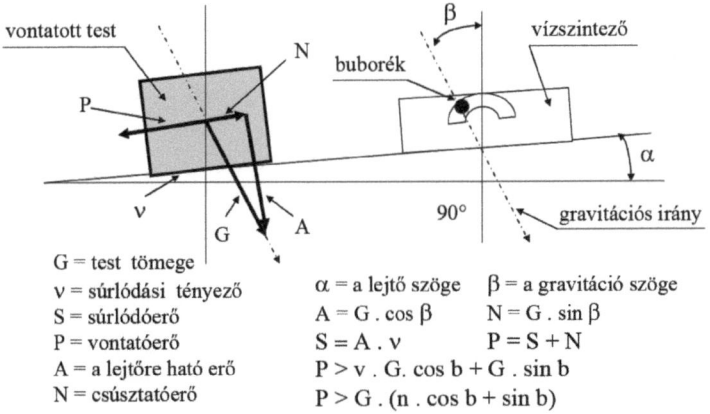

G = test tömege
v = súrlódási tényező
S = súrlódóerő
P = vontatóerő
A = a lejtőre ható erő
N = csúsztatóerő

α = a lejtő szöge β = a gravitáció szöge
$A = G \cdot \cos \beta$ $N = G \cdot \sin \beta$
$S = A \cdot v$ $P = S + N$
$P > v \cdot G \cdot \cos b + G \cdot \sin b$
$P > G \cdot (n \cdot \cos b + \sin b)$

Ha a gravitáció szöge (β) nagyobb, mint a lejtő szöge (α), a csúsztatóerő a lejtőn felfelé hat. Ha az (N) erő nagyobb, mint az (S) erő, akkor a lejtőn lefelé vontatáshoz (P) erő szükséges

39. ábra

tesen a kiválasztott léptéknek megfelelően. Tehát kaptunk egy
erőt, amelynek most már csak az irányítása hiányzik, az pedig
az első erő kezdetétől a második erő vége felé mutat, tehát itt
két nyíl ellenkező irányítással találkozik.

$$P > G \times \vee \times \cos(\beta - \alpha)$$

Ha már ilyen dolgokba fogtunk, érdemes egy kicsit áttekinteni a háromszögek pár jellegzetességét is. Például a háromszög csúcsait érintő vagy a háromszögbe rajzolható kör szerkesztését, az egyenlő oldalú háromszög érdekességeit a következő ábrák szerint.

A háromszög csúcsait érintő kör szerkesztése a kör középpontjának a meghatározásával történik. Ha az oldalak hosszát megfelezzük, és a felezési pontra merőlegesen egyeneseket rajzolunk, ezek egy közös pontban metszik egymást. Ez a pont a háromszög csúcsait érintő kör középpontja. A háromszögek méretétől és alakjától függetlenül igaz ez a megoldás. Az így meghatározott kör középpontja a háromszög területén akár kívülre is eshet. Tehát a csúcsokat érintő kör sugara csak az oldalak hosszától függ, különleges jellemzőket nem rögzít ez az ábra, 40. ábra

A HÁROMSZÖG CSÚCSAIT ÉRINTŐ KÖR SZERKESZTÉSE

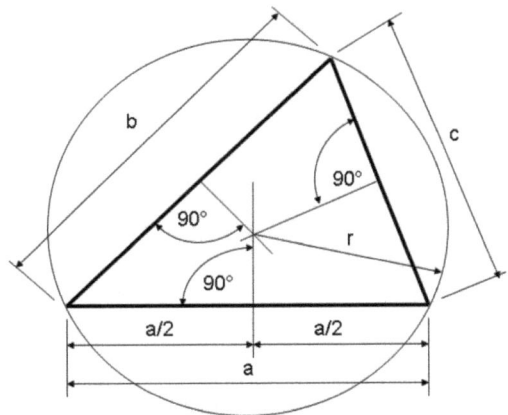

A háromszög csúcsaira rajzolható kör középpontja az oldalakat felező merőlegesek metszéspontjában van

40. ábra

Ahol **a, b** és **c** az oldalhosszakat, **r** a csúcsokra rajzolható kör sugarát jelöli. Az érintőkör középpontja tompa szögű háromszögnél a háromszögön kívülre is eshet!

A HÁROMSZÖGBE ÍRHATÓ, OLDALAKAT ÉRINTŐ KÖR SZERKESZTÉSE

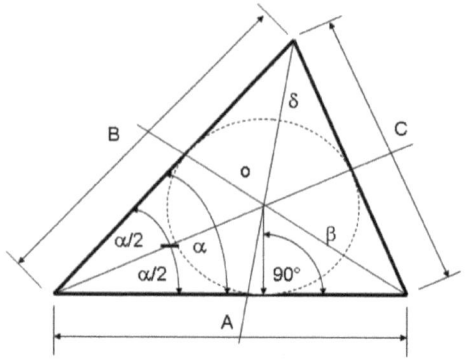

A háromszögbe írható, az oldalakat érintő kör középpontját a csúcsok szögfelezői által meghatározott egyenesek metszéspontja határozza meg. A rádiusz méretét a középpontból az oldalakra rajzolt merőleges adja.

41. ábra

A háromszögbe lehet úgy is rajzolni egy kört, hogy az minden oldalat belülről érintsen. Szerkesztése a háromszög szögeinek felezési pontján és a szög csúcsán átmenő egyenesek megrajzolásával történik. Ezt egy körző segítségével meg tudjuk szerkeszteni úgy, hogy a megfelelő csúcsból azonos körívet rajzolunk a csúcsot meghatározó oldalakig, és ebből a metszéspontból köríveket rajzolunk, úgy, hogy azok metsszék egymást. Az így kapott metszési pontot és a csúcspontot összekötjük egy egyenessel, ez lesz a szögfelező. Megrajzoljuk mindhárom szögfelezőt. Ezek az egyenesek is egy pontban metszik egymást, ez a pont mindig a háromszög területén belülre kerül. A háromszög oldalainak a hossza itt is tetszőleges lehet. (41. ábra)

Van azonban ez esetben egy jellemző tény, amely minden háromszögbe írt kör esetében igaz. Az így meghatározott kör középpontja egyben a háromszög súlypontja is. Ez azt jelenti, hogy ebben a pontban alátámasztva nem billen el egyik irányban sem.

AZ EGYENLŐ OLDALÚ HÁROMSZÖG ÉRDEKESSÉGEI

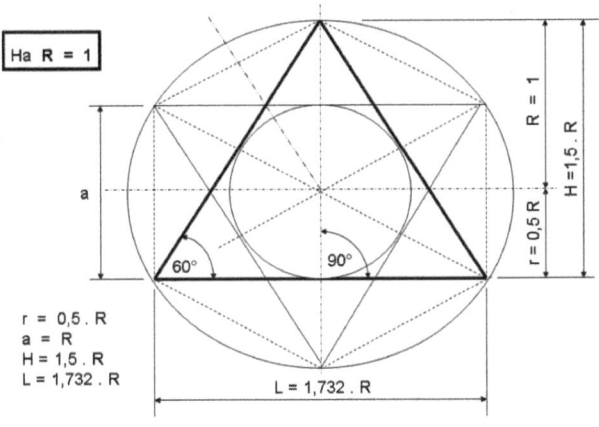

42. ábra

A legtöbb érdekesség az egyenlő oldalú háromszögek esetében figyelhető meg. (42. ábra)

Az egyenlő oldalú háromszög szerkesztéséhez csupán egy adat, az oldalhosszúság szükséges, és mégis a legtöbb adatot tartalmazza. Ez esetben az oldalak által meghatározott belső szögek 60° értékűek. Ha, a csúcsokat érintő kör sugarának értéke **1** egység, bármilyen léptékkel dolgozunk, akkor a kör területe pontosan π nagyságú, természetesen ugyanabban a léptékben számítva.

$$T = (2 \times r)^2 \times \pi /4 = (2 \times 1)^2 \times \pi/4 = \pi$$

Kerülete pedig:

$$2 \times r \times \pi = 2 \times 1 \times \pi = 2\ \pi.$$

A csúcsokat érintő és az oldalakat érintő körök középpontja egybeesik, és a háromszög bármelyik oldalára rajzolt merőleges magasság egyharmadában van. A beírható kör sugara fele akkora, mint a csúcsokat érintő kör sugara, így ennek a körnek a területe π/4 értékű:

$$T_1 = (0,5 \times 2)^2 \times \pi /4 = \pi /4.$$

A háromszögek magassága (az oldalfelezőre, a csúcson átmenő egyenes) minden esetben a csúcsokat érintő kör sugarának a másfélszerese, vagyis:

$$H = 1{,}5 \times r.$$

Az oldalak hossza:

$$L = 1{,}732 \times R.$$

A vastag vonallal rajzolt egyenlőoldalú háromszög, és arra azonos középponttal tükrözött vékony vonallal rajzolt háromszög meghatároz egy Dávid-csillagot.

A két háromszög meghatároz egy hatszöget, amelynek az oldalhossza egyenlő a sugár értékével. A hatszög hat egyenlőoldalú háromszöget határoz meg, amelyeknek egyik csúcsa a kör középpontján, másik kettő pedig a csúcsokat érintő körön van. Ezek oldalhossza megegyezik a csúcsokat érintő kör sugarának értékével, csúcsszögei 60° értékűek, területük öszszege pedig kétszerese a kiindulási háromszögnek. Így szerkeszthető egy adott körbe szabályos hatszög. A beírható kör meghatároz egy kisebb hatszöget, amelynek a területe egyenlő a két, a Dávid-csillagot meghatározó háromszög metszési pontjai által meghatározott, hat darab egyenlőoldalú háromszög területének összegével.

A Dávid-csillag meghatároz még hat kis, egyenlőoldalú háromszöget, amelyek egyik oldala a külső körön van, a másik kettőt pedig a csillag oldalainak a metszési pontjai határozzák meg. Ezeknek a területe megegyezik azokkal a háromszögekkel, amelyek csúcsait a csillag oldalainak a metszési pontjai és

a csillag külső csúcsai határoznak meg. Még sok más érdekességet is találhatunk, de példának legyen elég ennyi.
Felmerül tehát egy kérdés. Ha az olyan nagytudású egyiptomiak, akik ismerték a π értékét, a Föld sugarát, a Föld-Nap távolságát, és közölni akartak velünk valamit, miért nem ezt a háromszöget választották ki, legalább valahol kőbe vésve? Érdemes még pár dolgot megvizsgálni, ha már idáig eljutottunk, mert nagyon sok, a könyvekben leírt állítás lehet csupán véletlen vagy szabályos összefüggés.

FÉLGÖMB ÉS GÚLA ÖSSZEVETÉSE

A félgömbbe nem lehet olyan gúlát rajzolni, amelynek az oldalai összege egyenlő a kör hosszával

R = m = 147,4

A magassággal rajzolt kör
s = 2 . 147,6 . Pi = 926,14

A négy oldal összege
4 . 232,6 = 930,4

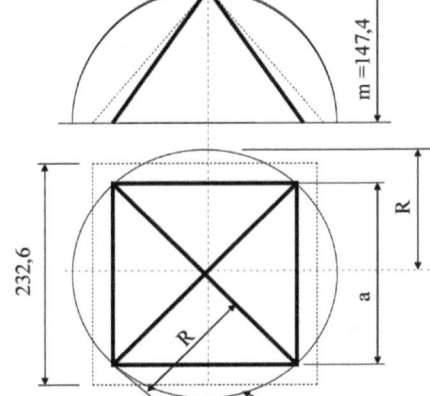

43. ábra

Több írásban olvashatjuk, hogy „a Nagy Piramis a Föld északi féltekéjének a kicsinyített mása". A Föld két féltekéje közel azonos jellemzőkkel bír. Azt állítják, hogy a piramis alapnégyzete a Föld egyenlítőjével, a magassága pedig az északi földsugárral

275

azonosítható, bizonyos léptékű kicsinyítésben. (43. ábra) A piramis 4 oldalhosszának összege:

$$4 \times 232{,}6 = 930{,}4.$$

A magassággal rajzolható kör hossza:

$$2 \times 147{,}4 \times Pi = 926{,}1.$$

Az egyenlítő hossza 40040 km, a Föld rádiusza 6 370 km

$$40\,040 : 930{,}4 = 43{,}035$$
$$6\,370 : 147{,}4 = 43{,}215.$$

Az előzőekben már láthattuk, hogy szinte mindenhez lehet találni valamilyen összefüggésnek látszó számot, de ezek sokszor nem egész számok, és csak a véletlen adja ezeket. Az előzőekkel kapcsolatban szokás emlegetni a kvadráns elnevezést mint negyedkört. Valójában tényleg egy negyed kör, éspedig az égi objektumok vizsgálatánál a csillagászati délkör negyedét szokás így nevezni.

CSILLAGÁSZATI KVADRÁNS

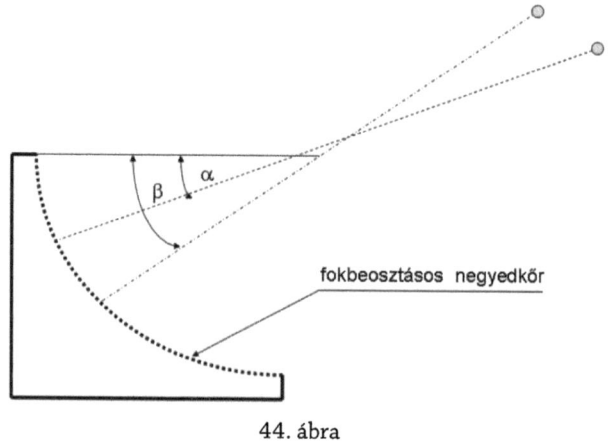

44. ábra

Ez egy szerkezet, amely szintén negyedkör, de fixen le van rögzítve, és a csillagok, bolygók magasságát szokás vele meghatározni. (44. ábra) A vizsgált objektum egy jellemzőjét, a vízszinteshez mért magassági szögét lehet vele egyszerű módon meghatározni. Ma már a csillagászati távcsöveken a magassági szöget egyszerűen le lehet olvasni, nem kell külön szerkezetet használni erre a feladatra.

Azt is sokszor olvashatjuk, hogy a piramisokat a Nap sugarai szerint építették. Ez így nagyon pongyola meghatározás, mert a Nap végtelen sok irányba küldi a sugarait, mint azt láthatjuk a 45. ábrán. Ezért további pontosító meghatározások szükségesek. Például: a napéjegyenlőség déli 12 órakori vetett árnyékot meghatározó napsugár szerint építették.

A mai emberek is általában egysíkúvá válnak. A műtőorvos minden betegséget műteni akar, a pszichiáter mindenkit idegbetegnek tart, az ufológus mindenben földönkívülit lát, legyen az egy könnyen felismerhető medúza fotója, egy lámpabúra foglalata vagy egy piramis és így tovább. Ezzel azután sok huncut ember vissza is él, palira véve a hívők tömegeit.

Ezt persze a „komoly tudomány" is megteszi. Egy alkalommal rendezett „UFO KONGRESSZUS" alkalmával egy a hallgatók közül megkérdezte az egyik űrjáta embertől, hogy űrrepülése alkalmából látott-e valami szokatlan dolgot, például ufót. A válasz természetesen nemleges volt, de a kérdezett még azzal toldotta meg, hogy egyáltalán semmit nem is hallottak a felkészítésük alkalmával ufóról, nem is tudták, hogy ilyennel foglalkoznak emberek. Mint ahogyan sok válasz lehet igaz is meg nem is, nézzük meg ezeket a lehetőségeket. Vegyük első esetben igaznak a választ. Ez esetben azt állapíthatjuk meg, hogy az űrrepülők igen hiányos ismeretekkel rendelkeztek a napi híreket illetően. A második eset egyértelmű. Lehet, hogy valamit, például repülő szerkezetekkel folytatott kísérleteket, próbálnak eltitkolni, ezért nyilatkozott így az űrhajós.

A NAP MINDEN IRÁNYBA SUGÁROZ

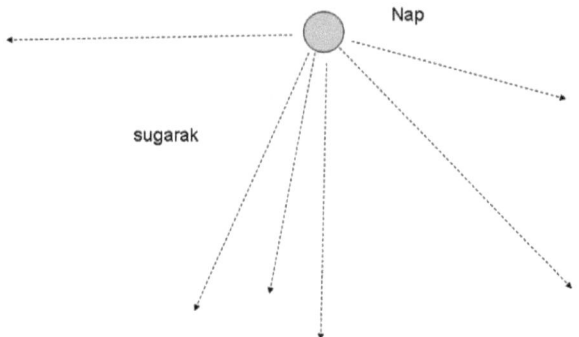

45. ábra

Gagarin űrrepülése 1961. április 12-én, Farkas Bertalan űrutazása pedig 1980. május 26-án történt. Én már az ötvenes évek elején olvastam először az UFO-jelenségről egy könyvtári könyvben felejtett papírlapon, amely egy amerikai újságcikk magyarra fordítása volt, egy ábrával szemléltetve, erre a mai napig emlékszem. (46. ábra) Ezt a témát azóta minden évben sok alkalommal olvashattuk valamelyik lapban, a szöveg közlőjének nézete, ha akarjuk vallása szerinti formában előadva, és jól megtoldva ezzel vagy azzal az elmélettel. A szöveg szerint a forgó tányér tartotta egyensúlyban, az alatta lévő antigravitációs tér pedig lebegve az objektumot. Arról, hogy milyen szerkezeti elem tartotta álló helyzetben a kupolát, nem írtak. Nagyon sokféle repülő csészealj kép kering az interneten, televízió előadásokban és irodalomban. Elképzelhető egyáltalán az, hogy a világűr tele van a földönkívüliek számtalan féle repülő szerkezetével? És ha az ember gyarmatosítani akarja a világűrt, az ufonauták nem ezt akarják tenni úgy, hogy összeveszítenek bennünket a saját kiírtásunkra? Talán ezen is kellene kicsit gondolkozni.

REPÜLŐ CSÉSZEALJ

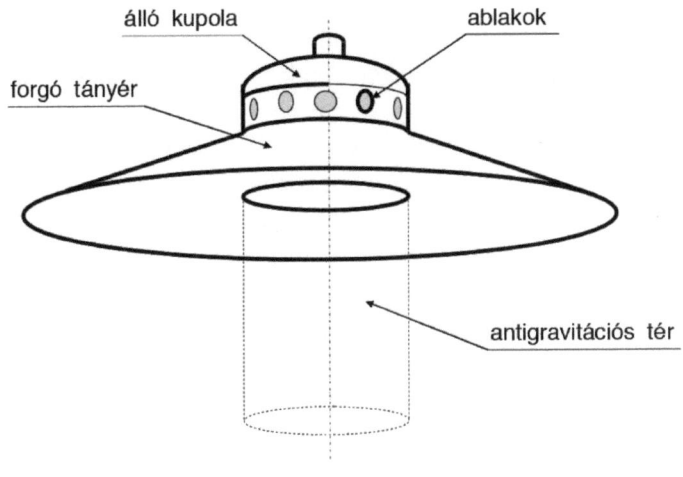

46. ábra

A forgó külső gyűrű egyébként felveti egy szerkezeti megoldás szükségességét a hatás-ellenhatás miatt. A forgó külső gyűrű egy ellenkező irányú forgatást eredményez, aminek a hatására a központi kupola ellenkező irányba kezd forogni. Ez jelentkezik a helikopterek üzeménél is. Ezt egy, a gép farokrészére épített kis egyensúlyozó propellerrel vagy két egyforma nagyságú, egymás feletti, de ellenkező értelemben forgó rotorral oldják meg. Ezt már Asbóth Oszkár is tudta, ezért a rákosmezei kísérlete alkalmával a kettős rotort választotta a gépe megépítésekor. Állítólag ez a kísérlet volt a helikopter egyik első példánya, és még sok idő telt el, amíg megvalósult ennek a repülő szerkezetnek a biztonságos megalkotása. Ma már senki sem lepődik meg, amikor eldübörög vagy lebeg a feje felett egy ilyen masina.

Itt közbevetőleg egy gyakran bemutatott ufójelenséget próbálok egy egyszerű trükkel megmagyarázni. Van egy jó és megfelelő nagyságú fénykép, például egy űrjármű, amely a csillagos égen látható nagyobb égi mezőben. Ezt a képet lerögzítjük egy felvevő kamera elé úgy, hogy a kamera látószögét kitöltse, majd egy átlátszó fóliára rajzolunk valamit, mondjuk, egy ufót. A fóliát a képre helyezzük, és elindítjuk a felvételt, és a fólián lévő képet lassan közelítjük az űrjármű felé.Egy pillanatra megállunk a mozgatással, majd hirtelen az előző mozgatásra merőlegesen elrántjuk a fóliát, megkaptuk a csodálatosan irányt váltó ufójelenséget. Ezt természetesen más, például egy harci repülőgép felrobbanásával, a hegyek felett repülő ufóval is megtehetjük, nagyon hatásos. Fotózással már nagyon sok csalást követtek el, a valóság bizonyítása igen nehéz feladat.

A következő kép bemutat egy esetleg ufónak fotózható tárgyat, a hasonlóság meglepő. (47. ábra)

Az 1940-es években még használatban volt a 45. ábrán látható, gömb alakú lámpabúra foglalata. Ez egy menetes fém tartócsővel csatlakozott a mennyezeti tartóhoroghoz, olykor csak az áramellátó vezetéken függött. A foglalat hengeres részén a keletkező meleg elvezetésére furatok voltak. A búra eltávolítását, az elromlott villanyégő cseréjét a búrának a foglalathoz viszonyított megemelésével és elforgatásával lehetett elvégezni. Ez időben még használatban volt a szénszálas izzó is.

Keresem is az ócskásoknál egy ilyen foglalatot. Némelyikük még emlékezett is rá, már nem árulták. Pedig ezt is lehet ügyesen repülő ufónak fotózni.

Mint az élethez, mindenhez kell egy kicsi szerencse is. Állítólag Howard Carter ásatásánál egy arab kisfiú találta meg a keresett sírba vezető lépcsőt, amikor egy bottal kapirgált a kőtörmelékes homokban. Mark Lehnert orientalista régészt egy turista lova alatt beszakadó sírbolt vezette a Nagy Piramist építő munkások sírjainak a feltárására. A sír falai, hasonlóan a gazdagok sírjaihoz, gipszvakolattal és festésekkel voltak ellátva, de a friss levegővel való érinkezés után nemsokkal minden leporlott a falakról, igazolva azt, hogy minden, amit a régészek feltárnak, a világ minden területén, több-kevesebb idő után elvész. A homok alól kiásott templomok falán lévő vésetek is egyre fogy-

UFO, VAGY LÁMPABÚRA FOGLALAT

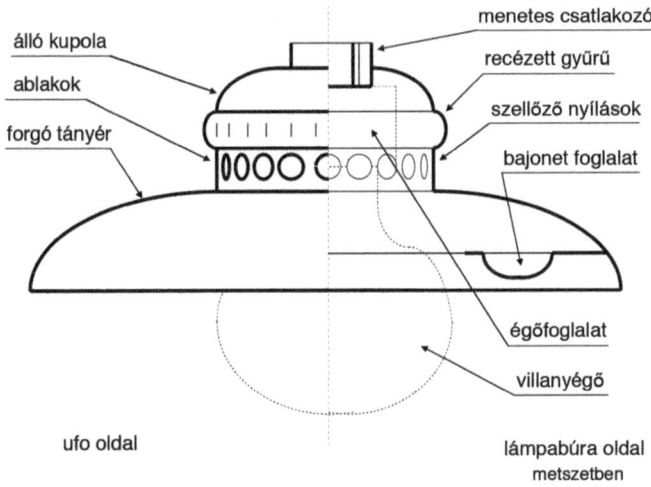

47. ábra

nak a napfény és a kőzetből kiváló sók hatására. Ez a sír igazolta azt a tényt, hogy az egyiptomiak ismerték a boltív készítését, mert ezt a kamrát így fedték be. Van ívesen faragott mennyezet némelyik királysírban is, amelyre hosszúra nyújtott, a kezével és lábával letámaszkodó nőalak, Nut, az égistennő van festve.

A Nagy Piramisról írva valaki a galéria fedését boltívesnek ábrázolta, mert a falazat köveit egy-egy osztással beljebbre helyezték. Aki ezt így gondolja, az vajmi keveset tud az építés alapfokú ismeretéről. (48. ábra)

TEREM FEDÉS KIALAKÍTÁSAI

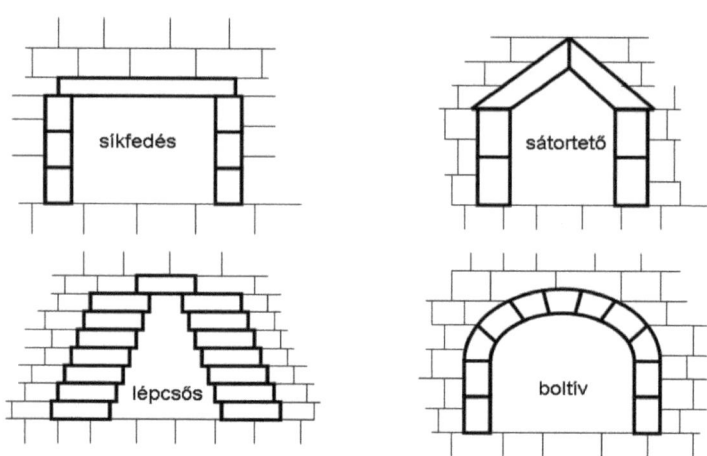

48. ábra

Dr. Zahi Hawas, az ásatások főfelügyelője Abusir mellett feltárt egy veremsírt, amely egy főember, név szerint Ufa temetkezési helye volt. A sír mélyen a föld alatt van, így sok törmeléket kellett kihordani a megtisztításához. Egy földrengés majdnem betemette a munkájukat, ezért beton védőfalat kellett készíteni a biztonságos munkához. A sírban lévő múmia húsz tonnás kőfedéllel lezárt, ötven tonnás szarkofágban lévő, háromtonnás, fedéllel ellátott koporsóban volt eltemetve, pedig csak egy főember volt. A kiemelt és röntgennel megvizsgált múmiát visszahelyezték a sírjába. Dr. Zahi Hawas szerint nincs jogunk megszentségteleníteni az elhunytat, múzeumban kiállítva mutogatni a bámész embereknek. Ebben igazat adok neki. A zsidók és arabok is ragaszkodnak a sírjaik épségéhez, ezeket nem szabad feltárni vagy megszüntetni.

Dr. Zahi megmagyarázta egy hatalmas szarkofág sírba helyezését is a 49. ábra szerint. Állítólag a sírt homokkal töltötték fel, majd a mellékcsatornán át hordták ki a homokot, így süllyesztve le a hatalmas szarkofágot. Szerintem ez a szarkofág elbillenését okozza, mert nehéz alóla egyenletesen kiszedni a homokot.

AZ ABUSIR-I SZARKOFÁG ELHELYEZÉSE

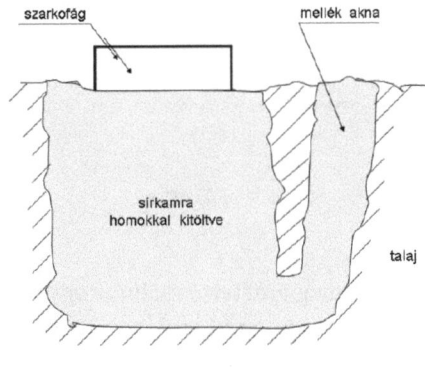

49. ábra

Talán bizonyos alátámasztást alkalmazni lehet, de annak az eltávolítása is komoly feladat lenne.

A szarkofágot gyakran keverik a múmiakoporsóval, még szakemberek is. Pedig teljesen egyértelmű szavakról van szó. Még komolyabb, pontosan előadott vagy elmondott szöveg továbbadásánál is történhet egy kis változás, pláne amikor több szájon és fülön halad át. Nézzük meg a 50. ábrát.

A szarkofág általában kőből készült, ebbe helyezték a múmiakoporsót, amelybe a múmiát tették. Szarkofágot csak a magasabb rangú személyek részére készítettek. Az alacsonyabb rangúakat csak koporsóba, múmiaként temették, a legalacsonyabb rendű holtakat csak eltemették, mint manapság is.

SZARKOFÁG ÉS MÚMIAKOPORSÓ

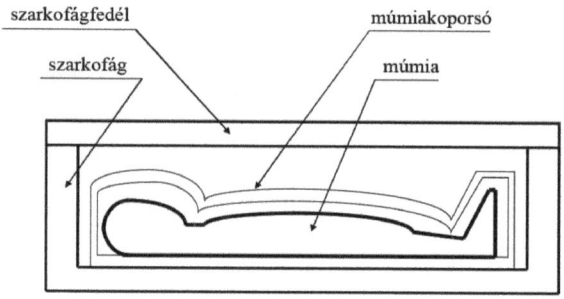

A király bepólyált, és ékszerekkel ellátott múmiáját egy koporsóba zárva helyezték a szarkofágba

50. ábra

Nem lehet elégszer megismételnem, hogy egyáltalán nem vitatom a Nagy Piramisba kódolt különleges, mondhatjuk, titokzatos tényeket, adatokat. Csupán a teljesen egyértelmű valótlan közlések ellen tiltakozom, melyek gyakran népbutítás értékűek. Akik nem figyelmesen olvasnak, csak hisznek, szintén belekerülnek ebbe a csapdába, amelyből azután nehéz visszatérni a valóság mezejére. Ilyen például az, amikor valaki állítja, hogy az ókori egyiptomiak remekül értettek a csillagászathoz, mert látható a denderai templom mennyezetén lévő zodiákus, az állatövi csillagok ábrázolása. Mivel ezt a templomot időszámítás előtt 200 körül, a görög Ptolemaiosz Eurgetész építtette, nagyon valószínű, hogy görög ismeretek szerint készítették a csillagok ábrázolását. Természetesen ez nem zárja ki az egyiptomiak csillagászati ismeretét sem, de miért nem készítettek ők is hasonló égbolt-képet valahol, valamikor, ennél korábbi időben? Ennek a templomnak a nagy oszlopcsarnokát Augustus császár építtette, de Tiberius, Caligula, Neró is folytatták az építkezés munkálatait. Végül Domitianus és Traianus fejeztette be.

Komoly tudományokkal és az állam vezetésével kapcsolatosan nem lehet „én azt hiszem", amint azt sokan használják nap mint nap, még a parlamenti üléseken is. Ez a piramidológusok szóhasználatában is gyakran előforduló és megdönthetetlennek mondott állítás. A valóságot csak aprólékos munkával, sok türelemmel, odafigyeléssel, még az ellenvélemény meghallgatásával is, kétséget kizáró tényekkel lehet teljesen egyértelműen bebizonyítani. Mindenesetre azok a szakemberek, akik sok évet töltenek el úgy a szakirányú tanulással, mint a tényleges helyszíni feltáró munkával, nagy valószínűséggel inkább tudnak valós tényeket képviselni, mint azok, akik egy gondolattól indíttatva állítanak valamiféle felfedezést.

Persze, mind a két oldalon állók kerülhetnek olyan vakvágányra, amelyről nem tudnak vagy nem is akarnak letérni, és így haladnak tovább. Az emberi megfigyelés hibájából a látvány vagy tanult anyag későbbi felidézése, elismétlése, nagyon sok esetben – talán csak egy kis félreértés miatt – teljesen más értelmezéssel történik, mint ahogyan az eredetiben volt. És ha sokszor elismétel valaki valamiféle történetet, előbb-utóbb maga is elhiszi, annak ellenére, hogy tudta, látta a kezdeti állapotot. Így lehet azután a fiatalon elhunyt fáraó, Tutanhamon Howard Carter által feltárt sírjában „rengeteg trónszék és harci kocsi". Vagy a Frederick Norden rajzán lévő piramisok magassága az oldalhossz többszöröse.

Egy igaz történet a tanult dolgok helytelen visszaadásáról a következő példa. Dátum 1953, helyszín egy laktanya előadóterme, a résztvevők az újoncok és az azokat oktató, fényesre vakszolt csizmás, kezét napóleoni módon a zubonya gombjai között tartó, frissen végzett alhadnagy. Téma az újoncok politikai műveltségének hiányát pótló előadás, a Nagy Októberi Szocialista Forradalom. Az előadó közli, hogy a N. O. Sz. F. október 23-án kezdődött és november 7-én ért véget. Felemeltem a kezemet tiltakozásul, mire megkérdezte: „Maga miért nyújtózkodik?". Próbáltam elmagyarázni, hogy ez nem egészen így volt, mire még egyszer elmondta az előbbi állítását. Amikor odáig jutottam, hogy elmondhattam, ez a két dátum egy és ugyanaz az időpont, hirtelen világosság gyúlt az agyában, de zseniálisan kivágta magát a pácból, mondván: „Ezeknek hiába mondja, úgysem értik meg". Sajnos az újoncok hallgattak, mint a sír, talán tényleg nem értették vagy nem mertek ellenkezni. Ilyenek vagyunk! Azt senki nem tagadhatja, hogy vagyonszerzés, kincskeresés, hatalomszerzés motiválja az emberek nagy részének tetteit.

Az emberek egy része mindenre, még gyilkosságra, népirtásra is képes azért, hogy a mások által megtermelt javakat, mások tudását eltulajdonítsa és maga javára használja fel, hogy „nagyobbnak" tűnjön a többi embertársánál. Ezek közül is a legerőszakosabbak „nagy dolgokat visznek véghez", országokat igáznak le, rabolnak ki valamiféle jelszó alatt. Ez lehet bosszúállás, mint Nagy Sándor esetében, aki a Perzsa Birodalmat Görögország miatt támadta és rombolta le. Ez dicső tett a görögök részéről, de a perzsáknak nem ez volt a véleménye. De lehetett ennek a tettnek a célja csupán a megszállás, annektálás, kirablás és a saját nagyságának a bizonyítása. A teljes igazat sohasem tudjuk meg.

Megjegyzem, hogy egy futballmérkőzésen a sértett bosszúját, visszarúgást/ütést erősebben büntetik! A bosszú újabb bosszút kíván, és ez nem vezethet jóra, akár egy háború indítására. A kisstílű emberek megelégszenek egy kisebb tett véghezvitelével. Egy ablak betörése, falfirka készítése, valaminek a lerombolása vagy egy másik ember, aki lehetőleg gyengébb náluk, öszszeverése, vagy akár csak egy sír kirablása.

Tanúja voltam egy öreg temető felszámolásának. A sírokból kiforgatott csontok között kutattak emberek értékeket keresve. Az egyik sírban lévő koporsó teljesen jó állapotú, ónozott vaslemezből volt készítve és le volt forrasztva. Egy ember ásóval felfeszegette a lemezt, majd a koporsó alsó felében lévő, nyilván a hulla felbomlásából keletkező zöld folyadékban kotorászott puszta kézzel, keresve a halott esetleges ékszereit. A koponyát is előkereste, az öregek még azt is megállapították, hogy ki lehetett az elhunyt. Majd a koporsó lemezanyagát gumicsizmás lábaival síkra taposta és hazavitte. Én ekkor nyolcéves lehettem, és hazamenve elújságoltam, hogy mit láttam. Papám lakatos mester volt, érdeklődött, hogy ki volt az az ember. Én nem ismertem őt, csak azt tudtam mondani, amit hallottam és láttam. Lassan azonosítottuk a turkálót. Apám azt mondta, hogy ismeri az illetőt, vöröskatona volt a kommünben, és most majdnem mindig a kocsmában látható, nemigen szeret dolgozni. Majd azt mondta, hogy figyeljem meg, el fog jönni és csináltatni akar a koporsó lemezéből valamit. Igaza lett, pár nap múlva tényleg eljött hozzánk és megkérdezte apámat, hogy nem csinálna-e neki egy sütőt a tűzhelyébe, mert a régi tönkrement. Apám mondta neki, hogy nincs lemeze, amiből tudna sütőt készíteni. Lemezem van nekem, mondta az ember. Az apám arra hivatkozva, hogy most hosszú ideig nem ér rá, mert sok a munkája, nem vállalta el a koporsóból sütő készítését. Elnézést kérek a becsületes vöröskatonáktól, de ez a történet igaz. Sajnos minden rendszerváltáskor előkerülnek a lehetőségeket meglovagoló szadista, ingyenélő, rabló egyedek. Ilyenek vagyunk mi, az emberek, ütjük a gyengébbet. Persze nem nagy a különbség a koporsóból sütőt készíttető és a múmiát a fogadótermébe dísznek kiállító között, legfeljebb anyagiakban.

Aki egy kicsit odafigyel, tudhat arról az újsághírről, hogy 1981. április 26-án a reggeli órákban Alexandra Pavlovna, Nagy Katalin cárnő unokája, I. Pál cár lánya, József nádor feleségének ürömi kriptáját kirabolták. Értékeket vittek el, és letörték a mumifikált holttest két alkarját. A sírrablókat kézre kerítették, az egyik lakásában több más sírrablás maradványait találták meg, a letört két alkart a ruhásszekrényben, a vasalt fehérneműk között lelték. Tehát sírrablók ma is vannak. Bizonnyára több másik kriptát is kiraboltak már, amiről eddig nincs tudomásunk. Ezek után képzeljük el, egy igazi királysír milyen vágyat ébreszt egyes emberekben, hogy annak értékeit bármi áron megszerezzék. Így azután nem kell csodálkozni azon, hogy a piramisokat is üresen találták a modern sírrablók, a régészek. Azért néha leesett valamicske a számukra is, itt-ott találtak némi értéket, de a nagy fogásokhoz mérten ez semmi, nem is nagyon beszélünk róla. Az is lehet, hogy már a temetést végző papok is gondoltak a sír kiürítésére, és egy mellékutat készíttettek az építőkkel, valamilyen megokolás szerint, vagy csak kijelölték azt a helyet, ahol a legkönnyebben be lehet hatolni, minden észrevehető külső jel nélkül. Alig találni olyan sírt, amelyet nem bontottak fel és ürítettek ki, néha a temetés után egész rövid idővel, a sírok kirablására szakosodott csoportok, amelyek talán már évezredek óta ebből éltek, családról családra adva a szakma ügyes fogásait.

Az igazi nagy rablások azok, amelyek esetleg népcsoportok megszűnéséhez vezettek, emlékezetesek, dicsőséget hoztak az elkövetőiknek. Igaz, hogy a kárvallottak talán még a mai napig átkozzák a kirablóikat, akik mára már dicső népekké váltak. Így szűnt meg az azték civilizáció, amely spanyol konkvisztádorok véres működésének köszönhető, ami talán még ma is jelentős aranymennyiséget jelent az államuk számára. Vagy hasonló Amerika őslakóinak, az indiánoknak módszeres irtása, akiket elűztek a hazájukból vagy irtottak a civilizáció nevében a bevándorló európaiak, dicső tettnek állítva mindezt. Napóleon seregei Kis-Ázsiától Moszkváig gyűjtötték az érintett népek értékeit. A nagy Orosz Birodalom is hasonlóan működött, megszállva, szebben mondva annektálva a környező kis népeket, e területek őslakóit. A földjükből kitermelték az olajat, gyémántot, annak hasznát a megszállók élvezték, az őslakóknak mára csak a puszta föld maradt. Most ezek a megszálló hatalmak ítélkeznek más nemzetek felett az igazság maszkja mögé bújva, mert ők az erősebbek. Elmennek idegen országokba rendet tenni, habár nem hívták őket oda, és csodálkoznak, hogy ott nem szeretik őket. A szabadságukért harcba szállókat pedig vad terroristáknak kiáltják ki, és tűzzel vassal harcolnak ellenük. Életem során már több esetben tapasztaltam, hogy ugyanaz az ember szolgálta ki az éppen uralkodó és a soron következő hatalmat, minden alkalommal a húsos fazék mellett állva, amíg valaki fel nem ismerte, sőt néha még azután is. Júdásnak állítólag volt önkritikája, és maga vetett véget az életének. Egyébként Júdás ténykedését másként is értelmezhetjük, ha igaz az írás. Ő írástudó vámos volt, a hagyomány szerint. Tehát tudta, hogy ez az este az elfogatás időpontja. Már későre járt, és még semmi sem történt. Egy közületek el fog árulni engem. Figyel Jézus szavaira, de nincs áruló. Mit tehetne, vállalja az áruló szerepét, hogy az előre megjósolt esemény valóság legyen. Így is lehetett. A néptömeg, amint már szó volt róla, nem ember, hanem csorda. Ügyesen manipulálva azt lehet vele tenni, amit csak akarnak a hajcsárok, csak el kell indítani a néptömeget, a többi már magától megy. Gyalogáldozatul oda lehet lökni akár a legjobb barátunkat is a kívánt változás bekövetkezése céljából, amint az számos esetben meg is történt. A politika is ezt teszi: a saját javára hasznosítja az összezavart elmék marakodását. Mindenki ismeri a két bocs esetét a talált sajttal és a ravaszdi rókával, aki az egyenlő elosztást mímelve megeszi a sajtot előlük. A jelenlegi politika egyes csoportjainak az a célja, hogy átvegyék a hatalmat az éppen működő csoporttól. És mindent megtesznek azért, hogy ellenfeleik programja ne sikerüljön.

Amióta ismerjük az emberiség történetét, mindig ugyanaz ismétlődik. X. Y., a nagy király megölte az előző királyt, mert az szerinte zsarnok király lett. Királlyá választása után új törvényeket hozott a „népe javára", de megöregedve zsarnok lett. Ekkor jött Z. Q., aki megölte a zsarnok királyt, és ő lett a jó király, új törvényeket hozott, de megöregedve zsarnok lett. Ekkor jött egy új király, aki megölte... és így tovább a mai napig. És miért akar valaki király lenni? Egy ember így mesélt barátjának: *„Tudod, Béla, amikor én a ... gyárban dolgoztam, ha mondtam valamit, százötven ember futott azt végrahajtani, nagyon jó érzés volt".* Képzeljük el, hogy egy ország vagy birodalom népe hajtja végre a parancsunkat, milyen boldogító érzés, ezért még ölni is érdemes. Sajnos ez is sokszor megtörténik.

JÁRTAM A PIRAMISOK FÖLDJÉN

1982-ben lehetőségem volt két hetet eltölteni Egyiptomban, a piramisok földjén. Egyéni turistaként, csupán négyesben voltunk, így a csoportos turizmus béklyói nem kötöttek. Sajnos a szűkös anyagiak igen, így nem láthattuk Asszuánt és Abu Szimbelben II. Ramszesz és felesége hegybe vájt templomait és még sok mást. Igaz, a két hét sem volt nagyon hosszú idő. Természetesen már az indulás előtt készültem a látnivalókra, történelmi, turista és útleíró könyveket olvasva. Az elmúlt években történt komoly feltárások újabb látnivalói is érdekeltek.

Az utazás során napokat töltöttünk el Kairóban, ahol a múzeumok és mecsetek, valamint a temetők, a Holtak Városa megnézése volt a fő célunk. Majd a ma már Kairóval szinte összenőtt Gíza három nagy piramisát és sírmezejét láttuk. Jártunk a Nagy Piramis sírmezőjében, a masztabák között. Voltunk bent a piramis belső tereiben is. Memphis következett ezután, majd Szakkara sírmezeje, Mereruka és Ti masztabája és az Ápisz bikák temetője, a Szerapeion. És az első, még lépcsősre épített piramis, amit a régészek szerint Dzsószer fáraó építtetett.

Elutaztunk hálókocsis gyorsvonaton Luxorba. Ezt a szerelvényt még a mai napig „magyarinak" hívják, mert az első gyorsvonatot mi, magyarok gyártottuk és szállítottuk Egyiptomnak, még a második világháborúháború előtt! Sajnos ma már nem mi, magyarok, gyártjuk a motorvonatot. Itt megtekintettük Luxor, Karnak templomromjait, a Nílus nyugati oldalán a Memnon-kolosszusokat, II. Ramszesz és III. Ramszesz sírtemplomának romjait. Láttuk Hatsepszut királynő templomát, ahol lengyel régészek dolgoztak, majd a Királyok Völgyébe mentünk. Itt megnéztük II. Amenhotep, majd az ifjan elhunyt fáraó, Tutanhamon sziklasírját. Ekkor még nem volt üveglappal fedve a sírok fala, mint már a mai időben. Most ilyen védelem van készítve a turizmus rongálása miatt.

Láttuk még az edfui Hórusz-templomot, amely az egyik legépebben megmaradt építmény. Igaz, már a Ptolemaioszok idejében épült. Láthatók itt a falakba karcolva a megszálló napóleoni katonák nevei is, tehát ők is eljutottak eddig a területig. Amit legdélebbre utazva láttunk, a Kom Ombó-i templomrom volt. Meglepő volt számomra, hogy mennyivel több és mennyivel nagyobb régi építmény romja maradt fent Egyiptom területén, mint a jóval későbbi görögországi területeken.

Az ősi egyiptomi kultúra azóta is érdekel, és ha tehetem, elolvasok minden ezzel foglalkozó irodalmat. Az utóbbi években a közkézen forgó népszerű folyóiratok hasábjain annyi valótlanságot láttam leírva, hogy ez késztetett arra, készítsem el ezt az írást. Ahogyan a régi romok kövei egyre fogynak, a méreteik egyre ellenőrizhetetlenebbek lesznek, a róluk írott könyvek, cikkek, a csodálatos, belekódolt adatok hatványozottan szaporodnak. Rengetegen akarnak találni egy olyan bekódolt dolgot, amit mások még nem vettek észre. Aki úgy véli, hogy talált egy ilyen valamit, már nem lát mást, csak azt, amit ki akar csikarni a piramis méreteiből.

Mindenesetre a Nagy Piramis megpillantása megrendítő érzést szül. Félelmetesen lenyűgöző a látvány, amint gyalogosan megyünk felfelé a Mena House Oberion Hotel melletti úton, és a kanyar után a szemünkbe tűnik kisebb hegynyi méretével a Nagy Piramis. Elindul a fantáziánk a hatalmas méreteket látva, és könnyen túlzásokba esünk, és elveszítjük a realitásokon alapuló, gyakorlati tudásunkat. Ha nem figyelünk kellőképpen arra, amit látunk, elveszítjük a valóság talaját a lábunk alól. Könnyen juthatunk olyan helyzetbe, hogy látjuk, amit nézünk, de nem azt látjuk, amit látni kellene. Talán úgy, ahogyan egy gyermek látja a saját rajzát, amikor azt mondja, hogy „nézd anyu, lerajzoltalak", és mutat egy ákombákom rajzocskát. Vagy úgy, ahogyan egy bűvész mutatványa elkápráztat bennünket, pedig csak egyszerű és sokszor primitív trükkel állunk szemben. De nehéz tiszta fejjel, másokat is elismerve egészen tárgyilagosnak lenni.

Régi olvasmányaimban és a helyszínen is találkoztam azzal az állítással, hogy az arab építészek olyan zseniálisan dolgoztak, hogy mecseteikben a beépített, mintegy másfél méter hosszúságú köveket úgy faragták meg mintás, hullámos oldalúra, hogy azokat egymásba tolva a felületük annyira tökéletesen egymásba illik, hogy teherhordóvá váltak. Az önkéntes arab idegenvezetők – a dragománok, akikből minden helyen találni eleget – például Kairóban, a Szultán Hasszán mecset udvarán lévő, az iszlám négy ágazatának megfelelően kereszt alakban elhelyezkedő nagyméretű mellékudvarok belépő ívére mutogatva állították ugyanezt. Ott állva azonban másként láthatja az ember, ha figyelmesen nézi, amit lát. A jámbor turistát, ha nem figyel, könnyen becsapják, mert van olyan ív is, ahol nemcsak a szemből látható mintázat ilyen, hanem ugyanennek a kőnek az alsó mintázata is hasonló, ami a kövek öszszetolását lehetetlenné teszi. Ilyen jellegű szándékos, vagy csak tudatlanságból adódó félrevezetéssel mindenütt találkozni lehet, még a magyarul megjelenő turista kiadványokban is. Valószínűen volt egy cementszerű anyaguk, amellyel a kövek kifaragott vájatait más-más színű anyaggal bevakolták, és simára faragták.

Már a Nagy Piramis mellett is észrevettem a piramisokról írt valótlanságokból párat. A piramis kövei nem egyforma nagyságúak, nem kockák, és nincsenek simára faragva! Legalábbis a kívülről láthatók. A piramisról írók kétmillió vagy kétmillió-ötszázezer csiszolt gránitkő kockát írnak a piramis anyagaként, aszerint, hogy honnan vették az információikat. De hát csakis az alapot és belső tereket képező kövek készültek időtálló gránitból és vannak simára készítve! A burkolatból, amit már teljesen lebontottak, csak az alapnál maradt meg pár darab, pedig finomabb mészkőből készült.

A piramisban szinte egyetlen kocka alakú kőtömböt sem lehet találni. A kövek különböző méretű hasábok. Sok esetben még az egymás mellett lévő kövek magassága sem egyforma, és pláne nem simára faragottak, és nem csiszoltak, igen rossz állapotúak is akadnak közöttük.

Az alapkősor magassága kb. 1,5 méter, és gránitból van. A többi kősor ennél mind alacsonyabb, és kevésbé időtálló kövekből van készítve. Sőt a kövek közötti rések kipótlására nagyon sok helyen apró, emberfejnyi vagy még annál is kisebb kődarabkák szolgálnak. Ez azt látszik igazolni, hogy egyszerre több helyen folyt az építkezés, és amikor egymás mellé került két építőcsoport, hézag maradt a kövek között, ezt pótolták apró kövekkel.

A negyedik kősor magassága már csak 1 méter körüli, az e felettiek pedig még alacsonyabbak és igencsak látszik rajtuk az idő foga. Látható ez a közölt képeken is. Az arab gyerekek némi baksisért pár perc alatt felszaladtak – manapság már nem lehet ezt tenni – a Khufu-piramis tetején lévő teraszra, a kősorokra mintegy felugrálva. Gyors számolással megállapítottam, hogy bizony a kövek darabszáma nem a piramisról írók szerinti. A beépített kövek száma hét-nyolcmillió körüli.

Ugyancsak nem a valóságot adják a piramisok oldalhajlását megadók sem az ideális oldalhajlást említve, mint a piramisépítés alapkövetelményét. A Gíza sírmezején álló három nagy piramis oldalhajlása sem egyforma. Nem is beszélve a többi piramisról vagy piramisromról, mert a mellék-, úgynevezett szatellit piramisokkal együtt mintegy nyolcvan épült Egyiptom területén. Gízai területen is van három nagy és hét kis szatellitpiramis, illetve piramisrom. Mind a három piramisnak van kisebb kísérő piramisa. A Kheopsz (Khufu) piramis mellé három, Khefren mellé egy és a Mükerinosz piramisa mellé szintén három kis piramis épült. Kheopsz piramisa mellett egy sírmező helyezkedik el, amelyben a régészek szerint a király közeli rokonságát és a hivatalnokait, főembereit temették. Itt találták meg Kheopsz anyjának, Hotepheresz hercegnőnek, Sznofru fáraó feleségének érintetlen sírját, amelynek a leletanyaga ma az Egyiptomi Múzeumban látható.

A piramisok körüli sírmezőbe tilos bemenni (esetleg némi baksisért azért lehet!), ezt őrök is ellenőrzik, ugyanis mindegyik sír felülről egy lyukkal rendelkezik, amelyen át kiürítették a sírrablók, és félő, hogy valaki beleesik, mint a hangya a hangyaleső homoktölcsérébe.

A Nagy Piramis belső szerkezetét bemutató rajzok általában nem a valóságot adják. Ha csak a Nagy Piramis ábrázolásait tesszük mikroszkóp alá, máris tévesen készített rajzok tömegét láthatjuk. Általában a piramis magasságát az alapjának a hosszával azonosnak mutatják be, pedig a magasság kb. 147 méter, az alap hossza pedig 232 méter volt, vagyis több mint másfélszerese a magasságnak. A kiadványokban közölt ábrák rendre rosszul adják meg a Nagy Piramis adatait. A nagy galéria ferde alapsíkját és a királyi kamra vízszintes síkját egy pontban találkozónak adják, holott a királyi kamrába manapság csakis egy fából kialakított lépcsőn lehet bejutni. Hogy eredetileg hogyan mentek be a királyi kamrába, azt nemigen lehet megállapítani a leírások alapján. Ez a lépcsős elrendezés ellenőrizhető az utóbbi években kiadott gyönyörű könyvekben, amelynek a címei:

EGYIPTOMI TEMPLOMOK, ISTENEK, FÁRAÓK
és
EGYIPTOMI PIRAMISOK.

A kiadványokat Alberto Siliotti kötötte csokorba. Az első könyvben a 128–129. oldalon lévő kétoldalas kép jobb felső sarkában látható a kinagyított sírkamra rajzán, a másikban pedig a 15. oldalon lévő keresztmetszeti rajzon, hogy a nagy galéria alapsíkja és a sírkamra padlószintje nem esik egybe, jelentős lépcső van a két sík között. Szinte minden piramisról író a királyi kamrának nevezett termet a piramis csúcsa alatt pontosan középen lévőnek adja. Pedig az jelentősen eltér ettől a függőlegestől déli irányba. A befejezetlen másik kamra, amelyik alacsonyabban helyezkedik el, viszont pontosan a csúcson átmenő függőlegesbe van építve.

Mint minden műben, ezekben a szép könyvekben is előfordulhatnak tévedések, netán fordítási elírások. Példának nézzük meg az „Egyiptomi templomok, istenek, fáraók" című könyvet. A 162. oldalon látható a luxori templom kapuzata és a karnaki templomokhoz vezető, szfinxekkel díszített út egy része. A kép alatti szöveg:

"162-163. I. Nektanebo fáraó (XXX. dinasztia i. e. 380-362) emberfejű szfinx-szobrokkal szegélyezett, mintegy 200 m-en feltárt ünnepi útjának (görögül dromosz) részlete a luxori templom előtt, jelenlegi állapotában. A kosfejű szfinxekkel díszített dromoszt III. Amenhotep fáraó (i. e. 1386-1349) építtette, mely Luxort és Karnakot kötötte össze".

Ezek a Luxort Karnakkal összekötő szfinxek emberfejűek, amint az idézet elején olvasható is! A kosfejű szfinxekkel díszített másik út a karnaki Amon templomot a Nílussal összekötő út. A kosfejű szfinszek egy része ma is látható a templom bejáratánál sorba rakva.

Sokan szinte lehetetlen feladatként értékelik azt, hogy a kamrákat a piramis elméleti közép függőlegesébe építsék. Ez pedig nem is olyan nagy feladat. Az alapsík középpontjának a kitűzése nem okozhatott gondot, hiszen a piramis középpontjaként csak a sarokpontokon átlósan átmenő egyenesek metszési pontját kellett meghatározni. Ez például öt darab kétméteres egyenes rúd segítségével megoldható. A kitűzött sarokpontokba függőlegesen felállított négy rúd segítségével az ötödiket úgy és addig kell mozgatni, amíg mind a két irányban fedik egymást a sarokpontokon felállított rudakkal. Ez lesz a csúcson átmenő függőleges alappontja, amit megjelölünk. Ha most egy, a következő beépítésre kerülő kő magasságánál hosszabb zsinórú függőónt állítunk be erre a pontra, majd a zsinórt rövidítjük, hogy az új sor egy követ alá tudjuk helyezni. A függőónt leengedve, az oda helyezett kődarabra rájelöljük a függőón állását. Az új kősor felrakása után a kijelölt pontra a függőónt újra beállítjuk, és ezt a feladatot ismételjük minden kősor felrakása után, mindig ismerjük az elméleti középvonal helyét. Az 51. ábrán láthatjuk ennek a megoldásnak a kivitelezését.

A PIRAMIS TENGELXÉNEK KTŰZÉSE

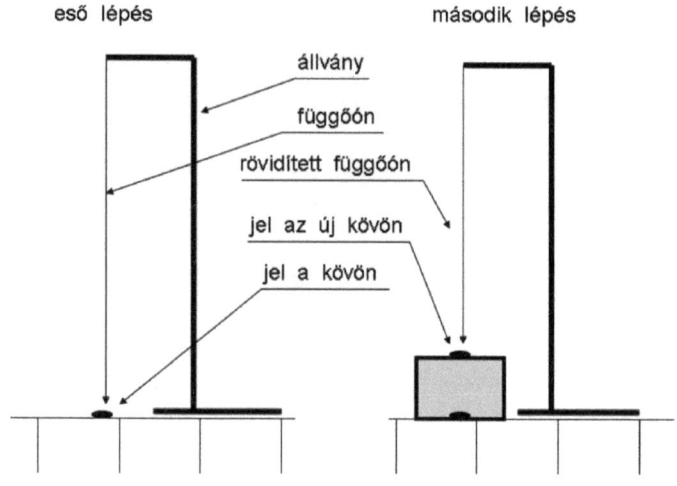

51. ábra

A piramis tengelyének kitűzése

Az ábra bal oldali része azt mutatja, hogy a függőónnal beállunk a már kijelölt középpontra. A jobboldali részen látható, hogy újabb követ helyeztek a következő sor közepe tájára, és ezt a követ, mint a középpont hordozóját ismételten ellátjuk egy jellel, amely a középpontot biztosítja.

Nem tudom megérteni, hogy ha a piramisok nagy részének ismerjük a tulajdonosát, építtetőjét, miért állítják egyesek azt, hogy Khufu piramisa más lett volna, mint a többi. Ha az első, esetleg az utolsó ilyen építmény lett volna, talán lehetne valamiféle, a többi piramistól eltérő rendeltetése, de előtte és utána is épültek piramisok. Khefren és Mükerinosz piramisai a benne talált leletek szerint azonosíthatók. Mükerinosz piramisában például megtalálták a szarkofágot, amelyen állítólag egyértelműen szerepelt:

"Felső és Alsó Egyiptom királya Mükerinosz, az örökéletű".

A Khefren piramisának keleti oldalán álló halotti templomban, amelynek köveit jórészt elhordták, található két különleges méretű kőhasáb. Az egyik 13 méternél is hosszabb, és 180 tonnányi a súlya. A másik még nehezebb, 400 tonnás, és 6,2 x 6,8 méteres alapon 4 méter magas. Közel tízszer nagyobb ez a kőméret, mint a piramisban lévő legnagyobbnak ismert kődarab. A Szfinx hatalmas testét talán a mészkőbányának használt területen meghagyott tömbből faragták ki, legalábbis a régészek szerint. A római időkben az akkor már sérült szobrot kijavították, majd a mai régészek is pótolták az időközben újra megrongálódott burkolatot. Ez az utóbbi pótlás a helytelen anyagmegválasztás miatt károsította a szobrot, ezért most újrajavítják a hiányosságokat. Sajnálatos, hogy azok a romok, amelyek ezer évekkel ezelőtt templomok, paloták voltak, majd a homok temette be őket, a feltárásuk után rohamosan pusztulnak a környezeti ártalmak, sok esetben a világ minden tájára való széthurcolás miatt. Ezek a romok még romosabbá válnak.

Egyébként a pontos méretek hiányában a piramisok oldalhajlása csak feltételezett lehet. A három nagy piramis, Khufu, Khefren és Mükerinosz finom mészkőborítása már évszázadok óta hiányzik, nem is beszélve a Khufu-piramis csúcsát alkotó piramidonról, hiszen ezt az időszámítás előtt 40 körül már Diodorosz sem látta, és még kősorok is hiányoztak, amint azt leírta. Pontos méretet megállapítani pedig csak akkor lehet, ha van mit mérni, a méréshez kell a pontos, a hiánytalanul mérendő tárgy vagy olyan támpontok, amelyekből egyértelműen megállapítható a mérendő tárgy felülete. Egyébként csak feltételezni lehet a méreteket.

Nagyon sok ismeretterjesztő írás jelenik meg úgy, hogy fényképekkel van illusztrálva az, amiről az írás szól. Hiányzik viszont egy viszonyítási alap, egy számunkra is értelmezhető valami, például egy ember vagy olyan tárgy, mérőeszköz a bemutatott tárgy mellett, amelyikkel a méreteket össze lehet vetni. Így azután például egy, az amerikai indián kultúrát bemutató írásban szereplő olmék fejről, amelyet a dzsungelben leltek, a közölt fotóról nem tudjuk megállapítani, hogy milyen méretű, ha az külön nincs leírva.

A piramisokhoz halotti templom is tartozott, a Nílushoz vezető úttal, amelyiknek úgy a folyónál, mint a piramisnál lévő végénél is volt egy templom. Ezekből nem sok maradt meg, de a Khefren-piramishoz vezető út egy szakasza ma is látható. Nagy a valószínűsége annak, hogy a Szfinx a Khefren-piramisnak volt a tartozéka. Egyesek szerint az arca is meglehetősen hasonlít a fáraóról megmaradt ábrázolások arcához, és mintegy a Khefren-piramis előtt áll. Az alatta állítólag átvonuló alagút talán a múmia szállítására épült, ugyanis a Nílus-parton épített, a halott fáraó múmiáját fogadó templomtól, ahol elvégezték az előírt szertartásokat, egy zárt folyosórendszer vezetett a piramis mellé épített másik templomhoz.

Az egyiptomi építmények festve is voltak, amely festés helyenként meg is maradt, de a Szfinxről a sivatagi homokszórásnak köszönhetően teljesen lekopott a Plinius által még megemlített festés. A szobor ma erősen sérült állapotú.

A Nagy Piramis pedig nem volt festve, sőt piramisszövegeket sem találtak benne. Pedig sokan állítják, hogy ez a piramis is festve volt, de festéknek még a nyomát sem találni benne.

Az egyiptomiak többféle írásmódot használtak, ezeket is több irányból indulóan készítették, és így is olvashatók. A kezdeti hieroglif képírás a későbbiekben alakult, veszítve a képi jellegéből, ez a hieratikus írás. Ezt főleg a papok használták, tintával papiruszra írva. Még későbbi időkben a hieratikus írás tovább módosult, elveszítve a teljes képi jellegét. Ez a démotikus írás. A démosz görögül nép, tehát mondhatjuk, ez egy népi írásmód. (52. ábra)

Az emberek nagy többsége szeretne magának olyan sírt biztosítani, amelyben biztonsággal tölthetné el örök nyugodalmát. És legtöbben olyan nyughelyet szeretnének maguknak, amilyen másoknak nincs. Szebbet, jobbat, nagyobbat és biztonságosabbat, mint amilyen másoknak van. Ennek bizonyítását megta-

EGYIPTOMI ÍRÁSOK

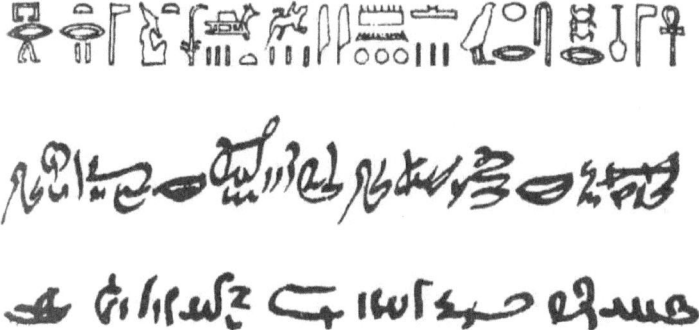

Hieroglif, hieratikus és démotikus írás
52. ábra

lálhatjuk a mai temetőkben is, csak tessék egy rövid sétát tenni ott. Sokan még a fényképüket is rátetetik a síremlékükre, vagy a gyászoló rokonság teszi azt. Hát egy istenkirály lett volna más? Amint köztudott, a fáraók általában már a trónra lépésük után azonnal elkezdték a síremléküket építtetni, hogy a hatalmas építőmunkát időben be tudják fejezni. Tutanhamon fáraót, mivel fiatalon halt meg, állítólag egy már kész, nem neki szánt sírba temették el, ezért a többi királysírhoz viszonyítva a sírja lényegesen kisebb.

Az arabok is foglalkoztak a piramisépítés titkaival, természetesen a maguk javára fordítva a lehetőségeket. Így az építtető személyét illetően is. A terület elfoglalása után a Korán előírásainak megfelelően nagy igyekezettel próbálkoztak megsemmisíteni az emberábrázolást, ha más formában nem, akkor az arc összezúzásával. Ma pedig már büszkén állítják az arabok, hogy az ő őseik voltak az építtetők, és dicsekedve mutogatják azt, amit jelentősen tönkretettek. A kereszténnyé alakított létesítményekben is igyekeztek kivésni az ördög műveit a templomok falairól. Ez így van minden megszálló hatalommal, igyekeznek az előző nép nyomait eltüntetni. Az 53. ábra egy arab rajzot mutat be a piramisok felépítésének elképzeléséről.

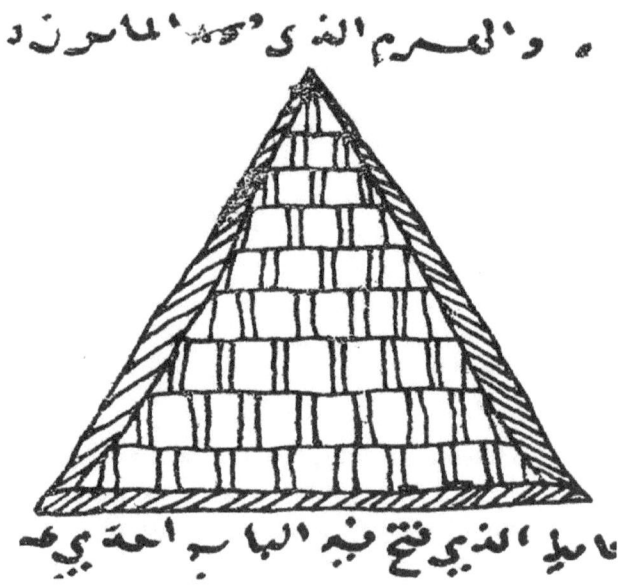

53. ábra

AZ EGYIPTOLÓGIA TÖRTÉNETE

Természetesen az anyag terjedelmes volta több kötetet igényelne, ezért ez az írás az eddig megjelentekből csak részleteket mutat be. Az első ismert leírást a piramisokról Hérodotosz készítette. A kis-ázsiai Halikarnasszoszban született, időszámítás előtt kb. 484-ben, és időszámítás után 425-ben halt meg. Ő a piramisokat teljes pompájukban láthatta, itt természetesen csak a gízai piramisokról van szó. Amint írja, időszámítás előtt 660 körül I. Pszamtek fáraó az akkorra már megrongálódott piramisokat rendbehozatta, és bejárataikat újra eltüntette. Ez azt is jelenti, hogy a Nagy Piramis I. Pszamtek fáraó korában már kirabolt állapotban volt, hiszen még a bejárata is szabadon állott! Ezt sohasem szabad elfelejtenünk! Ezt tudva miért keres kincset a mai feltáró/kirabló?

Hérodotosz ifjú korában politikával foglalkozott, de ezért büntetésül Szamosz szigetére száműzték. Hazatérése után felhagyott a politikával, és a biztonságosabb történetírással kezdett foglalkozni. (Ezt akár a mai időkben is megtehetné sok politikus.) Amint írja:

„hogy feledésbe ne merüljön mindaz, amit az emberek,
görögök és barbárok véghez vittek,
és hogy a csodálatos tettek híre fennmaradjon".

Munkája kilenc könyv terjedelmű. Sajnos az idő folyamán írása, mint annyi más régi írás is, részben elveszett, amint minden ókori mű is részben megsemmisült. Dicséretére legyen mondva, sokat utazott és inkább hitt a szemének, mint a fülének, ezt így írja:

„Kötelességem megemlítenem, miről mit beszélnek,
de nem kell mindent elhinnem".

Tehát nekünk sem kell gondolkodás nélkül mindent elhinni. Bejárta az akkor ismert világot, Kis-Ázsiát és a mai Ukrajna déli részét, a görögök által lakott Líbiát, Dél-Itáliát és Egyiptom területét egészen Asszuánig, amely az akkori Perzsa Birodalom legdélebbi határa volt. Hérodotosz megállapítja a piramisokról, hogy azok:

„Általában a királyok temetkezési helyei voltak".

Találtak romokat, amelyről egyesek azt állítják, hogy a labirintus romjai. Megjegyzem, a labirintusból igen egyszerűen lehet kijutni, még csak Ariadné fonala sem szükséges hozzá. Csak a kezünket kell az egyik falhoz érinteni, és nem elvenni, amíg megyünk, biztonsággal eljutunk a kijárathoz, természetesen ez a megoldás csakis akkor érvényes, ha rögtön a bejárat után tesszük ezt, és csakis az egyik oldali falazatot érintve haladunk előre mindaddig, amíg a kijárathoz érünk. Természetesen egy belső, körbejárható rész falazatánál ez nem érvényes, de ez esetben legalább egyszer el kellett venni a kezünket a falról. Tessék kipróbálni!

A Fájjum-oázis területén az írása szerint emberi kézzel készített, hatalmas tó állott, amelyben két piramis volt. Megadja a tó kerületét is, amelyből ki lehet számítani az átmérőjét, ha kör alakú lett volna. Ez a kerület a mai mértékekre átszámítva 639 kilométernek felel meg, és így a tó átmérője 200 kilométert tesz ki. Ez valóban nem kis teljesítményű emberi munka volt, ha igaz volt. A tavat és piramisait nem találták még meg a fenti állítás bizonyítására. Sokan talán ennek az írásnak az olvasásakor gondolják azt, hogy a piramisokban a királyi múmia egy vízzel körülvett emelvényre volt helyezve. A vízzel körülvett múmia, akármilyen balzsamozást használtak is, igen gyorsan az örök enyészetre jutott volna. A Fájjum-oázis melletti labirintust nagyobb teljesítményű munkának tartotta a piramisok megépítésénél, amint azt a könyvében írja:

"A labirintus a piramisokat is felülmúlja, még nagyobb csoda az emberkéz által ásott Mairisz tó, amelynek kerülete 3600 stadion, és a közepe táján két piramis áll".

Hérodotosz szerint a Kheopsz-piramist harminc évig építették, három havi váltásokkal százezer ember munkájával. Tíz évig épült a piramishoz vezető út, amely öt stadion hosszú (888 méter), és tíz öl (18 méter) széles. Csiszolt kövekből épült, és ezen az úton szállították az építéshez szükséges köveket. Ez idő alatt épült meg a piramis földalatti folyosórendszere és kamrái is. Magát a piramist, Hérodotosz írását véve alapul, húsz évig építették:

„Csiszolt kváderekből, amelyek közül egy sem kisebb 30 maroknál, és a legnagyobb pontossággal illesztették egymáshoz".

Itt nyilvánvalóan a burkolat köveire utal, mert csak ezt látta, mivel a piramis felújított állapotban volt, a belső építőkövekről pedig nem írhatott, mert azokat nem láthatta. A piramisban, annak belső részeiben nem járhatott, hiszen az akkor teljesen épen, zártan állott. Megemlíti még, hogy a piramist rámpák segítségével építették. Ezt nem szabad elfelejteni, rámpák és nem rámpa!

Az általa használt mértékek mai mérete a következő: a stadion 177,6 méternek, a plethorn 29,6 méternek, és az öl 1,8 méternek felel meg. Megadja a Nagy Piramis méreteit is. Az átszámítások elvégzése után az alapél hossza 236,8 méter, ami az akkori lehetőségekhez képest igen pontos érték. Ez a méret a mostani felmérések és becslések szerint 232,4 méter.

A piramis magasságának megadásakor viszont meglehetősen nagyot tévedett, hiszen ha a magasság alatt az oldalél közepétől a csúcsig vezető értéket érti, úgy rövidebb, ha a függőleges magasságot érti, úgy viszont nagyobb értéket adott meg. Lehetséges, hogy itt csak a helyi lakosok elmon-dásaira támaszkodott.

Mindenesetre a leírását nagy valószínűséggel igaznak fogadhatjuk el. A későbbi leírók sokkal pontatlanabb értékeket adnak meg az idő múlásával arányosan. Hérodotosz előtt 50 évvel Thalész a vetett árnyékból kiszámítva a piramis magasságát, a pontos értéket adta meg. Ez a magasságmérési módszer egészen egyszerűen elvégezhető feladat, amint azt már láthattuk.

Hérodotosz azt is írta, hogy Khufu és Khefren gonosz uralkodók voltak, és a nép nem szerette őket. Ezt mások is megemlítették az írásukban, és azt is, hogy a holttesteiket kidobálták a piramisokból.

Időszámítás előtt a III. század első felében Manehto, egy egyiptomi pap, írta meg háromkötetes művét EGYIPTOMI NEMZETSÉGEK címmel. Sajnos csak idézetek maradtak ránk belőle. Megemlíti Dzsószer fáraót, aki az első, még lépcsős piramist építtette, és megnevezi az építőt is, Imhotepet, aki járatos volt a gyógyításban, írásban és a kövek meg-munkálásában, a kőből való építkezésben. Művében felállít egy listát az egyiptomi fáraókról, melyhez a II. Ramszesz apjának, I. Széthinek templomában ma is meglévő, kartusokban vésett listát vette alapul.

Hérodotosz után több mint 400 év telik el, amikor a szintén görög származású, de az időszámítás előtt 80-ban, Szicíliában, Aigüroszban született Diodorosz megírta 40 kötetes munkáját, az előtte íróktól olvasottak átírásával. A mai írók is szeretik ezt a megoldást, hiszen így a sajátjuknak tűnnek az írásaikban tett tényközlések, ezért azután gyakran találhatunk ilyen átírással készült műveket. Könyveiből csak 15 kötet maradt meg. Sajnos ezekben azután találhatunk olyan változtatásokat, amelyekben teljesen más értelmezést kaptak az eddig megírtak. Diodorosz kevesebbet utazott, inkább más művekből vett idézeteket és parafrázisokat írt meg. A parafrázisok saját szavakkal történő értelmezések. Ezek értelme igen erősen módosulhatott. (Amint a már említett a televízióadásban Mózes Vörös-tengeren való átkelése is ilyen módosulás lehet).

A piramis méreteit rosszul adja meg, hosszát 12 méterrel rövidebbnek, magasságát pedig 53 méterrel nagyobbnak adja. Figyeljünk fel arra, hogy ezt azután teszi, miután mások már korábban pontosabban adták meg a méreteket. Ekkor már hiányzott az építmény teteje a piramidonnal. Helyén egy kis, lapos terasz volt, amit Hérodotosz még nem említett meg. Diodorosz is említést tesz többek között arról, hogy a fáraókat gyűlölte a nép, és haláluk után tetemeiket kihajigálta a piramisokból. Ha ezt fogadjuk el, akkor a kincsek hiánya máris megoldódott, hiszen nyilvánvaló, ha a tetemeket kidobálták, akkor az értékeket sem hagyták volna ott ebek harmincadjára, azokat bizonyára magukkal vitték.

Az utolsó ember, aki az időszámításunk előtti időkben írt a piramisokról, Sztrabon volt, aki Ponthuszon született, kb. időszámításunk előtt 64-től időszámítás után 19-ig élt. Szintén sokat utazott. Sok írásműve elveszett, de földrajzának 17 könyve megmaradt. Írt a piramis oldalában kb. a magasság felénél lévő kivehető kőről, amelyen át be lehetett jutni a piramisba. Ez a kő azonban nem ott volt, hanem az alap közelében. Nyilván csak az elbeszélésekre hagyatkozott. A piramis belsejében bizonyára nem járt, mert akkor nem feledte volna leírni a nagy galériát és a kamrákat.

Sokak által a bejáratot fedő kő kifordíthatóként, kibillenthetőként van említve. Ez lehetetlen, bárki ellenőrizheti. Pl. a mokkacukrok dobozából egy teljes sorból csak kiemelni lehet, kibillenteni nem. Ez bizonyítja azt, hogy a piramisokat teljes felépítésük után véglegesen lezárták, bennük szertartásokat nem végezhettek. Tehát oda bemenni azok bezárása után sohasem akartak. Igen valószínű, hogy az időszámításunk előtt a leírók közül senki sem járt a Nagy Piramisban, mivel a belső tereiről nem írtak.

Az első nem sírrabló és nem egyiptomi, aki járt a piramisban, az idősebb Plinius Caecilius volt, aki a Vezúv kitörésekor halt meg. Időszámítás után 27 től 79-ig élt, de hogyan tudott a piramis belsejéről, ha az még zárva volt? És ki zárta be újra, ha al-Mammun nem tudott a bejáratról? Ő írta először:

„A nagy piramisban van egy akna".

Valószínű, hogy ez alatt a földalatti járatot értette, mert a három kemény kő, ami elzárja a Nagy Galériába vezető folyosót, még a mai napig is a helyén van, csak az al-Mammun által vésetett járaton át lehet oda bejutni, ami viszont jóval későbbi időben készült. Ő írt először a Szfinxről is:

„*Ennek a szörnyetegnek, amelyet masszív sziklából faragtak, minden istenítéstől eltekintve piros az orcája*".

Tehát bizonyság van arról, hogy a Szfinx festve volt. Plinius veti fel először a piramisépítés egyik lehetséges célját, amit azután több író, így J. J. Herlinger is megemlít:

„*Az uralkodók adtak rá parancsot, nehogy a kincseik utódaikra, esetleg ellenségeikre szálljanak, vagy pedig azért, hogy a nép nagy tömegei ne maradjanak munka nélkül*".

Figyelemre méltó gondolat. Ma is adhatnának ilyen feladatokat a mostani uralkodók, államelnökök, köztársasági elnökök stb. a munkanélküliek tömegeinek, de inkább gépesítenek, így növelve a munkanélküliséget. Igaz, egyesek haszna viszont igen jelentősen megnő, mit érdekli őket a nincstelenek gondja.

Plinius ír először arról is, hogy a gízaiakon kívül más piramisok is vannak. Ezt a piramissal foglalkozó mai írók is gyakran elfelejtik megemlíteni tudatlanságból, a téma ismeretének a hiánya miatt vagy szándékosan. Azt sem említik meg a piramidológusok, hogy egy kicsit délebbre, Núbia területén 200 darab körüli piramissír épült. Igaz, nem olyan nagyok, mint az egyiptomiak, és sokkal meredekebb az oldalhajlásuk, ennek ellenére igen hasonlatosak az egyiptomi piramisokhoz, még a sírtemplomok tekintetében is. De mára már ezeket a sírhelyeket is ki akarták rabolni az építmények részbeni romba döntésével, de kincseket nem találtak bennük.

Írt még a piramisokról a bizánci Philon (nem a matematikus!) és a görög Klaudiosz Ptolemaiosz is, aki először említi meg, hogy:

„*Az egyiptomi piramisok, amelyeknek nem látni az árnyékát*".

Cassiodorus (i. u. V–VI. század) szintén megemlíti:

„*Fekvésükkel elnyelik a saját árnyékukat*".

Valóban, a piramisok árnyéka az építési helyük és oldallapjuk dőlésszöge szerint – mert minden piramis más és más dőlésszöggel épült – bizonyos időtől kezdődően eltűnik, mivel a Nap az északi oldalháromszögüket is megvilágítja. Így Khufu piramisának árnyéka a leírások szerint a tavaszi napéjegyenlőség napjától az őszi napéjegyenlőség napjáig nem látható.

Ha pontosan úgy építettek volna egy piramist, hogy az oldalhajlása megegyezzen a téli napforduló idején a Nap állásával, vagy annál laposabb lenne, akkor délben sohasem lenne árnyéka. Természetesen a délelőtti nyugati és délutáni keleti árnyék maradna.

Miután időszámítás után 639 és 642 közötti időben Omar kalifa hadvezére, Amr ibn al-Asz meghódítja Egyiptomot uralkodójának, az ország arab uralom alá kerül. Az őslakosság nagy része nem szállt szembe a hódítókkal, ezért megtűrték azokat maguk mellett az országot elözönlő arabok. Ezeknek az őslakosoknak nagy része már az időszámítás utáni első években áttért a keresztény vallásra, ezek a mai koptok. Később többek átvették az iszlám vallást, beleolvadtak a hódítók tömegeibe, az ősi Egyiptom az eredeti vallásával együtt megszűnt. Arab lett az államnyelv, a koptok is gyakorlatilag megszűntek a későbbiekben, ma is csak kisebb létszámban élnek.

Az arab igen dús fantáziával megáldott, jó mesemondó nép, és mint jó hódítókhoz illik, a leírásokat a saját szemszögük, érdekük szerint átlényegítették. Nincs ez másként a mai korok „hódítói" esetében sem. Az arab történetírás nagy megalapítója Akhbar ez-Zeman al-Maszudi, aki az időszámítás után, 967-ben született. Hérodotoszhoz hasonlóan megírta kilenc kötetes művét, amelynek a címét TÖRTÉNELEM helyett a meseszerűen hangzó ARANYMOSÓHELY ÉS DRÁGAKŐBÁNYA névvel látta el. Szerinte a vízözön előtti Egyiptom területén uralkodó király, amint írja:

"Szurid, Saluk király fia, aki Szernum fia".

És így mondja tovább, meseszerűen, arab szokás szerint sorolva a rokonságot, két piramist építtetett, ugyanis a vízözön előtt 300 évvel álmot látott. Megálmodta, hogy az egész földet elönti a víz. Az emberek megfulladnak, a csillagok összeütköznek. A papoknak mondta el az álmát, akik jóslata szerint nagy csapás éri az országot, de utána ismét teremni fog a föld.

A királyok elhatározták a piramisok építését, amelyek belső helyiségeibe kincseiket és őseik földi maradványait helyezték. A papoknak megparancsolták, hogy tegyék a oda bölcsességükről szóló írásos feljegyzéseiket az ismeretek minden ágáról, a tudomány, a művészet, számtani-mértani ismereteikről, a gyógynövények nevéről és tulajdonságairól. Nem szabad elsiklani őseik földi maradványainak megemlítése felett, mert ez sírt jelent. Melyik volt ez a piramis, talán a Homérosz által említett, a Mairisz-tóban lévő? Gízában három nagy és hét kicsi piramis van, tehát ide nem illik ez a szöveg, ha egyáltalán elfogadható.

Al-Maszudi leírja a három Nílus melletti piramist is, és az azokkal kapcsolatos elbeszéléseket:

"Az első előtt ólommal egymáshoz tapasztott kockakövekből épült oszlopcsarnok áll, a másikban, a nyugatiban 30 helyiség van szent jelképekkel, zafír talizmánokkal, nem rozsdásodó vas harci eszközökkel és törhetetlen üvegtárgyakkal... a harmadikban, a színes piramisban, a papok holttestei, és tetteiket megörökítő könyvei vannak elhelyezve".

A kötőanyagra vonatkozó szöveget nagyon sokan idézik, nem törődve mások tényközlésével, ugyanis állítólag semmiféle kötőanyag vagy más anyag nem volt a kövek között. Ne feledjük, időszámításunk után ezer körül írták mindezeket, körülbelül 1200 évvel Hérodotosz után! Ez lehet jó is, hiszen az ismeretek szaporodhattak, de lehet rossz is, ha elvesztek vagy módosultak, vagy csak kitalálták azokat. Szerinte a király mindegyik piramisnak kijelölte az őrét is.

„A keleti piramist egy gránit szobor őrizte, kezében egy gerelyhez hasonló fegyver, a homlokán kígyó. A kígyó minden közeledőre rávetette magát, majd visszatért a szobor homlokára. A nyugati piramist fekete-fehér ónixból készült trónon ülő szobor őrizte. Ha valaki belépett a piramisba, a szikrázó szemű szobor sötét hangok hallatása közben elpusztította a betolakodót. A színes piramis őre egy talapzaton álló szobor volt, amely minden betolakodót megölt".

Hová lett a sok betolakodó hullája? Mert biztosan voltak, akik megpróbálták a behatolást, ha minden egyes belépőt elpusztított a szobor, és nem volt, aki a hullákat kivigye. Szerinte a piramisok körül szellemek is őrködtek, felsorolja a piramisokat őrző szellemeket:

„Az északi szelleme egy a piramist megkerülő hosszúfogú, sárgabőrű fiú volt karmos kezekkel. A nyugati piramis szelleme egy ruhátlan nő, aki elbűvöli és beteggé teszi az alkalmatlankodókat. A színes piramis szellemőre egy idős férfi, aki füstölőedényhez hasonló valamit lóbál".

Az északi Khufu piramisa. Azt írja még, hogy Szurid király arab betűkkel vésette a falakra:

„Én, Szurid király, 60 év alatt építtettem fel a piramisokat".

Ezeket a fantáziadús történeteket több arab író átvette, sőt a maga értelmezésében módosított is rajta, szaporítva a valótlanságok körét. Manapság már a most ott élő megszállók ősei voltak a piramisépítők is, biztosítva ezzel a jogot ezer évekkel visszamenőleg a megszállt területekre. Ez sem szokatlan a történelemben. A megszállók – ez manapság is megtörténik – általában egy előzőleg ott élt néppel azonosítják magukat, így formálva jogot „őseik" hazájára.

A mai írók is előszeretettel idéznek ezekből az írásokból, nem törődve azzal sem, hogy azok, akik látták a piramisokat, Hérodotosz és a többiek, egészen mást írtak. Azt sem veszik figyelembe, hogy még az arab írók is megemlítik a királyok holttetemeit, amelyeket a piramisokba rejtettek. Még azzal sem törődnek, hogy az arab nép csak időszámítás utáni 660 után foglalta el teljesen ezt a területet.

Sajnos a mai írók nagyon sok esetben minden kritika nélkül elfogadják és idézik írásaikban ezeket a fantázia alkotta dolgokat, a maguk igényének megfelelően választva ki azokból egyes részleteket, melyeken még egyet csavarintanak is. Az írás többi részével mit sem törődnek. Pedig így sokszor a saját csapdájukba esnek, mivel feltétel nélkül elhisznek mindent, amit mások mesélnek.

Ibrahim ibn-Vaszif Sáh a XII. században Szurid álmát a vízözön utáni III. századra teszi, de ennek ellenére a piramisokat vízözön előtti építményeknek tartja. Mintha nem figyelne eléggé az előző állítására.

Sokat írtak még a piramisokba rejtett kincsekről, a gyermeket tanító sejk szobráról, a világító szemű kakasról, amely egy oszlop tetején állt, és az avatatlan közeledőt a szárnyai emelgetésével kergette el.

Az első arab, aki egy addig zárt vagy legalábbis zártnak hitt piramisba nem titokban, mint eddig a sírrablók, hanem sírrablási céllal hatolt be, al-Mamun, a bagdadi kalifa, aki az ezeregy éjszaka meséiben is szereplő Harun al-Rasid fia volt.

Ugyanis nagy a valószínűsége annak, hogy voltak az időszámításunk előtt is olyan, a sírrablók működésének köszönhetően teljesen kiürített pirasok, amelyeket kirablás után már nem újítottak fel, így azokba szabad volt a bejárás.

Mások a piramis feltörését nem al-Mamun kalifának, hanem Szal az Adinnak, az általunk Szaladin néven ismert kalifának tartják.

Al-Mamun 831-ben érkezett Egyiptomba, hogy megszüntesse a szegény földművesek lázadását, mely a Nílus deltavidékén robbant ki. Mint jó kalifához illik, ügyes hadművelettel leverte a lázadást, mégpedig úgy, hogy minden eléje kerülőt lemészároltatott, lett légyen az őslakó kopt vagy nemrég érkezett arab. Egyszerű megoldás! Igaz, hogy ezzel a megoldással, mint az a napjainkban is szokásos egyes népeknél, az őslakos koptok létszáma a felére csökkent. A deltavidék, Egyiptom legtermékenyebb területe, e hadművelet után évszázadokig szinte lakatlan maradt. Igazi kalifához méltó tett volt.

Mivel ezután más dolga nem akadt, al-Mamun kalifa elhatározta, hogy megszerzi a piramisok mesésnek emlegetett kincsét. Hiába óvták a szinte lehetetlen feladattól meg a piramisokat védő szellemektől, nem rettent vissza, amikor elrejtett kincsekről volt szó. A kincs a legnagyobb úr.

„Teljesedjenek be a Korán 7. szúrájának szavai: Elpusztítottuk a fáraó népe művét, és mindent, amit felépített."

Ezen szöveg, a pusztítás is azt igazolja, miszerint a fáraó népe nem volt az arabok őse, pedig azt manapság élő írók is sokan állítják és hiszik!

Seherezádé így meséli a Nagy Piramis feltörési kísérletét, minek során kincset kerestek:

„Úgy hírlik, óh, boldog király, hogy al-Mamun sokat fáradozott a piramisok lerombolásán, pénzével sem fukarkodott, mégsem jutott semmire".

Az Egyiptomot meglátogató ezt a rombolást láthatja a saját szemével mind a mai napig. Látni lehet a sok romba döntött épületet, letört fejű, bevert orrú szobrot, bárhova nézünk. Igaz, ebben segítettek a fáraók is, amikor elődjeik építményeit kőbányának használták a saját építkezésükhöz. Több templom romjain látható, hogy az eredeti feliratok ki vannak vésve, de az új véset nem készült el. Vannak olyan vésetek is, amelyeken teljes biztosan állítható, hogy az elődje tetteit a sajátjára vésette át a fáraó – így II. Ramszesz is –, hogy ő nagyobb uralkodónak tüntesse fel magát az elődjeinél, mivel több építmény és tett viseli a nevét. Az olykor jelentkező földrengések is jelentős károkat okoztak. De az ember ostoba rombolási vágya mindenütt látható. Így például a Szfinx arcán lévő vésőnyomokat egy buzgóhitű arab sejknek tulajdonítják a XIV. századból, az orrának sérüléseit pedig, amint már említettük, a francia katonák, egyes leírók szerint a mamelukok céllövő tudománya okozta. Kérdezzük, volt a mamelukoknak egyáltalán ágyúja? Az előző nép által épített szándékos rombolása nemcsak az egyiptomi területeken, de a Földön mindenütt látható. Eltüntetni (ausradieren) még a nyomait is az előzőleg itt élt népnek, mert így mondhatjuk, ez a terület a mi hazánk volt és lesz, és nincs, aki ellentmondjon. Ez már az idők kezdete óta szokásos megoldás volt, és mind a mai napig az. Ha a Kárpát-medencébe bevonuló magyarság is ezt a megoldást választotta volna, akkor nem lenne most olyan népcsoport, amelyik az őshazájának mondja ezt a területet. A bevonuló magyarsághoz csatlakoztak az itt élő népek. Állítólag a nadrág szavunk is ilyen esettel kapcsolatos. Az itt élők a magyar lovasok – akik már nadrágban és alsóneműben ültek a lovon – nadrágját rángatták, mondván „na dragi", ami egyesek szerint azt jelenti, „mi barát", de a lovasok azt hitték, hogy a ruhadarabjukat akarják.

Mert rombolni könnyebb, mint építeni, és még hírnevet is szerezhet magának a romboló, amiként az efezoszi Artemisz templomának felgyújtója, Hérosztratosz is remélte a maga számára. Igaz, a nevét még csak kiejteni sem volt szabad, hogy feledésbe menjen örökre, de a mai emberek mégis tudnak erről a tettről, így szinte valóra vált a gyújtogató kívánsága. Így maradt meg a neve annak a merénylőnek is, aki királygyilkossággal akart bekerülni a történelembe, és egy kihegyezett reszelővel, talán felbujtásra, leszúrta Ferenc József feleségét, a magyarok királynőjét, Sissit. Érdekes módon az ilyen tettet elkövetők emléke kettős értelemben marad meg. Az egyik nemzetnél dicsőség, a másiknál bűn. (Vagy háború kirobbantása volt a cél?)

Így gyújtathatta fel Nagy Sándor i. e. 334 körül egy mulatozással egybekötött orgia alkalmával a gyönyörű Persepolist egy hetéra kívánságára, amint azt Plutarkhosz írja:

> „Lám, a nők nagyobb büntetéssel sújtották a perzsákat
> Görögország miatt, mint a hadvezér".

Tehát al-Mamun kalifa kincset keres. A legnagyobb kincs nyilvánvalóan a legnagyobb piramisban található, tehát irány a Nagy Piramis.

A bejáratot hiába keresték, nem lelték meg, ezért faltörő kosokat hozatott. A piramis északi oldalát kezdte megbontani, talán azért, mert ez az oldal árnyékosabb volt. Több heti munka és száznál is több kődarab eltávolítása után sem ért célt. Ekkor az egyik kőfaragó forró ecetet ajánlott a kövek szétmállasztásához. Összegyűjtötték tehát a környék összes ecetét, melegítő katlanát és tűzifáját. Ez már eredményesebb volt, mivel a megrepedezett mészkövekkel a faltörő kosok már sokkal könnyebben boldogultak.

Szerencséjük is volt. Amikor kétszáznál is több követ bontottak le a piramis oldalából, az egyik kő nem kifelé, hanem befelé mozdult el. A keletkezett nyílás kibővítése után bejutottak a piramis belső járataiba. De az ott lévő záróköveket nem tudták szétfaragni, ezért azokat megkerülve jutottak be az úgynevezett Nagy Galériába, majd a királyi kamrába is. A kincsnek azonban csak a hűlt helyét találták. A régebbi sírrablók már talán évezredekkel megelőzték őket. Vegyük észre, hogy a régészeti feltárások során ezt a világ minden táján tapasztalni lehet, úgy az etruszk síroknál, mint a Húsvét-szigetek ahujainál vagy a Bimini-szigetek halomsírjainál, az amerikai indián síroknál. A sírrablók még manapság is működnek, modern eszközöket is felhasználva. Az így előkerülő kincseknek pedig mindenkor van gyűjtője, orgazdája, és így a kincsek sokszor elvesznek a nagyközönség elől.

Talán már az egyiptomi papok megalkották a sírok kirablásához szükséges megoldásokat, és szépen kirámolták a számukra értékes tárgyakat. Bizonyára már akkor is voltak emberek, akik nem törődtek a becsülettel és a holtak szellemével, ha a saját nagyravágyásukról volt szó. Talán már maguk a papok is úgy gondolták, kár azért a sok értékes dologért, hogy örökre elvesszen egy sírba zárva. Meglehet, már többször is el volt temetve az a kincs, amelyet valamelyik fáraósírban megtaláltak?

Ha az ifjú fáraó, Tutanhamon sírját vesszük alapul – egy nagyobb fáraó esetében ez feltételezhetően még nagyobb menynyiséget eredményez –, ahol körülbelül 300 kilogramm aranyat temettek el, és a 200 körüli fáraóval vetjük egybe, akkor a következő, nem csekély súlymennyiséget kapjuk:

200 x 300 = 60 000 kilogramm.

Vagyis 60 tonnányi arany semmisült volna meg az utókor számára csak a sírokba temetve. Nyilvánvaló, hogy ez sokaknak nem tetszett, mások is észrevették ezt a pazarló temetkezést, és talán tettek is ellene. Egyes előadások, írások, videoszalagok több tonna aranyat mondanak, amit csak Tutanhamon sírjában találtak, ez természetesen nem igaz.

Egy kalifa azonban sohasem vallhat kudarcot, talán ezért maradt fent ez a hír al-Mamun tevékenykedéséről:

„*A piramisban annyi kincset találtak, mint amennyibe a feltörési munka került*".

Meglehet, maga al-Mamun kalifa híresztelte és rejtett oda kincset, hogy ne valljon szégyent munkásai előtt. Persze az erről szóló későbbi leírások már sikeresnek mondják el a vállalkozást. Később már minden egyre szebbé válik, a távolság szépít. Írnak 30 kincsesládáról, gyönyörű fegyverekről és feliratos táblákról. Így ír al-Karim történetíró is, aki a XII. században élt, csak szájhagyományokra hivatkozva feljegyezte, hogy:

„*A szűk átjáróban egy ember alakú, zöld kőből faragott koporsó állott, amelyet a kalifához vittek és kinyitottak. Egy drágakövekkel díszített aranyvértes férfi teteme volt benne, kezében egy hatalmas értékű kard volt, fején pedig egy lobogó tüzű, ragyogó tyúktojásnyi nagyságú rubinkő. Ezt a kalifa rögtön el is vette*".

Mert ugye, mit tesz egy kalifa, természetesen rögtön el is veszi a gyönyörű rubinkövet, ha lehet, mert ami szép, jó vagy értékes, az mind a nagyvezér tulajdona. Lehet, hogy ez a tetem volt Nagy Sándor? Al-Karim egyébként azt állítja, hogy a hidzsra után 511-ben (ez megfelel időszámítás utáni 1133- nak) a saját szemével látta a koporsót a király palotájának ajtajánál szoborként felállítva. Hidzsra a muszlim időszámítás kezdete, a próféta, Mohamed Mekkából Medinába menekülésének időpontja. Úgy látszik, hogy akkor sem volt biztonságban egy vallásalapító.

A XI. században élt Ibn Khaldun minden fantasztikus író elképzelését igyekszik megcáfolni, amikor is a következőket írja:

„A régi népek minden művét az összehangolt rengeteg ember munkája tette lehetővé, helytelen az az állítás, hogy elődeink, mint ahogyan az egyszerű nép véli, nálunk hatalmasabb termetűek lettek volna".

Az első európai ember – Plinius után –, aki belülről is látta a piramist, a párizsi Sorbonne egyetem professzora, Pierre Belon volt. 1553-ban írta:

„A három piramis közül a legnagyobb kevésbé ép. Egy ferde folyosón hosszú utat tettem meg, és egy aknához jutottam, amelyről azt írja Plinius, hogy 86 könyök mély és a Nílusba torkollik. Mostan majdnem teli van kővel. Jobb kézről a piramis közepén álló kamrába jutottam, ahol egy fekete márványkoporsó állt".

Ezt azonban nem jól állapította meg, mert a szarkofág a mai tudásunk szerint nem márvány, hanem gránit. Khefren piramisába nem jutott be, Menkaure piramisa is még teljesen ép volt.

„Mintha csak most fejezték volna be."

1610 körül az angol származású Sanders járt a piramisban, átvizsgálva a folyosókat és termeket, és erről többek között ezt írja:

„Egy 20 láb széles, 40 láb hosszú kamrába léptünk, ez akkora kváderkövekből épült, hogy a szélességéhez 8-nál, a hosszúságánál pedig 16-nál több kő nem kellett... a szarkofág egy darab kőből készült, és nem fér át a bejáraton".

Ez ad némi felvilágosítást az építőkövek méretéről a mai embernek is. Ha az 5,4-et elosztjuk 8-cal vagy a 10,6-ot 16-tal, úgy kb. 0,7 méteres, illetve 70 centiméteres értéket kapunk. Ezt az értéket már más számolással is megkaptuk. Ez messze nem a sokat emlegetett 3 méteres kőkocka méret. Hogy a szarkofág nem fér át a bejáraton, Pietro della Valle úgy magyarázta, hogy azt már az építés során helyezték el a kamrában. A francia Savary de Bréves megállapította, ahogyan azt már Abd el-Latif is megemlítette, hogy:

„A sírkamra kváderkövei között olyan kicsi a rés, hogy egy tű sem fér közéjük".

Itt nagyon lényeges a sírkamra szó, ugyanis ez a megállapítás csakis erre vonatkozik. Ezt sokan a piramis összes kövére értelmezik, ami nem felel meg a valóságnak. A ma látható külső kövek meglehetősen goromba illesztéssel vannak felrakva, ez még fényképekről is megállapítható.

Ez a kőfelhalmozási forma azt látszik igazolni, hogy az építmény szerkezetére nem fordítottak annyi időt és gondosságot, mint a folyosó és a burkolókövek kivitelezésére. Az időtállóság szempontjából fontosabb volt a burkolat megfelelően kialakított szerkezete, mert egy sima felület szél általi megbontása lényegesenn nehezebb.

Azt sem említi meg egyik, piramisokkal foglalkozó írás sem, hogyan készültek a szarkofágok kimélyítései szinte tökéletes derékszögűnek. Pedig még azt is írják többen, hogy fűrészelték a köveket, azért egysíkúak. A szarkofág belső terét nem lehet fűrészelni.

1661-ben az angol Edward Melton lemérte a Nagy Piramis fő méreteit, majd elsőként ellátogatott a dahshuri piramisokhoz is. Rajzokat is készített a piramisokról szóló „Útirajzhoz". Ezek az emberi megfigyelés gyarló voltát igazolják, hiszen Melton piramisai igencsak zsúfolt elhelyezésűek, és aránytalanul karcsúak. Az alapélük jóval kisebb a magasságuknál, amint az a képen is látható. Valami olyasféle ábrát rajzolt a piramisokról, mint az 54. ábra. Mi már tudjuk, ez nem a valóság.

EDWARD MELTON RAJZA A PIRAMISOKRÓL

54. ábra

1668-ban John Greaves, aki az oxfordi egyetem professzora volt és az asztronómia szakon tanított, lemérte a három piramist. Igen pontos kerekítéseket használt, a láb egyhatoda, a fok egytizenkettede volt a kerekítése. Megállapította, hogy nem a zsidók építették a piramisokat az egyiptomi fogságuk idején, mert a piramisok kőből vannak, a zsidók pedig a Biblia szerint téglát gyúrtak és égettek.

E megállapítás ellenére 1711-ben a holland származású római történész, Perizonius – mint ahogyan ma is többen így vélik – a zsidók művének tartja a piramisokat. Itt is, mint nagyon sok esetben az időbeli eltérést sem veszik figyelembe. Mózesék nem a piramisépítéskor éltek, hanem később, állítólag II. Ramszesz alatt.

1709-ben a holland Equmont lehetségesnek tartotta, hogy Nimrud király vagy Daluka királynő művei a piramisok. Ez is sokaknak az alap gondolatmenetét adja a piramisokról fantáziáló írók számára.

1721-ben az angol utazó, Shaw megállapítása szerint:

"a nagy piramis belső szerkezete nemigen alkalmas sírnak, így legvalószínűbben templom".

Hogy ezt a megállapítását mire alapozta, nem tudni, de a azt azóta igen sokan tényként fogadják el, és tovább ragozzák, nem törődve azzal sem, hogy ez csakis egy ember véleménye, és előtte és utána mások másképpen ítélték meg a piramisok létét. Hogy hogyan tudtak ebbe a templomba bejutni és szertartásokat végezni, arról nem beszél. Temetni pedig számtalan módon lehet, egészen az elégetésig, ahogyan a római halott harcosokat is elégették. Julius Caesar meg is jegyezte egy ilyen alkalommal, hogy a római katonák hullái éppen olyan rossz szagúak, mint az ellenségé, amikor elégetik őket.

Richard Pococke, az angol jogász, majd egyiptomi utazó valamint püspök 1737-ben beutazta Egyiptomot. Eljutott egészen Thébáig, amely már régen romokban hevert, mert az asszírok i. e. a VII. században lerombolták, majd részleges helyreállítás után i. e. a II. és I. században belháborúk és végül földrengés döntötte romokba. Pococke nem kis nehézségek árán, a helyi lakosság ellenállásával szemben, többször fegyverekkel, tehát erőszakkal, 14 sírba hatolt be. Azt írja, hogy:

"szinte a piramisok építésével egyenértékű munkával készült némelyikük".

Az eddigi leírásokkal szemben, még Hérodotosz is ide tartozik, mert ő is csak a gízai piramisokat írta le, Pococke 18 piramis leírását adja meg, rajzokkal is illusztrálva. A gízai piramisokon kívül még 3 abusiri, 1 nagy, 1 kis listi, 1 szakkarai és 1 dahsúri piramist is leírt.

1761-ben Carsten Niebur, aki jól ismerte a földmérés eszközeit, a teodolitot és asztrolábiumot, igen pontos méréseket végzett a gízai piramisokon, sőt fel is ment rájuk. Megtalálta a Hérodotosz által leírt, Nílushoz vezető út maradványait is. Az asztrolábium a csillagok és bolygók helyzetének meghatározására szolgáló, a mai tudomány számára már elavult műszer.

Napóleon, a francia forradalmat leverő, apró termetű, de nagyravágyó ifjú tábornok (állítólag 160 centiméter körüli magasságú volt) mindig tisztelte és talán irigyelte is Nagy Sándort, és magát is hozzá hasonlónak képzelte. Úgy gondolta, kevés emberrel meghódíthatná Keletet. Ne felejtsük el a hódítás szót! Kelet felé kell menni, mert ott van minden nagyságnak és hatalomnak a forrása. Ez a vágy indította útjára. Terveit a Direktóriumnak nyújtotta be, ahol vita után elfogadták azokat. Megbízták a terv végrehajtásával, mert már úgyis nagyon fájt a foguk Egyiptomra, amely már a Római Birodalomnak is éléskamrája volt. Talleyrand írta „Emlékirat új gyarmatok előnyeiről a jelen körülményekben" című munkájában, hogy milyen nagy jelentőségű lenne Egyiptom szerepe a francia gyarmatosításban.

Napóleon megkapta a Direktórium bizalmát, és talán az is szerepet játszott, hogy ezt az „izgágát", aki már 24 évesen tábornoki rangot kapott, valahova távolabbra küldjék, ahol esetleg meg is halhat, és nem lesz láb alatt. Amint Dávid király is elküldi a legjobb vezérét Uriást olyan csatába, ahol egészen biztos, hogy elesik (Biblia), mert annak feleségét kívánta megszerezni. Napóleon nagyobb csapatokat kapott, mint amekkorával Nagy Sándor rendelkezett. 1798-ban 328 hajóból álló hadiflottával és Niebur Egyiptomról szóló könyvével a csomagjában elindult Bonaparte Napóleon is Egyiptom felé. Megjegyzem, senki sem hívta, tehát betolakodó volt. Harmincnyolcezer katona és 175 tudós volt vele. Ezt is a példaképétől vette, mert Nagy Sándort is elkísérte tudósok serege és költők csoportja, hogy a dicső tetteit megörökítsék, megénekeljék.

Július második napján éjjel Alexandriánál szállt partra, azt elfoglalta, majd gyalogosan elindult seregével Kairó felé. Tizennégy napos gyaloglás után érkezett a serege a piramisok alá. Itt került sor a híres piramisok melletti csatára Murad bej mameluk lovassága ellen. Az európai fegyelmezésű katonai erő, megtámogatva ágyúkkal, könnyű győzelmet (mészárlást) aratott a lovas rohamozóon. A franciák 40 embert, az arabok több mint 2000-etveszítettek. A hívatlan vendég elég jó munkát végzett öldöklés terén. Az ottani lakók persze nem vették jó néven mindezt, kivéve a kollaboránsokat, mert ilyenek mindig akadnak. Mi, magyarok sem örültünk, amikor a török hadak Mohácsnál beleágyúztak az ellenük kivonult magyar seregbe, egyesek szerint francia tüzérek segítségével. 1798. július 23-án a győztes csata után Napóleon bevonult Kairóba. Egy hónappal később az angol Nelson admirális az Abukir melletti tengeri csatában tönkre verte a francia flottát. Mivel Napóleon nem kapott segítséget Franciaországból, de a kairói felkelés leverése, az ellene küldött török seregek, a szíriai és Felső-Egyiptomi csaták, valamint a vérhas, bilharzia, a trahoma – még manapság is látni miatta megvakult embereket – és kolera úgy legyengítette a francia sereget, hogy jobbnak látta átruházni a parancsnokságot alvezérére, Kleber tábornokra, és titokban a Muiron fregatt fedélzetén megszökött Egyiptomból. Állítólag egy újságcikk is segítette ebben az elhatározásában. Ezt az újságot fogolycsere alkalmából az angol William Sidney Smith éppen ezért juttatta el hozzá, hogy ezt elérje.

Katonái, mulatva Napóleon meglépésén, a nem éppen dicsőséges tetten, Bonatrappe tábornoknak keresztelték el. Még gúnyrajzot is készítettek róla, amint integetve lép olajra. Nem sok okuk volt a vidámságra a később történtek szerint. Miután Napóleon katonáit így cserbenhagyta, odahaza nem ítélték el ezért az árulót, hanem mint első konzult az ország élére állították. Később még többre vitte, császárrá koronázta saját magát és végigrabolta az akkori ismert világ nagy részét. És mindez az 1800-as években történt, a civilizáció terjesztése nevében! (Vagy csak az ott lévő értékek megszerzésére). És nem ezer évvel ezelőtt, magyar honfoglaláskor!

A kinevezett Kleber tábornokot egy arab megölte, amiért a merénylőt kézleégetéses kínvallatásnak vetették alá, majd a mai Kairó Ezbekiel kertjének a területén, tanulságul a lázongó népnek, karóba húzták. A merénylő jól tűrte a kínzásokat, amikor a ruhája ujja is meggyulladt, vigyorogva azt kérdezte:

„a ruhám nem bűnös, azt miért bünteted".

A kézleégetéses kínvallatást természetesen, mint az akkori egyik legműveltebbnek kikiáltott nép büntetési megoldását a karóba húzás követte, a civilizáció dicsőségére. „Vive la France!" És még mi, magyarok voltunk barbár nép ezer évvel ezelőtt. Az elmúlt század első koncentrációs tábora is francia eredetű. Az első világháború kitörésekor az országukban élő összes idegent, arabot, magyart, németet, közöttük zsidókat is, mint ellenséget összegyűjtötték és deportálták egy szigetre. Csak erről nem beszélnek sokat. A Fekete kolostor című műben erről többet is megtudhat, akit érdekel ez a téma. Érdemes ezt elolvasni, ha módunk van rá.

Kleber utódja, Belliard tábornok 1801 szeptemberében megadta magát az angoloknak, akiknek szintén fájt a foga erre a gyarmatra is.

A francia tudósok a rövid megszállás alatt is alapos munkát végeztek. Felmértek, lerajzoltak és elvittek mindent, amit csak tudtak. Ma már csak Dominique Vivant Denon „UTAZÁS ALSÓ- ÉS FELSŐ-EGYIPTOMBAN" című rajzaiból ismerünk sok műemléket, mivel azok azóta már teljesen megsemmisültek. Denon később is elkísérte Napóleont más megszállt területekre, ahol műkincseket és minden mozgatható értéket gyűjtött. Így alapította meg Franciaország utolérhetetlen műkincs-gyűjteményét. Az egyiptomi gyűjtését is a párizsi Louvre-ba szerette volna vitetni, de a kapituláció után az angolok lefoglalták, és a londoni múzeumokba szállították azokat. Ez elment vadászni, az meglőtte, a másik hazavitte. De azért a franciáknak is maradt elég lelet múzeumuk feltöltéséhez.

Mindenesetre a hieroglif írás megfejtését egy francia katona által Rosette-nél, védőárok ásása közben véletlenül megtalált, három nyelven vésett kő, a rosette-i kő adta meg. Ezen hieroglif, démotikus és görög vésett szöveg van. Az angolok ezt is elvitték, de megengedték, hogy a franciák rajzmásolatot, lenyomatot készíthessenek róla, és ezt nem vették el.

Tannisban is találtak egy három nyelven írt követ, ami nagyban segített a megfejtésben. Jean-Francois Champollion, aki már kilenc évesen kijelentette, hogy ezt az írást ő el fogja olvasni, valóban megfejtette az egyiptomi hieroglifák jelentését, és ezek után már olvashatóvá váltak az egyiptomi műemlékeken lévő írások a mai emberek számára is. A hieroglifák megfejtéséhez a kopt nyelv - mint az ősi egyiptomiak nyelve - felismerése is alapot szolgáltatott,. Az addigi megfejtési próbálkozások képírás alapján indultak. A koptok, mint az ősi egyiptomiak maradvány népe, még emlékezhetnek az eredeti egyiptomi nyelvre. Már a francia megszállás előtt is sokan próbálták megfejteni, de mindenki sikertelennek, vagy részben sikeresnek bizonyult, talán azért, mert a megfejtések kiindulása hibás volt. Később, 1802 végén a francia Sylvestere de Sacy és a svéd Johan Akerblad próbálkoztak a megfejtéssel. Akerblad volt a sikeresebb, meghatározta a Ptolemaiosz, Alekszandrosz, Arsioné, Bereniké és Aelosz neveket. 1814 elején Thomas Young angol nyelvész ért el eredményeket a szócsoportok görög megfelelőinek meghatározásával. Megállapította, hogy a királyneveket kötélgyűrű, más szóval említve címerpalást veszi körül.

Már többen gyanították, hogy hangjegyeket tartalmaznak az ábrák, de ezt véglegesen Champollion állapította meg. Az előtte kiadott néhány megfejtési próbálkozás vakvágány volt. Egy hieroglif jelsort például így próbáltak magyarázni:

„A nagy kutya, amely nádban fekszik elnyúlva, szájával dupla kicsorgóból hörpöl".

Ez a tudósok szerint helyesen megfejtve a következő:

"Adomány, amit a Király ad Anubisznak".

A francia katonák jártak a dr. Kákosy professzor által feltárt Jehutimesz sírjában is, amint azt a bekarcolt nevek igazolják.

1815-ben az olasz származású Giovanni Battista Belzoni is eljutott Egyiptomba. Mohamed Ali volt az akkori uralkodó, tőle akart találmányaiért némi anyagiakat szerezni. Belzoni előzőleg politikával foglalkozott, majd szerelmi ügyek miatt kolostorba vonult, ezután katonának állt be, de megszökött és Londonba ment. Volt csodadoktor és a világ legerősebb embere. Egy plakát tizenegy ember tartása közben ábrázolja. Később egy nagyteljesítményű szivattyú feltalálójaként került Egyiptomba, Kairóban azt remélve, hogy ott jó pénzt fognak munkájáért adni, de csalódott, mert Mohamed Ali nem alkalmazta.

Buckhardt svájci utazó, aki akkor Ibrahim sejk néven élt Egyiptomban, beajánlotta őt az akkori angol konzulnak, aki azt ajánlotta Belzoninak, hogy nézzen körül, gyűjtsön régiségeket, mert itt potom áron juthat hozzájuk, és Európában arannyal fizetnek értük. Ezután „öt éven át egyiptológiával" foglalkozott. 1933-ban Howard Carter – talán Belzoni népszerűsége miatti irigységből – írta róla:

„A sivatagok magányos sakálja".

Hívták még a „Királysírok hiénája" néven is, ami minden bizonynyal jól bemutatja munkálkodásának irányzatát, ami régészetnek igazán nem mondható. Ennek ellenére manapság sokan úgy írnak róla, mint az egyik legnagyobb régészről.

Először a Királyok Völgyébe ment, behatolt a nyitott sírkamrákba, de csak a rablók által ottfelejtett maradékot találta meg. Legnagyobb ottani lelete II. Ramszesz apja, I. Széthi alabástrom szarkofágja volt, amit el is adott sir John Sloane-nak a londoni magángyűjteménye számára, ma is ott található. Elszállított több obeliszket, Karnakban letörte II. Ramszesz hatalmas méretű szobrának a fejét. Amint mondta, az arccal az ég felé néző szobornak kedvére való volt úgy a letörés, mind az elszállítás, mert mosolygott az arca. De drágaköveket nem talált. Ez idő tájt minden valamirevaló és köztiszteletben álló diplomata kedvére gyűjthetett és elszállíthatott értékes leleteket.

Ezek után Belzoni áttért a piramisokra. Megállapította, hogy a Nagy Piramis már üres, ezért a második legnagyobbat, Khefren piramisát vette célba, mivel azon még semmiféle nyílás nem volt található. Átvizsgálta a piramis felületét a keleti oldalától indulva és nyugat felé haladva, kő kő után. Az északi oldalra érve talált egy követ, amely egy kicsit mozgott. Ezt a követ véső segítségével megfaragtatta, majd leguríttatta. Munkásokat fogadott, akik hetekig tartó robot után egy homokkal és kaviccsal töltött folyosóra akadtak. Ezt kitisztogatva haladt előre, de a meglazult és lezuhanó kövek miatt abbahagyta ezt az utat, mert annak a veszélye állott fent, hogy a lezuhanó kövek miatt bent rekednek a piramisban. Újra átvizsgálta a piramis köveit, és talált egy újabb laza követ. Ezt eltávolítva sikerült a piramis belsejébe vezető folyosóba jutnia. A folyosó végét lezáró hatalmas kőtömb szétfaragása után bejutott a sírkamrába. A szarkofágon kívül csak az előtte ott járt sírrablók arab betűkkel felírt neveit találta, Mohamed Ali, Ahman, Mohamed Ahman. Bizonyára nem vigasztalta, hogy igen nagy valószínűséggel az őt megelőzők sem találtak semmit, mert a zseniálisan dolgozó sírrablók már őket is megelőzték. Amint azt manapság is megfigyelhetjük, sok turista is szeretné, ha meg lehetne örökíteni, hogy itt járt. Belzoni is ezt tette, felírta a nevét a Khefren-piramisba is – amint azt több más sírban is tette – a többi sírrabló által felírt név mellé:

SCOPERTA DA G. BELZONI
9. MAR. 1818

Persze ezzel nincs egyedül, hiszem többen tették, teszik ezt még a régészek közül is: az örökkévalóság számára megörökíteni magunkat igen erős vágy. 1811-ben Mohamed Ali, a dohánykereskedőből lett egyeduralkodó államosítás címén a saját birtokába vette a deltavidék termőföldjeit. Francia segítséggel reformokat vezetett be, új iskolákat építtetett, de a nép mégis nyomorúságosabb helyzetbe került, mert éhbérért dolgoztatta őket, amint az már számtalanszor megtörtént az elmúlt évezredek alatt. Nincs új a Nap alatt! A rabszolgamunka csak maradt, máig maradt.

Az évi kétszeri vetéshez és aratáshoz bevezette a földek öntözését, ami dupla annyi munkát jelentett az addig csak az áradásokhoz kötött mezőgazdaság számára. A hozzáértésére jellemző, hogy nem sokat törődött a műemlékekkel, sokat elajándékozott, és még a karnaki templomot le is akarta romboltatni.

Richard Howard Vyse következett ezután, aki 1835-ben került Egyiptomba. Ő a Nagy Piramis királyi kamrájában az előtte, még 1765-ben, Davison brit konzul által kezdett faltörést folytatta. A sírkamra felső részéből indult ki. Áttörve a mennyezetet egy keskeny üres teret talált. Vyse puskaport is használt – ezzel nem volt egyedül –, robbantással folytatta ezt a munkát, és megállapította, hogy öt üres kamra van egymás felett, durván faragott kövekből kiképezve. Az ötödik kamra két szög alatt egymásnak támaszkodó kőtömbbel, mintegy sátortetővel van fedve. Megállapítása szerint az öt kamra tehermentesítő szereppel épült. A két felső könynyítő kamrában hieroglifekkel megjelölt köveket találtak, amelyek Khufu király nevét tartalmazzák, úgynevezett kartusban írva. Ennek valódiságát azóta többen vitatják, így például a híres író, Erich von Däniken is, aki szerint ez az írás csak utólag, a feltárók műveként került oda igazolásul, hogy a piramis Khufu fáraóé.

Vyse ezután a legkisebb piramist vette célba, és szintén puskaport használva el is jutott a sírkamrába, ahol elolvashatta annak az embernek a nevét, aki már előtte járt ott, Mohamed Raszul, aki talán egy, a mai napig ismert sírrabló család tagja volt. Az arab sírrablók sokszor házat építettek a sírok fölé, így nem tűnhetett fel a sírok kiürítése.

Talált azonban egy bazaltból faragott szarkofágot, amelyet a királyi palotát ábrázoló dombormű díszített. Megtalált még egy bebalzsamozott emberi test maradványát és egy fából készült koporsófedelet is, amelyre hieroglif írással a következő volt írva:

„Uszire, felső és alsó Egyiptom királya, Menkaure, az örökéletű".

1837 júliusában Vyse felettesei parancsára otthagyja Egyiptomot, a további munkákat Perringre bízza, aki szép munkát végzett. Feltárta a szakkarai lépcsős piramis földalatti részét, ahol röviddel előtte Segato olasz mérnök és Minutoli porosz tábornok egy aranyozott múmia koponyadarabját és egy saru maradványát találta meg. Ezek azonban, mint már annyi más, így az inkáktól elrabolt rengeteg arany is a szállító hajókkal együtt – a tengerbe vesztek, amikor Berlinbe akarták szállítani azokat.

Perring átkutatott még Abusir mellett három nagy piramist, Dahshur mellett egy téglapiramist, Abu-Roás mellett felfedezett egy piramist, amelynek csak a földalatti része maradt meg. Átkutatta még a Zavijet el-Arjan, List, Medium és Hauvre melletti piramisokat is. A porosz származású Richard Lepsiust IV. Frigyes Vilmos küldte Egyiptomba az 1840-es években. Lepsius, mint jó poroszhoz illik, lenézte az Egyiptomban élőket és életvitelüket. Érvényesülni akart, ezért csak a számára fontos leletekkel foglalkozott. Eljutott Meroéba is, ahol 184 piramisépítményt számol össze. Megállapította, hogy ezek a késői korokban épültek, de számára érdemlegeset nem talált. Porosz pontossággal készítette a jegyzeteit, ezért könyve a mai napig az egyik legfontosabb egyiptológiai műnek számít. A rajzok viszont felületesek, nem életszerűek. Le akarta bontani és elszállítani a karnaki hősök csarnokának nevezett építményt. A francia Emile Pristaden – aki viszont egyiptomi életmódot élt, és Endrin efendi néven ismerték – ügyes módon becsapja őt. 18 éjszaka alatt lebontatta és hajóra rakatta az építményt, és elindut vele Kairó felé. Útközben találkozott Lepsius hajójával, még meg is hívta magához, és a becsomagolt köveken megvendégelte. Lepsius csak később tudta meg, hogy becsapták. De azért Lepsius is elszállított Berlinbe több mint 300 ládányi értékes leletanyagot, azzal a „céllal", hogy így majd megmenti az utókor számára. Sok esetben ez a megmentési szándék rosszul sült el. Igy az 1945-ös berlini bombázások alkalmával az egyiptomi leletanyag egy része is örökre elveszett.

1850 őszén August Mariette Dzsószer szakkarai piramisától északnyugatra egy szfinxfejet vett észre a homokban. Kiásva egy feliratot talált rajta, ami Hapi, vagyis Ápisz bikát dicsőítő szöveg volt. Ez alapján ásatta ki a kosfejű szfinxek alléját, amely a Szerapeionhoz vezetett, a szent bikák templomához és temetőjéhez, amit már Sztrabón is leírt. Megtalálta a bikák temetőjéül szolgáló folyosórendszert, amelynek falfülkéi a bikákat tartalmazó szarkofágok elhelyezésére szolgáltak. A szarkofágokat egyetlen 60–70 tonnányi kőből faragták ki. A főfolyóson 24 szarkofágot talált üresen, de a mellékfolyósban fakoporsókra és bikamaradványokat tartalmazó szarkofágra is bukkant. Ezt is szívesen elhallgatja a piramisok fantasztikumait leírók többsége. Mariette az egyik ilyen koporsóban állítólag még vendégséget is tartott. 1879-ben William Mathew Flinders Petrie utazott Egyiptomba. Megtalálta a Nílus deltájánál lévő, a bibliában Zoán-nak nevezett görög település maradványait, és a romok között az egyetlen ismert Szeth-templomot, majd Kantarában egy szaita kori erőd maradványait és a Fayun oázis mellett a labirintus maradványait. Azóta is vitatott tény, ugyanis a romok nem olyan nagyméretűek, mint a labirintus leírásaiban szereplő értékek. Az első főváros, Memphis romjainál kiásta az alabástrom szfinxet, amely a második legnagyobb ilyen szobor. Több mint harminc piramist kutatott át, ötöt maga fedezett fel és az egyikben kincseket is talált.

1880-ban Gaston Maspero olasz régész a szakkarai piramismező egyik piramisában feliratokat talált. Ez a VI. dinasztiabeli I. Pope sírja volt, mint az a szövegből kiderült. Egy másik piramisban is talált szövegeket. Amint megállapították, ez Venisz (Unisz) fáraóé volt, és a piramisépítés időszerinti sorrendjében az első feliratos piramis. Meg kell itt jegyezni, hogy a kőbe vésett feliratos piramisok és sírok mind ez idő után létesültek, így talán ez volt a feliratozás kezdete.

1893-ban a wallesi Jacques de Morgan feltárta Teti király főpapjának, Mererukának a masztabáját. Ezután a dahshuri piramisokkal kezdett el foglalkozni. A 12. dinasztiabeli uralkodó, III. Szenvoszet piramisáról megállapította, hogy a belülről kőhasábokkal merevített piramis égetetlen agyagtéglákból épült. A piramis mellett négy királylány sírjára talált. Az egyikben a folyosó megtisztítása közben megtalálta a halotti felszerelés egy részét, amit vagy odarejtettek a sírrablók, vagy ottfelejtették. 1895-ben II. Amenemhat király piramisa mellett két érintetlenül maradt sírt, It és Hnumit királylányokét tárta fel, amelyek ötezer éves kincseket tartalmaztak.

A német származású Ludwig Borchardt volt az, aki a piramisok körzetének átvizsgálásával megállapította, hogy a piramisokhoz halotti templom és völgytemplom is tartozott, egy összekötő úttal együtt. 1951-ben az egyiptomi származású Mohammed Z. Gonem régész a Dzsószer piramisától délre lévő romos domb feltárásakor megtalálta Dzsószer fia, Szekhemkhet félbehagyott lépcsős piramisát, amely igen nagy segítséget nyújtott a piramisépítés rekonstruálására, mivel az még az építés szakaszában konzerválódott. Ezzel a régészek szerint sok fantasztikus elképzelés és elmélet végére tette fel a pontot. Ezután mintegy száz év alatt a piramisokról szinte mindent megírtak, amit csak lehetett.

Nagyon érdekes tény, hogy Abüdosz környékén is megtalálták az első és második dinasztia uralkodóinak sírjait, köztük Aha, Dzser, Vedzso, Vedimev és Ka sírját és még más királyok sírjait is. Ez utalhat Egyiptom kettősségére, de lehet, hogy a királyok a mítosz szerinti Uszire (Ozirisz) sírja közelébe kívántak temetkezni vagy legalább egy álsírt, kenotáfot építeni. Ozirisz igazi sírjának helyét az azzal foglalkozók különböző helyekre teszik. Mariette ásatásai szerint Abüdoszban, I. Széti temploma mellett van Ozirisz sírja, az Ozeiron. Dr. Vörös Győző magyar egyiptológus Alexandria mellett talált egy kultikus helyet, amely – feltételezése szerint – Ozirisz sírját is tartalmazza (Tapozirisz Magna). Bauval szerint Ozirisz sírja Ghizában, a Nagy Szfinx alatt van. Hogy kinek van igaza, azt talán majd a későbbiek döntik el.

A piramisok közelébe temetkeztek a királyhoz közeli emberek is, így azokat egy sírmező veszi körül. Természetesen ezek a sírok is ki vannak rabolva, amint az a gízai piramismezőn is látható. A piramisok körül épített falak és sírtemplomok csak nyomokban maradtak meg. A masztabák közül némelyiknek a falazata jó állapotban van, így azon tényleg megfigyelhető a burkolókövek megmunkálása és illesztése.

A Nagy Piramist alkotó kövek méretét a mellékelt fényképek is bemutatják. Az alsó kősor asszuáni gránitból van, simára faragott, de nem szabályos kocka alakú kősor. A magassága kb. 150 centiméter, ezzel és 2 tonna köbméterenkénti tömeggel számolva egy kőtömb kb. 7 tonnát nyoma. A többi kő már kisebb magasságú sorokat alkot, az átlagos kőtömeg 800 kilogramm körüli, de nagyon sok ennél lényegesen könnyebb is van beépítve. A sírkamrát alkotó kőtömbök tömege is lényegesen nagyobb az átlagot alkotó tömbökénél. A legnagyobb tömegűek a kamrát fedő kőlapok, amelyek kb. 45 tonnát nyomnak darabonként. Azt pedig, hogy a látható kősorok alatti kövek mekkorák, nem lehet tudni a piramis megbontása nélkül. Két helyen is látható az eredeti kőzet, amit nem munkáltak le az alap szintjéig, hanem csak lépcsősre faragtak a többi kő alapjaként.

A templomoknál felállított obeliszkek tömege az itt beépített kövek tömegénél lényegesen nagyobb. Luxorban, a templom bejárata előtt felállított és ma is látható obeliszk tömege 300 tonna körüli, és felállításának ténye láthatóan cáfolja azt az elméletet, hogy az obeliszkeket úgy állították fel, hogy készítettek egy lyukat a földbe, ide vontatták az obeliszket, és ebbe a lyukba billentették bele a kőtű végét, amely így máris állt a helyén. A luxori templom előtt álló obeliszkeket nem így állították fel, mert az alapsíkot képezi egy kő, és az erre helyezett, körülbelül két méter magas alapkőre van helyezve az obeliszk, lásd az 55. ábrát.

A Hatsepszut királynő karnaki obeliszkjének szállításáról fennmaradt egy szállítóhajó képmása. A felirat szerint a kő kifaragására hét hónap és a bányából a hajóra szállításához 6000 ember kellett. Ne felejtsük el, hogy az obeliszk valóban simára csiszolt, sőt hieroglifekkel televésett kő. A Nagy Piramis legnagyobb kövének tömege csak hatoda ennek az obeliszknek. A véseteket nem lehet dolerit marokkövekkel elkészíteni, azok kivéséhez előrajzolás és finom vésőszerszámok kellenek.

Az obeliszkek felállítása igen nagy és precízen végzett munka lehetett, hiszen azokat meg kellett emelni. Ha csak az egyik végén emelték volna meg, és úgy billentik a helyére, az obeliszk sarokéle a nagy terhelés miatt kicsorbult volna. Úgy látszik azonban, hogy az ókori világ minden lakott részén éltek olyan emberek, akik az akkori viszonyoknak megfelelő legnehezebb feladatokat is meg tudták oldani. A minden tájon fellelhető, hatalmas kőből készített emlékek erre a tudásra adnak bizonyságot a mai feltáró és, úgymond, tudományos embereknek.

A LUXORI TEMPLOM ELŐTT ÁLLÓ OBELISZK

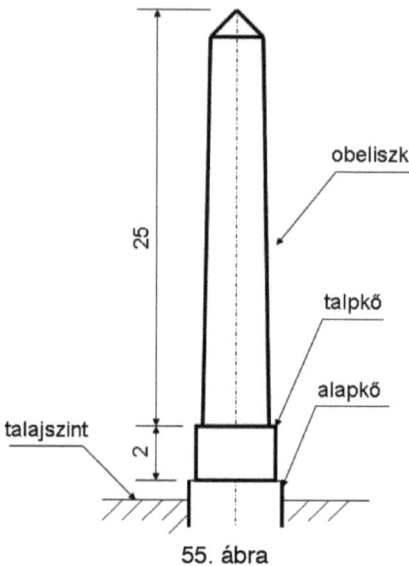

55. ábra

Az obeliszket csak úgy volt szabad felállítani, hogy a sarok éle ne sérüljön meg, mert akkor elveszti az állékonyságát, a szélnyomás hatására akár el is dőlhetett volna. Ha egy 300 tonnás kőoszlopot az egyik kétméteres alapélén átfordítva próbálunk felállítani függőlegesbe, akkor az élnyomás a kő sarokélén egy centiméteres szélességre számolva:

(300 x 1 000) : 200 = 1500 kg

Vagyis centiméterenként 1500 kilogramm lenne az élnyomás. Az obeliszk talpán a felületi nyomás, ha az egész felület egyenletesen terhelődik:

(300 x 1 000) : (200 x 200) = 7,5 kilogramm/cm^2

Igen lényeges volt az obeliszkek alapjának vízszintes kiképzése és az obeliszk talpának a tengelyre való merőlegessége, hiszen csakis így állítva nem borult fel. Az asszuáni kőbányában otthagyták a mai napig látható obeliszket, amelyet befejezetlen obeliszk néven ismernek, mivel a gránitkő, amelyből kialakították, megrepedt, és így nem volt értelme tovább foglalkozni vele, mint használhatatlan darabbal.

Azt is észre kell vennünk, hogy a piramisról írók az idő múlásával jelentősen módosítottak az eredeti szövegen. Az első ismert szövegben, Hérodotosz írásában, a piramisok általában királyok temetkezési helyei. Ezt valószínűleg azért írta így, mert a kis szatellit-piramisokba a király hozzátartozóit temették. Diodorosz írása szerint a fáraók tetemeit kidobálták a piramisokból a haláluk után, amely közel négyezer évvel ezelőtt történhetett. A piramisról ma írók pedig azt állítják, hogy nincs benne semmiféle holttest, és nem is volt sohasem, sőt még szerves eredetű nyomokat sem találnak benne, tehát nem sírok. Ez igen valószínűtlen, hiszen turisták tömegei látogatják nap mint nap a Nagy Piramist, és valószínűtlen az a dolog, hogy ne maradjon utánuk valamiféle hulladék, akár csak rostok a ruhájukból. Mivel ez a látogatás már igen régóta folyik, a szerves maradéknak is kimutathatónak kell lenni ugyanúgy, mintha a piramisba csak a beavatási szertartásokra jártak volna az ősi egyiptomiak. Észre kell venni azt is, hogy az arab leírók, akik Surid királynak tulajdonítják a piramisokat, arab betűs feliratokat emlegetnek, és törhetetlen üveget, rozsdamentes acélt meg más effélét. Ha nem hisszük az arab nyelvű feliratot, akkor miért hihetjük el a törhetetlen üveget és Surid királyt, több mint ezer évvel Hérodotosz és több mint háromezer évvel az állítólagos piramisépítési idő után leírva? Az idő múlása a szóbeli emlékeket nagy mértékben elmossa vagy teljesen megváltoztatja.

Találhatunk ugyan arab és más írásokat a sírokban, de ezek csakis a sírrablók és turisták által írtak, és van közöttük német, francia és egyéb is. És a törhetetlen üveget, mivel törhetetlen, még ma is látni kellene valahol, mert nem tört el.

Ugyanilyen logikátlannak tűnik az is, hogy az Atlantisz regéjét megíró Platón azt írja, hogy kétevezősoros gályáik voltak, majd a mostani írók azt, hogy a katasztrófa bekövetkezésének megállapítása után leköltöztek a víz alá a Bermuda-háromszög területén valahol, hogy ott védelmet találjanak. Nem lett volna a legegyszerűbb odébb evezni olyan helyre, ahol a katasztrófa nem veszélyeztet? Ki ne ismerné, hogyan szoktak halat fogni az orvhalászok egy kis robbanóanyag segítségével? A víz felszíne alatti robbanás lökéshulláma elkábítja a halakat, és mint ahogy a más okokból elhalt halakkal és más tetemekkel is ez történik, feljönnek, és ott lebegnek a víz felszínén, ahol azután könnyű összeszedni őket. Vajon hogyan vészelték át a víz alá költözött atlantisziak a minden bizonyára hatalmas víz alatti lökéshullámot? Az erő, amelyik egész birodalmukat elpusztította, nagyobb kellett legyen egy mai atombomba pusztító erejénél is. A víz gyakorlatilag összenyomhatatlan. Képzeljük el a víz alatti rombolás fokát.

A vízözön azért történt, írják, hogy elpusztuljanak a megromlott erkölcsű emberek, kivéve persze a jó Noét és családját. Az állatok is bűnösek voltak talán, hogy azoknak is pusztulni kellett? Hol találhatók az elpusztult emberek, állatok csontjai? Ma több millió éves csontleleteket tárnak fel minden táján a földnek. Ezek között találhatók halak és más, emberi csontokhoz viszonyítva igen gyengécske csontozatú élőlények maradványai, melyeket a tengeri üledék befedett és megőrzött, de emberi csontok tömegét ez időtájból nem találtak.

És vajon Noé és családja hogyan védte meg a minden bizonyára hatalmas terjedelmű bárkáját a felkapaszkodók tömegeitől, hiszen állítólag le van írva, hogy az emberek kinevették Noét építkezése miatt, vagyis tudtak az építkezésről. Sőt igen valószínű, hogy még segítettek is az építési munkákban vagy a hosszú utazáshoz szükséges élelem és takarmány berakodásában. Tehát a veszély nyilvánvalóvá válásakor oda kellett menekülniük, hiszen egy domb tetején volt felépítve a bárka, és az életük mentésére el akarták azt foglalni. Nem lehetett kis feladat egy 120 méternyi hosszúságú, 25 méter szélességű vízi jármű megvédése, ahogy írva van, 9 főnyi hajózó személyzet által.

És hogyan lehetett átvészelni a rengeteg emberi és állati hulla rothadó maradványaitól szennyezett környezet fertőző hatását? És milyen módszerrel építettek ilyen hatalmas méretű hajót, amelyik elbírta azt a terhelést, amit két egymást követő vízhullámon való feltámaszkodás nyújt? A közelmúlt eseményei között is találni olyan esetet, amikor egy hajó valóban kettétört a két, egymást követő hullámon való feltámaszkodásakor.

Egyébként a vízözön a Biblia leírása szerint nem elképzelhetetlen, hiszen kezdetben a vizek nagy tömege volt a föld felett, a mennyboltozat alatt, ha igaz, amit a Biblia mond. Ez a víztömeg létesíthetett egy melegházat, amelyben a levegő hőmérséklete az Egyenlítő és a sarkok közelében is szinte azonos volt. Ez a felhőzet bizony rengeteg vizet tartalmazhatna.

Növényeknél megfigyelhető, hogy azok a fajták, amelyek a hideg idő beálltával elpusztulnak, és csak magról szaporodnak újra, üvegházban akár a telet is átvészelik és még termést is hoznak. Ugyanúgy az emberi életkor is lehetett sokkal hosszabb egy ilyen üvegházban, amint a Biblia írja az ősatyák életkoráról. Sok növényt láthatunk, amelyik az őszi idő érkezésekor elpusztul, de ha bent van a meleg szobánkban, még tovább él, és virágot vagy termést hoz. Igaz, ezek a késői termések kisebbek a szezonális terméseknél, de mindenki által ellenőrizhető a továbbélés ténye.

A szivárvány jelentése is az, hogy nem lesz több vízözön. Igaz lehet, mert az összefüggő felhőzet alatt – ami manapság csak részlegesen van meg – addig szivárvány nem létezhetett az összefüggő pararéteg fényfelbontó hatása miatt. A mai időkben viszont a felhőzet nyílásain át szabadon bejutó napfény az esőcseppeken a prizmahatásnak megfelelően alapszíneire bomlik, és megjelenik a szivárvány. Az optikai prizma által színeire bontott fény már nem bontható tovább, amint azt az iskolai kísérleteink alkalmával is megfigyelhettük. Sőt a szibériai tundrák jégbe fagyott világában található forró égövi növényzet is megmagyarázható az üvegházhatással is.

A Biblia azt írja, hogy:

„és megnyíltak az ég csatornái, és feltörtek a mélyből a vizek".

Ez történhetett a pára réteg lehullásával, amely pára réteg lehullását okozhatta egy, a világűrben lévő porréteg, amelyen naprendszerünk áthaladt, vagy egy becsapódó idegen test felkavarta a Föld porát, és a pára réteget apró elemi cseppekké alakította át, amely cseppek már nem maradtak meg az eddigi egyensúlyi helyzetükben, hanem eső formájában a földre hul-lottak, árvizet okozva. Ha ez így történt, akkor ezt a poranyagot egy lerakódott egyenletes réteg formájában meg kell találni most is a földrétegek között. És ha becsapódás volt, akkor ennek a rétegnek a vastagsága egyértelműen meghatározza a becsapódás helyét.

Annál hihetetlenebb viszont a Bibliának az a része, amelyik Káin – aki az első négy ember közül való, és az akkori emberiség negyedét ölte meg – elűzetéséről szól. Káin, miután megöli Ábelt, elzavartatik a Paradicsom egy sarkába, és ott feleségeket vesz. Netalán az asszíriánusok lányaiból, amely ország a Paradicsomtól északra volt, vagy a szerecsenek közül, akiknek viszont délre volt a hazája a Biblia szerint? Vagy pedig már mások által is lakott volt a Föld? Az sem világos, hogy miért volt ő és Henok fia a városépítő, hiszen még alig volt ember a Földön, akinek várost kellett volna építeni? Legalábbis a Biblia szerint nem, hiszen még csak a második nemzedék élt a Földön.

A leírások szerint ennél több embert a saját népéből csak Mózes öletett meg a Sínai-hegyen történt látogatása alkalmával. Amikor megkapta a kőtáblákat, akkor a népnek közel a felét – akik nem engedelmeskedtek a tiltásoknak, és bálványimádók lettek szintén a Biblia szerint –, el kellett elpusztítani. Az ember ilyen kegyetlen. És miért kőtáblát használtak? Talán az, aki átadta ezeket a kőtáblákat, kőkorszaki volt, vagy Mózes maga véste azokat? Az egyes leírásokban mindig a saját szempontoknak megfelelő szöveget találunk.

Így a Biblia szerint Noé bárkája az Ararát hegyen kötött ki, miután az özönvíz árja leapadt. Kairóban van egy régi imaház, az Ibn-Tulun mecset, amely 876-tól 879-ig épült, az idő tájban, amikor Árpád apánk seregei hont foglalni lovagoltak. Az arabok szerint állítólag Ábrahám itt akarta feláldozni Izsákot. A mecset lívánjában, kerengőjében van egy szikomorfából készült fríz, amelyről azt állítják, hogy Noé bárkájának az anyagából készítették, és Ibn Tulun hozta az Ararát hegyéről. Egyesek szerint a szikomorfa nem alkalmas ilyen komoly hajóépítési célra.

Amint látható, egy régi írásos eseményt lehet úgy magyarázni, hogy annak csak a számunkra kedvező részét vesszük alapul. Enyhe kifejezéssel mondva ez felelőtlenség, némelykor talán csalás is lehet, kérdéses, hogy ez szándékos vagy téves állítás. Mondhatnánk azt, hogy mivel az arabok jóval később írták meg ezeket az állításokat, mint a Biblia, több valódi információhoz juthattak, így nekik van igazuk, de az ősi források szerint, amelyek állítólag az eredetiek, nem ez a valóság. A sumer-akkád agyagtáblákon fennmaradt szövegek értelmét lehet elfogadni teljesen igaznak, mert azokat még nem írták újra, így fordítási hiba azokban nincs. Átírva még nincsenek, legfeljebb a fordítók fognak elkövetni értelmezési hibákat.

Azt feltételezni, hogy a piramisokat egy nálunk sokkal fejlettebb, netán nem földi eredetű kultúra képviselői építették, nem vall gondolkodó emberre. Ugyanis, ha olyan fejlett értelemmel bírtak, miért nem gondoltak arra, hogy a piramist is érheti baleset, amint érte is földrengés formájában, amikor meg is sérült. Ilyenkor a beléje kódolt igen pontos értékek, például a π (pi) értéke ezrednyi pontossággal elvész. És azon kívül miért csak egy példányban építették meg az üzenetüket, amit közölni akartak a későbbi korok népeivel? Azt akár le is lehet rombolni, mint az annyi minden mással meg is történt, és elvész az üzenet. Sokkal egyszerűbben, egészen kis munkával is megtehették volna, akár egy rejtvény formájában, például aranylemezre vésett példányokat a Föld különböző pontján helyeznek el. Aki ezeket megtalálja, fejtse meg, ha tudja alapon. Kőkori volt a gondolkodásuk? Mi értelme lett volna, mondják sokan, hogy a fejletlen tudású egyiptomiak ilyet építsenek és tudjanak építeni? Mi értelme lett volna annak, mint ahogy azt sokan állítják, hogy a földönkívüliek ilyen monstrumokat építsenek?

Az egyiptomiak már időszámításunk előtt 2700 évvel ismerték a kör fogalmát, másképpen nem tudtak volna egyenlő osztással hornyolt oszlopokat készíteni, mint azt a Dzsószer-piramisánál megtették. De ez nem bizonyíték arra, hogy a π értékét is ismerték volna.

Az egyik író könyvében leírja, hogy egy ember reinkarnációs hipnózisban azt állította, hogy élt és dolgozott a Nagy Piramis építésénél. A feladata a kövek hornyolása volt, hogy azok ne csússzanak szét. Egészen a piramis befejezéséig dolgozott, ezt a munkát végezve. Hol találhatók az általa hornyolt kövek, mert a most láthatóak között nem, az biztos. A Szfinx arca egyesek szerint Khefren fáraó arcára hasonlít. Meglehet, és valójában a piramisa előtt áll. Mások pedig azt mondják, hogy a vízözön előtt épült, mert szerintük víz okozta károsodás látható a hatalmas szobor testén. A károsodásokat, amelyek vízszintesek, nagy valószínűséggel a szélhordta homok okozta, az esővíz nem ilyen kopásokat okoz, tehát esővíz nem okozhatta. Sok helyen, így a törökországi Kappadokiában látható, hogy az esővíz milyen koptató hatású. Tenger vagy tó vize okozhatott volna ilyen vízszintes koptatást, aminek a létrehozásához ezer évekre lett volna szükség. Hogyan lenne látható a 140 napos özönvíz koptatása egy mészkőszobron vagy annak környezetén, az nem egészen világos, sok eső pedig már évezredek óta nem esik ezen a tájon. Ne feledjük, hogy a szobor festve is volt, és a mai állapotában a festés hiánya miatt nagyon sok információ elveszett, amelyek az eredeti állapotban egyszerű, közérthető adatok voltak.

Van, aki a Mars bolygón lévő arc és a Szfinx arca között hasonlóságot vél felfedezni. Tényleg van hasonlóság, amennyiben mindkettőnek van szeme, orra. A Mars-arc, ha igaz a kép, amit róla leközöltek, egy fedetlen fejű apród arcára hasonlít. A Szfinx feje vászonkendővel fedett, amit Tutanhamon halotti maszkján is láthatunk. Fején volt az ureusz kígyó, szakálla is volt, amely ma állítólag Angliában, a British Múzeumban látható. Sokak szerint a Szfinx, akik megfeledkezve arról, hogy Khefren piramisa előtt áll, a Nagy Piramis tartozéka. Ilyen jellegű félremagyarázás a tudomány részéről is történik.

A gondolkodó ember sokszor nem látja át, mit tesz, és a későbbiekben, amikor a tette eredménye jelentkezik, akkor ismeri fel, ha egyáltalán felismeri, hogy milyen kárt is okozott. Vagy nem is törődik azzal, mondván – ezt sokszor lehet hallani – ez nekem jó, az utánam következők pedig oldják meg a problémájukat maguknak.

Ilyen például a Szahara sivatag homokja alól kitermelt vizek esete is. Erről és a derék, kútfúró magyarjainkról, akik a sivatag alatti, úgynevezett artézi vizet termelik ki, többször olvashattunk a lapokban. Ez az ott élők ellátására történik. Egy ideig működik is ez, de mivel a sivatagban nagyon kevés eső esik, a kitermelt víz jelentős része pedig veszendőbe megy az erős párolgás miatt, és nincs utánpótlás, a talaj alatti vízszint egyre mélyebbre kerül, a sivatag egyre sivatagosabbá válik. Azt is látni lehetett a TV-ben, ahogyan napsütéses időben locsolóedényekkel öntözték a növényeket az ott élő és vízhez jutó lakosok. A régi magyar gazdák kora reggel vagy késő este locsoltak, a párolgási veszteségek csökkentése miatt. Délben locsolni hiba. És ilyen hiba a hazánk területén a túlzott nitrogéntartalmú műtrágyázás használata, ami miatt az elnitrátosodott kutak vize ihatatlanná vált.

Másik hasonló dolog az elektromos autók reklámozása, már minthogy környezetbarát megoldás, nem szennyezi a levegőt. De ha jobban megvizsgáljuk ezt a dolgot, nem látjuk ilyen rózsásnak. A környezetszennyezést csak áthelyeztük más tájakra – sírjon az ő anyukájuk –, ugyanis az elektromos energiát valahol elő kell állítani, ami köztudottan környezetszennyező, akár hagyományos, akár nukleáris erőműben tesszük azt. Ha még azt is megvizsgáljuk, hogy mennyi egy robbanómotor hatásfoka és a villamos energia felhasználási hatásfok, akkor másképpen látjuk ezt a témát. A villamos energia általában hőenergia átalakításával születik. A villamos energia a megtermelésétől a felhasználásig sok berendezésen megy át, melyek mind valamilyen hatásfokkal dolgoznak. Az összhatásfokot a részhatásfokok szorzataként kapjuk. Az összhatásfokot a hőerőmű nagynyomású gőzfejlesztő kazánja, a turbina, a villamos generátor, feltranszformálás, a nagyfeszültségű távvezeték, letranszformálás, városi hálózat, akkumulátor-töltő, akkumulátor, villamos motor és futómű hatásfokának a szorzata adja. Lehet, hogy jelentősen több hagyományos energiát kell felhasználni, a villamos hálózat fejlesztéséről és az esetleges káros elektroszmogról nem is beszélve. A hidrogénhajtású autómobil is több energiát használ fel összességében, mint amit lead, mert a hidrogén nem fordul elő tiszta állapotban, azt egyelőre gyártani kell. Sokan állítják, hogy a fosszilis energia már nem sok idő múlva elfogy, ezért át kell térni az elektromos energiával működő autózásra. Való igaz, semmi sem tart örökké, kell az új energia, de ma még a villamos energia igen nagy százalékát a fosszilis energiát átalakító erőművek adják. Vagyis szén-, olaj- és gázüzemű erőművek. Egyre szaporodnak a hasadóanyag energia felszabadításával működő erőművek, de ezek újabb környezetszennyezést eredményeznek, amely talán még károsabb a régi megoldásnál, és sokkal veszélyesebb következménnyel jár ezek használata. De menjük ismét vissza a fő témánkhoz, a piramisokhoz.

Bárki láthat a televíziós adásokban olykor képeket arról, milyenek is a piramisok, akár az egyiptomi, akár az amerikai építményekről van szó. Látható néha olyan kép is, amelyen valaki felmegy a Nagy Piramisra. Csak úgy egyszerűen fellépegetve, felkapaszkodva, mint egy nagyra sikerült lépcsőn. Ki lehet próbálni, milyen magas lehet ez a lépcsősor, úgy 60–70 centiméteres. Az amerikai piramisok pedig még kisebb kövekből épültek. Igaz, mindkét földrész építményeiben van beépítve nagy, többtíz tonnás kő is, de a fő kőmennyiség apróbb kövekből áll, erről bárki meggyőződhet, akár egy szakkönyv, televíziós előadás segítségével vagy egyszerűen a helyszínen, vagy pedig egy ott készült kép alapján.

Azt, hogy a piramisok az emberi értelmet és magas építési tudást dicsőítik, elfogadom ugyanúgy, ahogyan a kis-ázsiai, indiai, indonéziai vagy a világ sok más helyén lévő hatalmas kőépítményeket is megalkották. Ha meggondoljuk, hogy a piramisok fő kőmennyisége csak durván faragott, Borobudur, vagy Angkor Wat és a kölni dóm köveinek pedig szinte minden darabja pontosan formára faragott, akkor lehetséges, hogy nem kevesebb munkát tartalmaznak, mint a piramisok. Igaz, hogy a kölni dóm vagy 600 évig épült, de nem is dolgozott egy időben százezernyi ember a megvalósításán.

Piramisok a mai időkben is épülnek, csak másként hívják ezeket az építményeket. A mai piramisokat felhőkarcolónak, Nílus-gátnak, tunéziai Nagymecsetnek, pálmaszigetnek, űrhajónak hívják, aszerint, hogy mennyi pénz állt az építő rendelkezésre. Kis pénz, kis piramis, nagy pénz, nagy piramis.

Az állítás, hogy a piramisok nem emberi építmények, nem bizonyítható. Igaz, a piramidológusok állítása szerint sem az ufók építették. Pedig ahogyan Hérodotosz írja, emberi erővel, rámpák segítségével építették. Rámpákat ír, nem pedig egy rámpát, ahogyan sokan állítják. Ez azt jelenti, hogy egyazon időben sok helyen történt a kövek beépítése. Ne feledjük, hogy a kövek nagy részének, mint ahogyan azt már kiszámoltuk, 800 kilogramm körüli a tömege, de rengeteg még ennél is apróbb kő van beépítve. Ezeket bizonyára nem volt túl nehéz feladat kezelni: a rámpákon rudak segítségével vállon, mint a fáraó hordszékét is, lehetett szállítani. Ezek a rámpák nagy valószínűséggel a piramis oldalához simultak, és szerpentin-szerűen haladtak felfelé az egyes sorok között. Ezt az állítást az is igazolni látszik, hogy a kősorok között sok helyen apró, emberfejnyi kődarabokkal van kipótolva a két nagyobb kő közötti hézag. Ez jelentheti azt, hogy a kétfelől építkezők itt értek egymáshoz, a szállított kövek nem értek éppen össze, így azokat valahogyan ki kellet pótolni. Ez a tény szinte kizárja egy magasabb, felsőbbrendű építkezés tényét, hiszen pontosan ki lehet számolni minden kősor kőszükségletét és kőméreteit. Ráadásul akkor nem lennének a kövek durva faragásúak, szabálytalan méretűek úgy a hosszméretüket, mint a magasságukat tekintve. A kövek mérete, a kitöltő köveket is beleértve, 1,5 és 0,3 méter közötti. Ebben a méretben nem szerepelnek a sírkamrát fedő kőhasábok. Ez a szabálytalanság viszont az egyszerű, a témához nem értő ember számára is fel kell, hogy tűnjön. A lelke rajta annak, aki ott szemléli a köveket és 10 méteresnek vagy polírozottnak látja azokat. A piramisokról írtak hasonlatosak a vallási és politikai véleményekhez. Le van írva, hogy Jézus nőtlen volt? Nincs arról írott szöveg, hogy nem volt nős, tehát lehetett nős is. (Sokak szerint az „Utolsó vacsora" festménye igazolja, hogy Jézus nős volt, mert ott van mellette egy nőalak is. Ha ez az alak nő és Jézus felesége, miért egy másik apostolra hajtja a fejét?) Akár a sztálini ügyintézésben is, egy szerencsétlen emberről ítélkeznek, le van írva, hogy nem bűnös? Nincs, tehát lehet bűnös is. Kivégezni!

Még a rámpák anyaga, ha kőből volt, sem megy veszendőbe, hiszen amikor a csúcsot képező piramidont a helyére emelték, lefelé haladva a burkolatkészítéssel – amint azt több kutató állítja –, a feleslegessé vált rámpa elemeket be lehetett építeni a piramisba. Nem kellett azokat lebontva elszállítani, amint azt sokan fejtegetik, mondván, ez a művelet, a rámpa építése és lebontása nagyobb munka a piramis építésénél.

Hérodotosz fenti megjegyzése ellenére több tudós és amatőr, aki a piramisokkal foglalkozott, egy rámpában gondolkozik, és annak a megépítését a piramisépítésnél is nagyobb munkának tartja. Egy rámpával az építés teljesen lehetetlen lett volna, hiszen azon ennyi követ nem lehetett volna felcipelni, pláne ha nílusi iszappal síkosították a felületet.

Ha csak egy rámpát képzelünk el a kövek felszállítására, akkor az – ha egytonnás köveket feltételezünk – napi 576 kődarabot jelent. Egy tonna vontatása 0,3-as súrlódási tényezővel számolva 0,3 tonna, vagyis 300 kilogramm vonóerőt kíván. Ha 30 kilogrammra tesszük egy ember vonóerejét, akkor ez 10 embert jelent. A kő alatti szánt is kell vontatni, ezért legalább 12 ember szükséges egy kő vontatásához. Egy vontatmány helyigénye kb. 15 méter, így az 576 kő

$$576 \times 15 = 8\,640$$

méter távolságot képez, egy sorba felállítva azokat. Ha 0,5 méter másodpercenkénti vontatási sebességgel számolunk, az 576 darab kő ezt az utat:

8 640 : 0,5 = 17 280

másodperc, azaz :

17 280 : (60 x 60) = 4,8

óra alatt teszi meg. Ez alatt a teljes napi kőadagot az építési területre lehet szállítani.

Vegyük a fáradságot végigkövetni az építést! Tehát próbáljunk megépíteni egy piramist, természetesen csak elméletben, hiszen se pénzünk, se helyünk, se emberünk nincs hozzá, annak ellenére, hogy meglehetősen sok a munkanélküli, akiknek jól jönne egy kis kereseti lehetőség. És ha már építünk, építsük meg a legnagyobbat, a Nagy Piramist, de előtte nézzünk egy kis történelmet Egyiptomról, a fáraó-dinasztiák listájáról és a piramidológiáról.

PIRAMIDOLÓGIA

A piramisok látványa mindig is ámulattal töltötte el azt, aki olvasott róluk, nem is beszélve azokról, akik ott álltak mellette és úgy szemlélhették, meg azokat, akik netán a járatokat és kamrákat is bejárták. Az ókori világ 7 csodája közül már csak a piramisokat láthatjuk, mert a többi mind megsemmisült az építésüktől eltelt évezredek alatt. Nem csodálható tehát az sem, hogy ma már kialakult egy tudományszerű irányzat, az úgynevezett PIRAMIDOLÓGIA
A hivatalos tudománnyal foglalkozók szerint természetesen ez merő badarság. Több hivatalosan képzett, tudományokkal foglalkozó szakember, akiket általában csak tudósoknak neveznek, egészen egyszerűen és gorombán piramid-idiótáknak titulálja azokat, akik a piramis méreteibe kódolt, elrejtett mindenféle csodálatos dolgot próbálnak kiolvasni és bebizonyítani. Nem kell ilyen gorombának lenni. Még a vak tyúk is talál szemet, hát még egy fantáziadús piramidológus!

Egyébként Edward Melton rajza is bizonyítja az emberi megfigyelés gyarló voltát, hiszen egészen torz rajzot készített a piramisokról. Több ilyen ábrázolással is találkozhatunk, pedig a piramisokat látták és foglalkoztak is azok rejtélyeivel a rajzok készítői.

Meg kell jegyeznem, hogy a piramidológusok általában arra hivatkoznak, hogy az állításaik helytelenségét a tudósok bizonyítsák be, de a tudósok véleménye is hasonló, bizonyítsák be a piramidológusok az állításaik helyességét. Így azután patthelyzet alakult ki a két fél között.

Lássunk ezekből az elrejtett, titokzatos, az emberiséggel közlendő – ha majd arra érettek lesznek –, titokzatos értékekből egy csokorra valót, amit a Nagy Piramisba kódolva találhatunk meg.

1. A napéjegyenlőség napján déli 12 órakor a piramis árnyéka eltűnik. Ez azt jelenti, hogy a Nap pontosan azon az egyenesen tartózkodik, amelyet a piramis alapjának a felező pontjából a csúcson átvezet. Állítólag a piramis északi oldala kissé homorúra van (volt) építve, hogy ez a jelenség jobban megfigyelhető legyen. *A homorúság miatt nehezebb az időt pontosítani!*
2. A piramis két oldalának tájolása igen nagy pontossággal megfelel az észak-déli iránynak. Megjegyzem, hogy a többi oldalt figyelembe véve a kelet-nyugati tájolás éppen ilyen pontos. És nagy a valószínűsége a kelet-nyugati irány fontosságának, amelyből az észak-déli csak adódik.
3. Benne van a π(vagyis a kör kiszámításához szükséges szám). Az alapkerület fele osztva a magassággal, ezrednyi pontossággal adja a π értékét.
4. Az egyik átlójának iránya pontosan felezi a Nílus deltavidékét.
5. Az Alsó-Egyiptomi Birodalom mértani közepén van.
6. A harmincadik szélességi körön fekszik.
7. A rajta áthaladó délkör pontosan felezi a Föld szárazulatait.
8. Egy oldalának a hossza osztva a Nötling által meghatározott piramiskönyökkel pontosan az év hosszát adja meg.
9. A piramishüvelyk egy ezredrésznyi pontossággal azonos az angol hüvelykkel.
10. A Piramis magassága piramishüvelyekben mérve és szorozva tíznek a kilencedik hatványával a Föld-Nap távolsággal azonos.
11. Meghatározza a plejád évet.
12. Napkalendárium, vagyis az árnyékának hossza naponta pontosan a körülötte lefektetett kőlapok méretével változik.
13. Benne van az ARANY SZÁMSOR. (1, 2, 3, 5... 89, 144) amely úgy keletkezik, hogy mindig az előző két számot adjuk össze. Hogy az első szám hogyan alakul, azt nem adja meg a számsor kigondolója.
14. Nem találtak benne semmiféle múmiát vagy szerves maradványt, tehát nem temetkezési hely.
15. A múmiának nem kell a szellőztető rendszer.

16. Pontosan csiszolt kőkockákból, egyesek szerint polírozott kőkockákból épült.
17. 2500000 darab asszuáni gránittömböt építettek bele.
18. Ufók építették.
19. Templom.
20. Obszervatórium.
21. Laboratórium.
22. A teremtés helye.

Még sorolhatnánk a piramisba kódolt, abból különféle módszerekkel kiolvasható, az emberiséget boldogító elméleteket, amelyek az idő múlásával egyre szaporodnak. Minden évben „felfedez" valaki valamiféle eddig nem ismert titkot, és azt nagyon boldogan közli a világgal.

Ha csak egy kissé odafigyelünk, rögtön észre kell, hogy vegyük azt, hogy mindez valószínűleg nem előre tervezett dolog. Ugyanis nem nagyon képzelhető el, hogy a birodalmuk határait, melyek állandóan változtak, úgy tűzték ki, hogy a birodalom mértani közepére épített piramis árnyéka pontosan a napéjegyenlőség napján tűnjön el, de a méreteiben a π értéke benne legyen, és a rajta átmenő egyenes pontosan felezze a föld szárazulatait. A π értékének az említett módon történő kiszámítása csakis egy hajlásszög esetében lehetséges. Függetlenül a méretektől – csak a hajlásszög számít – ez az arány mindig ugyanaz marad. Ez a hajlásszög a piramis pontos méreteinek hiányában nem ellenőrizhető le teljes pontossággal.

A piramis méretét az azt felmérők mind más értékűnek adják meg. Az eltérés ezek között a méretek között sokszor nem nagyobb 2 méternél, de a három tizedes pontosságú π meghatározásához elengedhetetlen a pontos érték ismerete.

A Föld szárazulatainak a felezése nehezen bizonyítható, ugyanis ha egy térképre egy vonalzót helyezünk, amint azt többen tették a tétel ellenőrzésére, alapvető hibát követünk el, mert a térképeken az egyenest egy íves vonal adja. Kivétel például a hajózási térkép, amelyet úgy szerkesztettek meg, természetesen torzításokkal, hogy körző és vonalzó segítségével, tehát egyenes vonalakkal legyen megoldható a tájékozódás. A gömbfelületet sík lapra kiteríteni csakis torzítással lehet, bármilyen szerkesztési módszert használunk. Az Egyenlítővel párhuzamosan valós mérhetőséget kapunk, de minden, az Egyenlítővel szöget bezáró egyenes két végpontja közötti távolság meghatározásához aránypárokat kell készíteni.

A Föld tengelyének precessziója miatt a tengelye egy kúpot ír le, a tavaszpont vándorol, a csillagászok szerint minden 28000 évben megtesz egy teljes kört. Így az északi oldal irányának a napéjegyenlőség alkalmával a nap irányába mutatása ma már nem lehet igaz, ha az építéskor igaz volt is. A különbségből ki lehetne számítani a piramis pontos építési időpontját.

Az sem valószínű, hogy a magasságát úgy tervezték piramiskönyökben, hogy majd annak egy tízes számrendszerbeli kerek számmal való szorzata a csillagászati egységgel legyen egyenlő. Vajon mit fogadhatunk el a felté-telezetten beléje kódolt adatok közül?

Lássuk először azt, hogy a *PIRAMIDOLÓGIÁT* kik és miként alapították meg.

A fent említett bekódolt dolgokkal elsők között John Taylor, a londoni egyetem könyvkereskedője – nem professzora volt, vagy újságtulajdonos, ahogyan többen írni szokták – kezdett komolyabban foglalkozni. Állítólag már a tudós Newton (1642–1727) is felfigyelt erre az érdekességre.

Taylor talán olvasta Newton történetét, 1864-ben adta ki munkáját, melynek címe:

HARC A MÉRTÉKEKÉRT.

Egyiptomban sohasem járt. Grabes, Vyse és Perring méréseire és saját bibliai és matematikai ismereteire támaszkodott. Véleménye szerinte a piramis, természetesen a Khufu-piramisról van szó, a többi nem érdekelte, nem egyiptomi építmény. És nem is sír volt. Szerinte Ádám halála után 1600 évvel épült, és az úgynevezett pásztorkirályok, az Isten által kiválasztott rasszhoz tartozók építették, tehát Isten műve vagy legalábbis az őáltala ihletett alkotás. Isten a matematika és geometria alapjait öntötte anyagba, hogy az ismeretek mindörökké fennmaradjanak azok számára, akik képesek azt megérteni és felhasználni a későbbiekben. Isten kiválaszt, ez nem rasszizmus? Minden vallás rasszista a maga módján. Még a kommunizmus is, pedig az csak egy eszme.

Leközli a piramishüvelyk értékét, amely ezredrésznyi eltéréssel az angol hüvelyknek felel meg. (Angol volt!). A piramiskönyök 25 piramishüvelykből áll, vagyis 0,635 méter. Ez a szám a piramis minden méretében megtalálható. Amint az látható volt, ez az állítás nem fedi a valóságot.

Megállapítása szerint a szarkofág űrtartalma az angol quarternek a negyede, amely érték 290,94 liter, vagyis a gabona mértékegységének az őse. A piramis mérete, amelyből mindezeket kiszámította, oldalhosszában 2,1, magasságában pedig 2,5 méterrel tért el a későbbiekben megállapított, valós méretnek elfogadott értéktől. Nem lehet elégszer mondani, hogy a piramis pontos méretei mik voltak, azt megállapítani igen nehéz lenne, hiszen csak becslésekre és a régi, Hérodotosz vagy mások által leírtakra támaszkodhatunk, de ezek általában nem egyeznek meg az egyik-másik vizsgáló leírt értékeivel.

Kiszámolta, hogy a Piramis alapjának kerülete megegyezik annak a körnek a hosszával, amelyet a magasságával lehet rajzolni. Tehát az építők ismerték a π értékét és a kör négyszögesítését is. Amint azt láthattuk, a piramis méreteit bizonyítékként nem szabad elfogadni. Egy nem elfogadható mérethalmazból csakis nem elfogadható következtetést lehet levonni.

Taylornak meglehetősen sok követője akadt. Általában vallási vonalon, a Biblia mint örök igazság alapján indultak el, és a Nagy Piramist kikiáltották amolyan kőbibliának. Kiolvasható belőle, mondták, az emberiség sorsa, múltja és jövője, minden bölcsessége. Mindent meg lehet jósolni a benne rejlő számok alapján. Ez a múltat illetően egészen pontosan sikerült is Caesar halálától Napóleon születéséig és haláláig, tehát amiről ismeretek voltak. Az előrejelzéseknél azonban baj volt, a siker itt rendre elmaradt.

Az angol hadsereg nyugalmazott ezredese, J. Garnier

A NAGY PIRAMIS ÉPÍTŐJE ÉS PRÓFÉCIÁI

című könyvében például megjósolta, hogy Európa és más világrészek nagy része 1922-ben tűz által pusztul el, ugyanakkor az Antikrisztus hadai is megsemmisülnek, és a szentek társaságában a mennybolton át megjelenik Krisztus is. Itt még az is kérdéses, hogy merre van a menny, hiszen a Föld gömb volta következtében minden helyen más irányban van a fent és a lent. A Föld forgása miatt az sem lehet igaz, hogy a világmindenséget betöltő, egyirányú kozmikus sugárzás mindig a piramis csúcsának irányában lép be.

Wyn anglikán lelkész 1933-ban kiadott,

AMI TÖRTÉNT ÉS TÖRTÉNNI KELL

című művében az amargeddoni ütközetet 1936-ra teszi, amikor Oroszország és szövetségesei elfoglalják a Szentföldet is.

Még Taylort is felülmúlta a skót csillagász, Charles Piazzi Smith. 26 éves, amikor egyetemi tanulmányai elvégzése után kinevezik skót királyi csillagásznak, és az edinburghi egyetem professzorának. 35 éves és már akadémikus, de erről 20 év múlva lemond, mert nem fogadják el a piramissal kapcsolatos művét, amelynek címe:

A NAGY PIRAMIS ÉS MAGYARÁZATA.

Eddig sohasem járt Egyiptomban, az egyiptomiakat Nílus-menti fazekas népnek titulálta, a hieroglif írást pedig összeírt furcsaságok szóval illette. A tudós Smyth mindent elhitt, amit az amatőrnek nevezhető Taylor a piramisokról írt. Az egyiptomiakat, a mizraelitákat – amint azt írta róluk – nem tartotta képesnek a piramisok megépítésére. A piramisok csakis az Isten által kiválasztott nép isteni sugallat általi alkotásai lehettek. Amint írja:

„*a hibátlan kőből lévő tiszta és tökéletes felszíne kizárt minden vétket és a bálványimádásnak még a gyanúját is*".

Azt, hogy mit is értett a hibátlan felszínen és bálványimádáson, nem tudhatjuk, ugyanis a piramis az azóta eltelt idő alatt nem sokat változhatott, mert már több százada a burkolatától megfosztott állapotban volt. A mai szemlélő egy igen leromlott felületű építményt láthat.

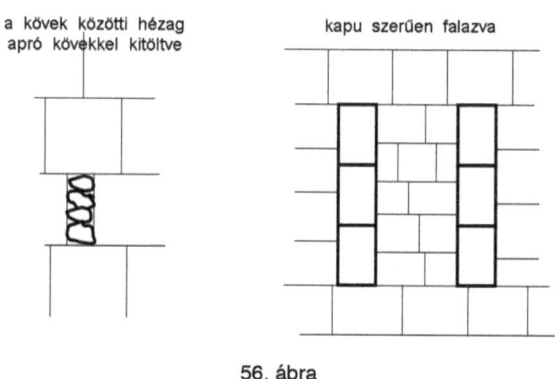

56. ábra
A nagy piramis szabálytalan kövei

Van olyan felületrész, ahol a kövek nem az építési szabályoknak megfelelően vannak elrendezve, több kősorban nincsen átfedés a kövek között, nincsenek a kövek „fogatva". Van olyan rész is, ami mintha egy kapuhoz hasonlóan lenne építve és utólag kővel betömve. Viszont a kapuzathoz szükséges felső áthidaló gerenda hiányzik, vagyis nem kapu, tehát csakis építési hibának vagy valamilyen céllal építettnek tudhatjuk be ezt a külön munkával, odafigyeléssel készített részt. (56. ábra és a táblaképek!)

Mindenesetre ilyen jellegű falazat kiépítése különös, mert a kövek úgy anyagukban, mint elhelyezésükben, elrendezésükben és megmunkálásukban különböznek az összes más, a piramisba beépített résztől. Ez nem lehet csak úgy „véletlen", ennek valamilyen célja volt az építés megvalósításakor. Az apró kövek beépítése pedig azt is jelentheti, hogy a két egymástól független építőcsoport kövei között adódott hézagot szüntették így meg. Piazzi Smith kételkedett azonban a laikus Taylor által közölt adatok pontosságában, ezért elutazott Egyiptomba, és négy hónapot töltött el a piramisok mellett. Tudományos eszközök felhasználásával méréseket végzett, sokkal pontosabban, mint előtte bárki más. 1867-ben kiadta háromkötetes művét,

ÉLET ÉS MUNKA A PIRAMISOK MELLETT címmel.

Kimutatta, hogy a piramis kerülete egyenlő 36254 piramishüvelykkel, vagyis:

$$36254 \times 0{,}0254 = 920{,}8516 \text{ méter}$$

Valójában a mai ismereteink szerint:

$$232{,}6 \times 4 = 930{,}4,$$

és nem 920,8516, tehát valamelyik adata nem pontos. Számításaihoz használta még a 20,7 piramishüvelyket tartalmazó régi pogány egyiptomi könyököt – ezt maga alkotta meg –, a zsidók 25,025 angol hüvelyknek megfelelő szent könyökét (25,025 x 25,4 = 635,635), a métert, a kilogrammot és a litert is. Hogy egy könyök miért éppen 20,7 hüvelyknek felel meg, és miért keverte a mértékeket, arra semmiféle magyarázatot nem adott. Megállapította azt is, hogy a piramis magassága hüvelykben megadva és szorozva a tízes szám kilencedik hatványával a Föld és Nap távolságát, a csillagászati egységet adja meg. A piramis egy kör közepén áll, amely részben fedi a Nílus deltavidékét. Az a délkör, amely átmegy a piramison, pontosan felezi a Föld szárazulatait. Bejáratának iránya szerint az egyiptomiak – akiket, amint már láttuk, nem tartott valami okos népnek – meghatározták az úgynevezett Plejád (Plejádok egy csillagkép) évet. Meg még sok mást is kiolvasott a méretekből.

Egyébként bármilyen alakú felületet egy rajta lévő ponton, vagy akár egy rajta kívül lévő ponton átmenő egy, de csakis egy egyenessel felezni lehet. Ez a súlyvonal. Két, a felülethez tartozó súlyvonal metszési pontja pedig meghatározza a felület súlypontját, amelyen a felületet alátámasztva az egyensúlyban marad, nem billen le. Hogy hogyan és milyen adatokból számolta ki az állítását, azt nem tudjuk, de manapság is sokan hivatkoznak erre az állításra. Ha magunk elé teszünk egy világtérképet, akkor megállapíthatjuk, hogy bizony több délkörön is feleződni látszik a Föld szárazulatainak a felülete, de a gömb kiterítése miatt a feleződés nehezen határozható meg. Amint már volt róla szó, nem szabad elfeledni, hogy a térképeken a gömbfelület síkban való ábrázolására a szakemberek régóta többféle megoldást alkalmaznak, de ezek miatt mindenkor torzítások keletkeznek, és a térképeken egy ív adja az egyenes vonalat.

Követői – ahelyett, hogy észrevették volna az állítások furcsaságait – még tovább mentek a megállapításokkal. A cseh származású Jarolimek ismételten felfedezte az aranymetszést, sőt még az ARANY LÉPCSŐSOR-t is piramisba rejtve, amely úgy keletkezik, hogy egytől számítva minden számjegye az előtte lévő két számjegy összege, vagyis 1, 2, 3, 5, 8, 13, 21, 34, 55, 89, 144. A 144-es számnak valószínűen a piramis magasságát kellene adnia. A mérések szerint nem adja. Cosswort 1922-ben azt állítja

RACIONÁLIS ALMANACH

című munkájában, hogy a piramis valójában napkalendárium, mert árnyékával mutatja a napokat, heteket, hónapokat és az évszakok sorát, mivel a piramist 1,356 méteres kőlapok veszik körül, és a piramis árnyékának egy napi változása is pont enynyi. Hogy miért volt a piramis egész kerülete ilyen kövekkel burkolva, amikor bizonyos, hogy Dél felé nem fog mutatni az árnyék, és hogy a kövek mérete sok esetben 50%-kal is eltér ettől a mérettől, hogy az őszi napéjegyenlőségtől a tavasziig hogyan mérték az idő múlását, és hogyan lehetett követni az árnyékot a piramist állítólag körülvevő falrendszeren át, arról nem tájékoztat. Arról sem beszélve, hogy a Nagy Piramis árnyéka túlnyúlik a mellette lévő, úgy-ahogy sík felületről egy erős lejtőre. Azt sem szabad elfelejteni, hogy a Föld-Nap távolság állandónak vehető, a vetett árnyék viszont mindennap más értékű, hiszen könnyű belátni, hogy ha a piramis árnyéka pont függőleges, egy napi változás sokkal rövidebb távolságot ad, mint akkor, ha pontosan az oldal hajlási irányával egyezik meg. (lásd 28. ábra)

Ha egy köríven mozgó pont azonos szögváltozásait vizsgájuk, a körívek így keletkezett szakaszai egyenlő nagyok lesznek. De ugyanilyen szögváltozásnak egyenesre vetített szakaszai nullától a végtelenig változó értékeket eredményeznek. Tehát az időmérés megoldása vagy nem igaz, vagy nagyon bonyolult lenne azok rendszere, leolvasása. Sok pontot kellene rögzíteni valamilyen módon, és ezek a pontok nem egyenlő távolságra vannak egymástól.

Nagyon könnyű valamiféle állítást, úgymond, feldobni, legyen az igaz vagy nem igaz. Mindig találunk olyan embereket, akik mellénk állnak. Sokszor – ha ez a többi emberrel szemben valamiféle haszonnal jár – még akkor is, ha tudják, hogy az állítás nem igaz. A politika is ezzel a módszerrel él a hívők és ellenhívők táborát kialakítva. Ezek a táborok azután összevesznek, és mindenre felhasználhatók lesznek. Még öldöklésre is rá lehet venni őket. Sokszor meg is teszik ezt a dörzsölt vezetők, amint azt a történelemből, akár a nem is távoli múltból, sőt a jelenből véve is láthatjuk.

A német származású Fridrich Noetling ausztráliai fogsága idején kimutatta, hogy az általa megalkotott piramiskönyök segítségével mérve az oldalhossz 365,40903777 egység, ami az év legpontosabb meghatározását adja. Ilyen értéket bárki kreálhat, csak fordított sorrendben kell eljárni, vagyis el kell osztani az oldalak hosszúságát az évek napjainak a számával, és megkapjuk a mértékegységet. Egyébként a csillagászok szerint az évek nem pontosan egyforma hosszúak, némi ingadozás tapasztalható, és az évek hossza a Föld forgásának lassulása miatt is állandóan változik. Akkor pedig melyik az év, amit alapul kell venni? Igaz, hogy ezek a változások esetleg csak a másodperc tört részét teszik ki, de mégis valósak.

A piramisokkal kapcsolatos történetek, elméletek nagyon sok emberben elindítottak valamiféle gondolatáradatot jó vagy téves irányba. Sokan szerették volna látni és a maguk vizsgálatával igazolni vagy támadni a fantasztikusabbnál fantasztikusabb elméleteket. Nagyon sok embernek nem volt és most sincsen módja a saját szemével látni a piramisokat, ezért valakinek az írásából veszi a gondolatmenetét.

Nem így történt az idősebb William Flinders Petrie esetében. Ő kíváncsi ember volt, és maga szerette volna látni az egyiptomi piramisokat, hogy ellenőrizze a róluk keringő különös dolgok valódiságát. Az idősebb William Petrie fellelkesülve Smyth elméletén közvetlenül akarta mérni a Nagy Piramist és bebizonyítani állításainak helyességét. Egész sor műszert készített a feladat elvégzésére, de úgy megöregedett, hogy helyette fia, az ifjú William Matthews Flinders Petrie utazott a helyszínre. Nem sikerült azonban az állításokat igazolnia, sőt sorra bebizonyította azok helytelenségét. Egy alkalommal állítólag rajtakapta Smyth egyik követőjét, hogy az reszelővel próbálta igazítani a sírkamra előszobájának egyik kiszögelését, hogy az a méret is pontosan megfeleljen a piramishüvelyknek. Nem szabad elfelejtkezni az ilyen jellegű csalásokról sem, ez az eset nem áll egyedül. Emlékezzünk arra, hogy tudósnak mondott emberek Angliában egy koponyába ültettek egy olyan fogat az elméletük igazolására – talán a heidelbergi német lelet rálicitálására, nekünk is van ősemberünk –, amelyről kiderült, hogy nem ahhoz a koponyához tartozik. Vagy az amerikai ősemberfogra, amelyről viszont kiderült, hogy egy pekaridisznó foga stb. Egyébként az egyik leghíresebb egyiptológus vált az ifjú Petrie-ből.

Azóta is nap mint nap olvashatunk a Nagy Piramis rejtelmeiről, a belekódolt, a későbbi koroknak szánt üzenetekről. Sajnos manapság sincs ez másképpen, sok hozzá nem értő ír a Nagy Piramisról, és vagy tudatlanságból, vagy netalán szándékosan alapvető, mindenki által ellenőrizhető tévedéseket közöl le. Azért írom a szándékosság lehetőségét is, mert ilyen ordító hibák közreadása nem lehet véletlen műve, annyira észrevehetők. Ez oda is vezethet, hogy egyre kevesebben hajlandók az úgynevezett tudósok közül egyáltalán elolvasni ilyen kiadványokat, és azt hinni, hogy vannak olyan dolgok is, amelyeket még nem értettünk, nem fejtettünk meg. Sajnos azok, akiknek a felkészültsége nem elégséges az adatok helyességének ellenőrzésére, vagy lustaságból, nemtörődömségből fakadóan nem figyelnek a leírtakra, mindent elhisznek, és kitörülhetetlen elmefertőzést kaphatnak. Egy fordítás fordításának a fordítása is igen torzulttá válhat, főleg azt is figyelembe véve, hogy általában csak részleteket idéznek a fordításokban az alapul vett írásokból, ami még fokozottan értelmezést rontó is lehet. Meglehet, csak a feltűnni vágyás, pénzkeresés miatt írnak egyesek, nem törődve azzal sem, hogy másokat félrevezetnek. Vajon a sok tudósnak mondott ember, akinek a kezébe kerül ilyen írás, miért nem tiltakozik a félrevezetések ellen? Talán még arra sem hajlandók, hogy kézbe vegyenek egy ilyen írást.

Már említettük, piramidológusok azt mondják, a tudomány emberei bizonyítsák be, hogy amit ők állítanak, az nem igaz. A tudomány emberei meg nem hajlandók foglalkozni azzal, amivel nem értenek egyet. Így azután döntetlenre állnak egymással szemben. Ha mind a két csoportosulás engedne a konokságából, úgy talán hamarabb tudnának közös nevezőre jutni, és megszűnnének az oly mereven egymást ostobának tartó kijelentések. De amíg olyan csalásokra derül fény, mint az ufót látó és fotózó svájci eset, amikor is kiderült, hogy egy vékony szálon felfüggesztett modellt fényképezett, a rendkívüli, csodás dolgoknak nem válik a hasznára. De a tudomány hasznára sem válik, ha egy tudósnak elfogadott professzor úgy nyilatkozik, hogy lehet, nem úgy van a vizsgált eset, ahogyan azt előadta, de ő akkor is ezt fogadja el, mert ezt ő találta ki. Mert ilyen kijelentéssel is lehet találkozni, például a magyarok őshazája témában.

A következőkben megadom a piramis főbb adatait. Természetesen a pontos mérete nem határozható meg, mivel az utolsó ember, aki az ép piramisokról írt, és látta is azokat, Hérodotosz volt.

A közölt méretek is csak körülbelüliek lehetnek, mert a burkolatát alkotó kövek egészen az alapokig hiányoznak, a csúcsot alkotó piramidon és még kősorok is már régen, emberemlékezet óta nincsenek meg. Az egyes felmérők kisebb eltérésekkel adják meg a méreteket. Ismétlem, a piramis oldalának elfogadott hosszúsága 232,6 méter, a magassága 147,4 méter, így a köbtartalma pedig 2657280 köbméter. A jelenlegi magassága 137 méter, és a kősorok száma 202, így az átlag kőmagasság 0,68 métert, vagyis 68 centimétert tesz ki. Ezeket az értékeket bárki leellenőrizheti. A legalsó kősor a legmagasabb, ez asszuáni gránitból van, és kb. 1,5 méter magas. A kőhasábok nem egyforma hosszúságúak, 0,7 méter és 2–3 méter között változnak. Lehet közöttük 10 tonnánál is nagyobb tömegű egy-egy darab. A negyedik kősor magassága már csak kb. 1 méter. A kövek nem kockák, hanem különböző méretű hasábok. A ma látható kövek nem csiszoltak, hanem igen durván faragottak. A kősorok nem végig egyforma magas kövekből vannak felrakva.

A sorok között helyenként apróbb, emberfejnyi kődarabok vannak a hézagok pótlására berakva. Azt már kevesen veszik észre, hogy lépcsős, úgynevezett hatoldalú kő is található a kősorokban. Lásd: Erich von Däniken „A Szfinx szemei" című munkájának 220. oldali képét vagy Khefren templomának a falait. A hatoldalú illesztés a karnaki templom padozatában, a gízai templommaradványokban és más helyeken is megtalálható. Pedig ez újabb jó hatású érvelés lehetne a piramidológusoknak. (57. ábra) Ha a sorok nem szabályos alakú elemekből épülnek – inka falazat –, stabilabb falazatot kapunk, mert a csúsztató feszültséget az elemek veszik fel.

De ha jobban odafigyelünk, találhatunk ilyen illesztést Agamemnon várának és Atreusz kincsesházának a falazatában, az ősi sumér-akkád építkezésnél, a trójai vár romjaiban is ugyanúgy, mint az amerikai indián piramisokban és más építményekben is. Úgy látszik, ez a kőillesztési mód nem jelentett nagy feladatot a régi kőfaragóknak. Azok a kövek, amelyek különböző alakúak, a sorok közötti csúsztató feszültséget hatásosan semlegesítik, és az ilyen falazat még a földrengést is jobban viseli. Bizonyítja ezt a dél-amerikai indián építmények időtállósága. Tudtak-e az építők erről a tényről?

HATOLDALÚ KŐ BEÉPÍTÉSE

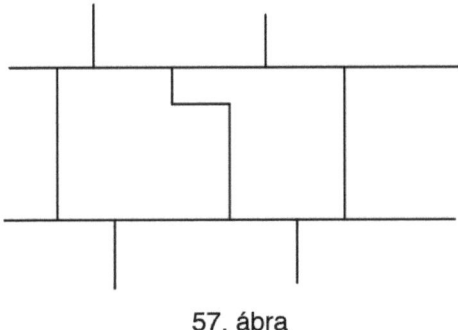

57. ábra

A kövek nagy részét valószínűleg ott, a helyszínen termelték ki rosszabb minőségű anyagból. Burkolat, ami nincs meg, de megtalálható a kairói épületekben – ugyanis a piramisokat és templomokat az arab építők kőbányának használták fővárosuk újjáépítésekor – a Nílus másik oldalán lévő Tura kőbányáiból való, ahol finomabb mészkövet bányásztak. Ez a bánya ma is látható. A belső folyosórendszer és a királyi kamrának nevezett építményrész szintén gránit. Itt találhatók a legnagyobb kőtömbök, a kamrát fedő kőlapok, amelyeknek a tömege 45 tonnányi darabonként, a becslések szerint. A piramis alatt lévő folyosó 30 méternyi mélységig az aljzatba van vésve. A piramist az alapkőzet részbeni meghagyásával építették, így kevesebb követ kellett bányászni és beépíteni.

A kamrák, a nagy galéria és a fő folyosók falai simára munkáltak, hézag nélküliek. Ez nem áll az építményt alkotó fő kőtömegre. A piramis mai felszínét alkotó kövek durván faragottak és illesztettek. Ez a tény nem fogható az idő romboló hatására, hiszen ezek a kövek a burkolat miatt nem voltak kitéve annyi közvetlen romboló hatásnak, mint a piramis melletti masztabák eredeti felszínét burkoló kövek. Mégis az egyes masztabák burkolatára is áll az a megállapítás, hogy nem fér a kövek illesztése közé még egy tű sem.

A királyi kamrában van egy szarkofágnak nevezett fekete gránitedény, amely sérült, megkongatva olyan hangot ad, mint egy harang. Szellőzőcsatornák is vannak a kamrában, amelyek olyan jól működnek, hogy a huzat még manapság is elszívja a meggyújtott gyufa lángját. Állítólag a szellőzőt egy célszerű beavatkozással megjavították, mert a bent lévő levegő meglehetősen elhasználódott. Ha ez nem működne, úgy minden bizonnyal a turisták tömegeit kellene ájultan kivinni a zárt termek elhasznált levegője miatt. El lehet képzelni, hogy milyen lenne a szívóhatás, ha nem csökkentik a csatorna keresztmetszetét az előzőekben leírtak szerint. Ennek a szellőzőrendszernek az lehetett a feladata, hogy megfelelően száraz levegőt biztosítson a sírkamra részére, vagy a munkálatok alatt tiszta levegővel lássa el, hogy a munkások meg ne fulladjanak. A folyosórendszer és a sírkamra oldalfalai simára csiszoltak, de nem tükrösek.

Az úgynevezett Nagy Piramis déli oldalánál egy nem régen létesített épületet látni, amely múzeum, és az öt, a piramishoz tartozó halotti bárka közül a negyediket látni benne újra összeállítva, ugyanis a rejtekhelyén, a piramis mellett lévő aknában szétszedett állapotban találták meg. Az előtte felfedezett halotti bárkák nem lettek kiállítva, az ötödik az aknájában maradt, szondás megtekintés után érintetlenül, hogy az utókor számára is elérhető legyen. A piramishoz halotti templom és a Nílushoz vezető út is tartozott. Az útnak csak igen kis töredéke maradt meg, de ma is látható, ki tudja meddig, hiszen a település egyre terjeszkedik. A templomrom egyik oszlopán is megtalálható a király kartusa, vagyis a neve egy kerettel határolt mezőbe vésve. Az ugyancsak a gízai piramismezőn lévő a második legnagyobb piramis, amely a régészek szerint Khafre vagy más néven Khefren fáraónak épült, csak három méterrel alacsonyabb, mint a Khufu-piramis, de lényegesen magasabbnak látszik, mivel 11 méterrel magasabban lévő területre épült.

A harmadik gízai piramis lényegesen alacsonyabb, mint a másik kettő, nem is szokás szót ejteni róla, kivéve azt az esetet, amikor az Orion csillagképpel vetik össze. Ekkor azonban nem veszik figyelembe a kis szatellitpiramisokat, csak a nagyokat vizsgálják.

Az arabok szívesen állítják magukról, hogy az ősi fáraók leszármazottjai. Mutogatják a profiljukat, és például az egyik, talán a legnagyobb fáraóra, II. Ramszeszre utalnak, mint az ősükre. Pedig a fáraók birodalmának közvetlen megszűnését a megszálló arabok idézték elő.

Azt sem tudom egészen megérteni, hogy például franciák más nemzeteket rablóknak tartanak az ezer évvel ezelőtti tetteikért, ők viszont nem is a távoli múltban egész Európát végigöldösték és rabolták a „nagy" Napóleon vezérletével, ázsiai és afrikai kalandjukról nem is beszélve. A nagy Napóleon seregéről viszont fennmaradt olyan írás is, amely arról szól, hogyan akarták felrobbantani a moszkvai kudarcuk után az egyik kolostort. Már alá is volt aknázva, és meggyújtották a robbantást indító puskaport, majd elvonultak, és csak az elbújt szerzetesek ügyességén múlott, hogy a robbanás elmaradt. Thor Heyerdahl népe büszkén vallja magát a vikingek utódjának, pedig köztudottak a vikingek tettei Európa és Ázsia szerte. Minket, magyarokat pedig rabló népnek mondanak azok a népek – és szép magyarjaink is –, akik pár száz évvel ezelőtt rabolták ki az akkor ismert világ nagy részét. Minden nép a saját fajtáját dicső, becsületes embercsoportnak írja le. Szinte minden nemzet himnuszában benne van, hogy az igazság az életünk, de minden fenntartás nélkül lehet trianoni békeszerződést diktálni, egy nép területeit szétdarabolni. Sajnos magukat „magyarnak mondók" bizonyos tömegei is, nem tudni miért, terjesztik „a magyarok barbár, rabló nép voltak", mondják és írják. Nem tudni, mi célból teszik ezt! Ha igaz lenne az, hogy ideérkezésünkkor kiirtottuk az itt lakókat, most nem lennének népek, akik mindezt terjesszék és maguknak követeljenek területeket.

Ha valaki olvassa a napi híreket, manapság is találkozhat sírrablási esetekkel, amelyet valami oknál fogva felfedeztek, de vajon minden ilyen cselekedetre fény derült, avagy majd évek, évszázadok múltán kerül erre sor? Minden bizonnyal a Kerepesi úti temetőben is vannak kirabolt kripták, csak nem tudunk róluk, hiszen nem nyitja ki azokat senki, hogy ellenőrizze a sértetlenségüket.

Azt sem szabad elfelejteni, hogy sok gazdag helyen magángyűjteményben található múmia meg más efféle eltulajdonított dolog. Amint azt még Däniken úr is beismeri, sok múmiának a végzete a régi patika volt, ahol gyógyszerként árulták a múmiaport, és a gyógyulni vágyók nagy pénzeket fizettek azért, hogy megehessék a régi királyok földi marad-ványait. Ez nem volt új szokás, hiszen Mauszolosz elégetett hamvait is állítólag megette a felesége azért, hogy férje ereje belé szálljon. Nem elképzelhetetlen, hogy a Szerapeum Ápisz bikái is erre a sorsra jutottak, talán maguk az őrzéssel megbízott papok fosztották és árusították ki a bikatetemeket, mint az örök élet csodaszereit, közben az ott található értékeket eltulajdonítva. Ezt látszik igazolni az egyiptomi írás arról, hogy egy pap hamis macskamúmiát árusított gyógyítási célokra, és ezért megbüntették.

Nagyon sok kincset érő tárgy nyugszik a tengerek fenekén is, a szállítóhajók elsüllyedése, illetve elsüllyesztése miatt. Ez történelmi tény, amint egyes leírások szerint a Nagy Piramisban talált szarkofágfedél a Napóleoni megszállás alatt szintén így került a tenger fenekére.

Vajon a piramissal foglalkozók miért nem találják meg azokat az egyszerű megoldásokat, amiket az ősi gondolkodó emberek is megtalálhattak? Írják, hogy a sarkcsillag szerint tájolták az égtájakat, elismerve azt, hogy bizony a mai sarkcsillag nem volt az idő tájt sarkcsillagi pozícióban. Inkább kreálnak egy másik sarkcsillagot, mely akkoriban mutatta a pontos északi irányt. Nem veszik figyelembe azt, hogy más, roppant egyszerű módon, sokkal pontosabban és bárki által lehet ezt a kitűzést elvégezni. És nem is kell különösebb ismeret hozzá. Köztudott dolog, hogy a sarkcsillag nem a pontos északi irányban van, meg az is, hogy a legjobb mágneses iránytű is csak egy délkörön mutatja a pontos északi irányt, mivelhogy a mágneses pólusok jelentősen eltérnek a valódi északi és déli pólusoktól, és még vándorolnak is. Ezt az eltérést a hajózásban mindig az adott tartózkodási hely szerint kellett korrigálni, ha iránytűvel tájoltak, mert különben nem talált az óhajtott kikötőbe a hajó. A mai emberek a mai technikai követelmények szerint gondolkoznak, egy egyszerű, fejben elvégezhető szorzást vagy osztást is a zsebszámológépükkel oldanak meg. Nem ismerik fel a régmúlt idők embereinek egyszerűbb, de célravezető észjárását. A piramisalap vízszintezéséhez vízzel öntik fel a területet, és e szerint vésik le a felesleges köveket a tereprő1. A Nílushoz közel eső építményekhez könnyen lehetett volna vizet szállítani, de van építmény távolabb is, amelyek vízzel való ellátása nem egyszerű dolog. Arról nem is beszélve, hogy a cseppet sem tömör, repedezett felszín a párolgással közös erővel igen rövid idő alatt eltünteti a kiöntött vizet. A későbbiekben megláthatjuk, hogy milyen egyszerű problémával állunk szemben. Nem vonom kétségbe azt sem, hogy az egyiptomi papok nagyon értettek a csillagászathoz, mint sok máshoz is. Az emberek akkor sem voltak mind buták, csak az életforma volt más. Buta emberek ma is vannak, a politika örömére. De a piramisok vagy más építmények kitűzéséhez és megvalósításához nem volt szükség a csillagászat és a matematika elemi ismeretére sem. Legfeljebb a papok misztifikációja miatt volt ez a hiedelem, mert minden rendszer igyekszik a hatalmát megtartani minden áron. Legfeljebb egy adott égi vagy földi pont szög alatti rögzítésére volt szükség, hogy egy kitűző szerszámot tudjanak készíteni. A legegyszerűbb megoldást az adja, hogy a népnek nem kell mindent az orrára kötni, kell viszont valamiféle dolog, amelyben hisz a nép, és követi feltétel nélkül a vezető réteget, legyen az pap, hadvezér, diktátor vagy más akarnok, aki Isten akar lenni, és hatni tud a tömegekre.

Egy egyszerű magyar ácsmester a szekercéjével meg tudott építeni akár egy vízimalmot is, beleértve még a fából készített fogaskerekeket meg az igencsak bonyolult mozgásokat biztosító szerkezeteket is, a maga logikus gondolkodásával. Nem kellett semmit tudnia a mai fogaskerekek számításához, gyártásához elengedhetetlenül szükséges modulrendszerről és a π-ről. A kényszer nagyúr, ha nincs más eszköz, egyszerű eszközök is megfelelnek komoly feladatok elvégzésére. Persze nem mindenki által, hiszen nem egyformán ügyes minden ember. Így alakult ki a cserekereskedelem is, ki ezt, ki azt tudta egyszerűbben elkészíteni, tehát azzal foglalkozott és azt cserélte más árura. És a tudás nyilvánvalóan nagy titok volt, az, aki bírta a tudást, valószínűen mindenféle hókuszpókusz bevetésével igyekezett azt a saját birtokában tartani.

A mai emberek - de lehet, hogy a régi emberek is - csodát akarnak látni, és ha nem sikerül, hát kreálnak maguknak valamilyen csodás dolgot vagy eseményt. És mindig volt található olyan dolog, amit az egyszerű embereknek be lehetett adni mint csodás, szent dolgot. Lehet ez a dolog szentnek nevezett vagy akár a fasizmus, kommunizmus, demokrácia vagy bármi, amit a népnek be lehet adagolni. És a sokat mondogatott valótlanság is valóságosnak tűnik egy idő után, ha nagyon sokszor ismételve halljuk. Így lehet azután az amerikai indiánokat gyilkos csőcseléknek, vadembereknek beállítani, mert az ősi területüket próbálták megvédeni a beözönlő új honfoglalóktól.

Az 58. ábra piramisok méretét hasonlítja össze. A nevek alatti számok az elfogadott építési sorrendet tüntetik fel. Amint látható, az oldalhajlási szögük is más és más!

A NAGYOBB PIRAMISOK ADATAI

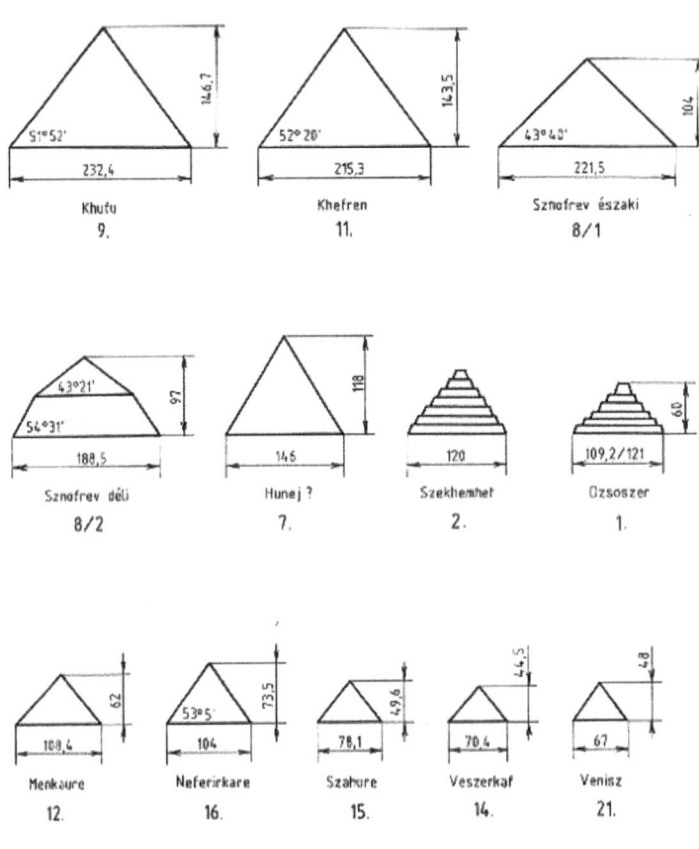

58. ábra

PIRAMIST ÉPITÜNK

Ismételten előre kell bocsátanom azt, hogy nem vitatom a piramis vagy piramisok különleges tulajdonságait. A sok írás, előadás hatására, amely a piramis csodás hatását volt hivatott bizonyítani, magam is végeztem kísérleteket ennek ellenőrzésére. Készítettem plexilemezből egy piramist, amelyet egy **gnomonnal** a Nap delelése szerint állítottunk észak-déli irányba. A plexilapokon még lyuk is volt, mert amiből készítettem, eredetileg fel volt csavarozva egy falra, az ott lévő írások védelmére. Az alsó síkja pedig hézaggal állt az alaplapon úgy, hogy időnként még esővíz is került bele, mivel egy teraszon állítottuk fel.

Első alkalommal egy csirkeszív darabkát tettünk a sírkamrának megfelelő arányú magasságban elhelyezett tartóra. Három hét után levettük a piramist az alapról. A csirkeszív beszáradva, öszszezsugorodott állapotban volt benne. A kísérlet folytatásaként kivettük a szívdarabkát, és letettük a piramis mellé. Arra jött egy kíváncsi macska, és jóízűen megette a beszáradt csirkeszívet.

Egy kísérlet nem kísérlet, ezt tartja a tudományos világ is. Most egy csirkehús darabkával próbálkoztunk. Egy hónap után újra leemeltük a piramist az alapjáról, és a húsdarabka teljesen beszáradva feküdt a tartólapon. A félretett és beszáradt csirkehús darabkát a kíváncsi macska, amely ismét ott lábatlankodott, szinte élvezettel megette.

Harmadiknak egymás mellé tettünk egy csirkemáj darabkát, egy meggyszemet és egy zacskós virsli darabkát. A plexipiramis belső oldalai időnként teljesen bepárásodtak úgy, hogy nem lehetett belé látni.

Több mint egy hónap után leemelve a burkolatot azt tapasztaltuk, hogy a meggy megaszalódott, a virslivég nem rothadt meg, igaz, avas illatú volt. A májdarabka összeszáradt, amit a macska, amely most is ott kíváncsiskodott, birtokba vett, de hosszas rágcsálás után feladta annak elfogyasztását, nem bírt vele, olyan keményre száradt.

További kísérletekkel is próbálkoztunk, így nem észak felé tájolva tettünk bele csirkemájat. Ez ugyanúgy aszalódott be, mint előzőleg. Majd három darabka csirkehússal próbálkoztunk, különböző magasságba helyezve azokat. Egy hónap után mindegyik beszáradt, de három hónap után az alapra helyezett darab megpenészedett, a kissé felette lévő is penészedni kezdett. Igaz, ezek voltak legközelebb a néha be is vizesedett alaphoz. De a királyi kamrának megfelelő helyen továbbra is romlatlanul száradt be az oda tett húsdarabka.

Ellenőrzésként egy nagy befőttes üveget is elhelyeztünk, benne az egy harmad magasságban lévő húsdarabkával. Egy hónap után még romlatlannak látszott benne a hús, de később teljesen megpenészedett. Igaz, amint már említettem, úgy a piramis, mint az üveg alá esővíz folyt.

Nyilvánvaló, hogy a kísérletet sokszor kell még elvégezni ahhoz, hogy teljes bizonyosságot kapjunk. Ezért az általunk végzett kísérlet természetesen még további ellenőrzésre vár, de ha mindez igaz a megóvásról, és a régi egyiptomiak ezt tudták, úgy a piramis csakis egy istenkirály tetemének a megóvására való lehetett. Azon kell elgondolkozni, hogy a mumifikálást miért nem itt végezték el, ha mindezt tudták, miért kellett nátronnal, sőt kátránnyal tartósítani a tetemeket. Ez arra a meggondolásra utal, hogy a mumifikáló „szakemberek" nem jártak a piramis belsejében, ellenőrizni a munkájuk eredményét és nem ismerték, ha van, a piramis ilyen irányú hatását. És azon is gondolkodni kell, hogy miért nem építtetett magának minden fáraó piramist a földi porhüvelyének megóvására, ha ez általuk ilyen ismert, egyszerűen megoldható dolog.

Azután jött egy gondolat, amelyet az inspirált, hogy sokan keverik a kúp és gúla fogalmát. „Egy magasból leszórt homokkupac a gúla alakját veszi fel", írják többen, akik nem emlékeznek a kisiskolás tanulmányaikra, a gúla és kúp közötti különbségre. Mi történik egy kúp belsejébe rakott csirkemájjal? Készítettem egy átlátszó, vékony műanyag lapból a Nagy Piramis „oldalközép hajlásával" megegyező oldalhajlású kúpot. Ebbe csirkemájat helyeztem, és kitettem az erkélyemre. Ezt még tájolni sem kell, hiszen az oldalhajlása állandó a függőleges tengelyéhez viszonyítva. Nem úgy a piramisok esetében, hiszen ott csakis a négy oldalfelezőben a legkisebb az oldalak hajlási szöge, valamint a sarkokon átmenő metszetben a legnagyobb, és a két helyzet között, a csúcsához viszonyítva, mindig más értékű.

Mivel az így készített kúpot csak lehelyeztem a kőre, még légy is mászott alá, nem beszélve a befolyt esővízről. A csirkemáj tavasztól őszig nem rothadt meg, pedig nem is volt állandóan a függőleges tengelyben, mert egy macska rendre ki szerette volna venni a benne lévőt, és ellökdöste a kúpot. Véleményem szerint egy test elméleti súlypontjára érvényes a fent említett „piramishatás" ott, ahol a villamos töltés a legkisebb. Ismert, hogy az azonos villamos töltésű elemek taszítják egymást, és a villamosan töltött test esetében a töltés a csúcsoknál a legnagyobb. Lehet, hogy a befőttesüveges kísérlet azért nem sikerült, mert nem volt a vizsgált anyag a súlypontban?

Érdekességül megemlítem, hogy a műanyag kúpot, ha megdörzsöltük, hozzá közelítve egy szabadon függő cérnaszálat, a cérnaszál megemelkedett, és mindig a kúp súlypontja felé állt be, bárhová vittem azt a kezemmel a kúp oldalhosszában. Érdemes lenne ilyen kísérleteket úgynevezett tudományos körülmények között is elvégezni. Négy évig állt kint az erkélyen a plexigúla a benne lévő beszáradt anyaggal, amely addig még nem rothadt meg. Igaz, olyan múmiaszerű lett az anyaga.

Az emberek legnagyobb része szeretne olyan sírépítményt a maga számára, amely megóvja tetemét az idők végtelenségéig. Szeretné, ha lehetne nagyobb és szebb építménybe helyeztetni magát, mint amilyet az előtte meghaltak készíttettek. Akinek nagyobb a háza, autója vagy a sírja, az nagyobb embernek érzi magát a többinél. Ezt a gyarló emberi tulajdonságot mutatja a temetőkben lévő sok sír kialakítása is.

A fáraó nem volt buta ember. Tudta, hogy egyszer meg fog halni, amint az elődei is mind meghaltak, tekintet nélkül az isteni mivoltra. Tehát gondoskodnia kellett a feltámadásáig, végleges istenné válásáig való biztonságos nyugvóhelyéről. Okulva őseik kirabolt veremsírjain, nagy kőhalmokkal megerősített sírokba temetkeztek, mivel úgy gondolták, ilyen hatalmas kőhalom feltörése a sírrablók számára lehetetlen feladatot jelent. Tévedtek, mert a sírrablók átrágták magukat a legvastagabb kőrétegen is, hogy a halotti útravalónak eltemetett kincsekhez juthassanak. Talán, amint már említettem, már az építők gondoltak az eltemetett kincsek megszerzésére, és maguk építettek be olyan járatot vagy jelet, amelyen át egyszerűen ki lehetett hozni az ott lévő értékeket. Új módszert kellett alkotni a temetkezők védelmére. A Nílus termő vidékét határoló hegyek csúcsai sok helyen igen hasonlatosak a piramisokhoz, főleg amikor a Nap kel vagy lenyugszik. Talán ebből a látványból jöhetett a „jó" megoldás, a kőpiramis építése. Egy hegy alatt talán biztonságban van a király holtteme. Vagy tudomásuk volt a Tigris és Eufrátesz menti népek építményeiről, a „zikkuratok"-ról, és ez adta a jónak vélt megoldást. Egyesek a nap sugaraira hivatkoznak, mint ötletadó jelenségre, csak az a kérdés, hogyan választották pont ezt a szögértéket a napsugarak végtelen sokaságú irányából.

Mint az elődei, Khufu apja, Sznofru is építtetett magának ilyen nyughelyet. Aki nagyobb akar lenni az elődjénél, nagyobb sírt építtet magának, lásd a mai korok temetkezéseit, építkezéseit is. Ilyeneket a mai napig látni, a római császárok sírjai, a török Kemal Atatürk mauzóleuma, a Rómában látható Vittorio Emanuele II mauzóleum, amit a rómaiak írógépnek vagy tortaszeletnek is hívnak, a szocialista tábor mauzóleumai, vagy a temetőinkben látható gazdagok sírjai. Minden ember szeretne kitűnni a nagy tömegből valami olyan által, amit a többi ember nem ismer vagy az anyagi képességei nem elégségesek a nagy kiválasztódáshoz. Ezért vesz ma is a tehetségekkel korlátozott ember egy olcsóbb lakást vagy autót, szemben a gazdag emberrel, aki szükségtelenül is mindenből a legdrágábbat szerzi be, mutatva, én erre is képes vagyok. És a gazdagok hogyan lettek gazdagok? Csak úgy lehet valaki nagyon gazdag, hogy a maga tevékenységét jóval nagyobb értékűnek tartja, mint a másik emberekét. Pedig nem élhetne meg a sok másik ember lenézett munkája nélkül.

Sznofru, amint azt már vizsgáltuk, lényegesen nagyobb menynyiségű anyagot építtetett a piramisaiba, mint a fia, Kheopsz, ezt az 59. ábrával szemléltetve is bizonyítani lehet.

SZNOFRU DAHSURI KÉT PIRAMISA

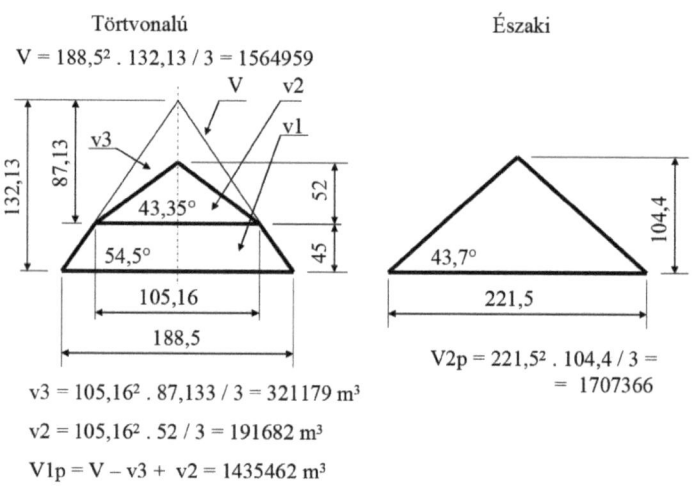

Törtvonalú
$V = 188,5^2 \cdot 132,13 / 3 = 1564959$

Északi

$v3 = 105,16^2 \cdot 87,133 / 3 = 321179 \text{ m}^3$

$v2 = 105,16^2 \cdot 52 / 3 = 191682 \text{ m}^3$

$V1p = V - v3 + v2 = 1435462 \text{ m}^3$

$V2p = 221,5^2 \cdot 104,4 / 3 = 1707366$

A két piramis térfogata = V1p + V2p = 1435462 + 1707366 = 3142828 m3

59. ábra

A két piramis térfogata a következő:

$$V_ö = V_{1p} + V_{2p}.$$

Ahol V_{1p} = a törtvonalú piramis térfogata, V_{2p} az északi piramis térfogata. A piramis térfogata az alapnégyzet és a magasság szorzatának egyharmada (a^2 x m / 3).

A törtvonalú piramis térfogatát úgy is kiszámolhatjuk, hogy az induló oldalhajlás szögével számolunk egy gúlát (V), ebből kivonjuk annak a gúlának a köbtartalmát (v3), amelye a csonkagúla feletti rész, majd a maradékhoz, amely most a csonkagúla köbtartalma, hozzáadjuk a törés feletti (v2) gúla térfogatát. A V gúla magasságát az indulószög (54,5°) és az alap élhosszsz felének összegéből számíthatjuk ki. (59. ábra)

$$tg\, 54,5° = H/(188,5/2)$$
$$H = (188,5/2) \times tg\, 54,5°$$
$$H = 132,13$$
$$V = 188,52 \times 132,13 / 3 = 1\,564\,959\, m^3$$
$$v3 = 105,162 \times 87,133 / 3 = 321\,179\, m^3$$
$$v2 = 105,162 \times 52 / 3 = 191\,682\, m^3$$
$$V1p = V - v3 + v2 = 1\,435\,462\, m^3$$

A másik piramis, az északi rózsaszínű piramis térfogata:

$$V_{2p} = (221,5 \times 221,5 \times 104,4) : 3 = 1\,707\,366\, m^3.$$

A két piramis összes térfogata tehát:

$$V_ö = V_{1p} + V_{2p} = 1\,435\,462 + 1\,707\,366 = 3\,142\,828\, m^3.$$

Amint látható, ez az érték több mint a Kheopsz-piramis térfogata, amely kb. 2700000 m³, így kb. 20%-kal több követ építtetett be, mint Khufu. És ez csak a két piramisára vonatkozó adat, a harmadik piramis és a templomok anyagmennyisége nem szerepel a számításban. És még az elődje, Hunej fáraó piramisával és templomok, erődítmények építésével is foglalkozott.

Egyébként a piramisépítésekkel kapcsolatosan is meg lehet figyelni, mint minden, a földi léttel kapcsolatos dolognál, a kezdeti, felemelkedő, a csúcs, a hanyatló és megszűnő szakaszokat. A piramisépítés kövek felhasználásával kezdődött, majd égetett, sőt égetetlen tégla felhasználásával folytatódott. A gyermek megszületik, felnő, eléri az élete csúcsát, majd hanyatlani kezd, megöregszik és magatehetetlenné válik, meghal.

ÁTLAGGÖRBE (KALAPGÖRBE)

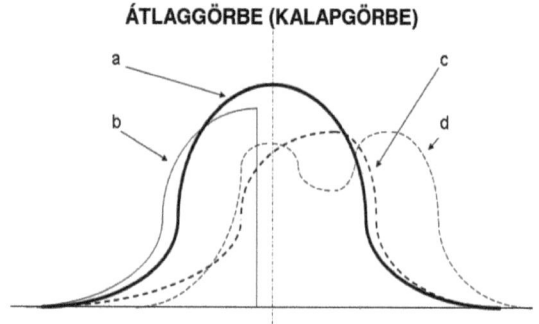

a,) szabályos   b,) szakadásos   c,) eltolódott   d,) két maximumú
60. ábra

Még a mesterségesen előállított dolgokra, épületekre, gépekre, élőlényekre és más tárgyakra is ugyanúgy megrajzoható egy diagramm, amely a fentiek szerint szerkeszthető. Ez a folyamat a kalapgörbével ábrázolható, amely görbe a napóleoni csákóhoz hasonlatos. Persze ez a görbe lehet hirtelen fel- és lassan lefutó, vagy akár fordított jellegű, vagy akár megszakadó is, de mindenre, élőre és élettelenre rá lehet szerkeszteni egy változatát. Például a nagy Római Birodalom kialakulása, tündöklése és bukása, a mag kikelése, növénnyé alakulása és elszáradása, az autó megépítése, használata, majd teljes használhatatlanná válása. Sőt a népesség fogyása/kihalása is ábrázolható vele. Egy gyerekes család kihal. Még a kétgyermekes család is a kihalás szélén áll. A görbének még számos lefutása lehet a mindenkori vizsgált témának megfelelően. (60. ábra)

Khufu fáraó kiválasztja tehát a legjobb építészét és kijelöli a megvalósítás helyét a nagy mű elkészítéséhez.

Az első, ami kell egy ilyen munkához, a kő, ami bőségesen van, még válogathatunk is belőle. Kell azután egy ember, aki érti a szakmáját, az építést. Ha megfigyeljük az egyiptomi területek – sőt, a világunk sok más területei is – tele vannak hatalmas építményekkel, illetve azok romjaival. Tehát az építéshez értőkben sincsen hiány. Meg kell most határozni az építmény jellegét, masztaba, barlangsír, netán piramis legyen az.

Az építmény tájolása is fontos követelmény, amint azt a világ minden részén tapasztalhatjuk. Tájolni nagyon fontos. A tájolási irány a vallási előírások függvénye. Sok esetben ez a keleti irány vagy az iszlám szerint a Mekka felé mutató irány. Az egyiptomiak Gízában a kelet-nyugat irányú tájolást részesítették előnyben, nem pedig az észak-déli tájolást, mint ahogyan azt a piramisokkal foglalkozók nagy többsége állítja. De ha jó a kelet-nyugat irányú tájolásunk, akkor automatikusan az észak-déli is jó, hiszen ezek a tájolások egy derékszögű metszést adnak.

A KIRÁLYOK VÖLGYE SÍRJAINAK TÁJOLÁSA

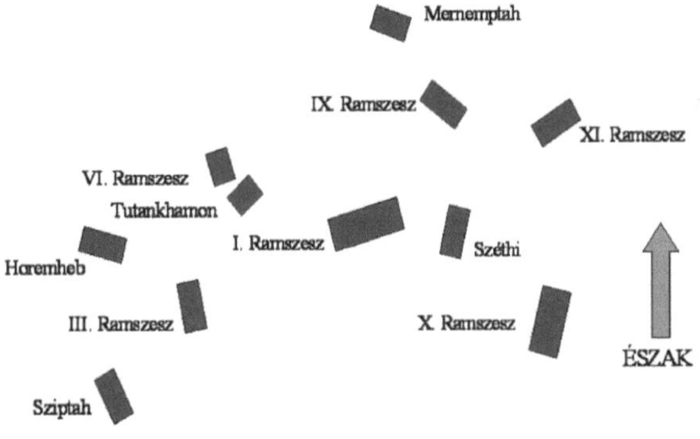

Mernemptah

IX. Ramszesz

XI. Ramszesz

VI. Ramszesz
Tutankhamon

I. Ramszesz

Széthi

Haremheb

III. Ramszesz

X. Ramszesz

ÉSZAK

Sziptah

Csak a főbb sírok vannak bejelölve
61. ábra

Ez a tájolás egyébként úgy a királyok, mint a királynők völgyében, valamint a templomoknál a legtöbb esetben nincs megvalósítva, a sírok elrendezése követi a völgy kanyarulatait, a templomok építése pedig tetszőleges is lehet. Északi tájolás szinte csak véletlenül alakult ki. (61. ábra) Van olyan templom is, amelyiknek bejárati kapuzata nem merőleges a templom tengelyére.

Tehát a piramisépítéshez van építőkő, építési hely, építőmunkás, építési forma, építési tudás, építsünk mi is. Van valami, ami az építmény állékonyságához igen fontos, az épületek falelemeinek függőlegeseknek kell lenniük, mert így maradnak állva. Ehhez viszont kell egy jó függőlegest beállító szerkezet, a mai nyelvhasználatban ez a FÜGGŐÓN.

Ezt a szerkezetet bizonyára ismerték már az építési korszak kezdete óta a világ minden táján, hiszen a romjaikban fennmaradt épületeken megfigyelhető a függőlegesség ténye. Ezt a tárgyat meg kell szerkeszteni úgy, hogy az a használat közben ne sérüljön. (62. ábra)

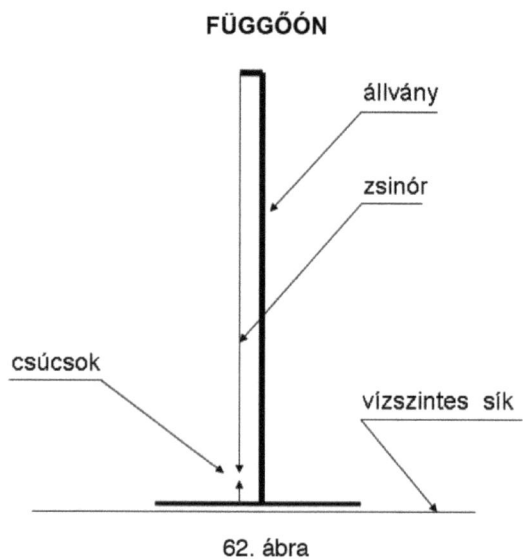

62. ábra

Tehát van függőónunk is. Ez, amint azt látni fogjuk, minden az építéshez szükséges feladat megoldásához elegendő. Ennek segítségével fogunk tudni tájolni, a vízszintes síkot kitűzni, az oldalak hajlási szögének irányát tartani.

A vízszintes irányt talán még pontosabban is meg tudjuk határozni, mint a manapság az építéshez használatos vízszintmérővel. A buborék megfigyelése a vízszintezőnél attól függ, hogy milyen szögben nézzük. A függőónos szerkezet egymásra mutató két csúcsát könnyebb ellenőrizni. Amint azt látni fogjuk, az építkezéshez már elég egy kis geometriai ismeret, a matematikai ismeretekre szinte nincs szükség, csak számolni kell tudni, például egytől háromszázhatvanötig, mert ennyi az év napjainak a száma, ha a kiindulási értéknek ezt választjuk. Az alap méreteinek a kitűzése csakis egy mérték - mondjuk a piramiskönyök - ismételt lerakásából és a hosszának a jelöléséből áll. Ha készítünk egy nagyobb mérőeszközt, amelyre az alapmérékegység, a piramiskönyök többszöröse van felmérve, akkor kevesebb munkát kell végezni, és kisebb az elkövetett hiba. Minden jelölésnél, amikor az alapmértéket a talajra lerögzítjük, egy kis hibával tesszük azt plusz vagy mínusz irányban. Tehát, ha kevesebbet kell jelölni, akkor kisebb lesz az elkövetett hiba, ugyanúgy, ahogy a bevásárlásunknál is, ha a mérleg 5 dekára cinkelt, és csak tízdekányi árut veszünk sokszor, jobban becsaphatnak, mint ha több kilónyi árut kérünk egyszerre. A plusz-mínusz hibák esetleg javíthatják is a mérésekből adódó hibákat. Csak akkor lesz nagyobb a hibánk, ha mindig plusz vagy mínusz eltérésünk van.

A PIRAMIS HAJLÁSISZÖGÉNEK KITŰZÉSE

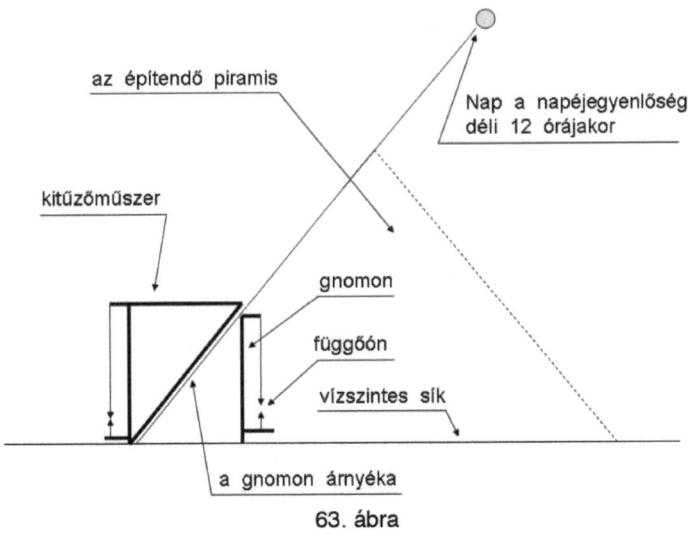

63. ábra

A piramiskönyök fogalma meglehet, egy általános mértékegység volt, mint ma például a méter vagy az angoloknál a yard, és minden építkezésen ezt használták, nem csak a piramis építésénél. Állítólag az így használt mértékegység fel volt vésve az építményekre, megörökítve annak használatát. Az oldalak hajlásszöge lehet a második feltétel. Például napéjegyenlőség napja alkalmával a déli nap iránya. Ezt évente két alkalommal tudjuk megmérni, a tavaszi és az őszi napéjegyenlőség napján. De lehet ez a feltétel Nap állása a koronázási nap déli tizenkét óráján, vagy bármilyen más időpont is. Amint azt tudjuk, az egyiptomiak vallása a Napnak mint istenségnek a tisztelete volt. Így nem csodálható a nap szerinti tájolás. Az északi tájolás csak másodlagos jelentőségű lehetett. (63. ábra)

Jelöljük ki az oldalhajlást a tavaszi napéjegyenlőség napján. Kell a függőón és a déli 12 óra pontos értéke. Ekkor a Nap árnyéka pontos delelésekor észak felé mutat ezen a napon. De mikor van déli 12 óra? Minden helyen máskor van a pontos delelés. Azt már a régi csillagászok is ismerték, amit úgy hívnak, hogy GNOMON. (64. ábra)

Ez egy pontosan függőlegesre állított egyenes bot. Ha e bot leszúrási pontja mint középpont köré szabályos kört rajzolunk és megjelöljük azt a pontot, amelyet délelőtt, majd délután éppen érint a bot árnyékának vége, a két így kapott pont öszszekötésével pontosan a kelet-nyugati irányt kapjuk meg. Ráadásul ez a módszer megadja a pontos helyi déli időpontot is, ha a két kijelölt pont segítségével felezzük a két pont közé eső körívet. Ez sem különösebben nehéz feladat, hiszen csak egy nem nyúló tárggyal – például egy lánccal – a köríven kijelölt pontokból egy-egy ívet húzunk úgy, hogy egymást metsszék, és ezt a most kapott pontot összekötjük a leszúrt bottal, megkapjuk a pontos helyi déli 12 órát, ugyanis amikor a bot árnyéka az így szerkesztett egyenesre esik, a nap delel. Ez természetesen megadja a pontos északi irányt is az illető helynek megfelelően. Ez azt jelenti, hogy minden délkörnek más pontos delelési ideje van. Az idő követésére a mai emberek egyszerűsítést vezettek be, és

ÉSZAK-DÉL KITŰZÉSE

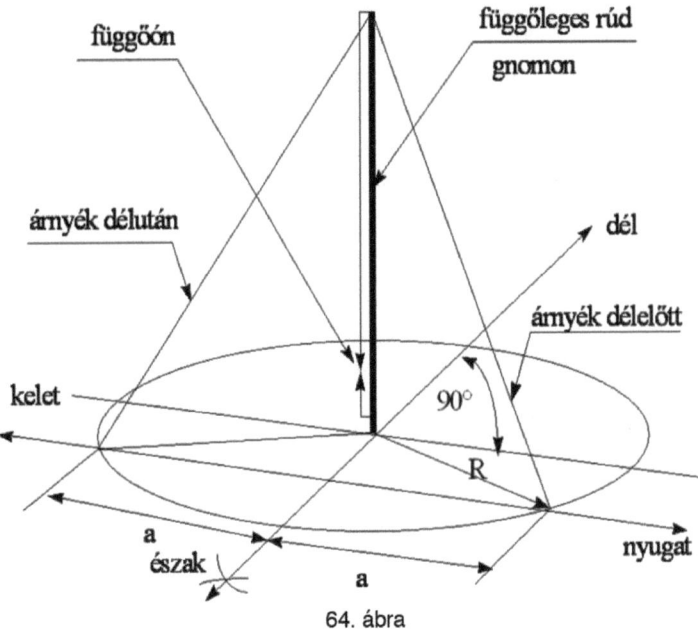

64. ábra

időzónákra osztották a Föld területeit, hogy kezelhetővé tegyék az idő-nyilvántartásokat. Ha a déli idő meghatározását a napéjegyenlőség napján tesszük, a pontosság tökéletes lesz. A nap delelési iránya ugyanis az év folyamán egy nyolcast ír le, és csak a hurok metsződési pontjában, ez a napéjegyenlőség napja, és a nyolcas két végpontjában – ezek a pontok a nyári, illetve téli napforduló napjai – ad pontos északi értéket. A pontos déli idő csak egy pillanatra létezik minden pontján a Földnek, és a Nap látszólagos mozgásának sebességével halad nyugat felé. A Földnek a ma használatos fokbeosztása, amelynek a 0 foka a greenwich-i csillagvizsgálón átmenően kezdődik, megegyezéssel történt, ezért a 0, 30, 180 vagy bármelyik fok külön jelentőségének vizsgálata teljesen értelmetlen.

Hogy Charles Piazzi Smyth, aki skót királyi csillagász volt, vagy a többi tudománnyal, esetleg szintén a csillagászattal foglalkozó ember miért nem ismerte a gnomont, nem tudom, talán hiányoztak erről az előadásról. Én egy kis okoskodással magamtól jöttem erre a gondolatra. Igaz, én a bot árnyékát rögzítettem állandóan, majd ezt metszettem egy nagyobb körívvel a kelet-nyugat kitűzéséhez. A későbbiekben megtaláltam a gnomon módszerét egy csillagászattal foglalkozó könyvben is. Ez a könyv Kulin Gyula „A TÁVCSŐ VILÁGA" című munkája. Itt a kör helyett köröket, az úgynevezett INDIAI köröket rajzolják meg, a több kör pontosítja a szerkesztést.

Van tehát egy igen pontosan kijelölt kelet-nyugati és észak-déli irányunk, amely pontosabb, mint ha iránytűvel vagy a sarkcsillag segítségével tűztük volna ki. Közismert tény, hogy a mágneses északi irány csak a Föld egy délkörén mutatja a pontos északot, mivel a helyzete jelentősen eltér a valódi Északi Sark, a Föld forgástengelyének és a földköpenynek az északi metszéspontjától. Az is tudott, hogy a mai sarkcsillag sem egészen pontosan mutatja az északi irányt, pláne nem az akkori északi irányt, amikor a piramisok épültek. A témával foglalkozók, tudósok és dilettánsok, mint már említettük, egyaránt erre alkotni szoktak „egy régen pontos sarkcsillagot". Amint látható, erre semmi szükség nincsen, nem szükséges az amúgy is pontatlan csillaggal való irányítás, elég csak a Nap a pontos kitűzéshez.

Észre kell még vennünk valami igen fontos dolgot az előbbi feladatunk megoldásánál. Akaratunk ellenére kaptunk négy igen pontos derékszöget. Ezek a kelet-nyugati és észak-déli irányokat kijelölő egyenesek metszése által keletkeztek.

Azt is tudnunk kell, hogy az első, eddig ismert derékszögű számítási példa az időszámítás előtt kb. 1850 körüli. Tell-Harmal és Tell-Dibái feltárásakor került elő két ékírásos agyagtáblán, amelyen területszámítási feladatot rögzítettek. Püthagorasz pedig időszámítás előtt 580–500 körül élt. (Az ékírásos táblákat lásd a képek között)

Valószínűen Püthagorasz ennek az ismeretében mint igazolást készítette el a tételét úgy, hogy egy derékszöget is alkalmazni tudjanak a négy helyett, és egyszerű megoldással, mindenki által megalkotható legyen ez a feladat egész számokat használva (3, 4, 5). A derékszög ismeretét látszik igazolni az a tény, hogy már Püthagorasz előtt évezredekkel építettek a Földünk minden táján úgy, hogy az építmény sarkai pontosan derékszöget alkotnak. A matematikusok feladata sok esetben az, hogy számításokat dolgozzanak ki egy feladat – például derékszög – megoldására, lehetőleg egyszerű módszerekkel.

DERÉKSZÖG KITŰZŐ

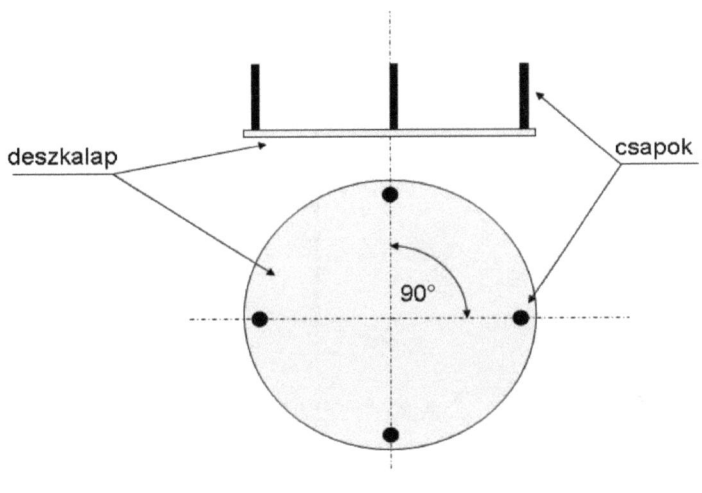

65. ábra

Ha ezt a négy derékszöget alkotó ábrát egy mozgatható sík lapon, például egy deszkalapon készítjük el, úgy van egy derékszögkitűző alap műszerünk, amellyel bárhol, bármikor és bármilyen tájolással tudunk pontos derékszöget kitűzni, most már függetlenül az előbbiekben vázolt kitűző helytől, a gnomontól és a Naptól. A csapok szerinti irányzással bármilyen tájolású derékszög kitűzhető. Ezen a szerkezeten nem kell állítani, csak vigyázni arra, hogy ne sérüljön meg. Ez a szerkezet könnyen szállítható, egyszerűen használható. (65. ábra)

A szem is igen pontos műszer, igaz, sokkal könnyebb becsapni, mint egy szerkesztett mérőeszközt. Sokan művelik is ezt a becsapást, például az illuzionisták. De ha két, függőlegesre állított rudat nagyobb távolságban kitűzünk, a közöttük lévő vagy azoktól távolabb lévő pontos egyenest a két alap rúd segítségével igen pontosan meg tudjuk határozni. A földmérők, a geodéták ma is használják ezt az egyszerű módszert. (66. ábra)

EGYENES KITŰZÉSE HÁROM RÚDDAL

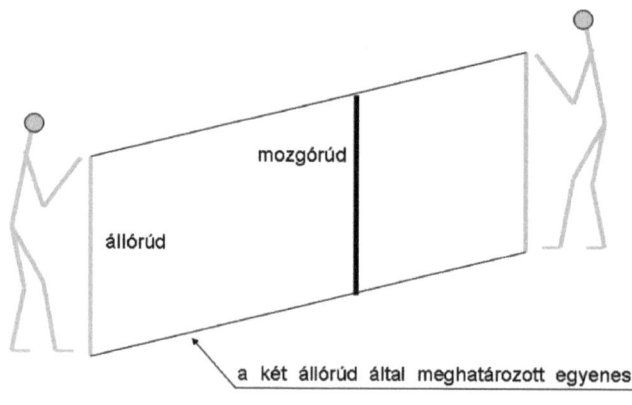

A mozgórúd segítségével az állórudak által kitűzött egyenes tetszőleges pontját meg lehet határozni

66. ábra

A két rudat függőlegesre állítva egy egyenest határozhatunk meg, amely egyenesen a két rúd beszúrása közötti rész, lehet például a Nagy Piramis egyik oldalirányának a kitűzése. Ezzel a módszerrel meg lehet határozni bármelyik építkezés kitűzéséhez szükséges egyenes vonalat és az azon lévő tetszőleges pontot.

Az építési területet vízszinre kell hozni. Figyeljük meg, hogy Közép- és Dél-Amerika indiánjai milyen hatalmas sík területekre építették piramis-városaikat. Szinte lehetetlen az, hogy ilyen hatalmas sík felületek alakuljanak ki természetes úton, tehát mindezt emberkéz művének kell tulajdonítani. A természet a földmozgás, esők, szelek hatására a síkokat is összegyűri, dimbes-dombossá teszi. Így még a nagy síkságok, a Nagyalföld, az amerikai préri, dél-amerikai pampák és Mongólia, Ausztrália és Afrika sivatagai is hullámosak. A vízszintes síkot készíteni kell, az nem alakul ki, kivéve a vizek, tavak, tengerek felszíne esetében.

Tehát vízszintes síkot kell készítsünk. Kell hozzá a vízszintmérő. Ezt egyszerűen úgy lehet kialakítani, hogy egy derékszög (vagy tetszőleges szög) két szárára azonos távolságot mérünk fel, majd ezeket a pontokat összekötjük egy egyenessel. Ha ezt az egyenest felezzük, és erre a felezési pontra a szög csúcsából függőónt szerkesztünk, van egy pontos vízszintező műszerünk. Ezzel kifaraghatjuk az alap vízszintes síkját. (67. ábra)

67. ábra

A Kairó melletti három nagy piramis szintén ilyen hatalmas, legalábbis megközelítően sík felületekre van építve. Igaz, nem egy közös síkra, hanem piramisonként készítették azokat. A környező táj itt is dimbes-dombos úgy, ahogyan egy kősivataghoz illik. Ezen a tájon sem fordul elő teljesen sík terület, azt itt is készíteni kellett.

A ferde síkokat is meg kell határozni, lehetőleg egyszerű szerkezettel, amelyet bárki bárhol meg tud építeni, nem kell hozzá komoly mérnöki képzettség vagy más felsőfokú végzettség, csak egy kis önálló gondolkodás és ügyesség. A 68. ábra szerint bármilyen ferdeségű síkot ki lehet tűzni és megépíteni. Ennek a feladatnak az elvégzésére is szükség van függőónra. Minden beállítandó szöghöz kell egy szerkezetet készíteni, amely így csakis egy feladat elvégzéséhez alkalmas.

TETSZŐLEGES SZÖG BEÁLLÍTÁSA

Minden szöghöz külön műszert kell készíteni

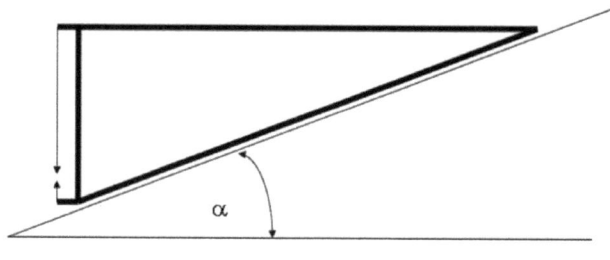

α = a beállítandó szög

68. ábra

A vízzel való felöntéses síkra faragás nagyon valószínűtlen, hiszen ha egy felületben öntenék fel 10 centiméter vastag rétegben, úgy is rengeteg vizet kellene felcipelni a munkálatokhoz. Ha részekre bontjuk, akkor pedig a munka haladna lassan, mert kevés ember dolgozhat egyszerre. Különben a vízben követ faragni nem látszik nagyon célszerűnek. A faragási törmeléket is minden alkalommal ki kellene halászni. Felöntés után a területet feltérképezni, hogy a síkra faragási értékeket meghatározzuk, szinte kivihetetlen feladat elé állítaná a munkások seregét. De mindenre lehet találni egyszerűen megoldható módszert.

A PIRAMIS OLDALAINAK KITŰZÉSE

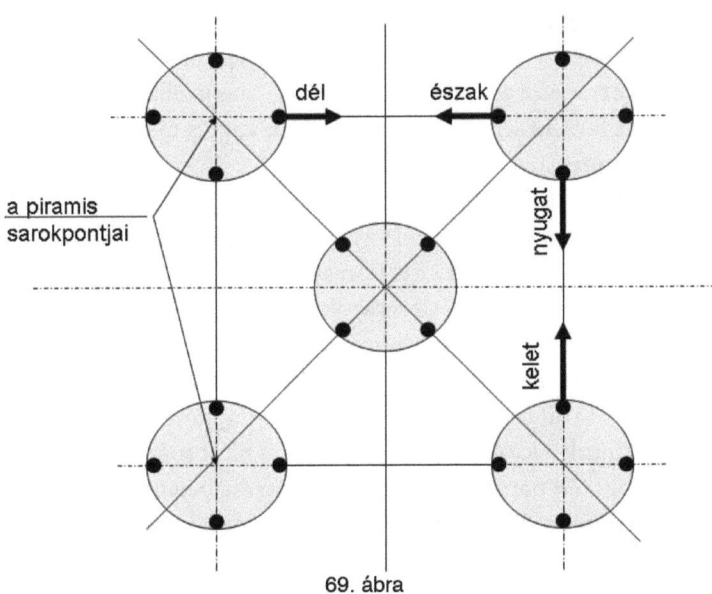

69. ábra

A három gízai piramis sarkai egy egyenesen helyezkednek el, amint azt már láttuk – ha Bauval elmélete igaz –, azt is jelentené, hogy a három piramis alapterülete is fontos volt építésük során? Nehezen hihető el, hogy száz évre vetítve az építkezés „előre tervezését" betartották. Napjainkban egy évre való előre tervezés sem biztosan megvalósítható. Példának itt van Budapesten a Magyar Nemzeti Színház és a duna-kanyari vízerőmű. Az egyik „főnök" elkezdette az építkezést, a másik viszont leállíttatta, amit az elődje kezdett. Pedig az erőmű gátrendszerének megépítése, majd elbontása nem csekély pénzünkbe került.

379

És mindezt talán csak azért, mert ezt én mondtam, azt meg te. Mindegyik új vezető mást akar, mint az elődje, mert ezt én tettem, rám fognak emlékezni. Miért lett volna ez más a régi időkben? A tervezett Duna-gátak megépítése is problémákkal jár. Az egyik az, hogy a hajózási idő a gátak számával megegyezően 1–1 órányi időt igényel. A másik az, hogy a gát átszakadása az alatta lévő folyószakaszon hatalmas árvizet jelent. Tehát megpróbáljuk egyszerű módszerek használatával a piramis alapjait kitűzni, az építési felületet síkra munkálni, a köveket méretre és szabályosra faragni, a piramis közepét pontosan tartani az egész építkezés alatt. Megpróbáljuk az építőköveket felvontatni és helyükre rakni, vagyis megépíteni a piramist a mai tudásunk szerint.

Első feladat az építmény alapjának kitűzése. A már bemutatott derékszög-kitűzővel egyszerűen megoldható ez a munka. Ha meghatározzuk egyetlen sarokpont helyét, a többi már szinte adódik. Az egyetlen sarokpontra lehelyezzük a derékszög-kitűzőnket úgy, hogy az egyik egyenes az észak-déli irányba mutasson. Ezt a gnomon segítségével hajszálpontosan tudjuk beállítani, csak az év négy pontos napjának egyikén kell elvégeznünk a kitűzést. Ezek a napok, amint már tudjuk, a következők: téli napforduló, tavaszi és őszi napéjegyenlőség napjai és a nyári napforduló. (69. ábra) Az egyik sarokpontra állva a derékszögkitűzővel, két oldal irányítását tudjuk meghatározni szinte tökéletes pontossággal. Átállva a többi sarkokra, minden oldal kitűzhető. A középső kitűző a középpontot határozza meg és a kitűzést pontosíthatja, ellenőrzi.

Megvan egy sarokpont észak-déli, illetve kelet-nyugati irányítása, kell a többi sarokpont irányítása is. A derékszög-kitűző megoldja ezt a feladatot, mivel már két oldal irányítását ismerjük. Ezekre felmérjük a kívánt oldalhosszúságot, például az évek napjainak száma szerint, már három sarkpont helyzete ismertté vált. Ha most az új sarokpontokra állunk a derékszög-kitűzővel, megismételjük az előbbi beállításokat, úgy minden sarokpont pontos helyzete ismertté válik. A pontosítás érdekében elvé-

PIRAMISKÖZÉP KITŰZÉSE A SAROKPONTOKBÓL

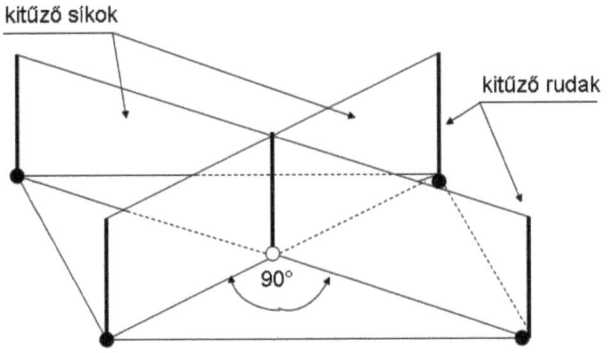

○ középpont
● sarokpontok

70. ábra

gezhetjük ugyanezeket a lépéseket a további két sarokponton is, sőt fordított sorrendben is, így a kitűzésünk szinte tökéletes. Az építmény közepét is meg tudjuk határozni a derékszög-kitűzővel az ábra szerint, de öt darab kétméteres, egyenes rúd is elég a meghatározáshoz. (70. ábra) Két-két kitűző rúd által meghatározzuk az egyik és másik átló síkját, majd az ötödik rudat addig mozgatjuk az egyik meghatározott síkban, amíg a másik síkban is pont benne látjuk. Ez a pont egyben az építmény középpontja.

Amint látható, a kitűzések nem okozhatnak megoldhatatlan feladatokat, még egészen átlagembereknek és egészen egyszerű, könnyen elkészíthető eszközök készítése mellett végezve is. A régi embereket olykor nagyon okosnak, máskor pedig tudatlannak állítják be az arról írók, talán az írásukat érintő kívánalmak szerint. Higygyük el, hogy egészen egyszerű emberek is képesek komoly problémák megoldására, akárcsak a Húsvét-szigeteken élők tették azt a többtonnás szobraik felállításával. Ezeknek a szobroknak a felállítását már többen megmagyarázták, de érdekes, hogy azzal nemigen foglalkoztak, hogyan tették fel a szobrok kéttonnás kalapját!

AZ ALAPSÍK VÍZSZINTESRE MUNKÁLÁSA

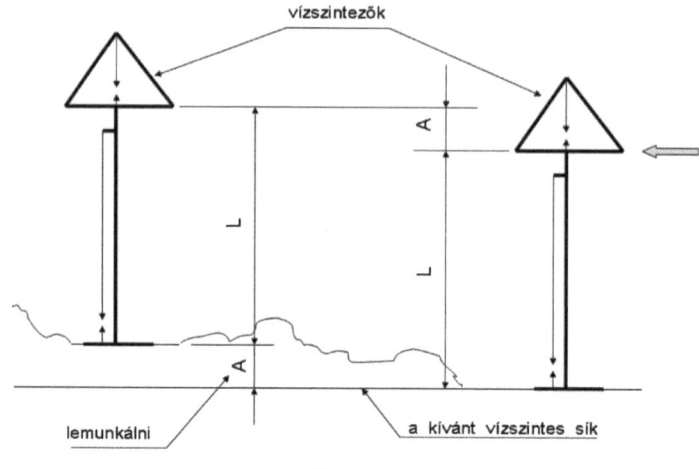

71. ábra

Az alapsík vízszintesre munkálása a következő feladat. Az eddig készített eszközöket használjuk erre a munkára. A bemutatott vízszintezővel faragható ilyen sík felület, de egy szerkezettel igen lassú a munka, évekig tartana. Több eszköz esetében pedig az egysíkúság biztosítása okoz nehézséget. De van megoldás erre az esetre is.

Ha elkészítjük a 71. ábra szerinti eszközöket, sok helyen meghatározhatjuk azokat a pontokat, amelyek az alap vízszintes síkjához tartoznak. Most már sok helyen sok ember dolgozhat, és a faragásuk síkja egybe fog esni. Az alapsík elkészítésére ezt a módszert használva, sok ember munkája következtében, aránylag rövid időt fog igényelni. Talán Közép- és Dél-Amerika indiánjai is ezt a módszert használták a piramisvárosaik építése alkalmával a hatalmas és pontos sík felületek elkészítésére.

Ez a feladat még egyszerűbben is elvégezhető, ha ez a technikai megoldás még nincs a birtokunkban. Igaz, kevésbé pontos értékeket kapunk. Az egyszerű embereknek egyszerű megoldása volt az éppen felmerülő feladat megoldására. Így ezt a feladatot is el lehet végezni úgy, hogy csupán vízszintmérőnk,

VÍZSZINTES SÍK KITŰZÉSE HÁROM RÚDDAL

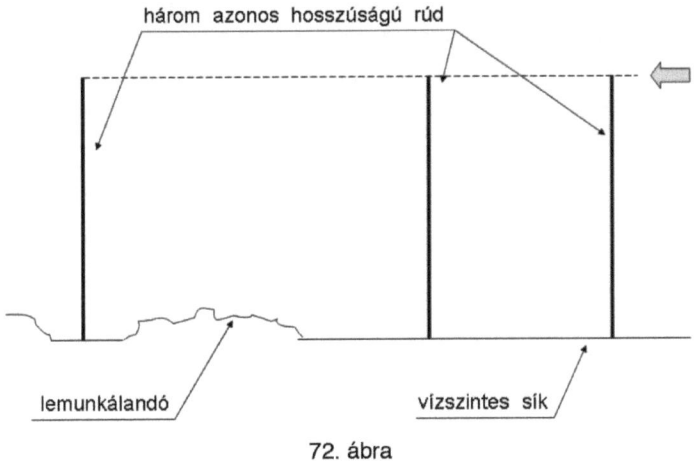

72. ábra

és három pontosan egyforma hosszúságú botunk van, ez adja a megoldást. A teodolittal is hasonlóan dolgoznak.

Ekkor is csak egy kisebb területet kell vízszintesre munkálnunk, majd a három bot segítségével meg lehet határozni sok másik pontot, amelyek éppen azonos magasságban vannak. A továbbiakban a folytatás az előzőek szerint történik, és sok ember egyszerre sok helyen dolgozhat azzal a biztos tudattal, hogy a munkájuk egy összeillő sík felületet fog képezni. Ugyanúgy, ahogyan az előző megoldás biztosította azt. (72. ábra)

Először csak közelebbi pontokat tudunk kitűzni ezzel a módszerrel, de azután szinte a piramis területén lévő, tetszőleges távolságban lévő pontokat is meghatározhatunk így is. Egyszerűbb építkezéshez ma is alkalmazható ez a módszer.

Az eddig bemutatott szerkezetekkel vízszintes síkot, párhuzamos oldalú köveket (73. ábra) vagy derékszögű köveket (74. ábra), vagy tetszőleges lejtésű folyosókat (68. ábra) lehet kialakítani. Egy előadás a derékszögű kőmegmunkálás pontosságát fűrészeléssel és a vágatba szórt csiszolóanyaggal próbálta magyarázni. Ez az eljárás nem magyarázza meg a szarkofágok belső részének és az obeliszkek készítésének módját, mivel a belső, derékszögű sarkokat és a hosszú köveket nem lehet fűrésszel készíteni, de ha ezeket mégis képesek voltak készíteni, nem kell a munkához fűrészelés, ami meglehetősen lassú munka lehetett. Először csak egy vízszintes síkot mint munkaasztalt kell készíteni.

KŐ PÁRHUZAMOS OLDALÚRA FARAGÁSA

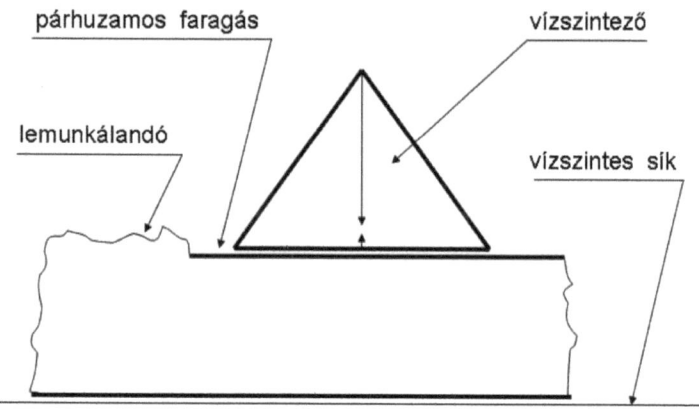

73. ábra

Tehát egyazon időben sok helyen lehet ugyanazt a vízszintes síkot kitűzni és lemunkálni. Egy 230 x 230 méteres felületen az emberek ezrei dolgozhatnak egyszerre anélkül, hogy egymást zavarnák, és úgy, hogy a megmunkálásuk felülete teljes biztonsággal egy vízszintest fog képezni.

Az oldalak hajlásszögének a kitűzése is elvégezhető ezzel a szerkezettel, csak a napéjegyenlőség napján a déli 12-kor – amit már pontosan meghatároztunk – a bot árnyéka által meghatározott háromszöghöz kell beállítani, mint egy szögmérőt, anélkül, hogy a szögek fokértékét vagy akár csak a fok általunk ismert fogalmát tudnánk, de erre nincs is szükség. Az épület belső szerkezeteinek, ferde folyosóinak a kitűzését is meg tudjuk határozni ezzel a módszerrel, csak minden hajlási szöghöz kell egy külön szerkezetet készíteni. Ezeket talán a papok készítik, megszentelik és odaadják a munkát ellenőrző munkavezetőnek, az pedig elvégzi a kitűzést a munkát végző „hangyasereg" számára. Sőt még a kövek párhuzamos oldalúra (73. ábra) vagy derékszögűre (74. ábra) faragását is elvégezhetjük, csak egy vízszintes síkot kell készteni, mint munkaasztalt, amelyen már is tudunk párhuzamos oldalú köveket faragni. A derékszögünk pedig a továbbiakhoz elegendő, amint azt az ábra mutatja. Amint azt látjuk, a gondolkodó ember számára igen egyszerű megoldások is adódnak komoly feladatok végrehajtására. Ha viszont elkap bennünket a téves elképzelések áradata, akkor: Vajúdnak a hegyek, egér születik.

DERÉKSZÖGŰRE FARAGÁS

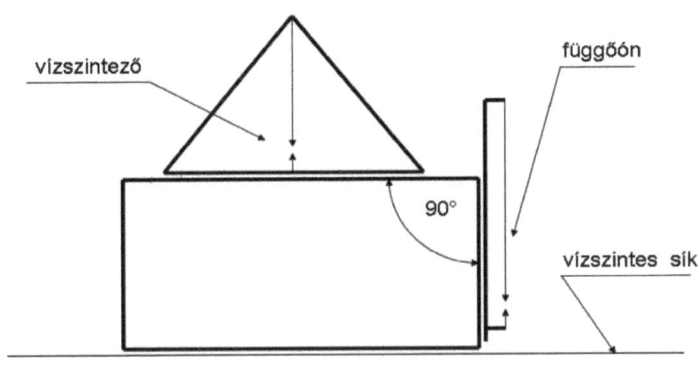

74. ábra

Hérodotosz szerint a piramishoz vezető út és a földalatti részek tíz évig épültek, a piramis maga pedig húsz évig. Most nézzük meg, hogy lehetséges ezt megoldani ennyi idő alatt. Kilencszáz méter körüli út megépítése, még ha az tizennyolc méter széles is, amint Hérodotosz írta, tíz év alatt nem okozhatott gondot.

A földalatti folyosók hosszát, itt beleszámítjuk az esetlegesen még ismeretlen szakaszokat is, háromszáz méter hosszúnak becsülhetjük. Ha egy napi munkával csak fél métert haladtak előre, akkor a tíz – 300 napos – év alatt 1500 métert.

$$10 \times 0{,}5 \times 300 = 1500$$

Tehát ez sem volt lehetetlen feladat. Még akkor sem, ha az oldalakat csiszolták volna. Nem szabad elfeledkezni a vízről, hiszen azzal a faragási és csiszolási felületeket meglocsolva pormentesen lehet dolgozni. Tehát az előkészületi munkák könnyen elvégezhetők anélkül, hogy amint azt sokan feltételezik, a munkások a por miatt sem végezhették el ezt a feladatot. A piramis körüli terület tele van sírokkal, amelyek a sziklás területbe vannak mélyítve. Előfordulhat még az is, hogy a sírok között összeköttetések is vannak, amelyeket esetleg a sírrablók készítettek a könnyebb munkavégzéshez. Ezt látszik igazolni a Királyok Völgye, ahol a sírrablók az egyik sírból átjárót véstek a másikba.

Természetesen az út és alagút építése alatt a köveket kitermelők is dolgozhattak, és miután előkészítették azokat, az építési helyre szállították, egészen a majdani beépítési helyükig. Csak az alapot képező asszuáni gránit akadályozta az építés megkezdését, hiszen azokat az épülő – Hérodotosz szerint 18 méter széles – úton kell majd felszállítani. Azonban azok a kőfejtőből a helyszínre, a Nílus-partra szállíthatók és ott tárolhatók, esetleg az épülő út már meglévő felületén is raktározva, az út két oldalán, hogy a többi kő szállítását ne akadályozzák. Mire az út teljesen megépült, azon nyolc kősort tárolhattak úgy, hogy a kövek között elég hely maradjon azok kezelésére. Ha egy kő által elfoglalt távolság 2 méter, akkor az épülő úton tárolható:

$$(900 : 2) \times 8 = 3\ 600$$
darab kő.

Ha elhisszük, hogy a piramis teljes építési ideje harminc év volt, és ebből az útépítés tíz évet vett el, marad húsz év a tényleges építésre. A piramis burkolatának elkészítéséhez öt évet véve szükségesnek, úgy marad tizenöt év a piramis köveinek felrakására és a galéria, valamint a kamrák elkészítésére. A burkolat kőmennyisége, ha az átlag burkolatvastagságot egy méternek vesszük:

$$4 \times (186 \times 232 \times 1) : 2 = 86304 \text{ m}^3.$$

Ezt az anyagmennyiséget természetesen le kell vonni a piramisba építendő egyéb kőmennyiségből, amely így:

$$(232 \times 232 \times 147 : 3) - 86304 = 2551072 \text{ m}^3.$$

Ha ezt az értéket elosztjuk a 15 évre eső munkanapok – még 65 nap ünnepet is beleszámíthatunk – számával, úgy a naponta beépítendő átlagkő mennyiség köbméterét kapjuk meg.

Ez a fentiek szerint és 300 napos évet véve:

$$2551072 : (15 \times 300) = 567 \text{ m}^3/\text{nap}.$$

Ez egy 10 x 10 méteres, 5,76 méter magasságú térfogat. Nem kevés, de rengeteg ember végzi a munkát. Ahogyan az útépítés és a piramis alapjának a készítése halad, úgy az építőkövek kitermelése is folyik. Vagyis amikor az alapköveket elkezdjük helyükre rakni, már 10 év alatt készített, tekintélyes mennyiségű építőkő áll rendelkezésünkre. Az épülő úton és a piramis alap közelében, valamint a Nílus partján is lehet köveket tárolni az építés kezdetéig. Magán az úton csak egy sorban, ha az 900 méter hosszú, és a kövek 1,5 méteres – vagyis $1,5^3 = 3,375 \text{ m}^3$ – oldalhosszúságú kockák, 1 méteres hézagokkal tárolva:

$$900 : (1 + 1,5) = 360$$

darab, 3,375 m³ térfogatú kő tárolható, ami 1215 m³ anyagot jelent. A későbbiekben, ha az építkezés mellett nem tárolnak anyagot, akkor már csak a folyóparttól lehet a gránitanyagot szállítani. Egy darab másfél méteres, kocka alakú alapkő tömege, ha a gránit térfogatsúlya a sokak szerinti 2,8 kg/dm³ lenne:

$$1,5^3 \times 2,8 = 9,45 \text{ tonna.}$$

Vegyük kereken 10 tonnásnak. A csúszósúrlódási tényező nagyon jó esetben – például csapágyzásnál – 0,01 is lehet. Ha 0,2 értékkel számolunk, akkor egy kőtömb vontatásához szükséges 10 x 0,2 = 2000 kilogram.
Fejenként 30 kilogrammal számolva ez:

$$2\,000 : 30 = (66{,}66)\ 67$$

vontató embert jelent. A segítőkkel növelve ez 70 ember kövenként. Amikor már elfogytak az így tárolt kövek, akkor a folyó partjától kell a köveket szállítani, és ha egy vontatmány vontatási hosszúságigényét 30 méternek vesszük, akkor egyszerre:

$$900 : 30 = 30$$

kő halad felfelé. Ez 30 x 3,375 = 101,25 m³ anyagot jelent. Most nézzük meg, hogy mennyi időre van szükség egy darab kő 900 méterre vontatásához, ha másodpercenként 0,3 métert, vagyis 30 centimétert haladunk:

$$900 : 0{,}3 = 3\,000$$

másodperc, ami 3000: (60 x 60) = 0,833 óra. Tehát egy kőnek az út elejétől a végéig való felvontatása kb. egy órát igényel. (Egy sétáló gyalogos három kilométernyi utat tesz meg egy óra alatt.) Ez csak a legelső és legutolsó kőre érvényes, mert az úton egyszerre sok kő mozog. Az első már ott van az út felső, az utolsó pedig még az alsó végén. Az átlag úthossz a két hossz összegének a fele, vagyis csak a fele úthosszal kell számolni. Ha pihenőket és rendkívüli eseményeket is figyelembe veszünk, akkor 1 óra alatt érkezik meg 101,25 m³ kőanyag, ami azt jelenti, hogy 6 óra alatt az egy napi kőszükséglet biztosítható. A vontatáshoz szükséges emberek száma pedig, mivel vissza is kell menni a vontatás kiindulásához:

$$(2 \times 70) \times 30 = 4200$$

ember. A sokak által az építéshez említett 100000 ember kissé soknak tűnik. Az alapkősor megépítéséhez – mivel láthatóan meghagyták az alap kiemelkedő részeit, amint az a táblaképek fejezet alatt látható is – kb:

$$(230 \times 230 \times 1,5) : 2 = 39\,675$$

köbméter kő szükséges. Ez a napi 576 köbméterrel számolva:

$$39675 : 576 = 68,9$$

nap. Mivel az egyre rövidülő oldalhosszúságú és magasságú sorok egyre kevesebb kőmennyiséget igényelnek, az építési idő is arányosan csökken. Ha száz helyen folyik az építés, akkor egy helyen 5,76 köbméter követ kell naponta beépíteni, ami napi két darab 1,5 méter oldalhosszúságú kőtömböt jelent. Ha 100 métere csökkent oldalhosszúságot és 0,5 méter magas sort vizsgálunk, akkor:

$$100 \times 100 \times 0,5 = 5000$$

köbméter kőanyag kell a sor felrakásához, amely már csak:
$5000 : 576 = 8,7$

napi munkát igényel. 10 méteres oldalhossznál pedig a beépítendő anyag már csak:

$$10 \times 10 \times 0,5 = 50$$

köbméter, ami 0,08 napot vesz igénybe. Napi 12 órás munkaidővel és 2 óra alatti sorépítéssel számolva: 12 : 2 = 6 sor épülhet fel a csúcs közelében. Nem úgy kell elképzelni, hogy minden alkalommal minden követ az alaptól kell felvontatni, mert a piramisépítmény négy oldalán az építőkövek állandóan haladnak felfelé, tehát a felső köveket mintegy csak a helyükre kell emelni. A fentieket figyelembe véve látható, hogy a piramisépítés az írások szerint megadott építési idő alatt biztonságosan megvalósítható.

A kövek mérete sem lehet akármilyen, hiszen a megmunkálási idő erősen függ a kő méretétől, sőt az építmény állékonysága is. Könnyen belátható, hogy ha a köveket síkra akarjuk munkálni, akkor a kő méretétől függ az, hogy milyen nagyságú felületet kell lesimítani. Ha egy méter élhosszúságú kockát veszünk, amelynek a térfogata egy köbméter, annak a megmunkálandó felülete hat négyzetméter, mivel a kockának 6 oldala van. Ha megfelezzük az oldalakat, az élhosszúság fél méteres lesz, nyolc kődarab ad egy köbmétert. A megmunkálandó felület viszont megduplázódik, vagyis egészen kis kődarabok készítése több időt igényel, mint a nagyobb kődarabok készítése. A nagyobb kődarabokkal állékonyabb építményt lehet készíteni. Minél kisebbek az építőelemek, annál ingatagabb az építmény. A homokszemek kötőanyag nélkül nem rakhatók függőleges építménnyé. Tehát látható, hogy ideális a nagyobb kődarabok alkalmazása az építési feladatok biztonságos megvalósításához.

A rámpaépítés kérdése – amit a „szakemberek" nagyobb feladatnak tudnak elképzelni, mint magát a piramist, megépíteni – csalóka dolog, hiszen már volt róla szó, Hérodotosz rámpákról és nem rámpáról ír. Vagyis a piramis oldalai mentén sok apró rámpát kell elképzelni, olyanokat, amelyekkel csak egy sort emelkedik a kő, és cikkcakk vonalban halad a következő rámpák segítségével. Ez azt jelenti, hogy a rámpák építése nem vesz igénybe csak minimális munkát, mivel nem kell egészen az alapsíkig kialakítani, és a kősorokra támasztható. Ha az építők egy kicsit gondolkoztak is, márpedig úgy látszik, gondolkoztak, akkor a rámpák kövei – ha a rámpák kövekből voltak építve – sem mentek veszendőbe, hiszen amikor feleslegessé váltak, azokat is be lehetett építeni a piramisba.

Egy rámpával nem lehet a kővel való ellátást biztosítani, mert egy sor felépítése után a rámpát mindig magasítani kellene. Arról nem is beszélve, hogy ha nílusi iszappal síkosítják a felületet, azt a vontatók számára minden kő után ki kell szárítani, különben még megállni sem tudnak rajta, hiszen a talpuk alatt ugyanúgy csúszós a felület, mint a vontatandó kő alatt. Vagy pedig olyan széles rámpát kell készíteni, amelyen elférnek a száraz felületen vontató munkások is. Ez esetben viszont a rámpa építése több piramisnyi anyag beépítését igényelné, és még a piramison túl is kellene nyúlnia legalább a vontatók tömegeinek a biztonságos megtartásáig. Ez mindenféle nagyságú kőszállításra érvényes.

A nagyméretű kövek mozgatására a régi „gondolkodó" emberek alkothattak viszonylag egyszerű szerkezeteket, amelyek a munkájukat egyszerűbbé és kivitelezhetőbbé tették. Persze a legegyszerűbb megoldás a sok ember vontatóerejének a felhasználása, amint azt az egyik egyiptomi ábrán is láthatjuk. Itt egy nagy szobrot vontat rengeteg ember, egy pedig a szobor elején áll, és valamit önt a szobor alatti szántalpak alá. Egyes megállapítások szerint ez a valami nílusi iszap, amely, mint azt mondják, igen csúszós anyag, és így a vontatást kedvezőbbé tehette. Így azonban csak egy kő vontatható, nem lehet ugyanazon a felületen más tárgyat vontatni, csak amikor a felület újra szárazzá válik, mert amint erről már szó volt, a vontatók is csúsznának. És az említett ábrán nem kőtömböt, hanem szobrot vontatnak!

Mivel az éghajlat és a folyó áradása lehetővé tette az évi kétszeri aratást és bő termést, egész évben építhettek, nem pedig csak az év egy részében. Az élelem megtermeléséhez szinte csak vetni és aratni kellett, a folyó iszapja a többit elintézte. A Római Birodalomnak is éléskamrája volt Egyiptom, tehát többlettermelés volt lehetséges. Ma, amikor negyvenmilliónyi ember él Egyiptom területén, és a termőterület csak a Nílus melletti sáv, az élelemmel való ellátás megoldott, még a termő területek folytonos csökkenése mellett is.

Azt állítani, hogy az építőket csak hagymával ellátni is probléma lett volna, kissé erőltetett, hiszen az embereknek enni kell, mindegy az, hogy hol laknak és dolgoznak.

Az alábbiakban bemutatok néhány egyszerűen kivitelezhető kőszállítási megoldást, amelyekhez nem kell a modern technikai tudás, csak sok ember és egy kis ügyeskedés.

Az első esetben egy kétkarú emelőszerkezettel lehet léptetni a köveket. Lényege az, hogy nem egy, hanem hat követ kell egyszerre szakaszosan mozgatni. Ez esetben nem lép fel az a kérdés, hogyan vonszolták a köveket a „nílusi iszappal kent" felületen a munkások.

HAT KŐ VONTATÁSA

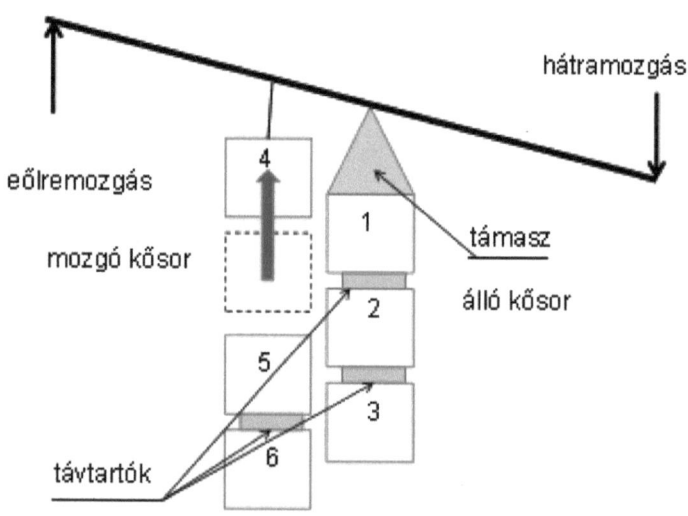

75. ábra

Ennek a megoldásnak a lényege az, hogy egy kő alatti súrlódási erő egyharmada, mint három kő alatt. Vagyis, ha egymáshoz támaszkodó három kőre támasztva mozgatunk egy követ, az fog haladni, és nem a három kő csúszik vissza. Ehhez két kősort kell kialakítani úgy, hogy azok egy távtartó segítségével támaszkodjanak egymáshoz. Ez azért szükséges, hogy a köveket kezelni lehessen, ugyanis a vontató kötélzetet át kell akasztani mindig a vontatandó kőre. Ha hézagmentesen érnek egymáshoz a kövek, ez az átakasztás nem valósítható meg. (75. ábra)

Tehát két egymáshoz egészen közeli hármas kősort alakítunk ki úgy, hogy a szükségesnél nem nagyobb hézaggal három-három kő kerüljön össze. Az egy az öthöz arányú kétkarú emelővel a sima vontatási erőszükséglet ötödével lehet a vontatást elvégezni. Igaz, a vontatást végzőknek az útja ötszörösére változik. A megoldást bonyolítja a három különböző hosszúságú kötélzet használata, és az első, álló sor kövére egy kitámasztót kell helyezni, amíg a másik sor köveit mozgatjuk előre, majd át kell helyezni a másik sor első kövére.

A kétkarú emelő emberek által kezelt végével előre menve a vontatókötelet az első léptetendő kőre akasztjuk, majd az emberek a vontatási iránnyal ellenkező irányba haladva a követ egy osztással előbbre mozgatják. Újra előre mozgatva a vontató rudazatát egy másik kötélzettel a következő kő előre léptetése végezhető el. Ugyanígy a harmadik is. Ekkor át kell állni az előreléptetett kövekre a vontató eszközzel, és a másik sort ugyanúgy előrevontatni. És ebben az esetben lehet a kövek alatti sávot iszappal síkosítani, mert a vontatók más felületen mozognak, mint a vontatmány. Itt most a bigott ufóhívők behunyják a szemüket, és undorodva dobják el ezt az irományt, és erre intenek mindenkit.

Ha egy 10 tonnás kő 0,2-es súrlódási tényezőt figyelembe véve 2 tonnával vontatható, úgy a leírt szerkezet segítségével a vontatóknak csak ötödannyi vonóerőt kell produkálni, amely:

$$2 : 5 = 0,4$$
tonna, vagyis 400 kiló.

Ha egy ember csak 20 kilót biztosít, úgy húsz ember léptet 10 tonnányi köveket. Igaz, kell a kövek fel- és leakasztásához és az „átszereléshez" pár ember. Ha másodpercenként 1 méter sebességét tételezünk fel a vontatóknak, és a kövek 1,5 métert lépnek, úgy a vontatók 7,5 métert kell, hogy megtegyenek úgy a vontatáskor, mint a visszaút során. Ez 15 métert és körülbelül 15 másodpercet jelent kövenként. Ha nagyon bőkezűek akarunk lenni, úgy mondhatjuk, hogy 6 percenként lép 6 kő 1,5 métert. Ez óránként:

$$(60 : 6) \times 1{,}5 = 15$$

méter 6 kő esetére vetítve.
Ha a 900 méteres szállítási úton 15 méterenként egy vontatmánysort feltételezünk, úgy egy sorban:

$$900 : 15 = 60.$$

Vagyis 60 vontatmány – azaz 360 darab kő – halad 1,5 métert 6 percenként. És a 900 métert egy vontatmány:

$$(900 : 1{,}5) \times 6 = 360$$

perc, azaz: $360 : 60 = 6$

óra alatt teszi meg a szállítási út elejétől a végéig. Ez az első vontatmányra érvényes, ha az út eddig teljesen üres volt, tehát az egész úton, az elejétől a végéig kell azt vontatni.

Mivel az út állandóan teli van kőszállítmányokkal, és az első követ csak le kell emelni a szállító útról, a teljes úthossz felével, az átlagos úthosszal kell számolni:

$$(450 : 15) \times 6 = 180$$

perc, vagyis 3 óra alatt 360 kő érkezik egy szállítási sor esetén. A 360 darab 10 tonnás kő 3600 tonna tömegű, és:

$$3600 : 2,8 = 1285$$

köbméter. A napi 557 köbméter kőmennyiség:

$$3 : (1285 : 557) = 1,3$$

óra alatt felszállítható, ha a mozgás megszakítás nélküli. Vagyis az egy nap alatt beépítendő köveknek a Nílus-parttól az építkezésig történő mozgatása 1,3 órát venne igénybe. Ez az alapokat képező gránittömbökre érvényes. Mivel egyértelműen megállapították, hogy az alapkőzetet nem vésték le teljesen vízszintesre, hanem meghagyták eredeti állapotban, számolhatunk a felével, vagyis az első alapkősor egy nap alatt beépítendő köveinek ezzel a módszerrel történő felszállításához még kevesebb idő szükséges.

A 76. ábra szerinti megoldással az átakasztási gondok megoldódnak, a szállítás egyszerűbb és folyamatosabb. Ennél a megoldásnál nem kell a kötélzettel foglalkozni, de az előremozgatott követ ki kell ékelni, hogy az ne csússzon vissza a másik kő előremozgatásakor. Az ékelő erőnek legalább akkorának kell lenni, mint az előzőben bemutatott három kő alatti súrlódási erő. Viszont a mozgatás szinte folyamatos, mert amikor az egyik sor vontatói előrehúznak, a másik sor vontatói hátramozognak, majd ők mozgatják a követ előre, és viszont. Így a kövek állandó mozgásban vannak, folyamatosan haladnak a cél felé.

KÉT KŐ VONTATÁSA

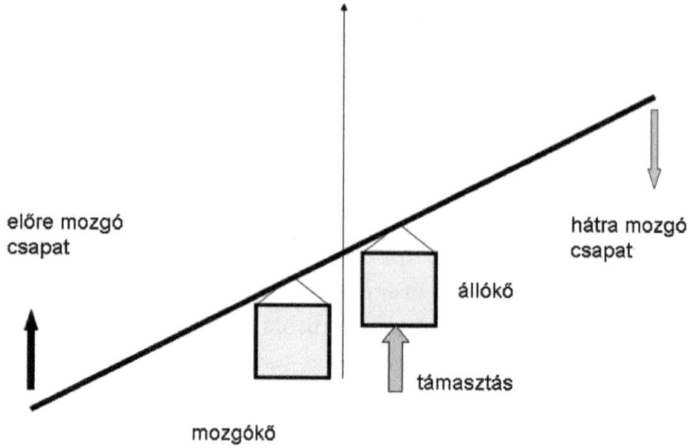

előre mozgó csapat

hátra mozgó csapat

állókő

támasztás

mozgókő

76. ábra

KÖVEK MOZGATÁSA LÉPTETÉSSEL

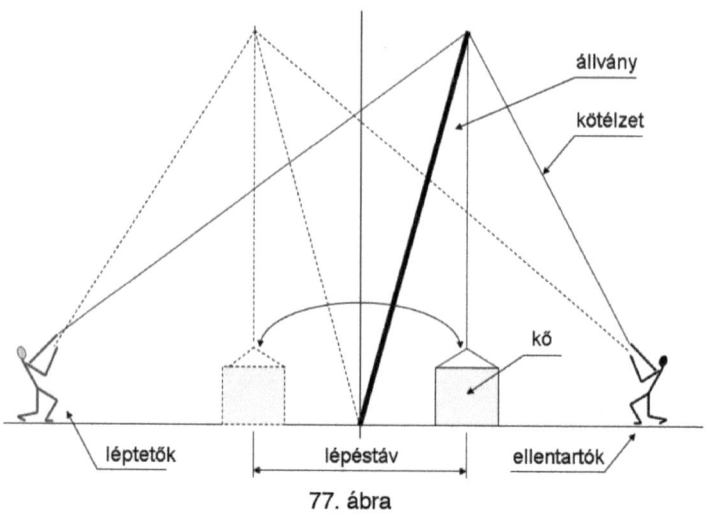

állvány

kötélzet

kő

léptetők   lépéstáv   ellentartók

77. ábra

Szállítható egy kő két, hat méter hosszú rúdból készített szerkezet segítségével, egy állásból 3 méteres haladási úttal, kötélzet segítségével. Ez úgy történik, hogy egy fordított V betűt készítünk, amelyet a csúcsára erősített kétoldali kötélzet segítségével, mint egy kaput, előre-hátra tudjuk mozgatni. Ma is mozgatnak így nagy terheket, és ezt a módszert nevezik bikázásnak. (77. ábra)

Ha a mozgatandó tárgyat az egyik irányba döntött szerkezet csúcsára erősítjük egy felfüggesztéssel, majd a kötélzet segítségével a dőléssel ellenkező irányba húzzuk, lényegesen kisebb erővel tudjuk mozgatni. A függőleges elérése után az ellenkező oldalon lévő kötélzettel ellen kell tartani és lassan ereszteni a mozgatandó tárgyat a földre érkezéséig. Ezután az emelőszerkezetet tovább kell léptetni, és a munkafolyamatot ismételni egészen a szállítási útvonal végéig. Ezzel a szerkezettel és némi ügyeskedéssel is lehet az emberi erőkifejtést csökkenteni egy nehezen végrehajtható munkafeladat elvégzésére.

Ezzel a megoldással csak egyes nagyobb kőtömböket érdemes mozgatni, mert a helyigénye túl nagy, és az átállítása is hosszabb időt vesz igénybe. A mozgatás nehézkes, több odafigyelést igényel, az emberek összehangolt tevékenysége miatt.

Érdekes, hogy a megoldásokat leírók sokszor elsiklanak a feladatok egy része felett, azzal mit sem törődve alkotnak elméleteket.

A nagy, 45 tonnás köveket lehet más módon szállítani. Ilyen megoldás lehet a hintával való szállítás. A hintában az irányváltozáskor egy pillanatra megszűnik a hintában ülő tömege. Ha ekkor a hintát vontatjuk odább, csak a hinta tömegét kell húznunk. Vagyis ha készítünk egy aránylag könnyű szerkezetű állványt, amelyre kötélzeten függesztjük fel a szállítandó nagy tömegű kődarabot, és azt előre-hátra hintáztatjuk, amikor a kő mozgása irányt vált, csak az állványt kell továbbvontatni. Ezt a tényt használják ki az űrhajósképzésben, amikor repülőgéppel viszik fel a jelölteket, és a repülőgép emelkedésből zuhanásra vált. Ekkor a gépben lévők rövid ideig súlytalannak érzik magukat, és könnyedén össze-vissza repkedhetnek.

A szállított kőmennyiség itt is azonos lehet az előbb bemutatott megoldással. (78. ábra) Minden bizonnyára az építésük idejében lévő lehetőségek teljes kihasználásával, célszerűségével dolgoztak. Több vázolt megoldás a nagy kövek felemelésével, mozgatásával kapcsolatosan egyértelműen téves. Ilyen például, amikor is az angliai Stonehenge építését mutatja be a televízió segítségével. Bemutatják az álló kövek e célra készített gödörbe billentését, és az áthidaló kövek lejtőn felfelé görgetéssel a helyükre illesztését. Apróbb tényeket azonban elhanyagolnak a bemutatás során. Hogyan lett a felső végük egy sík? Ha görgetéssel helyezték az áthidalót a helyére, hogyan tudták biztosítani az áthidalók olyan pontos érkezését, hogy az álló kövek tetején kiképzett illesztőcsap és az áthidalón kiképzett illesztőlyuk pontosan találkozzék?

KŐMOZGATÁS HINTÁVAL

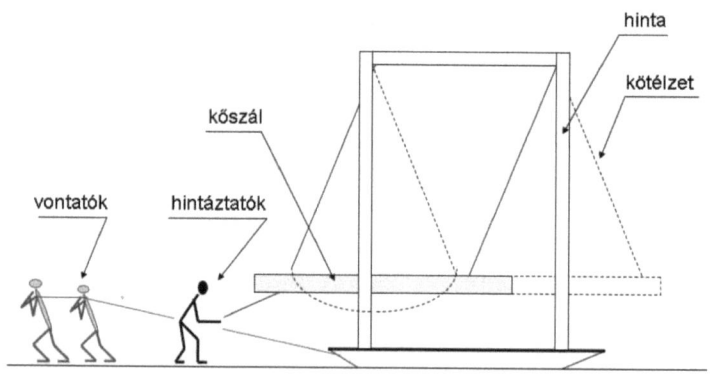

78. ábra

Mindhárom megoldást modellezéssel kipróbáltam a fenti leírásoknak megfelelően, működtek. A gördülő súrlódás tényezője kedvezőbb a csúszó súrlódásénál, ezért a kerekeken szállításhoz lényegesen kisebb erő szükséges, de az egyiptomiak állítólag a piramisépítéskor még nem használtak kereket, legalábbis erre utaló ábrázolást nem találtak. Az eladott vagy elrabolt obeliszkeket is gördítve szállították el a hajóhoz, acélból készített vázzal és abroncsokkal szerelt állapotban. (79. ábra)

Ha az acél váz megfelelően van készítve, akkor az obeliszk igen nagy biztonsággal érkezik meg a megrendelőhöz. Példa erre a Párizsba, Rómába, Londonba szállított és ott ismét felállított néhány obeliszk. A római császárok nagy előszeretettel szállíttattak obeliszket is, mutatva a nagyságukat és mindenhatóságukat. De ha Rómában van obeliszk, miért ne lenne Párizsban, illetve Londonban is, a franciák és angolok sem alábbvalók a rómaiaknál! És szállítottak minden értéket, ami mozgatható volt. Magángyűjteményekbe is került rengeteg értékes műemlék, amelyek szinte örökre elvesztek az érdeklődő szemek számára.

Gördítésnél G a vontatandó tömeg, N a gördítés erőszükséglete, P az egy kötélágban fellépő erő, n pedig a súrlódási tényező. Ezért ezt a megoldást sem szabad figyelmen kívül hagyni, mint ahogyan sok más egyszerű szállítási és építési megoldást sem hagyhatunk figyelmen kívül. Nem szabad az építéshez rögtön felsőbbrendű földönkívüli lényeket feltételezni.

A fentiekben bemutatott pár egyszerű megoldás természetesen a teljesség igénye és a hatalmas kőépítmények létrehozói munkamódszerének ismerete nélkül készült. Csak úgy elábrándozva azon, hogyan tenném én a kővontatás feladatát egyszerűvé és elvégezhetővé. Mindenki látott már esetet, amikor egy ember egyedül húz 15 tonnás vasúti kocsit, itt a gördülő-súrlódási tényező értéke, ha a húzóerő 100 kg:

$$100 : 15\,000 = 0,0066$$

Meg kell ismételten jegyezni, hogy az asszuáni gránitot és a turai mészkövet kellett csak a folyón, majd annak a partjától felszállítani a piramisokig. Feltárták ugyanis azt a területet, amelyről állítólag pont akkora kőmennyiség hiányzik, mint a Nagy Piramis térfogata. Igaz, még mindig ott van a másik két gúla építmény is, amelyeket szintén kőből építettek, és azok kőmennyiségének vélt bányáját még nem tárták fel.

GÖRDÍTVE SZÁLLÍTÁS

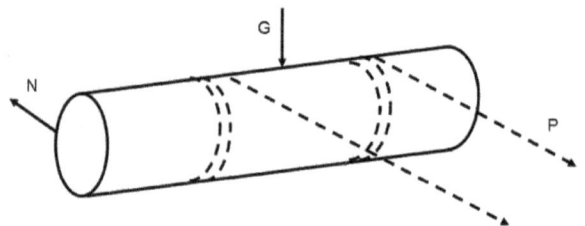

G = vontatandó tömeg, N = vontatási ellenállás, n = gördülési ellenállás tényezője,
P = vontatási erőszükséglet, N = n . G, P = (N/2)/2 = N/4
79. ábra

Ebben a piramisok melletti feltárt bányában nagy mennyiségű apró kő és agyagkeveréket találtak, ezt sokan a rámpák maradványának tartják. Szerintem ennek ellentmond az a tény, hogy ezt a maradékot, a feltárók szerint, igen könnyű megbontani, így ez nem adhatott stabil alapot a rámpához. Egy tíztonnányi tömegű kődarab a vontatásakor felmorzsolná ezt a rámpát, azt minden kő után javítani kellene. De a kövek méretre faragásakor tekintélyes mennyiségű hulladék keletkezik apró kő formájában. Lehetséges, hogy ezt tényleg felhasználták rámpaépítésre, esetlegesen a vontatási felületet nagyobb kődarabokkal vagy fahasábokkal kialakítva a kövek morzsolódásának elkerülésére.

Ne feledjük el a nyers emberi erőt, amivel hegyeket lehet mozgatni, ha jól szervezik meg. A fáraókat és főpapokat is az emberek cipelték, a vállaikra vett rudazatokon lévő ülőalkalmatosságon. Ha az átlag tömegű, 800 kilogrammos követ vesszük szemügyre, akkor azt láthatjuk, hogy húsz emberrel való szállítás esetében egy ember csak 40 kilogrammal van terhelve, amely érték nem mondható túlzottan nagynak. Ezzel a terheléssel egy ütemben akár száz métereket is haladhat egy szállítmány. Nem kell hozzá más, csak két megfelelő rúd, és némi kötél. Igaz, a rudak súlya hozzáadódik a kő súlyához, így a negyven kilogramm valamivel módosul. (80. ábra)

400

Ez a megoldás látszik a legbiztonságosabbnak. Ha valamiféle hibát észlelnek, csak leteszik a szállítmányukat a hiba kiküszöböléséig. Nem kell a vontatási utat síkosítani, ehhez pedig vizet biztosítani, amellett a legegyszerűbb ősi megoldást használjuk. Ez a szállítási megoldás még kiépített utat sem igényel, csak az akadályozó anyagoktól, apró kődaraboktól kell azt megtisztítani. Még a szállítás iránya sincsen megkötve, bármelyik helyről, kőbányából, a Nílus partján álló hajótól lehet így szállítani.

KŐSZÁLLÍTÁS RUDAK SEGÍTSÉGÉVEL

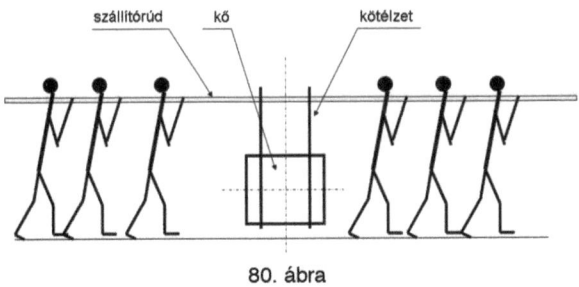

80. ábra

A piramisokat rámpák segítségével építették, ezt sokan elfogadják. Rámpákat, mint Hérodotosz is írta, amit a 82. ábra szerint lehet elképzelni. Az épülő piramis oldalára szerpentinszerűen kis anyagigényű rámpákat építünk, amely rámpák csak egy-egy sor magasságban emelkednek, és simulnak az építmény oldalához. Az építőköveket ezeken szállítjuk fel, minden kősor után irányváltoztatással.

RÁMPÁK ELRENDEZÉSE

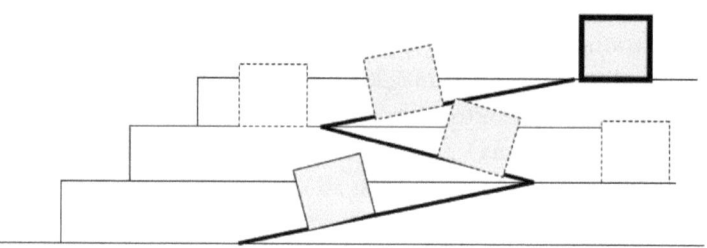

A kövek kősoronként haladnak fel a beépítési síkjkig
81. ábra

Ezekhez a kis rámpákhoz lényegesen kevesebb anyagmennyiségű kő szükséges, mint ha egy, a Nílus partjától épített rámpát készítenénk, amelyet minden kősor befejezésekor végig emelni kellene, és toldható. A piramis oldalába épített apró rámpák anyagát, ha kőből készítjük, úgy kell kiválasztani, hogy az építés befejezésekor ezek beilleszthetők legyenek az építménybe. Így az anyaguk nem kerül kidobásra, hanem hasznosul az építés anyagaként.

Egy tévéfilm bemutatott egy dr. Mark Lehner, a chichagói egyetem orientalista intézetének régésze által vezetett ásatást, amellyel feltárták a munkások települését, temetőjét az előbb említett kőbánya mellett. A temetőben a vezérekéhez hasonló, de lényegesen kisebb méretű és egyszerűbb kivitelezésű formában több mint 250 sírt talált. Itt teljesen egyértelműen igazolódott, hogy munkások építették a piramisokat, hiszen a munkafelügyelő és munkavezető sírját is feltárták, amelyekben egyértelműen le van jegyezve a sír tulajdonosának a neve és beosztása. Dr. Zahi Hawas, a ma dolgozó egyik legismertebb egyiptomi régész elolvasta a sírban lévő szövegeket, amelyek egyértelműen közlik a sír lakójának beosztását: „a sír építésvezetője", a „sír felügyelője". Megtalálták a sörfőzők és pékségek alapjait is, és pontosan olyan formában, amint az Dzsószer fáraó piramisa közelében lévő, egyik leglátogatottabb sírban, Ti

402

masztabájában a falfestményeken látható. Ti az 5. dinasztia végén élt, és több uralkodónak volt magas beosztású tisztségviselője. Többek között Neferkaré és Nauszere királyok piramisa „felügyelője" címeket véstek a sírja falára. Ebben a masztabában gyönyörű falfestmények mutatják be az egyiptomiak életét, mindennapi tevékenységét. A dr. Lehner által feltárt leletek szinte mindenben megegyeznek ezekkel a falfestményekkel. Ezek a gízai piramisok melletti temetkezési leletek nem utalnak rabszolgák által végzett munkára. A csontokon lévő kopások és sérülések felismerése viszont a hosszú ideig végzett, igen megerőltető feladatok elvégzését igazolja.

A film bemutatja azt a módszert, amellyel manapság fejtik a követ a környéken. Látni azt, hogyan cipel mázsányi kődarabot a vállán egyetlen ember, azt is, hogyan repesztik le a sziklafalról a kőtömböket hosszú csatornákat vésve abba. Megtalálták a mindent elfedő homok alatt az ősi kőfejtők egyik ilyen csatornáját is. Persze azt gondolni, hogy minden egyes kődarabot teljesen körülcsatornáztak, olyan hatalmas munkát feltételez, ami még a piramisépítést is megközelíti.

A kövek kitermeléséhez nem szükséges teljesen végigvésni a kő felületét, lehet repesztéssel is leválasztani nagy köveket. Ez úgy történik, hogy a hozzáértő munkás kis lyukakat mélyeszt az alapkőbe, majd ezekbe éket helyez. Az ékeket nagy kalapáccsal ütögeti, amíg azok teljesen befeszülnek. Majd az egyik, meghatározó helyű ékre hatalmasat üt, és a kő leválik, ezt azután csak méretre darabolni és simítani kell. Az ékek feszítőereje lerepeszti a kőtömböt a bevésett résekig. Állítólag az ősi kőfejtők az ékeket száraz fából készítették, majd vízzel meglocsolták. A vizes fa megduzzadt, lerepesztette a kőhasábot. (82. ábra)

HASÍTÁSOS KŐFEJTÉS

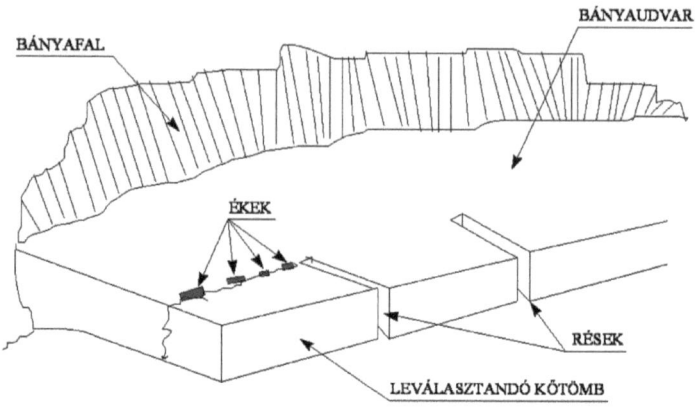

82. ábra

Talán hasonló módszerekkel választottak le a hatalmas kődarabokat a régi kőbányászok a világ minden táján, akár Michelangelo szobrainak az elkészítéséhez vagy az indiai építkezésekhez. Manapság gépi erővel való kőbányászathoz furatokat készítenek a lerepesztés vonalában, majd szintén ékek segítségével választják le a tömböket.

II. Ramszesz és felesége templomait Abu-Szimbelben kézi fűrészeléssel darabolták fel elszállítás előtt kb. 30 tonnás darabokra, és gépi erővel szállították el az így nyert elemeket. Van még más megoldás is a kőszállításra, ha van tél is az építkezés területén. Köztudott, hogy erre az egyszerű megoldásra sok ember rátalálhatott. Igaz viszont az is, milyen nagy ostobaságokat tud elkövetni. Ilyen ostobaság volt a megkorbácsoltatott kínai kő vagy a dühös perzsa királynak, Dáriusnak tulajdonított eset, aki a tenger habjait korbácsoltatta meg, mert nem tudta beteljesíteni akaratát. Végtelen az emberi értelem, de a butaság is. Állítólag Einsteintől származik az a mondás, hogy két végtelen van, az egyik a kozmosz, a másik a butaság, de a kozmosz végtelensége már kérdéses.

Ha elfogadjuk azok véleményét, akik a piramisok építését egy jóval korábbi időre datálják, akkor talán még Egyiptom területén is lehetett jeges tél, amikor a kövek mozgatása jóval könnyebben megoldható volt. Mindenesetre az Angliában látható Stonhenge hatalmas köveit lehetett jégen szállítani, hiszen ott még manapság is van néha igazi téli idő. A nagyméretű kövek mozgatására a régi „gondolkodó" emberek alkothattak viszonylag egyszerű szerkezeteket, amelyek a munkájukat gyorsabbá és kivitelezhetőbbé tették. Persze a legegyszerűbb megoldás a sok ember vontató erejének a felhasználása, amint azt az előzőben leírt egyiptomi leleten is látható szoborvontatás. Így azonban – amint már említettük – nem lehet ugyanazon a felületen más tárgyat vontatni, csak amikor a felület újra szárazzá válik, mert a vontatók is csúsznak. Lehet ez a vontatott tárgy elé öntött valami akár a papok által megszentelt és a munkát könnyítő por is, nem tudjuk bizonyosan, de a szállítómunkások talpa alatt ez is csúszik.

Egy 2007-ben bemutatásra került filmben, egy olasz építőmester, név szerint Elio Diomedi, feltételezése szerint a köveket zsírral kent felületű, keményfából készített, vasúti sínhez hasonló pályán szállították. Bemutat egy példát, amikor kéttonnás kődarabot könnyedén vontat két ember. (83. ábra)

Az egyiptomi faanyag nemigen alkalmas erre a feladatra, mert igen kevés a keményfa. Meglehet, hogy éppen a piramisok építése az oka a keményfa hiányának, mert akkor irtották ki azokat, mint a Karsztok fenyőit Velence építésekor. Ma az arabok vitorláshajóik árboca és vitorlarúdja is kisebb darabokból van összeállítva. Tehát a keményfa anyagot esetleg importálni kellett.

Egy kilométer hosszú, a Nílustól vezető szállítási út faanyagszükséglete 20 x 20 centiméteres anyagból, 1,2 méter szélességű pályából és méterenkénti átkötésekkel, ahogyan a szállítás bemutatása történt 6°-os pályával, a következő:

(1000 x 2 + 1000 x 1,2) = 3200 m.

A piramisépítéshez 130 méter magasságig (a = a magasság, b pedig a vízszintes hossz, ahol $tg\alpha$ = a/b):

2 x b = 2 x a/ tgα = 2 x 130/tg6° = 260/0,105104 = 2 474 m.

A két sor összhossza: 3 200 + 2 474 = 5 674 m.

A fa 1 méteres darabjának térfogata:

$$20 \times 20 \times 10 = 40 \text{ dm}^3 = 0{,}04 \text{m}^3.$$

Faszükséglet, a szánkók és egyéb szerkezetek kiegészítő elemek figyelembe vétele nélkül:

$$5\ 674 \times 0{,}04 = 226{,}9 \text{ m}^3.$$

Zsírszükséglet egyszeri kenéshez 2 dkg/kenési hely:

$$5\ 674 \times 2 = 11\ 348 \text{ dkg (113 kg)}.$$

Mivel naponta több száz kőszállító csúszkát kell felvontatni, a szálló és vontatók lábai által felvert por miatt talán többször is kell zsírozni. Napi egyszeri zsírozás évi anyagigénye kb. 40 m³.

DIOMEDI ÁLTAL BEMUTATOTT FASÍN

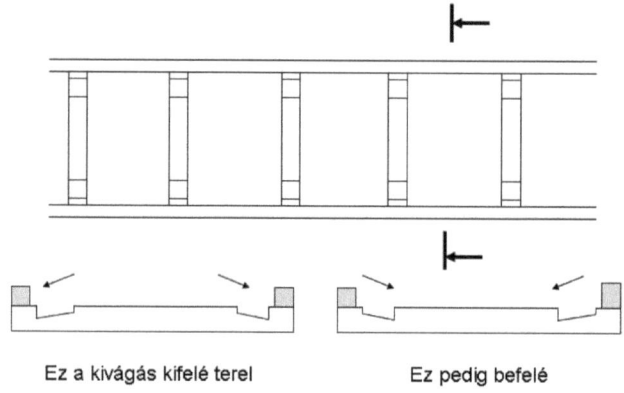

Ez a kivágás kifelé terel   Ez pedig befelé

83. ábra

Diomedi bemutatott modellt többször is az elképzeléséről, ahol a csúszó felületeket a „talpfákon" kifelé mélyülő kivágásokkal készítette. Ez a megoldás a vontatott szánkót az oldalvezető sínre vezeti, ezért ez nem jó megoldás! A kimélyítést befelé lejtésűnek kell készíteni az oldalvezetők kímélése miatt, azoknak a szerepe így csak a csúszófelületet biztosító elemek pontos rögzítése. A vasúti sínek is így szereltek, befelé dőléssel, amelyet egy alátétlemez biztosít, így a sínek belső oldalának kopása minimálissá tehető. (Diomedi elképzelését egy francia is megalkotta!) (83. ábra)

A filmben bemutatott építési megoldás, amikor is az építmény belső részében lévő folyosórendszerben vontatják fel a köveket a beépítési helyükre, nagy valószínűséggel nem lehetséges. A folyosók fedésének áthidalása igen hosszú kőelemeket igényel, és nagy a beomlásveszélyes, valamint a folyosókat utólag kellene kővel kitölteni, ami igen nehéz feladat, és az építés nyoma látható lenne.

A hajók kőanyaggal való megtöltése is, a bemutatott megoldás szerint, ad meggondolni valót. A hajó megrakásakor figyelni kell az egyenletes súlyelosztásra, mert az egyenletlen terhelés a hajó elsüllyedését okozhatja. Amikor a fedélzetre húzott kőszállító szánkó terhelésének fele eléri a hajót, az még nem középen terhelődik és megbillen, ami komoly problémákat okozhat. Ez a probléma is megoldható, ha az alanti ábrázolás szerinti hajómegrakási módot alkalmazzuk.

A 84. ábra azt mutatja meg, hogy a szállítóhajó megbillenése kiküszöbölhető. A hajó beáll a rakodási helyére, majd annyi köbméter vízzel töltik meg, mint ahány tonnás a szállítandó kő. A hajó lesüllyed. A hajóra a vezetőgerendáknál magasabb gerendákat helyeznek. Ezután vezetőgerendákon bevontatják a szállítmányt, pontosan a hajóközép terheléséhez, majd a víz kimerésével felemelik a hajót addig, míg az megemeli a szállítmányt. Így a szállítmány központos helyzete tökéletesen biztosítható a hajó fedélzetén. Ekkor eltávolíthatók a vezetőgerendák is, a rakodás befejeződött. A célállomáson ugyanez történik, fordított

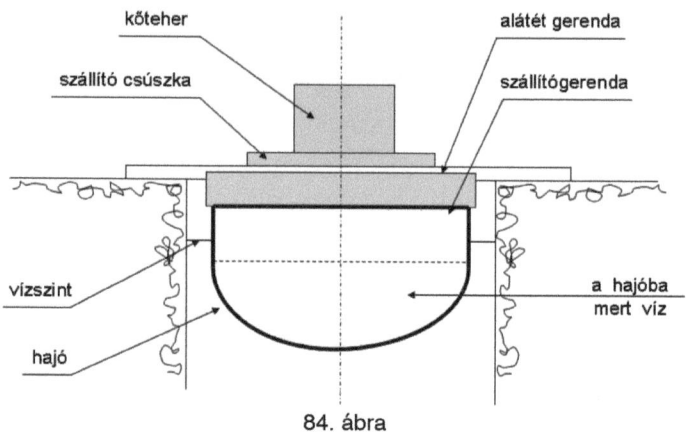

84. ábra

sorrendben. Ez az elsüllyesztés víz helyett megfelelő mennyiségű kő be-, illetve kirakodásával is biztosítható. A film bemutat egy megoldást a „hatalmas" arany csúcspiramidon elhelyezésére is. Ismételten megjegyzem, hogy legfeljebb aranylemezes burkolatról lehet szó, hiszen a Khefren-piramis csúcsa majdnem teljesen ép, azon aranytömb legfeljebb csak icipici lehetett. Ez olyan elmélet, amely szerint a piramis csúcsát képező követ, a piramidont, úgy helyezték fel, hogy szurokba öntötték, körülládázták, majd amikor a helyére került, lekaparták a szurkot és lecsiszolták a piramidon felületét. Ez a megoldás is nagyon valótlannak látszik.

A termőterület csak a Nílus melletti sáv, és a mai építkezések miatt ez is csökkenő tendenciát mutat. Ráadásul a nagy gát megépítése után csakis emberrel vagy állattal működtetett öntöző berendezéssel volt művelhető a föld, az élelemmel való ellátás mégis teljes egészében és biztonsággal megoldott volt, és még kivitelre is termeltek. Ma már általában a vízerőművek által termelt villamos áram dolgozik az emberek és állatok helyett.

Azt állítani, hogy az építőket csak hagymával ellátni is probléma lett volna, erőltetett. Manapság is szállítják a hagymát a termőföldekről, mint régen, a fogyasztók számára, mindegy, hogy azok hol tartózkodnak. Minden nagy építkezéshez sok munkás kézre van szükség, így a hatalmas templomok építéséhez vagy a nagy sziklasírok létrehozásához is, és kell az élelem. Nem állítom, hogy az általam felsorolt módszerekkel vontatták az építőköveket, de így megoldható a feladat. Amint az más módszerek alkalmazásával is megvalósítható. Valószínű, hogy az építkezési tudomány az összes szükséges munkafolyamattal azok alatt az évezredek alatt alakult ki, ami a piramisépítéshez vezetett. Minden újabb feladat újabb megoldást szült, ami látható is az építések változásából. Először veremsír, masztaba, utána lépcsős piramis született, majd kialakult a ma ismert piramisforma, és velük együtt a megoldás is. Majd a sziklába vágott temetkezési forma alakult ki.

De dr. Lehner úgy talált meg egy sírt, hogy az beszakadt egy arra járó lovas lába alatt. Ennek a mennyezete tényleg boltívesre volt kialakítva. Ez a sír is a gazdagok sírjaihoz hasonlóan gipszvakolattal volt borítva és gyönyörű festményekkel díszítve. Ez a vakolat a sír felnyitása után nagyon rövid idő alatt teljesen elporladt és lehullott. Ez is igazolja azt, hogy minden, amit a régészek feltárnak, a homok alól felszínre hoznak, gyors enyészetnek van kitéve, mert azok a jótékony homok védelméből kikerülnek. Így a kiásott templomok köveinek feliratai is egyre fogynak, mert a napfény és a sók kiválása lemállasztja azokat, nem beszélve a műgyűjtők, turisták okozta károkról. Ezt már régebbi egyiptológusok is megállapították.

Érdekes felfigyelni arra is, hogy az üledékes kőanyag is bizonyos szálirányítással rendelkezik, amit a talajmozgások különböző ferdeségűre mozgattak az eredetileg vízszintes elrendeződésből. A Föld arculatát befolyásoló talajmozgások, gyűrődések, vetődések, törések által keletkezett szálirányítást nagyon sok helyen jól meg lehet figyelni, ahol a sziklákat nem fedi termőtalaj. Lehet látni néha még függőlegesre mozgatott rétegződést is. Ezt az irányítást a kövek faragáskor követni kell, mert így kevésbé törékeny anyagot kapunk. Általában minden anyagnak van szálirányítása. A szálirányítást megtapasztalhatjuk akkor is, ha egy közönséges irodai papírlapot próbálunk kézzel hosszú csíkokra tépni. Az egyik, általában a hosszanti irányban szép egyenletes csíkokat téphetünk, de az ellenkező irányban csak erősen szabálytalanul téphető a lap. A nagyméretű kövek szállítása is bizonyára megoldott feladat volt. Példa erre az asszuáni gránitbányában ma is látható hatalmas, befejezetlen obeliszk, amelyet a rajta keletkezett repedés miatt félbehagytak. Ez az obeliszk ferde síkban fekszik a gránitbányában a kőzet szálirányának meg-felelően, mégpedig úgy, hogy körülötte minden oldalon magasabb a bánya anyagát képező kőzet. Hogy hogyan akarták kiemelni ezt a legnagyobb, becslések szerint közel ezer tonnás kőmonstrumot, nem állapítható meg. Vagy a még meglévő kőanyagot akarták úgy kitermelni, hogy egy csatorna keletkezzen, amelyen, úgymond, kicsúsztatható lett volna, vagy pedig fel akarták emelni arra a magasabb szintre, amelyet a megmaradó kőzet szintje adott, ahonnan azután el lehetett volna vontatni. Mivel a bánya magasabban van, mint a folyó vízszintje, az odavezetett vízzel történő szállítást – amit többen megemlítenek – el kell vetni. Ezt a bányát a mai napig hasznosítják, így a terület alakzata már nem az ókori állapotot mutatja, de az obeliszk körüli magasabban lévő, a bánya kőanyagával összefüggő kőzet az eredeti állapotában látható. A város területén is sok helyen látni a bánya gránit anyagából épült kőelemeket. Az is titok még, hogyan, milyen eszközökkel, és mikor vésték a kőoszlop négy oldalára a pontos rajzolattal bemélyített hieroglif szöveget.

Bennem felmerült az a gondolat is, hogy a kőfaragók szándékosan repesztették meg az asszuáni obeliszket, hogy a faragás és szállítás során adódó további nehézségeket így elkerüljék. Az obeliszk törzsén két később vésett keskeny csík is látszik, amit valószínűleg az óriás feldarabolására kezdtek készíteni a későbbi kőfaragók.

A kőmonstrum láttán kell, hogy elgondolkozzon az ember azon, hogyan is szállították ezeket száz, néha ezer kilométernyi távolságra, a felállítás helyére. Hogyan emelték fel a szállítóhajó fedélzetére, rögzítették úgy, hogy a hosszú utazása alatt teljes biztonságban maradjon, még a mai Eszna melletti első katarakton, kisebb zuhatagon átszállítva is. Ha csak egy hajóval történt a szállítás, akkor annak ezer köbméter vízkiszorításúnak kellett lenni, az ezer tonnás kőoszlop mozgatásához.

Az is titok, hogyan vonszolták a szállítóhajó fedélzetére ezeket a hatalmas méretű kődarabokat. Hogyan bírta ki a hajó a kőmonstrum tömegének terhelését? Található a bánya és a végleges felállítási hely között talán olyan obeliszk, amelyet valamilyen szállítási hiba miatt veszítettek el, és most a folyó fenekén nyugszik örök álmait aludva?

400 tonnás obeliszk szállítása esetében 400 tonna vízkiszorítású hajót kell építeni a feladat elvégzéséhez. A hajónak széles fenekűnek kell lenni, mert a súlypont magasan van, ezért könynyen felborulhat. (85. ábra)

A hajó a terhelésekor besüllyed a vízbe, annyi köbméter vizet kiszorítva, amekkora a szállított anyag és a hajó tömege együtt tonnákban kifejezve, ugyanis egy köbméter víz tömege egy tonna. A hajó terhelését csak addig lehet fokozni, amíg az nem kerül kritikus helyzetbe, amikor a víz átcsap a hajó fedélzetén, mert ekkor nagy valószínűséggel elsüllyed. Az alábbiak bemutatnak szállítási lehetőségeket arról, hogyan lehetséges esetleg kisebb hajókat használni biztonságosan. Az első ábrázolt esetben a súlypont meglehetősen magas helyen van, ami a felborulás lehetőségét növeli.

411

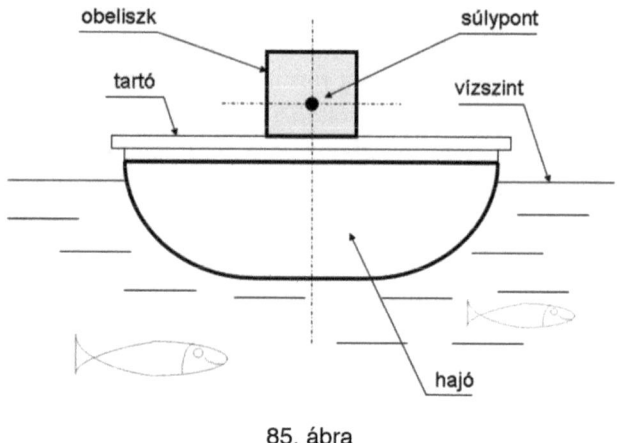

85. ábra

Lehet olyan megoldás is, hogy kisebb hajót használunk a szállításra, de ekkor legalább két hajóra van szükség, azokat úgy rögzítve egymáshoz, hogy a szállítás alatt teljesen együtt mozogjanak. Ilyen megoldást mutat a 87. ábra. Ez esetben a súlypont lényegesen alacsonyabbra kerül.

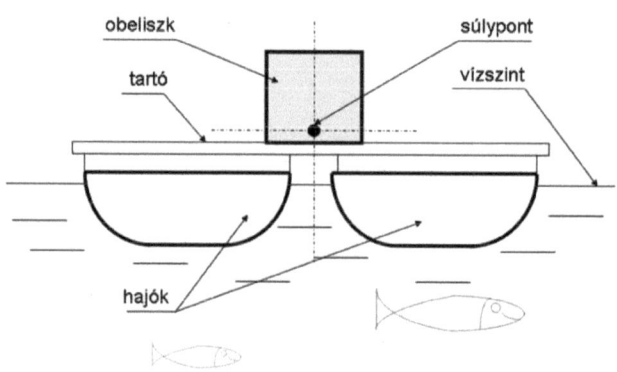

86. ábra

Két hajóval a szállítás biztonságosabb, és a 400 tonna szállításához két kisebb, egyenként 200 tonna teherbírású hajót kell építeni és egymáshoz rögzíteni. Ennek a rögzítésnek olyannak kell lenni, hogy a hajók egymáshoz viszonyított mozgása ne következzen be, mert akkor a rögzítések megsérülhetnek, és a szállítmány vízbe veszhet, és talán a hajók is elmerülhetnek. Természetesen a kisebb, 10–20 tonnányi tömegű kődarabokat lehet szállítani a tévében néha bemutatott, állatbőrből gyártott tömlők felhasználásával készített tutaj segítségével is, de ez eléggé bizonytalan, sérülékeny megoldás. Hosszú távolságokat, több száz kilométereket megtenni ilyen szerkezettel meglehetősen reménytelennek látszik. Állítólag a hun seregek így, felfújt tömlők segítségével keltek át a Dunán a tárnokmezei csatájuknál, meglepve az ellenségüket, a szász sereget, amelyet a vasfejű Detre vezetett harcba. Azért hívták vasfejűnek, mert egy vasnyíl a homlokába fúródott, de ő kettétörte a nyilat, és tovább harcolt.

Még inkább csökkenthető a szállító hajók szükséges teherbírása, ha a szállított kőanyagot, jelen esetben az obeliszket, lesüllyesztjük, és így víz alatt úsztatjuk le a folyón. Archimédesz is megállapította, „minden vízbe mártott test a súlyából annyit veszt, amennyi az általa kiszorított víz súlya". Így a szállított kő köbtartalmának megfelelő vízköbméterrel, vagyis tonnával kisebb szállítási képességű hajókapacitás is elég. Ez esetben ismerni kell a folyó vízmélységét, hogy elkerüljük a zátonyra futás lehetőségét, viszont a felborulás esélye megszűnik. Ezt a 87. ábrán vizsgálhatjuk meg.

Ilyen módon történő szállítás, ha a kő súlya 2 tonna köbméterenként, akkor a 400 tonnás obeliszk vízkiszorítása 2 x 2 x 26 = 104 köbméter, ennyit veszít a súlyából a 400 tonnás kő vízbe merítve. Ez esetben két darab 150 tonna teherbírású hajót lehet használni, és a felborulás veszélye minimális, hiszen a rendszer súlypontja a vízszint alatt van.

Amikor a Duna még nagyobb hajóforgalommal volt hasznosítva, a Duna – Fekete-tenger vonalon járó hajókat is mozgatták

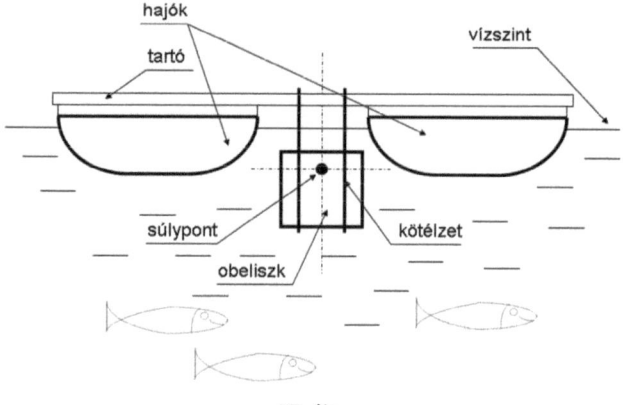

87. ábra

hasonló megoldással. Előfordult, hogy a vízállás alacsony volt az 1200 tonna vízkiszorítású hajó számára. Ekkor a hajó két oldalához vízzel terhelt uszályokat rögzítettek, majd a vizet kiszivattyúzták, mire a hajó megemelkedett, és el lehetett juttatni a kívánt révbe zátonyra futás nélkül. Az is előfordult, hogy a magas vízállás miatt a hidak alatt nem fért volna el a hajó. Ekkor az oldalához üres uszályokat rögzítettek, majd azokba vizet szivattyúztak, így mélyebbre süllyesztve a hajót.

Van olyan író, aki a hajó alá függeszti a szállítandó követ. Ez esetben a kikötőnek és a folyószakasznak jóval mélyebbnek kell lenni! Arról nem beszélve, hogy a hajó alá rögzíteni a követ meglehetősen nehéz és bonyolult feladat. És a rendeltetési helyre érkezés után ugyanilyen bonyolult feladatot jelent a kő kiemelése is.

Csak az a baj, hogy aki hinni akar, az nem látja, mit olvas. Az ufó egy tárgy, az ufonauta űrlény, mégis „ufók építették", mondják sokan. Az olmék, tolték, zapoték, miszték, azték népek, az inka pedig uralkodó, a fenti népek feletti hatalom képviselője vagy annak családtagjai, mégis az inkák építették, állítják sokan, és az aluljáróinkban is „inkák zenélnek" stb.

Komoly témákat nem szabad elnagyolni, hacsak ez nem valami hátsó szándékkal történik. A történelem írása mindig az író szempontjai szerint történik. A győztes történelme egészen más, mint a legyőzötté. Ezért található sok történelem-hamisítás, és talán igaz történelem nem is létezik. Aki azt állítja, hogy ő most megírta a valóságos történelmet, nem mond igzat, ugyanis csakis a már meglévő írásokra hagyatkozhat, de azok eredetije sem a való igazság!

A nyelv is állandóan változik, sajnos sokszor nem az előnyére. Nehéz egy nyelvet tökéletesen beszélni, így azután sokszor szörnyszülöttek keletkeznek. Az egy mondaton belüli többszörös birtokviszony, többszörös többesszám, a névelők szabálytalan használata igen gyakori hiba. A „tanárok fizetései, a országgyűlés, az emberek, igazándiból, kutakodik, bevállal", hangzik el számtalanszor hasonló szöveg például a parlamenti szónokok szájából. Valaha tanítottak retorikát, szónoklattant is a szép magyar beszéd életben tartására, ma dicsőség bután beszélni. Így például a vállalom helyett a bevállalom vagy felvállalom ma gyakran használt. Nyilván van akkor kivállalom, levállalom szó is, mondjuk, a nem vállalom helyett.

Ma a külföldi irodalom szerint a többes számot és birtokviszonyt végigviszik, de a magyar nyelv ezt eddig nem használta így: „két érmék, két emberek mennek" mondja az angol, de ez magyarul csak „két érme", és két ember megy. Manapság már csak az számít művelt elmének, aki angolosan vagy franciásan, de rosszul beszéli a magyart. Régen a német nyelv tudása, majd az orosz volt ennek a mércéje.

Komoly tudományokban nincs „én azt hiszem", amint az a jó honatyáink szájából is nap mint nap elhangzik a parlamenti üléseiken, és sok piramidológus, ufológus is előszeretettel mondja ezt. A valóságot csak aprólékos munkával, sok türelemmel, odafigyeléssel, még a mások véleményének megvizsgálásával is, csakis kétséget kizáró tényekkel lehet teljesen egyértelműen bebizonyítani. Mindenesetre az a „szakember", aki sok évet töltött el úgy szakirányú tanulással, mint a tényleges helyszíni feltáró munkával, nagy valószínűséggel inkább tud valós tényeket képviselni, mint az, aki egy gondolattól indíttatva állít valamiféle felfedezést. Mind a két oldalon állók kerülhetnek olyan sínre, amelyről nem lehet letérni, csak vakon haladni tovább.

Az emberi megfigyelés, a látvány későbbi felidézése, a tanult anyag elismétlése nagyon sok esetben – talán csak egy kis félreértés miatt – teljesen más értelmezést ad, mint ahogyan az eredeti volt. És ha sokszor elismétel valaki valamiféle történetet vagy mesét, előbb-utóbb maga is elhiszi annak ellenére, hogy tudta, látta a kezdeti állapotot. Mondok valamit, amiről tudom, hogy nem igaz, többen elhiszik. Ha ezt többször mondom, a hívők száma nő. Ha százszor elmondom, még én is elhiszem. Így lehet azután a fiatalon elhunyt fáraó, Tutanhamon sírjában rengeteg trónszék meg harci kocsi. Vagy Frederik Norden rajzán a piramis egy cukorsüveghez hasonló. Ezt a sokszor ismételt szöveghatást a politika is rendszeresen használja a nép félrevezetésére. Ha sokszor mondják, nyilván igaz is, és elhiszi a nép.

Azt senki nem tagadhatja, hogy a vagyonszerzés, a kincskeresés, az „én vagyok a legnagyobb, a legerősebb" motiválja az emberi létet. Az emberek egy része mindenre, még gyilkosságra, más népek kiirtására is képes azért, hogy a mások által megtermelt javakat eltulajdonítsa, és azokat saját céljaira használja fel, hogy „nagyobbnak" tűnjön a többi embertársánál. A „karizmatikusabb" emberek nagy „dolgokat visznek véghez", országokat igáznak le és rabolnak ki valamiféle jelszó alatt. Ez lehet bosszúállás, mint Nagy Sándor esetében, aki a perzsákat Görögországért támadta meg, de lehet, hogy csak egyszerűen megszállás, annektálás, kirablás volt a célja, amellyel a saját nagyságát tudta bizonyítani. A kisstílű emberek megelégszenek akár csak egy kis sír kirablásával is. Elképzelhető, hogy milyen mindent legyőző vágyat adott a királysírok kirablása, akár hónapokig tartó munka árán is. Így azután nem kell azon csodálkozni, rágódni, hogy a piramisokat üresen találták a mai kincskeresők. Persze azért itt-ott találtak némi apró értéket, de ez a nagy fogásokhoz mérten semmi, nem is beszélnek róla. Ne feledjük, bizonyára már a temetést végző papok is, mint mindenki más, vágytak az eltemetett hatalmas értékre, és gondoltak a sír kiürítésére: egy „segédutat" készíttettek az építőkkel valamilyen megokolás szerint, vagy csak kijelölték azt a helyet, ahol a legkönnyebben lehet behatolni minden észrevehető külső jel nélkül. Alig találni olyan sírt, amelyet nem bontottak fel és ürítettek ki a sírok kirablásával foglalkozók, amely csoportok évezredek óta ebből éltek, családról családra adva a szakma ügyes fogásait. Az igazi nagy rablások esetleg népcsoportok megszűnéséhez vezettek, emlékezetesek, dicsőséget hoztak az elkövetőknek. A kárvallottak talán még most is átkozzák a kirablóikat. Képzeljük el például az oroszok által „annektált" területek őslakóit, akik földjéből kitermelték az olajvagyont, a gyémántot, de annak árát nem az ott lakók használták fel, hanem a megszállók. Most ott van az annektáltak földje tönkrebányászva, így nekik semmijük sem maradt. Vagy az amerikaiak, akik az őslakókat elűzték, kiirtották, úgy vadászva rájuk, mint a nyulakra. A civilizáció dicsőségére.

Most ezek a megszálló népek ítélnek, diktálnak más népeknek a becsület és törvény nevében, mert ők az erősebbek. Az eddig megélt életemben sokféle valótlanságot éltem át, sok esetben csak a butaság volt az alapja, de sok esetben ugyanaz az ember szolgálta ki az éppen uralmon lévő rendszert, fordítva a köpönyegén, lett légyen az bármelyik oldal. Mindig ott állt a húsos fazék mellett, amíg valaki fel nem ismerte, sőt néha azután is. Mert az összezavart elmék között könnyen lehet bármit megvalósítani. A politika is ezt teszi. Egy vezetőgárda, párt a tagjainak juttatásokat ad lakás, fizetés, pozíció formájában, de nem ad az ellentábornak, akik nem tagok. Ezzel ellentétet gerjeszt a két csoport között, miáltal a marakodókat kihasználva gyarapítja a saját javait. Pedig ott van a régi kis mese a két medvebocsról, akik egy sajtot találnak, de nem tudnak megegyezni annak elosztásáról. Ekkor jön a ravaszdi róka, és igazságot tesz, amint mondja, közben megeszi a sajtot a két hoppon maradt bocs elől. A nép is ilyen butácska medvebocs, hisz a leigázóinak feltételek nélkül, már évezredek, talán a történelem kezdete óta. Minden társadalmi rendszer erőszakrendszer valamelyik népcsoporttal szemben, hivatkoznak a demokráciára, de erőszakkal diktálnak a meg sem hallgatott néptömegeknek.

A történelem során ismétlődik ugyanaz a téma. Uralkodni jó, azért mindent el kell követni, árulást, rablást, talán még gyilkosságot is, hogy mi uralkodjunk. Amikor a nép, az istenadta nép rohan és teszi azt, amire parancsot adunk, az valami fenséges érzést ad. Ezért még ölni is érdemes, amint az a Bibliában és több vallásalapítási leírásban meg is található. És szinte minden alkalommal az erőszak győz a jámbor ember vagy emberek felett. És a jámbor nép csak elviseli, eltűri, sőt még dicsőíti is az erőszak általi nyomorgatását. Ez a történelemírás kezdete óta megfigyelhető, és ez az írott történelem során szinte állandóan megismétlődő tény.

A piramisok burkolatának építéséről különböző elméletek alakultak ki. Az egyik ilyen elmélet szerint a burkolatot felülről lefelé, a kész piramisbelsőt alkotó kövekre építették. Ez meglehetősen nehézkes és bonyolult megoldást igényelne. A burkolóköveknek a kész belső kövekre juttatása, majd a méretüket a belső kövek méretével pontosan megegyezően kellett volna elkészíteni, majd úgy becsúsztatni, hogy hézagmentesen, teherbírón illeszkedjenek. Ez igen nehezen valósítható meg. Az előzőeket figyelembe véve talán adódik egy egyszerű építkezési megoldás. Ha figyelembe vesszük a régi magyar falusi építőmesterek egyszerű megoldását, a kétlábú bakot, ezt használták az építkezésüknél.

A burkolatot a piramis emelkedő soraival egyidőben készíteni a legegyszerűbbnek látszó feladat. A burkolat kősorait alulról felfelé haladva egymásra illeszteni a legkézenfekvőbb. Csak a már helyére illesztett kősorra kell helyezni a következő sor köveit, így adódik a hézagmentesség, legfeljebb a már felrakott belső kősoron kell némi utánfaragást végezni.

A már meglévő kősoron húzni az új beépítendő köveket nem célszerű, mert azok felülete erősen kopna a sok kő miatt. Ezt így csak megfelelő csúszó/kopó felülettel célszerű végezni. Ha elfogadjuk a fából ácsolt csúsztatópályával történő kőszállítást, azt felhasználhatjuk a kősorok és a burkolókövek anyagának beépítésére is. Csak megfelelő lejtésű pályát kell építeni a kö-

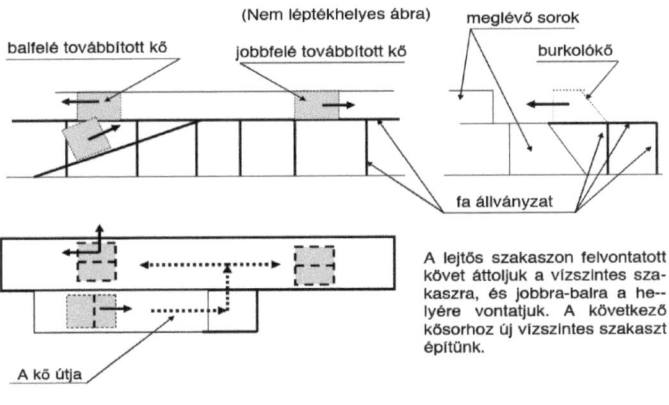

88. ábra

vek következő kősor magasságáig való felemeléséhez. Majd erről a lejtőről egy, a kősor magasságnak megfelelő, egy osztással beljebb lévő, kétirányú vízszintes pályát készítve egy falszakasz kőellátása biztosított lehet. Természetesen itt is szükségszerű a több/sok hasonlóan elrendezett építőpálya a munka gyorsabb elvégzése miatt.

Egy pályával az egész épülő felületet építőanyaggal ellátni nem lehet, ahogyan egy, a piramis oldalához vezető kőrámpával sem. A fából készített állványzat könnyen áthelyezhető és bővíthető. Ha már elkészült az épített szakasz burkolata is, az állványzat egy része, a vízszintes szakasz, feleslegessé válik. Ezt a részt le lehet bontani úgy, hogy csak a ferde, felvezető részeit és egy, a kősornak a belső sorra léptetéséhez szükséges szakaszt hagyjuk meg a kőszükséglet felvontatására. Amikor teljesen alkalmatlanná vállnak a faelemek, felhasználható akár tüzelésre is. Ennek megvalósítására az is elképzelhető, hogy a fa állványzat bakjainak lábazatát az erre a célra kialakított burkolókövekre támasztották úgy, hogy azokat csak akkor munkálták lejtős oldalúra, miután befejezték a piramis teljes felépítését, és a fa állványzatot kezdték lebontani. Így az egyes állványzati sorok

419

terhelése a már megépült falazatra támaszkodik, a terhelés nem adódik át az alatta lévő állványzatra, és esetleges meghibásodások alkalmával javítható a meglévő állványzat lebontása nélkül.

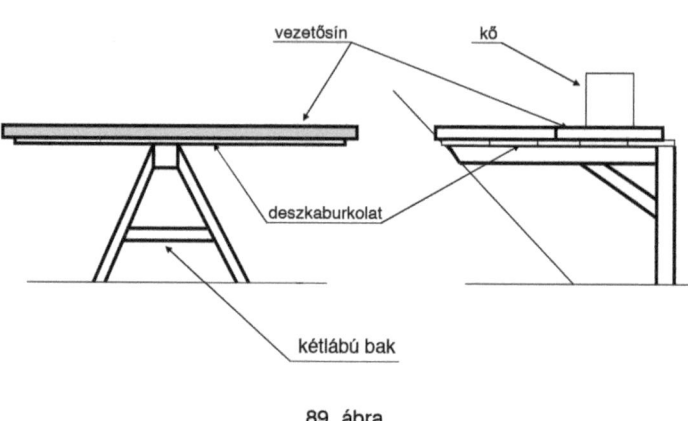

89. ábra

A tartóelemek mérete is kisebb lehet, mintha az egész állványzat minden sora csak egymásra támaszkodna. Jó példa erre a megoldásra a keleti építőmunkások bambusz rudakból álló építési állványzata. Talán ha figyelmesebben vizsgálnánk, mondjuk, a törtvonalú piramis burkolatát, az ott lévő burkolóköveken lehetne találni esetleg olyan követ, amelyiken ez az utánfaragás felfedezhető. Mindenesetre ez az építési megoldás a legegyszerűbb és legkönnyebben kivitelezhető, az eddig leírt elgondolásokkal szemben is. (89, 90, 91. ábrák) Az így kialakítandó állványzat készítése sokkal kisebb testi munkával végezhető, mintha kőből készített rámpák készülnének. A fa állványokon és csúszkákon történő kőanyag-szállítás egyszerre nagyon sok ember munkáját teszi lehetővé úgy, hogy szinte egymástól független szállítási szakaszok alakíthatók ki. Mindenféle falazási megoldás a sarokélek kialakításának módjánál a legnagyobb munka- és figyelemigényű, ott a hozzáférési lehetőség a legnehezebb.

Mindenesetre a kétlábú építési bak használata az egész falazat tartó lábazattal körülépítését szükségtelenné teszi. A már feleslegessé vált szakaszokat át lehet telepíteni az újabb kősorok magasságára úgy, hogy az építés folytatható legyen. Így kell külön munkacsoport a köveknek az építési területre juttatásához, az állványzat építéséhez és karbantartásához, a kövek építési síkig feljuttatásához, valamint az építési síkon való mozgatáshoz.

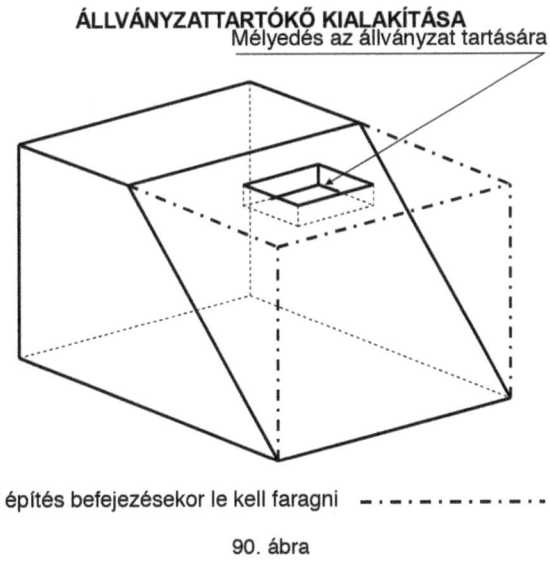

90. ábra

Az bizonyos, hogy a vázolt megoldás építése, karbantartása kevesebb munkaerőt és könnyebb munkát igényel, mint a kőrámpa építése. Meglehet, hogy – amint az már említve van – az ország keményfa anyaga ekkor tűnt el az ország területéről, ezért ma azt más területekről kellett biztosítani.

Tehát érdemes lenne megvizsgálni a törtvonalú piramis és a Khefren-piramis még meglévő burkolatát. Talán ennek az utólagos kőmegmunkálásnak a nyomait még meg lehetne találni. (91. ábra)

A piramisok burkolatát legegyszerűbb módon a sorok építésével egyidőben lehet elvégezni. Ez esetben a négy sarokkövet kell először pontosan elhelyezni, mert így azokat nem kell illesztő faragással ellátni. Ekkor a közbenső köveket könnyű egy egyenesben lerakni, csak a sarokkövek által meghatározott egyenesre és az oldallap ferde síkjára kell figyelni. A sarokkövek ilyen elhelyezése teljesen akadálymentes, és utránfaragást nem igényel. Lásd az ábrát. Ennek a falazásnak az előnye az is, hogy bármikor a legkevesebb munkával be lehet fejezni az építkezést, ha a fáraó idő előtt meghal.

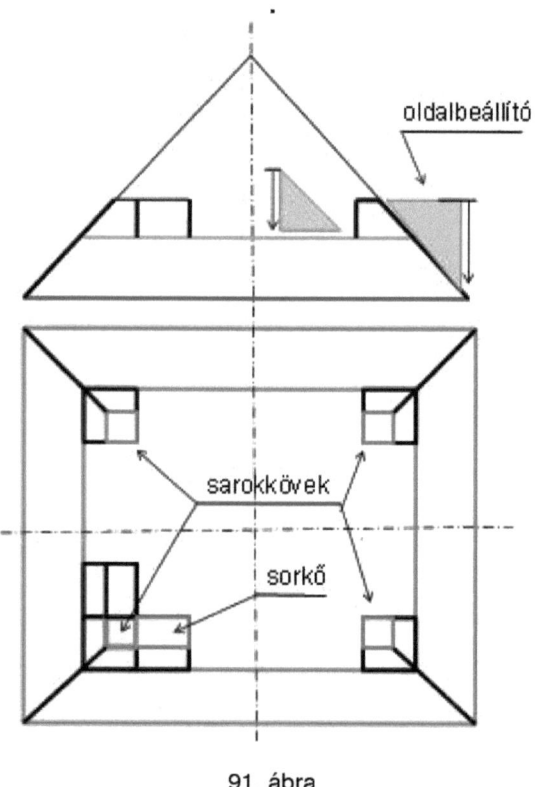

A PIRAMIS BURKOLATÁNAK KÉSZÍTÉSE.

91. ábra

Meg kell még említenem a nemrégen a tévében vetített sorozatot, a címe:

A HÓRUSZ SZEME

Az előadás több alkalommal is tíz részletben került vetítésre, nagyon érdekes gondolatmenettel készült. Alcímként „A misztériumok iskolája" szerepel. Az előadás-sorozat bírálata egy külön könyvet adna, ezért csak részleteket veszünk vizsgálat alá. A történet a világméretű özönvíz okozta teljes pusztulás előtt kezdődik, az atlantiszi időben. (A szöveg szerinti idézetek dőlt betűvel írottak.)

„*Az atlantisziak bölcsessége abból származott, hogy évszázadokon át bővítették a tudásukat, évezredek óta gyűjtötték a világegyetemmel és életnek nevezett folyamattal kapcsolatos igazságokat. Megállapították, hogy a Földön minden, az évszakok, ciklusok és ritmusok is a Nap és csillagok hatása alatt áll. Az atlantiszi Naacal iskola tudósai fedezték fel, hogy a Föld egyik ciklus végső állapotában van. Hiába figyelmeztettek, egy katasztrófa el fogja pusztítani a szervezett társadalmi felépítést. Ezért a papok az emberek segítsége nélkül építettek néhány hajót, vízhatlanná tették, és elektromágneses erők segítségével megvédték őket az olyan erőktől, amelyek behatolnak és feloldják az anyagot. A főpap, Chiquitet Arellech Vomalites vezetésével, feleségeikkel, néhány szerszámukkal és állataikkal felszálltak a hajókra, és Kelet felé elhagyták Atlantiszt. A bolygó megrázkódott, a jég elolvadt, és a víz elárasztotta a szárazföldeket, és szinte az egész civilizációt eltörölte a Föld színéről. Ez Krisztus előtt 10500 körül történt, ezt a kataklizmát a világ összes szent könyvében feljegyezték.*"

Tehát 10500 évvel ezelőtti időből tudjuk a főpap és iskolája nevét meg azt is, hogy a papok értettek a hajóépítéshez (bár sok helyen ma is így lenne néhány arra érdemesült pap esetében). Ismerték az elektromosságot, amivel elektromágneses hatást tudtak előidézni. Ha olyan okosan gondolkodtak, akkor valószínűleg több irányba indultak a hajók, így egyik-másik kudarca után még maradhatott remény valakiknek a túlélésre. Noé története másképpen előadva?

„Amikor helyreállt a rend, a papok kiszálltak hajóikból a Föld felszínének közepén, a földi erők találkozási pontján. Azt remélték, hogy az erők segítségével ki tudják tágítani az emberi tudatot azzal, hogy hatalmas piramisokat építenek, amelyek összegyűjtik és energiává alakítják a bolygó alapvető rezgéseit. Spirituálisan fejlett emberek voltak, akik a belső béke és harmónia megteremtésére és a korlátolt emberi állatnak szuperlénnyé alakítására törekedtek."

Mi okozza azt, hogy a földi erők találkozási pontja éppen Egyiptom területére esik? A vízözön után meglehetősen sok időnek kellett eltelni, hogy piramisépítésre biztosított legyen megfelelő embermennyiség. És mi történt az egymás közti házasságok miatt? Az emberiség mai tettei alapján úgy vélem, hogy a békés szuperlény kialakítása a mai időkig nem sikerült. Egyébként sokak szerint a Föld szívcsakrája itt nálunk, a Pilis hegységben és Dobogókőnél található, állítólag.

„Egyiptom közelében két helyen is találtak jó néhány, megalitnak nevezett hatalmas sziklát, a Trinitlonokat. Ezek méretük, súlyuk és bonyolult összetételük miatt élő bizonyítékai egy olyan technológiának, amely ismeretlen a mai ember számára, és valószínűen az atlantiszi civilizációtól származik. Baalbek mellett 3 db ilyen van, méretük 25 x 8 x 5 méter, és 1200 tonna a tömegük. Az egyiket a 3 km-re lévő bányában hagyták. Jeruzsálemben több 800 tonnás szikla is található. A baalbeki és jeruzsálemi kövek azoknak az építményeknek az alapjai, amelyet az özönvíz pusztított el."

Meg kell jegyezni, hogy egy ilyen tömb térfogata 1000 köbméter (25 x 8 x 5), így a tömege nem 1200 tonna lehet. A tömör, nem darabos mészkő térfogatsúlya 1,8–2 tonna köbméterenként, így az említett kő tömege 1800–2000 tonna. A kőanyag térfogatsúlya a szemcsenagyságtól függ. Minél jobban aprózott, annál kisebb a térfogatsúlya, a lisztté őrölt mészkő köbméterenként így akár egy tonna alatt is lehet. A kő addig szikla, amíg nem bányászták ki, ezután már csak sziklából készített kőtömb lehet. Ezeket a köveket vízözön előtti építmények maradványainak, de később az atlantiszi civilizáció művének tartja. Itt mintha némi időzavar állna fenn, ugyanúgy, ahogyan a szövegezésben sok más esetben is. A megalitok faragatlan kőtömbök, a trinitlonok pedig három tagból állnak, és faragatlanok. A baalbeki kövek síklapúra faragottak.

„Egy napon ezek a papok szólongatták ZEP TEPIT, a teremtőt, és látták, amint egy hosszú, keskeny oázis emelkedik ki a vízből. A sivatagok által körülvett, védett és termékeny területet egy folyó határolta, Egyiptomnak nevezték. Ez a föld emelkedett ki a vízből. Úgy látták, hogy a kataklizma lehetőséget ad arra, hogy az emberiséget egy szint felé vezessék, és a társadalom elkötelezze magát a spirituális fejlődés mellett. A Szfinx ezeknek az egymást követő korszakoknak a példája. Alakja az emberfejű oroszlántest, az Oroszlán és Vízöntő kora közötti ciklust képviseli."

Az Édent állítólag négy folyó határolta. A Nílus nem határoló folyó, legfeljebb meghatározó. A csillagképeket alkotó csillagok távolsága a Földtől különböző, csak a mi nézőpontunk szerint adódnak a csillagképek. Az Oroszlán csillagai például a következő távolságra vannak tőlünk. Regulus (α) 68, Denebola (β) 42, Algieba (γ) 130, Zosma (δ) 68, Wolf pedig csak 7,6 fényévre található. Így van ez az összes csillagkép csillagaival is. Tehát ilyen formában csak a földről láthatjuk így ezeket a csillagképeket.

A vetített képek nem egységesen sorban, a szöveggel megegyezően, sokszor ismételve következnek. Így Dendera, Luxor, Théba, Karnak, Abüdosz, Abu-Szimbel épületei vagy faliképei kerülnek egymás utáni sorrendbe. Vagyis egymástól ezerévnyi különbséggel épült, egyiptomi és görög-római fáraók által létesített építmények. Mindezen építkezéseket Imhotep tervei szerintinek tartja. Általában minden templomi építmény egy régebben épült, de valami okból már lerombolt templom fölé vagy mellé épült, de más formában, ahogyan az ókori városokat fedő homokrétegek alatt is egymásra épült településeket találnak a régészek.

Az előadás-sorozatban fő helyet foglal el a reinkarnáció elmélete és az emberi test csakráinak a léte. Az egyiptomi szövegekben újraszületés szerepel, ezért szükséges a test megvédése mumifikálással. Nem találni viszont olyan szobrot vagy falképet, amelyen az indiai eredetű csakrák fel lennének tüntetve.

„A szenvedés által képesek vagyunk érzékelni a boldogságot, a gyötrelem által képesek vagyunk értékelni a békét. Azzal, hogy sok életet végigélünk és összehasonlítjuk mindkét szélsőséget, megértjük, hogy a valóság csupán a szeretet semlegességének a középpontjában létezik. Az emberiség a reinkarnáció révén lassacskán elkezdi tisztelni mindazt, ami él, és kezdi megérteni, hogy mindennek megvan a maga feladata, és hogy minden helyzet, még a legnehezebb is tökéletes, mert leckével szolgál a spirituális tökéletesség felé vezető úton."

Mindez talán igaz is lehetne, ha emlékeznénk az előző életünkben történt dolgainkra, és nem tudatlan csecsemőként születnénk újra. Esetleg egy végső pillanatban, amikor már minden reinkarnáción végigmentünk úgy, hogy az előző életünk cselekményeire az új életünk alkalmával nem emlékezünk, majd egy végső számadással megkapjuk a ránk vonatkozó tettek végeredményét? Ha tudnánk az előző életünkben elkövetett dolgainkról, akkor például egy sztálini pozícióban élt újszülött újra Sztálin akarna lenni, hiszen az neki nagyon jó volt. És mindenki vezér szeretne lenni.

„A Denderában lévő zodiákus bebizonyította, hogy ez a tanulási folyamat egy kozmikus ciklus során képes beteljesíteni önmagát. Ez alatt a 25920 év alatt 700-szor születünk újra, különböző testekben, időben, körülmények között és személyiségekben. Minden egyes életben tanulunk valami újat. Az ember minden születésekor más jelet kap a csillagokból sugárzó erőktől."

Ebben a szövegben, mint a jósok által mondott szövegben is, olyan mondatokat találni, hogy azokat úgy értelmezzük, ahogy akarjuk. A denderai templom már a ptolemaioszi, görög fáraók idejében készült. A reinkarnációval is van némi baj, mert 25920 : 700 = 37,028, tehát sokan még éppen az élt életünkben már újjászületünk, esetleg többször is, ráadásul különböző testekben. Talán ezért élhetnek sokan kettős életet.

„Létrehozták az Istenről szóló tudás felfedésének különböző állomásait. Ezek az állomások azután az égbolton lévő csillagképek korszakaival változtak. Különböző szakaszokat szenteltek az Isten, az univerzum teremtése és az emberi tudat tanulmányozásának. A reveláció minden egyes szakaszát egy vallási központ irányította, amely Egyiptom központjában, a Nílus vidékén telepedett le. E vallási csoportok csakraként, vagyis energia-, illetve adatátadási és elosztási központként szolgáltak a tömegek számára. Négy szakaszban négy vallási központot hoztak létre, melyeknek mindegyike különböző nevekkel és jelképekkel az egyetlen Isten különböző fázisának szentelte magát."

A nagytudású atlantiszi papok csak az új otthonukban lettek vallásosak? Reveláció lehet megnyilatkozás, kinyilatkoztatás, ihlet vagy hirtelen felismerés. A továbbiakban néha az idézetet nem írom le, csak az észrevételeket. Sok van belőlük.

Csakrák pedig az indiai vallásból eredeztethetők, egyetlen szobor, falvéset sem jelöli ezeket Egyiptomban. A templomok általában befejezetlenül maradtak, az oszlopok díszítése és a falvésetek sokszor hiányosak. Ez azt is jelenti, hogy a fal- és oszlopvésetek az építés befejezése után készültek, de az idő elfogyott, mert már újabb fáraó jött, mást kellett építeni. Ő nagyon önző módon abbahagyatta az elődje építkezését, és csak a saját művének szentelte az idejét, vagyonát és alattvalói munkaerejét.

Azt állítja, hogy a papok borotvált fejűek voltak, majd bemutat egy hajas írnokszobrot, mint papot. Állítja, hogy a papok határozták meg a fáraó tetteit is. Majd később ezzel az állítással szemben azt mondja, hogy a fáraók egyben a legmagasabban beavatott papi személyek voltak, így ők azok, akik mindent meghatároztak.

Szerinte a „papok képesek voltak telepátia segítségével kisebb-nagyobb távolságba kommunikálni." Ha ez így igaz lett volna, akkor

427

sohasem vesztettek volna csatát, mert az ellenség haderejét is ki tudták volna kémlelni. Pedig többször évszázados megszállást is átéltek, hükszosz, perzsa, görög majd római fennhatósággal. A piramisokat – amint azt már láthattuk több írásban is – energiaátalakítónak véli:

> „ezek több millió kvarcrészecskét tartalmaztak, amelyek együtt rezegtek a Földdel, és a molekuláris súrlódás révén termeltek energiát, ezt piezo-elektromosságnak nevezzük".

A piramisok mészkő anyaga kalcium-karbonát ($CaCO_3$), a kvarcszármazékok anyaga pedig szilicium-dioxid (SiO_2). Igaz, hogy az alapokat alkotó kősorok, valamint a kamrák anyaga a Nagy Piramis esetében gránit, ami szemcsés, nagy szilícium-dioxid tartalmú, de ez csak egy része az építménynek. Egyes kristályoknál a kristály átellenes sarkait érő nyomás vagy húzás hatására jelentkező elektromos feszültséget nevezzük piezo-elektromosságnak. Például a tűzkő nélküli, gázzal működő öngyújtók működnek így.

Amint írja Dzsószer piramisáról:

> „Ebben a piramisban vált tökéletessé a piramisépítés, termeiben hanggá alakították az energiákat, amely lehetővé tette, hogy a beavatott tanítványok egyre magasabb szintre emelkedjenek fizikailag, mentálisan és spirituálisan".

Hát nem a Nagy Piramis a tökéletesség csúcsa? Már az első piramis tökéletessé épült? Csak azt nem közli velünk, hogyan jutottak be a zárt piramisba a fentiek elsajátítására ezek az „istenemberek", akik a szeretet energiáit képesek voltak sugározni és fizikailag emelkedni.

> „Legyőzték a gravitációs erőt, súlyuk csökkentésével könnyebben el lehetett szállítani őket a távoli kőbányából, sőt a gravitációs erő változtatásával a kövek súlyának növelésével ásás nélkül is el lehet temetni őket."

Ezt természetesen csakis elektromágneses elemekkel érték el, mint a mágneses gyorsvasút működése. Tudtak készíteni „geopolimer" anyagot is, áll a szövegben, mely megmagyarázza, hogyan tudtak olyan pontos kőillesztéssel építeni. Állítólag Asszuáan közelében, a Szehel-szigeten találtak egy sztélét, amelyet Imhotep készített, és egy betonféle képletét tartalmazza, amely megszáradva egyetlen kővé áll össze. De hát ez már nem geo!

„Ez a keverék kvarckristályokban gazdag agglomerátumot hoz létre, amely elektromosságot tud termelni, ha a molekulái bizonyos módon rezegnek. Az egyiptomiak összetört kagylókat és fosszilis maradványokat, magas kvarc- és alumíniumtartalmú homokot, előzőleg kiégetett mészkövet, sziksót és vizet kevertek össze ennek az anyagnak az előállításához. Még tovább is bonyolították ezt az eljárást, amíg a templomaik és piramisaik köveit ebből kiönthették. Az öntött kő adta azután azt a nagy pontosságot, amelyet az építményeiken tapasztalni lehet."

Ha ez igaz, akkor rengeteg különféle méretű és alakú öntőformára volt szükségük, mert a kövek igencsak különböző méretűek és alakúak. A kvarchomok és szóda (sziksó) inkább az üveggyártás alapanyaga lehetett, talán az üveggyártás folyamatát írták így le. Üvegpaszta berakással készültek díszítő elemek, így például Tutanhamon halotti maszkja is.

Ha igaz ez az állítás, akkor nem is olyan távoli időben ez a tudás még ismert volt, mert a Föld sok pontján készítettek hatalmas kövekből pontosan illesztett építményeket. A mesterségesen előállított kő készítéséhez általában az anyagot porrá kell őrölni, majd a különböző anyagok bizonyos arányú keverését kell végezni, kötést segítő anyagot adagolni és formába önteni. Von Däniken úr is leírja, hogy a Nagy Piramis fő kőtömege mesterséges anyag. Ilyen hatalmas mennyiségű anyag porrá őrlése és formázása nagyobb munkát igényelne, mint a kövek faragása és vontatása.

„A Dzsószer piramisa alatti termek mindegyikében több ezer alabástrom edény volt, amelyek mindegyike ugyanarra a hangra

volt hangolva úgy, hogy folyadékkal töltötték fel a kívánt hang eléréséig."

Be is mutatja az edények egy részét, melyek olyan virágvázaszerű, bő szájnyílásúak. Más írásokban ezek az edényeket a puha alabástrom helyett már a legkeményebb kőzetből, gránitkőből, kvarcitból, dioritból kialakított hattyúnyakú vázákként említik. Hogy a meglehetősen meleg éghajlaton a párolgó folyadékot hogyan pótolták a zárt piramisban a hang tisztántartására, azt nem közli a szöveg.

„A kamrák kék fajansz burkolattal vannak ellátva, és a tanítványok ide jártak meditálni."

Lehet, hogy az előzőekben említett öntött műkőkeverék említésekor a burkoló fajanszlapok anyagára gondolt? A fajansz ónmázas cserép/edény. Úgy látszik, meditálni csakis kék fajansszal burkolt helyiségben, egy teljesen zárt térben lehet.

„A szakkarai piramis a kvantummechanika alapján működő processzor, amely a fénynél nagyobb sebességet hoz létre. A gondolat huszonhatszor nagyobb sebességű, mint a fény."

Meg még több ilyen szerepel az előadás anyagában. Szerintem a gondolat sokkal nagyobb sebességű, mint a fény huszonhatszorosa, mert a pillanat ezredrésze alatt már akár a Rákködnél vagyunk vele.

„A piramis burkolata szigetelve volt a belső elemektől, így a burkolat pozitív töltésű, a belső elemek negatív töltésűek lettek."

Hurrá, itt van az első kondenzátor, nem pedig a frigyláda volt az. Igaz, hogy egy véletlen beázás katasztrofális kisülést eredményezhetett, sőt a ki-be járkáló tanítványok is okozhattak ilyenféle esetet. Ilyen nagy felületű kondenzátor, még ha a fegyverzetei – így hívják a kondenzátor kétféle töltésű anyagát – nagyobb távolságra voltak is egymástól, jelentős töltést biztosíthatott. És hol látható manapság ez a burkolatszigetelés? Az egyiptomiak megtanulták, hogy:

„Az olyan egyszerű tevékenységgel, mint a halászat vagy az aratás, közelebb kerülhetnek Istenhez, és napról napra egyre tökéletesebbé válhatnak."

Ma is ezt papolják a szegény népnek, hogy te csak imádkozzál és dolgozzál. (Mi majd feléljük a munkád eredményét. Ezt, ha nem is mondják, megteszik.). És talán a mai halászat, szántás-vetés hiánya téríti el az emberiséget az Istentől.

Több esetben is szó van arról, hogy a templomokat „Imhotep tervei alapján építették", de azt is mondja, hogy minden templom más-más témát tárt fel.

Ezek a templomok, mivel egy régebbi templom romjaiból vagy romjaira épültek, méretük, alakjuk más lett. Az építések között ezer évek teltek el, a fáraók dinasztiája, nemzetisége változott. Hogyan tartották be a régi terveket, amelyről még leírásuk sem volt?

Abüdosz templomát I. Széti és fia, II. Ramszesz a nagy, építteti i. e. 1200 körül, a mai Dendera temploma pedig a görög/macedon Ptolemaiosz fáraók idejében épült i. e. 330–320 közötti időben. A két esemény között 1000 évnyi idő telt el. Több templom szinte teljesen elveszett, köveit még az utóbbi időben is felhasználták, például őrölve, talajjavító anyagként az arabok, miután az áradások talajjavító hatása megszűnt a gátépítések miatt. Az abüdoszi templomban található az a falvéset, amely repülő, helikopterszerű ábrákat is tartalmaz. A karnaki templomot Mohamed Ali alkirály is teljesen le akarta romboltatni, szerencsénkre nem tette meg. Sok régi kőelem van beépítve a Kairót eredetileg körülvevő városfalban is. Ezek szöveges példányai mára szintén elvesztek a tudomány számára, mivel a falakat nem szabad lebontani.

Az is megérne némi vizsgálatot, hogy a Zeusz vagy Jupiter istenségét valló görög, illetve római uralkodó miért építtette a templomokat egyiptomi vallásnak megfelelően. Talán Rejtő Jenő figurája, az igazi Trebics a magyarázat. Trebics állítólag először magyarországi rabbi volt, de nézeteltérése támadt hittestvéreivel, ezért angol földre ment. Itt anglikán lelkész lett, de itt sem bírta sokáig, és továbbállt. Ezután, ha igaz a történet, mohamedán lett, és végül nyoma veszett, ezért a bizonygatás Rejtő Jenő könyvében: Én az igazi Trebics vagyok!

A mondanivaló visszatérő, fő témája a reinkarnáció, amelyről az egyiptomiak nem beszéltek, ugyanis nekik a saját testüket kellett volna megőrizni a jövőbeni újraélésük számára, a reinkarnáció, újraszületés pedig minden alkalommal más testet ad. A tágulási erőt centrifugális erőnek mondja. A centrifugális erő csakis forgó mozgás esetében ható, úgy is nevezik, röpítő erő. A tágulás, vagy másképpen expanzió, a molekulák egymásra hatásából adódó, egymást taszító erő. Szerinte az egyiptomiak egy istenben hittek, aminek ellentmond az a tény, hogy bizony egy-egy ábrázoláson sokszor több istenség is jelen van egyszerre. Az egyistenhitet IV. Amenhotep, Ehnaton fáraó próbálta bevezetni, sikertelenül, rajta is vesztett. Az amerikai elnökök eskütétele, ha igaz, a szabadkőműves bibliára történik, amelyben még szerepelnek a régi egyiptomi istenségek, Amon, Ízisz, Ré és a többiek.

Beszél ötventonnás, háznagyságú kövekből épített templomokról, amelyek fedésén lévő nyíláson át pontosan az istenségre esett a Nap fénye. Azt azonban sohasem említi meg, hogy ez a tény az év melyik napjának hány órájakor, percekor történt meg. A templomok valamely csillagra tájolásának az időpontját úgyszintén nem közli. Ismétlem, minden égi objektum egy perc alatt 0,25 fokkal elmozdul az égi látómezőben.

Egy ház nagyságú kő testvérek között is több mint ötven tonnát nyom. Egy kis ház 3 x 5 x 10 méter mellett 150 m^3, ami kőből építve körülbelül 300 tonnát nyom, 2 tonna/m^3 tömeg mellett.

„Ezeket a templomokat az özönvíz után, az új korszak kezdetén kezdték használni azokra a ceremóniákra, amelyeken a Hórusz- szem misztérium papjai vettek részt."

Mint azt már említettem, az özönvíz utáni időkben nem valószínű, hogy volt elég ember ilyen templomépítésre.

A helytelen fordításnak betudhatóan több esetben is elhangzik fura megállapítás, például így:

„*A Nap a Galaktika központi csillaga*"; „*A téli napéj-egyenlőség*"; „*A naprendszernek a Galaktika középpontja körüli mozgása a 25920 éves ciklus miatt hat különböző csillag ragyogott az északi sark felett*"; „*Asculapius kígyós botja tulajdonképpen Imhotep botja volt, tudását számos papiruszon és agyagtáblán hagyta az utókorra.*"

Naprendszerünk a galaktika középpontjától meglehetősen távoli részén, az egyik spirálkarban van. Télen napforduló van, nem napéjegyenlőség. Állítólag agyagtáblákon a sumerek és hettiták jegyzeteltek az utókor számára, amelyeket olyan mennyiségben gyűjtöttek össze, hogy annak alig húsz százalékát fejtették meg a mai napig. Egyébként, mint már volt róla szó, ezek az ékírásos agyagtáblák a legelfogadhatóbb szövegezésűek, mert tényeket rögzítenek, és nem írták, másolták újra azokat, mint a történelem vagy az ó- és újszövetség könyveit.

„*Az egyiptomi papok kifeszítettek egy kötelet, amely az alfa Drakonisz felé nézett, e szerint építették meg a templomukat... Az egyiptomi birodalom hanyatlása akkor kezdődött, amikor főpapjai utolsó tanítványukkal, Mózessel átkeltek a Vörös-tengeren és eltűntek.*"

Melyik időpillanatban nézett az alfa Drakonisz felé? Mert ez a csillag is, a Földről nézve, együtt halad a többi csillaggal az égi mezőben. Az egyiptomi papok önként követték, vagy Mózes elrabolta őket? Ezt a Biblia másként írja le, Mózest kergették, utódai a mai napig élnek, nem tűntek el.

Az egész előadás-sorozatban sok helytelen meghatározás szerepel. Azt, hogy egy igen régen épített templomot, amelynek csak az alapozása maradt ránk, milyen írásokkal vésték tele, ma nem állíthatjuk. Ilyen az a részlet is, amikor a templom irányításanak csillagát úgy mutatja be képileg, hogy az a vizsgáló nyílásban - például a bejárati kapuzatban - függőlegesen emelkedik fel. Minden égi objektum, amely a látómezőnkben feltűnik, kel, delel, majd lenyugszik. De a Föld forgása miatt mindez egy köríven történik, tehát csak pár percig látható így, és nyugat felé halad. Kivételt csak az egyenlítőn, a napéjegyenlőség napja képez. Továbbá kivételt képeznek még a cirkumpoláris csillagok is, amelyek sohasem nyugszanak le.

Érdekes módon a szöveg elmondói sem tiltakoztak ezek és még több, teljesen egyértelmű valótlanság ellen sem.

Egyszer mindennek vége, vessünk véget a piramisokról írt valótlanságok további gyűjtögetésének is, annál inkább, mivel úgysem lehet befejezni, mert mindig találunk újabb tévelygést. Készítsünk most egy kis összegezést az előzőekben leírtakról. Amint az látható volt, nagyon sok, egyértelműen valótlan állítást találunk. Azt is láthattuk, hogy egy szegény öregasszony lemezkoporsóját is képes feltörni a kapzsi ember, és az ott lévő holttestből keletkezett folyadékban puszta kézzel kotorászni az esetlegesen eltemetett gyűrű vagy fülbevaló megszerzéséért. Képzeljük el, hogy egy fáraósírban eltemetett kincs megszerzése milyen ösztönző lehetett az ingyen kincsre áhítozók számára. Ezek az áhítozók lehettek akár a perzsák, hükszoszok vagy maguk az egyiptomiak is. Az egész világ minden területén találhatunk kirabolt sírokat, ha egy kicsit figyelünk a leírásokra. A sírrablás attól függ, hogy milyen szinten történik, kis rabló kis sírokat, nagy rabló nagy sírokat képes kifosztani, az anyagi lehetősége szerint. Ahogyan egy kis tolvaj is beéri apró dolgokkal, szemben a nagymenők hatalmas fogásaival. Nem olyan nagy idővel a mai előtt rabolták ki az amerikai őslakókat is, a civilizáció nagy dicsőségére.

A híres tudósok is sokszor leírnak igen egyszerűen belátható tévedéseket. Ilyen például az „Egyptian Hieroglyphs 1987 The Trustees of the British Museum" kiadvány magyar fordításában olvasható „nádból készített gyékény". A nád kemény, kamrás törzsű vízinövény, a levélzete a törzs kamráinál képződik, hajlítani nem nagyon lehet, mert eltörik. A gyékény szintén vízinövény, a középső keményebb szárán képződik a buzogánynak nevezett, beérve szétfoszló termőtest, levelei viszont puhák, fonatok és szőnyegek, kosarak készítésére igen alkalmasak.

EGYIPTOM TÖRTÉNETE A FÁRAÓK KORÁBAN, RÖVIDEN

Ahhoz azonban, hogy a piramisépítés témájára térjünk, vegyünk át egy kis történelmi sorrendet az egyiptomi fáraókról és a piramisokat leírókról. Az egyiptomi történelmet korokra és dinasztiákra osztják fel az azzal foglalkozók. Manethon egyiptomi történetíró szerint dinasztiák uralkodtak, ugyanúgy, ahogyan a magyar történelmet is felosztjuk honfoglalás előtti, Árpád-házi királyok stb. korokra. Manethon állítólag ezt a dinasztia-sorrendet II. Ramszesz apja, I. Széthi fáraó sírjának a falán lévő, ma is látható kartusok szerint állapította meg. Ugyanis az említett helyen kartusokba vannak rögzítve a királynevek, szépen sorba rakva. A kartus szó egy bekeretezett mezőt, többek szerint kötélgyűrűt jelent, amibe csakis királyok nevét írták. Ennek alapján fejtette meg Champollion az egyiptomi írást, ugyanis a Rosette mellett talált kőleleten háromféle írással van vésve ugyanaz a szöveg, görög betűkkel, hieroglif és hieratikus írással.

Feltűnt Champollionnak is, hogy a bekeretezett szövegrész és az írások összevetése alapján egyértelműen megállapítható volt, hogy a keretekben királynevek szerepelnek. Mivel a görög szöveg olvasható volt, aránylag könnyen megfejthető volt a királyok hieroglif írással írt neve is. Az egyiptomi királyok listáját dr. Kákosy László egyiptológus professzor RÉ FIAI című könyve alapján a következőben láthatjuk. Az ősi időben – időszámítás előtti 3000 évet megelőzően – a mai Egyiptom területén, a Nílus völgyében két teljesen önállóan működő királyság volt, Alsó-Egyiptom és Felső-Egyiptom királysága. Ebből az időből nagyon kevés régészeti adat áll rendelkezésre, így sok kérdésre még nem kaphatunk kielégítő választ. Lássuk most Egyiptom királyainak a listáját. A királynevek írása az értelmező szerint más lehet, például a II. dinasztia fáraója, Hotepszemui, más iratban Hotepkszekhemui stb.

Felső-Egyiptom királyai
1.) Ka (Zehen)
2.) Skorpió (Szerek)
3.) Namer

Alsó-egyiptom királyai
1.) Szeka
2.) Nesemiu
3.) Tiu
4.) Tjes
5.) Niheben
6.) Anedzs
7.) Meh

Időszámítás előtt 3000 körül Namer fáraó egyesítette a két királyságot, megteremtve az egységes Egyiptomi Birodalmat, amely a régészek által archaikus kornak nevezett időszak.

Archaikus kor
(I.–II. dinasztia 2955–2635)

I. dinasztia
1.) Aha (Ménész)
2.) Dzser
3.) Dzset (Uadzset)
4.) Dun (Udimu)
5.) Adzsib (Anedzsib)
6.) Szemerhet
7.) Ka

II. dinasztia
1.) Hotepszehemui
2.) Nebré
3.) Ninutjer
4.) Peribszen (dél)
5.) Haszehem (dél)
6.) Haszehemui (dél)

1.) Uneg (észak)
2.) Szenedzs (észak)
3.) Nubnofer (észak)

Óbirodalom
(III–VI. dinasztia 2635–2155)

III. dinasztia
1.) Szanaht (= Nebka?)
2.) Dzsószer
3.) Szehemhet
4.) Haba
5.) Hui (Huni)

IV. dinasztia
1.) Sznofru
2.) Kheopsz
3.) Dzsedefré
4.) Khefrén
5.) Menkauré
6.) Sepszerkaf

V. dinasztia
1.) Uszerkaf
2.) Szahuré
3.) Noferirkaré
4.) Seoszerkaré
5.) Noferefré
6.) Neuszerré
7.) Menkauhor
8.) Iszeszi (Dzsedkaré)
9.) Unisz (Unasz)

VI. dinasztia
1.) Teti
2.) Uszerkaré
3.) I. Pepi (Meriré)
4.) I. Merenré
5.) II. Pepi (Noferkaré)
6.) II. Merenré
7.) Netjerikaré
8.) Nitókrisz (Menkaré)

Első átmeneti kor
(VII–X. dinasztia 2155–2040)

VII. dinasztia (Abüdoszi lista alapján)
1.) Noferkaré
2.) Noferkaré-Nebi
3.) Dzsedkaré-Semai
4.) Merienhor
5.) Noferkamin
6.) Nikaré
7.) Noferkaré-Tareru
8.) Noferkahor

VIII. dinasztia (Abüdoszi lista alapján)
1.) Uadzskaré-Pepiszeneb
2.) Noferkamin-Anu
3.) Kakauré-Ibi
4.) Noferkaré
5.) Noferkauhor
6.) Noferirkaré

IX. dinasztia
1.) I. Heti
2.) II. Heti (Nebkauré)
több ismeretlen király
bizonytalan nevek

X. dinasztia
1.) Merihathor
2.) Noferkaré
3.) III. Heti (Uahkaré)
4.) Merikaré
ismeretlen király

Középbirodalom
(XI–XII. dinasztia 2040–1785)

XI. dinasztia
1.) I. Antef
2.) Mentuhotep (Nutjerihedzset)
2.) II. Antef
3.) III. Antef
4.) Mentuhotep (Szemataui)
4.) I. Mentuhotep (Szanhibatui)
5.) Mentuhotep (Nebheperé)
6.) II. Mentuhotep (Szanhkaré)
8.) III. Mentuhotep (Nebtauiré)

XII. dinasztia
1.) I. Amenemhat
2.) I. Szeszósztrisz
3.) II. Amenemhat
4.) II. Szeszósztrisz
5.) III. Szeszósztrisz
6.) III. Amenemhat
7.) IV. Amenemhat
8.) Szobenknoferuré

Második átmeneti kor
(XIII–XV. dinasztia 1785–1552)

XIII. dinasztia
1.) Ugaf
2.) Amenemhatszenbef
3.) Szehemré-Hutaui
4.) V. Amenemhat
5.) Szehotepibré
6.) Jufni
7.) VI. Amenemhat
8.) Szemenkaré
9.) Harnedzsheritef
10.) Szuadzskaré
11.) Nedzsemibré
12.) II. Ibi
13.) Ameni Amu
14.) Huiker
15.) I. Szobekhoteb
16.) Renszeneb
17.) I. Hór
18.) VII. Amenemhat
19.) II. Szobekhotep
20.) Hendzser (Uszerkaré)
21.) Hendzser (Nimatré)
22.) Imiramesa
23.) IV. Antef
24.) Nerkaré
25.) Hotepkaré
26.) ...ibré Széth
27.) Aaken
28.) III. Szobenkhotep
29.) I. Noferhotep
30.) Szihathor
31.) IV. Szobenkhotep
32.) V. Szobenkhotep

33.) Uahibré Iaib
34.) Ay Mernoferré
35.) VI. Szobenkhotep
36.) Szanhenré
37.) II. Noferhotep
38.) Hori
39.) VII. Szobenkhotep
40.) IV.Szezsósztrisz
41.) IV. Mentuhotep
42.) Montuomszaf
43.) Dudimosze Dzsedno.
44.) Dudimosze Dzsedhote
45.) III. Ibi
46.) II. Hór
47.) Sza...karé
48.) Szenebmiu
49.) III. Noferhotep
50.) VIII. Szobenkhotep
51.) Szehaenré
52.) Mersepeszré
53.) Merheperré
54.) Merkaré
55.) Uszermontu
56.) Szenaaib
57.) Upuautemszaf

XIV. dinasztia (1715–1650)
1.) Neheszi (Núbiai)
2.) Hatiré
3.) Nebfauré
4.) Szehebré
5.) Merdzsefaré
6.) Szuadzskaré
7.) Nebdzsefaré
8.) Ubenré
9.) ...dzsefaré

10.) ...ubenré
11.) Auibré
12.) Heribré
13.) Nebszenré
14.) Szeheperenré
15.) Dzsedheruré
16.) Szanhibré
17.) Nofertumkaré
18.) Szehem...ré
19.) Kakemutré
20.) Noferibré
21.) I...ré
22.) Ha...ré
23.) Aa...karé
24.) Szemen...ré
25.) Dzsed...ré
26.) Szanofer...ré
27.) Menibré
28.) Dzsed...ré
29.) Ink...
30.) A...
31.) Ap...
32.) Hibi
33.) Aped
34.) Hape
35.) Semszi
36.) Meni...
37.) Urka
38.) ...ka ré
39.) ...ka ré
40.) ...enré
41.) ...karé
42.) ...karé
43.) Széth
44.) Szainu
45.) III. Hór

46.) Enibef
47.) Herhimvet
48.) Huhimvet
49.) IX.Sznobenkoteph

Hükszosz uralom
(XV–XVI. dinasztia)

XV. dinasztia (1652–1544)
1.) Szalitisz
2.) Sesi
3.) Meruszerré
4.) Hian
5.) Apóphisz (Auszerré)
6.) Apóphisz (Aakenenré)
7.) Apóphisz (Nebh.)
8.) Hamudi (Aszenheré?)

XVI. dinasztia (1650–1550, a sorrend kétes)
1.) Szaker
2.) Uadzsed
3.) Kar
4.) Nikaré
5.) Nebuszerré
6.) Hauszerré
7.) Aahotepré
8.) Jakbemu
9.) Jom
10.) Aam
11.) Jakbaal
12.) Nebanheré
13.) Apophisz (Szenofer)
14.) Anather
15.) Szemken
16.) Uszeranath
17.) Nebmaatré

Thébai dinasztia
(1652–1552)

XVII. dinasztia
1.) V. Antef
2.) Rahotep
3.) I. Szobekemszaf
4.) Thot (Szehemré)
5.) V. Mentuhotep
6.) I. Nebirierau
7.) II. Nebirierau
8.) Szemenré
9.) V. Szeszrósztisz
10. II. Szobekemszaf
11.) VI. Antef
12.) VII. Antef
13.) I. Ta-an
14.) II. Ta-an
15.) Kamosze

Újbirodalom
XVIII–XX. dinasztia (1552–1070)

XVIII. dinasztia (1552–1306)
1.) I. Jahmesz
2.) I. Amenhotep
3.) I. Thotmesz
4.) II. Thotmesz
5.) Hatsepszut
6.) III. Thotmesz
7.) II. Amenhotep
8.) IV. Thotmesz
9.) III. Amenhotep
10.) IV. Amenhotep (Ehnaton)
11.) Szemenkharé

12.) Tutanhamon
13.) Ay (Eje)
14.) Horemheb

XIX. dinasztia (1306–1186)
1.) I. Ramszesz
2.) I. Széthi
3.) II. Ramszesz
4.) Mernemtah
5.) II. Széthi
6.) Amenmessze
7.) Ramszesz Sziptah
8.) Mernemtah Sziptah
9.) Tauszert

XX. dinasztia (1186–1070)
1.) Szétnaht
2.) III. Ramszesz
3.) IV. Ramszesz
4.) V. Ramszesz
5.) VI. Ramszesz
6.) VII. Ramszesz
7.) VIII. Ramszesz
8.) IX. Ramszesz
9.) X. Ramszesz
10.) XI. Ramszesz

Késő kor
(1070–332)

XXI. dinasztia
1.) Szmendész
2.) Amenemniszu
3.) I. Pszuszenész
4.) Amenemope

5.) Oszokhor
6.) Sziamon
7.) II. Pszuszenész

Líbiai kor
XXII–XXIV. dinasztia (945–715)

XXII. dinasztia (945–818)
1.) I. Sesonk
2.) I. Oszorkon
3.) II. Sesonk
4.) I. Takéloth
5.) I. Oszorkon
6.) Harsziésze
7.) II. Takéloth
8.) III. Sesonk
9.) Pimay
10.) V. Sesonk
11.) IV. Oszorkon

XXIII. dinasztia (818–715)
1.) I. Petubasztisz
2.) I. Juput
3.) IV. Sesonk
4.) III. Oszorkon
5.) III. Takéloth
6.) Rudamon
7.) II. Juput
8.) VI. Sesonk

XXIV. dinasztia (727–715)
1.) Tefnaht
2.) Bokkhorisz

Etióp uralom
(716–656)

XXV. dinasztia
1.) Alara
2.) Kasta
3.) Pianhi
4.) Sabaka
5.) Sabataka
6.) Taharka
7.) Tanutamon

Szaiszi kor
(664–525)

XXVI. dinasztia (664–525)
1.) I. Pszametik
2.) II. Nekó
3.) II. Pszametik
4.) Apriész
5.) Amaszisz
6.) III. Pszametik

Első perzsa uralom
(525–404)

XXVII. dinasztia
1.) Kambüzész
2.) I. Dareiosz
3.) Xerxész
4.) I. Artaxerxész
5.) II. Dareiosz

Független dinasztiák

XXVIII–XXX. dinasztia (404–342)

XXVIII. dinasztia (404–342)
1.) Amürtaiosz

XXIX. dinasztia (399–380)
1.) I. Nepheritész
2.) Muthisz
3.) Pszammuthisz
4.) Hakorisz
5.) II. Nepheritész

XXX. dinasztia (380–342)
1.) Nektanebész
2.) Takhósz
3.) Nektanebosz

Második perzsa uralom

XXXI. dinasztia (342–332)
1.) III. Artaxerxész Ókhosz
2.) Arszész
3.) III. Dareiosz

Időszámítás előtt 332-ben Nagy Sándor legyőzi a perzsákat, elfoglalja Egyiptomot, és fáraóvá koronáztatja magát. Halála után az utódlás a görög Ptolemaiosz dinasztiára száll, akik i. e. 30-ig uralkodnak.

Ptolemaioszi kor (i. e. 332 – i. sz. 30)

Philipposz Arrhidaiosz, majd annak fia, IV. Alexandrosz, utána Ptolemaiosz Szótér, Philadelphosz, I. Eurgetész, Philopator, Epiphanesz és a többi ptolemaioszi uralkodó, egészen Kleopátra, az utolsó egyiptomi uralkodó haláláig. Időszámításunk előtt 30-ban a rómaiak foglalják el a területet és a trónt. A római uralom időszámításunk után 395-ig tart.

Római kor
(i.e. 30-tól i. sz. 395-ig)

Ekkor a hatalmat Bizánc szerzi meg, és egészen az arab megszállásig, 640-ig uralkodnak Egyiptom felett.

Bizánci uralom
(395–640)

Arab uralom
(640-től napjainkig)

A felsorolás természetesen nem pontos, hiszen még az egyiptológusok is sok esetben egymásnak ellentmondóan ítélik meg az egyiptomi uralkodókat, a nevük kiejtéséről nem is beszélve. Ismert az a tény, hogy az egyiptomi írás – amint sok más írás, mint a sumer, héber írás is – nem használt magánhangzókat, ezért azokat a tudósok is a magánhangzók beillesztésével, sokszor egymástól eltérően értelmezhetik. Némely királynevet nem sikerült biztonságosan megfejteni, ezek a pontokkal jelöltek. A lista sorszámait összeadva az egyiptomi uralkodók öszsz-számát kapjuk.

Az első időkben először veremsírokba temetkeztek, majd kővel borított és fedett sírokba és végül masztaba sírokba. Ez nem egyiptomi szó, Mint nagyon sok más kifejezés is, a késői időkből, az arab nyelvből. Az arabok háza előtt lévő pad, a masztaba szóból származik.

A sírt egy trapéz alakú kőhalom fedte, amelyet faragott és simított kövekkel borítottak, majd a későbbiekben teljesen faragott kőből építettek fel. Úgy a veremsírokat, mint a masztabákat szinte teljesen kirabolva, üresen találták. Valószínűleg már a temetés után nem sokkal kifosztották azokat. Régészek szerint az archaikus kort az Óbirodalom követte, a III., IV., V. és VI. dinasztia uralkodásával. A III. dinasztia kilenc fáraója közül nyolc építtetett piramist. Ez a dinasztia i. e. 2700-tól i.e. 2600-ig uralkodott. Ez alatt a száz év alatt 11 piramis épült fel részben vagy teljesen? Majd még a következő dinasztiákban is építtettek piramist a fáraók. A piramisépítő fáraók, a régészek szerint, időrendben a következők:

Dzsószer, Szehemhet, Nebkare, Neferkare, Nebka, Szanakht, Khaba, Hunei, Sznofru, Khufu, Radzsef, Khefren, Menkaure, Veszerkaf, Szahure, Neferirkare, Neferefre, Novaszere, Dzsedkare, Unisz, Teti, I. Pope, I. Merenre, II. Merenre, Nitokrisz, I. Amenemhat, I. Szeszosztrisz, II. Szeszosztrisz, III. Szeszosztrisz, III. Amenemhat, IV. Amenemhat és Szobenknoferure.

A Királyok Völgyébe csak jóval később, i. e. 1552 után temetkeznek fáraók, és alig többen, mint húszan. Ezek a XVIII., a XIX. és XX. dinasztiákból a következők:

I. Thotmesz, I. Széthi, III. Thotmesz, Szétnaht-Tausert, Sziptah, II. Amenhotep, III. Amenhotep, Horemheb, Tutanhamon, Ay, I. Ramszesz, III. Széthi, Mernephtah, II. Ramszesz, III. Ramszesz, IV. Ramszesz, V. Ramszesz, VI. Ramszesz, IX. Ramszesz, X. Ramszesz, XI. Ramszesz.

Van azonban harmincnál több egyéb sír is a völgyben. A királyhoz közelállók, akik beosztásuk szerint és anyagiakban is megtehették, szintén itt választották ki „örök" nyughelyüket. De ezek nem fáraósírok. És látható királysír Thébában is.

A Királyok Völgyében egyébként találtak egy barlangba rejtve több múmiát, amelyek között kétséget kizáróan királyi tetemek is voltak. A királysírokban viszont csak apró leletmaradványokat találtak, amelyeket otthagytak vagy ottfelejtettek a rablók, kivéve Tutanhamon sírhelyét, amelyet kőtörmelék elfedett a vizsla szemek elől. Ebben a sírban is jártak sírrablók, amely tény a halotti útravaló megbolygatott elrendezéséből, és a záró pecsétek újrakészítéséből egyértelműen megállapítható. Valószínűeleg megzavarták a sírrablókat, és így csak nagyon kevés érték tűnt el.

A III. dinasztia második fáraója, Dzsószer építtette az első piramist, amely úgynevezett lépcsős piramis. Ez a piramis az építő, Imhotep nagy tudását dicséri. Imhotep olyan tekintélynek örvendett, hogy halála után istenként tisztelték. Ez a piramis három jól elkülöníthető szakaszban épült. Először masztabának épült, majd három lépcsősre. Befejezéskor hatlépcsős, 109 x 121 méteres alapon mintegy 60 méter magas volt. Aránylag kis kövekből áll, ennek ellenére meglehetősen jó állapotban van, ami a később épült piramisok nagy részéről nem mondható el. Van olyan állapotú is, hogy csak az avatott tudja megállapítani, hogy nem természetes domb, hanem emberkéz által emelt építmény volt valaha. Érdekesség az, hogy ebben a piramisban igen sok kamrát és járatot találtak a feltáráskor, valamint az is, hogy az ott eltemetettek részére kék fajansz burkolattal díszítették a járatokat, de több kamrát nem fejeztek be.

Az első igazi piramisformát Hunej fáraó építtette a Medium térségében. Ezt álpiramisnak nevezik, mert lépcsősre épült, később burkolták piramisformára. Szofru, Khufu apja két piramist is építtetett magának, és állítólag még az elődje, Hunej piramisát is befejezteti. Többen a régészek közül ezt a piramist is teljes egészében neki tulajdonítják. Ismétlem! Ha számításokat végzünk, és csak a két, teljes bizonyossággal általa építtetett piramist vizsgáljuk, kiderül, hogy nagyobb mennyiségű követ építtetett be, mint a Khufu Nagy Piramisába beépített kövek köbtartalma. Az ő piramisai már nem lépcsősek. Igaz ugyan, hogy egyik piramisa rendhagyó, mivel az oldallapjait két sík alkotja, egy trapéz alakú és egy háromszögletű. Így az oldalakban törés van, ezért törtvonalú piramisnak is hívják. Ez az építési mód állítólag a piramis építés közbeni megsérülése miatti változtatás. Meg kell jegyezni még azt a tényt is, hogy Sznofru rózsaszínű piramisának kövei között találhatók olyanok is, amelyeken fel van tüntetve a kő szállításának pontos dátuma, vörös színű festéssel. Azt sem szabad elfelejteni, hogy a kamráinak a fedése hasonlóan van kiképezve, mint a Nagy Piramis galériája, vagyis az oldalakat alkotó kövek egy-egy osztással beljebbre vannak helyezve, a fedőlapok tehermentesítése céljából, csak a belső magassága kisebb.

Darabszámra sokkal több követ kellett beépíteni, mint a térfogat köbméterekben számolva, hiszen amint azt már láttuk, az átlagos kőméret 0,32 köbméter körüli. Ez is csak becsült érték, hiszen nem tudjuk, hogy a piramis belső része milyen kövekből épült, lehet, hogy helyenként kőzúzalékból.

A piramisok oldalainak dőlésszöge piramisonként más és más. A Nagy Piramis oldalainak hajlásszöge a vízszinteshez képest 51°51´, ezért állítólag a tavaszi napéjegyenlőség napjának déli 12 órájától az őszi napéjegyenlőség napjának déli 12 órájáig nem volt árnyéka. Vagyis a Nap éppen pontosan az északi oldalháromszög síkjában volt a napéjegyenlőség napjain. Ez lehet az évszakok meghatározása miatt így építve, de mivel a többi piramis rendszerint nem ezzel a szöggel épült, esetleg meg kellene vizsgálni, hogy talán van valami összefüggés a fáraó születése vagy fáraóvá koronázása, vagy más esemény és a piramisuk dőlésszöge között. Talán itt kell keresni a megtört falú piramis rejtélyét is, vagyis lehet, hogy a fáraó születési és koronázási napja van belekódolva a két oldalhajlásba. A rózsaszínű piramis oldalainak a dőlési szöge 45 foknyi.

A piramisok általában észak-dél, kelet-nyugat irányba tájoltak, de van ettől eltérő tájolású is. Van olyan piramis is, amely nem észak-déli tájolású. De a Királyok és Királynők Völgyének a sírjai általában nincsenek így tájolva. Sőt ahány sír, majdnem annyi irányba mutat az építési irány. Természetesen nem lehet elégszer hangoztatni, azaz állítás, hogy a

453

„*gúla alakú piramisok építésének általános szabálya az, hogy a magasságukkal rajzolt kör éppen az oldalak hosszával egyenlő*"

merő tévedés, a feltétel egy és csakis egy oldalhajlás esetében teljesülhet, ez a geometria alapfokú ismeretével igazolható. A fáraók között több esetben nők is voltak, közülük a leghíresebb Hatsepszut királynő. Halotti temploma ma felújítva látható a Nílus bal partján, a thébai nekropolisz területén. A Királyok Völgyétől nem messzire van a Királynők Völgyének nevezett temetkezési hely, szintén sziklába vágott barlangsírokkal. Az itt lévő sziklasírokhoz III. Ramszesz sírtemploma mellett lehet eljutni, amíg a Királyok Völgyét a thébai nekropolisz és a hegy észak felőli megkerülésével lehet megközelíteni.

A Királynők Völgyében lényegesen több temetkezési hely van, mint a Királyok Völgyében, és nemcsak királynők nyugszanak ebben a nekropoliszban. Itt is látható az, hogy azok, akik tehették, az előkelő sírok közelében igyekeztek maguknak nyughelyet biztosítani.

Több írásban a thébai temetkezéseket is a Királyok Völgye sírjaihoz számítják. Ezek a sírok a ma Deir el-Bahari (északi kolostor) arab elnevezésű területen találhatók. Ezt az elnevezést arról az időről kapta, amikor keresztény szerzetesek laktak a síremlék palotájában.

Ezen a területen található Hatsepszusz, III. Mentuhotep, majd kissé távolabbra tőlük I. Széthi, I. Ramszesz, III. Thutmoszisz, IV. Thutmoszisz, Merneptah és III. Amenophisz halotti templomai és a Memnon-szobrok is.

ISMÉT LÁTTAM A PIRAMISOKAT

2003 februárjában egy ajándék utazást választhattam. Ismét ellátogattam Egyiptomba, ezúttal mint a többi turista, egy erre szakosodott társaság csoportos utasaként. Kényelmes, mert a programot előre megadják, csak az egyénileg választhatókat kell külön befizetni és egyeztetni. Az előre lekötött programok mellé befér néhány választott is, de az étkezések miatt sok idő vész kárba. Sajnos ez a fajta utazás hasonlatos a régi film-vetítésre, HA KEDD VAN, AKKOR EZ BELGIUM. Az aránylag rövid időbe bele van tömörítve a látnivalók tömege. Az egyéni turista viszi magával az előre elkészített szendvicseit, és úgy futtából étkezik, ezzel nagyon sok időt meg lehet takarítani. Itt szinte kényszerpályán haladtunk a látnivalók között, de azért felmérhettem az eltelt 20 év alatti változásokat, melyek szerintem nagyon pozitív hatással voltak a város és az emberek életére, de a látnivalókra ez nem áll.

Előnyös volt az utazás is az EGYPT AIR járatán, mert nem este, mint a MALÉV járata, hanem már kora délelőtt indult a repülőgép, így láthattuk az alattunk elvonuló tájat, a havas dél-európai hegyeket.

Az első nap délelőttje a repülőtérre utazással, vámvizsgálattal és a beszállás előtti várakozással kezdődött. Tizenegy órakor beszálltunk, és indult velünk a gép a kifutópályára, majd gyorsítás után a levegőbe emelkedett. Egy kanyar után irányt vettünk az úticélunk felé. A gép 920 km/óra sebességgel repült, és három órányi időt töltöttünk levegőben. A dél-európai havas hegyeket átrepülve máris a tenger felett haladtunk Egyiptom felé.

A tengert átrepülve nemsokára ereszkedni kezdett a repülőgép. Feltűntek Kairó terjeszkedő külvárosának félig-meddig felépített, befejezetlen, vakolatlan épületei. Állítólag sok épület félbemaradt a pénzhiány miatt, de sok azért, mert amíg nincsen befejezve az épület, nem kell adót fizetni utána, mondta az arab idegenvezetőnk.

Nem sokkal ezután már ismert terület felett repültünk. Láttam a nagyváros ismerős épületeit. Egy nagy kanyar után a gép a Mokatan hegy felől ért földet, majd begurult a repülőtér fogadó területére. Három óra tizenöt perckor, egyiptomi idő szerint, érkeztünk meg. Az időeltolódás egy óra, tehát Magyarországon csak 2 óra 15 perc volt. Itt a kiszállás, vámvizsgálat, csomagok ellenőrzése után, amelyeket sohasem nekünk kellett cipelni, a ránk várakozó autóbuszra szálltunk. Minden nagyon ügyesen volt megszervezve, mindenki rámutatott a csomagjaira, amit gyorsan felraktak a buszra, máris indult a megadott célja felé. Soha semmi sem veszett el, nem raboltak ki senkit.

A busz városnézésre vitt bennünket, majd estefelé a szigeten, el-Gezira, tettünk egy buszos körutat, láttuk a magyar követségi épületet is. Felmentünk az al-Borgba, a 187 méter magas kilátótoronyba, ahol a 16. emeleten lévő erkélyről gyönyörű kilátás nyílik a városra a piramisoktól a repülőtérig. Itt újra megfigyelhettük a város változásait, az új szállodákat, operaházat és a több pályás forgalmi utakat. A torony forgó büféjében, a 15. emeleten egy kis édesség és ital mellett pihenőt tartottunk. A torony forgatása szakaszosan működött, nyikorogva, nagyokat rántva induláskor.

Este lett, amikor a múzeum melletti térre vittek bennünket, itt rövid esti szabadprogrammal a belváros utcáin sétáltunk megadott időpontig. Senki sem veszett el. Érdekes volt látni a huszonöt évvel ezelőtti városhoz képest a változásokat. Ezután egy Níluson horgonyzó hajó éttermében megvacsoráztunk, majd a busz elszállított bennünket a Nílus nyugati partján, Gízában épült szállodakomplexumhoz, ahol 3 éjszakát töltöttünk el egy 5 csillagos szállodában. Ez a szálloda, a Katarakt is új építésű, összesen 398 szobával, kongresszusi teremmel, uszodával és több tízéves pálmafa sorral. Úgy látszik, hogy a datolyapálmákat öregkorukban is át lehet ültetni, mert olyan helyen is láttam öreg pálmasorokat, ahol az előző utazásom alkalmából még nem volt ilyen. Izgalmas érzés volt újra látni az ismerős, de nagyot változott várost. A második napon a piramisok megtekintése volt a cél. Ismerősként látogattam meg őket. Khufu piramisába csak megszabott számú látogató mehet naponta, a belépőket előre meg kell venni, mert ott a helyszínen nem biztos, hogy még beszerezhető, annyian szeretnének bemenni. A piramisokat körüljárva láttuk az egyik temetési hajó aknáját, egy piramis – állítólag a Khufu-piramis piramidonja – befejező köveit, amelyet nem túl régen találtak meg és állítottak ki a látogatók számára. Ha ez a Nagy Piramis csúcsa, akkor a piramist befejező arany piramidon megemlítése sokak által máris tévedés. Legfeljebb aranylemezekkel fedett lehetett a csúcspiramidon.

Láttuk a Hajómúzeumot, az egyik temetési hajó kiállító épületét. Khufu piramisa mellé öt hajót rejtettek a sziklába vésett aknákba, csak egy maradt az eredeti helyén. A Nagy Piramis mellett aknába rejtett hajók közül a nyolcvanas években megépített Hajómúzeumban lévő, eredeti darabjaiból összeállított hajó, az úgynevezett napbárka hossza 43,4, szélessége pedig 5,6 méter. Van, aki szerint ezzel a hajóval szállították és emelték a helyére a piramis építőköveit. Nincs az orr részére építve „emelőgerenda", hanem úgy az orr-, mint a farrésze ívesen felhajlik. Ha ekkora hajókat használtak volna az építkezéshez, akkor a zsilipelési vízmennyiség, valamint a piramis befejező szakaszának kőmennyisége lényegesen több lenne az általam az előzőekben becsült értéknél. A Níluson való szállítást kivéve képtelen állítás az, hogy hajókat használtak a piramisok építésére az építőkövek helyrerakásánál. A Nagy Piramis körül kis mélységű, csatornaszerű elrendezést találni, ez azonban még egy kisebb merülési mélységű hajó számára sem elég mély, ezen a csatornán nem lehetett az építményt „körülhajózni", nem beszélve a víz feljuttatásának hatalmas munkájáról.

Megcsodáltuk a titokzatos mosolyú Szfinx hatalmas gránitkövekből épített templomát, sajnos a szoborhoz nem lehet lemenni. Igaza lehet azoknak, akik a Szfinx kőanyagát az özönvíz előtti időkre datálják, ugyanis az eredeti kőanyag a végső formáját finoman faragott burkolatnak köszönhette, amely részben ma is látható. De - amint azt már tudjuk - aki a szobor készítőit is özönvíz előttinek mondja, olyan hibát követ el, mintha a budai vár építését a jégkorszaki alpkőzettel egyidősnek állítaná.

Délután az Egyiptomi Művészetek Múzeumába mentünk, amely kiállított anyagának a végignézésére több nap is szükséges lenne. Alapítója 1821-ben az egyik legnagyobb régész, Auguste Mariette volt, sírja tiszteletből a múzeum kertjében van. A kiállított anyag, százezernél is több tárgy, csak töredéke az eredeti helyén, Egyiptomban maradt műemlékeknek.

Innen a bazárba, Khan el Khalili, mentünk, ahol rövid sétát tettünk pár utcán, ahol a régi, poros, sáros utcák helyett kőburkolatos, rendezett, aránylag tiszta üzleteket találtam, kevésbé erőszakos árusítással, mint régen.

A harmadik napon Szakkara nekropoliszát is megnéztük. Egy belépőjegy általában három látnivaló megtekintésére jogosít, és a nagy távolságok, valamint a kevés idő nem is alkalmas több rom felkeresésére.

Újra láttam az első piramisépítményt, Dzsószer fáraó temetkezési helyét. Ez volt az első - legalábbis a tudósok szerint - piramis formájú sírépítmény, amelyen látni lehet az építés fejlesztését, masztabából két módosítással piramis kialakítását. Ez a piramis is burkolva volt, az alapnál még helyenként látható is néhány burkolókő, de a finomabb anyagból épített részt lebontották más építkezésekhez. A piramisba csak külön engedéllyel és csak szakemberek mehetnek be, mert meglehetősen romos a folyosórendszer, ezért veszélyes a bent tartózkodás. Itt megnéztük még Mereruka masztabáját, ahol gyönyörű, az életből merített falképekkel van díszítve a sír kamráinak a fala. Látható olyan falrész is, amelyen nincs befejezve a díszítő munka, de az előkészítés, előrajzolás tisztán kivehető. Egyesek szerint itt a temetés hamarabb megtörtént, mint a munkák befejeződése, ezért nincs minden véglegesítve.

Csak egy piramisba mentünk be, Teti fáraó feliratos piramisába. Ez aránylag kis építmény, a külseje meglehetősen romos állapotú. Egy alacsony, egyenes, lejtős folyosó vezet az északi oldalról a sírkamrába. Mivel ebben a feliratos piramisban egyértelműen szerepel a temetkezési hely meghatá-rozás, gondolom, nem vitatható a többi piramisépítmény sír-jellege sem.

Az Unisz feliratos piramisához vezető – a Nílust a halotti templommal összekötő – út egy részének maradványa ma is látható. Talán ezek a temetési utak adták a folyótól a piramisig vezető rámpa elképzelését. Az út falazatában található a Dzsószer piramisát körülvevő falazat anyagából való kő is.

Délután, Kairóba visszatérve, a Citadellára vitt bennünket a busz. Gyönyörű innen kilátás a városra, a holtak városától a mameluk sírokon át a Szultán Hasszán és Al-Rifai mecseteken túlra, ha nincs nagy por, egészen a távoli piramisokig. Megnéztük a Mohamed Ali mecsetet, a Felfüggesztett templomot, a Szergiusz templomot, a zsinagógát, a kopt negyed egy részét. Mindenütt komoly restaurálás történik, a város látványosságainak előnyére.

A főétkezéseket minden alkalommal más helyen kaptuk, így akaratunk ellenére többször buszos városnézésen vettünk részt.

Az egyes látnivalók mellé összekötőként papiruszműhely, szőnyegszövő, parfüméria és aranyműves üzleteket mutattak be, természetesen azzal a burkolt szándékkal, hogy vásárolunk, és ebben részben igazuk volt, a kuriózum minden alkalommal megteszi a hatását. Az üzlet, az üzlet!

A negyedik nap reggelén repülő vitt bennünket Luxorba, ahol egy hatalmas, erre a célra épített hajón volt a további napokban a szállásunk. Kairó és Luxor légvonalban körülbelül ötszáz kilométer távolságra van egymástól. Ez a távolság vonattal utazva lényegesen nagyobb. Itt a hőmérséklet a hajnali hűvösebb után már meghaladta a kellemes 20 fokot is, amely jólesően hatott a hazai téli hideg után.

A város Nílus-parti része is sokat fejlődött, de a régi városrész továbbra is meglehetősen poros, kopott, helyenként látni a befejezetlen útjavítási munkákat. A régi, a város szívében lévő nagyobb bazár mellett újabb, modernebb „bazár" is létesült a Nílus partján, nyilvánvalóan a lustább turisták számára. Ha az idő engedi, érdemes a régi bazárba is elmenni, ennek van igazi hangulata.

459

Az egyiptomi turizmus igen erősen fejlődött a húsz évvel ezelőtti állapothoz viszonyítva. Akkor kb. 6-8 nagy hajó volt a Níluson Luxornál, amely a turistákat szállította Luxor és Asszuán között, ma 60 is lehet. Luxorban és Asszuánban 3-5 hajó van egymás mellé kikötve hosszú sorban a partszakaszon. Egy ilyen hajó szélessége 14, hossza pedig 70 méter, sétafedélzettel együtt, 3-4 fedélzettel. A hajók fürdőszobás, kényelmes, légkondicionált, nagy ablakos lakosztályokkal, ebédlővel, bálteremmel, bárral felszereltek. Még néhány üzletecske is található, amelyekben arany- és több más emléktárgyat vásárolhatunk vagy megrendelésre készíttet-hetünk.

A hajón teljes ellátást kaptunk bőséges, ízletes ételekből, svédasztalos terítéssel. Rengeteg zöldséget és gyümölcsöt tálaltak az étkezésekhez, az igencsak fogyott is, és a figyelmeztetés ellenére, hogy zöldségeket ne együnk, senki nem betegedett meg tőlük.

Ezek a hajók több esetben nem a kikötésük szerinti sorrendben indulnak a célállomásukra, így több alkalommal is ki kell szabadítani akár a legbelső hajót is a melléjük rögzítettek közül. Ez azt eredményezi, hogy a külső hajókat ki kell mozgatni a folyó közepe felé, hogy a belső el tudja hagyni a kikötőt. Akár csak az utakon az autók, itt is csodálatos ügyességgel mozognak a hajók az alig pár méteres egymás közötti távolság ellenére, és itt is ugyanolyan derűs nyugalommal történik mindez. A hajók egy része Luxortól halad Asszuán felé, a másik része pedig fordított irányba. A hajókat három hajócsavar, nyilvánvalóan három hajómotor működteti. Volt egy negyedik motor is, amelyik a 230 voltos áramellátást biztosítja a világítás, a légkondicionáló, hajszárító, villanyborotva és egyéb villamosenergia-felhasználók számára.

Még aznap megnéztük a luxori templomegyüttest, ahová gyönyörűen kiépített partszakaszon lehet eljutni gyalogosan, vagy apró lovacskákkal vontatott konflisokon utazva. Ezek a lovacskák néha olyan rozoga állapotúak, hogy azt hihetjük, menten összerogynak, de a hajtóik biztatására mégis teljesítik a feladatukat. A konflisokon mindenféle díszítés csilingel, villog. A hajtók, ha éppen üres a kocsijuk – sőt akkor is, ha csak egy utaspár tartózkodik bennük –, több-kevesebb sikerrel, hangosan invitálják a sétálókat egy kis vidám városnéző kocsizásra.

Luxorban már a Középbirodalom idejében is volt szentély, melynek anyagát III. Thutmoszisz annak a kápolnának építésére használta, amelyet Amon, a felesége, Mut és fia, Khonszu tiszteletére létesített. Majd a templom bővítésében több fáraó is részt vett, így a nagyhírű II. Ramszesz és Tutanhamon is. A bejárat előtt két obeliszk volt, amelyeket egy-egy alapkőre helyezett, kb. 2 méter magas kőtömbre állítottak fel. Ma csak az egyik látható itt, mert Mohamed Ali alkirály mindkettőt a franciáknak ajándékozta, de csak az egyiket vitték el, amelyik most Párizsban a Place de la Concorde-on áll. Az obeliszken II. Ramszesz uralkodásának története látható, háromsoros, gyönyörű hieroglif vésetek formájában.

A délelőtti órában kis motoros hajóval átmentünk a nyugati partra, ahol busz várt bennünket, mely elvitt a Királyok Völgyébe, ahol egy, a völgy bejárata előtti parkolóban kiszálltunk, majd kis, vonatra emlékeztető motoros járművek szállították a turistákat a sírokhoz.

A három látnivalóra jogosító belépőnkkel III. Ramszesz, IV. Ramszesz és Tauszert királynő sírjait látogattuk meg. A sírok védelmére deszkából készített padozatot és a falakat teljesen beborító üvegborítást készítettek.

Visszafelé buszozva még megnéztük Hatsepszut királynő sírtemplomát, amely a lengyel régészek régebbi munkájának köszönhetően ma bejárható.

Mint minden látványosság közelében, itt is található bazár és egy bemutató az alabástrom megmunkálásáról. Érdekességként megemlítem, hogy az itt látható „műhely" dolgozói szerint a karcsú alabástrom edényeket esztergagépen nem lehet készíteni, csakis az általuk bemutatott, földbe ásott nyersanyag és szerszámok szerinti megoldással. Meg kell jegyeznem, hogy húsz évvel ezelőtt is talán ugyanez a darab volt a bemutatás tárgya, legalábbis a beásott darab körüli talajrész ezt a látszatot keltette. Az üzletben viszont rengeteg finoman megmunkált váza és mindenféle bazáráru közül lehetett választani.

Megálltunk még a Memnon-szobrok megtekintésére. Ezek a szobrok III. Amenhotep i. e. 1200 körül épült sírtemplomának bejárata előtt álltak, de a templom teljesen eltűnt, még a köveit is elhordták, vagy elmosta az áradás. Régebbi fényképeken látni, hogy a Nílus áradása alkalmával ez a terület is vízzel fedett volt. Fényképezés és videózás sajnos nem a legkedvezőbb formában lehetséges, mert általában nem a fényképezésre legalkalmasabb időben érkezik meg a csoport a látnivalókhoz.

Az ötödik napon Karnak templomegyüttesét látogattuk meg, amelyik a luxori templomtól 3 kilométernyire van. Ezt a két templomot hajdanán út kötötte össze, amelynek két oldalát egymástól úgy hat méternyire telepített, szépen faragott kövekből készített, emberfejű szfinxek szegélyezték. Ezek mérete 2,5 köbméter körüli, darabszámuk pedig körülbelül ezer lehetett. A karnaki templom előtt a Nílus-parthoz vezető út két oldalán is, hasonlóan a két templomot összekötő úthoz, szfinxek sora állt, de ezek kosfejűek voltak. A régi időkben a Nílustól hajózható csatorna volt építve egészen a templom bejáratáig.

Délután szabad program keretében ismerkedhettünk a város belső részével is, amely már nem volt olyan elegáns, mint a Nílus-part. Itt még megmaradt a régi, poros, piszkos állapot.

Még ezen a napon, az ebéd alatti időben elindult velünk a hajó Asszuán felé. Ez a távolság körülbelül kettőszázötven kilométer.

Hajnali három órakor érkeztünk Esznához, ahol át kellett zsilipelni az ott lévő gátrendszeren. Ezt a gátat már az angol érdekeltség alatt megépítették, most korszerűsített állapotúra átépítetve autóval is járható, hídként is szerepel. Az átzsilipelés érkezési sorrendben történt, egyszerre két hajó állt be a zsilipkamrába. Körülbelül egy órát vett igénybe egy zsilipelés a lehorgonyzott hajó indulásától a zsilip elhagyásáig. Az utasok nem voltak kíváncsi természetűek, és nem nézték meg a zsilipelést, pedig érdekes látvány volt. A csillagos ég felhőmentes, de meglehetősen párás volt, és csak nehezen lehetett felismerni pár jellegzetes csillagképet, így a Nagymedvét, a Kassziopeiát és az Oriont.

A hajók mozgatása külön figyelmet érdemel, mert azt igen ügyesen végzik úgy, hogy a hajók és a zsilip oldalai között csak pár méternyi szabad vízfelület van.

Reggel a hajó kikötött Edfunál, amely 115 kilométerre van Luxortól. Itt a ptolemaioszi időkben – kb. i. e. 200 körül – több mint 180 évig épült Hórusz-templom megtekintése volt a cél. Előre bérelt és kifizetett konflisok vártak bennünket irtózatos hangzavar kíséretében. Mi négyen egy csontsovány lovacskával vontatott kocsira kerültünk. A hajtó bemutatkozott: Ali vagyok, mondta. Mi is sorra elmondtuk a nevünket. A konflis hajtója végig azt bizonygatta, hogy a lovát Ferrarinak hívják. Ki is tett magáért szegény pára, száguldva sorra előzte a többi konflist úgy, hogy állandóan azt hittük, most ütközünk valamelyikkel és borulunk fel. A turisták hatalmas tömege árasztotta el a templomot és környezetét. A továbbhaladásra várakozni kellett, hogy a különböző nyelven beszélő idegenvezetők befejezzék mondandójukat.

Ez a templom meglehetősen jó állapotban van. Igaz, nem élt meg olyan nagy kort, mint az elődei, amelyeket a gyakori uralkodóváltás, megszállás és földrengések olykor teljesen leromboltak. A sivatag homokja részben betemette, és az helyiek lakásként használták a homokból kiálló részt. Ennek az itt élésnek a nyomát látni a mennyezeten, ahol a lakók tüzeinek felszálló füstje tekintélyes koromlerakódást okozott. Keresztények is használták templom gyanánt, átvésve sok régi ábrázolást.

A görög és római korok templomaiban lévő oszlopcsarnokok pillérei néha befejezetlenül maradtak, az oszlopfők csak elő vannak nagyolva. Érdekes megfigyelni, hogy ezeket az oszlopfőket egy templomon belül is általában különbözőre faragták, csak az egymással szemben lévők azonos kialakításúak. Bennem felmerült az a gondolat, hogy az egyszerre dolgozó kőfaragók számára könnyebbséget jelentett, ha mindegyik azt faragja, amit tud, nem kellett olyan nagy odafigyelés az egységes munkára.

A templom bejárata előtt kétoldalt embernél magasabb, gránitból faragott Hórusz-szobor áll. A rengeteg, sokféle nemzetiségű látogató miatt a fotózás nem kis nehézségbe ütközik, pedig szép látnivalókban gazdag az egész templom.

A templom megtekintése után az elmaradhatatlan bazáron átvágva várt bennünket a Ferrari vontatta konflis. A hajtója felismert és kiabálva hívott bennünket, majd visszarobogott velünk a hajóhoz, persze jó baksis reményében. A hajó ismét elindult velünk Asszuán felé. Ebéd után a sétafedélzeten élveztük a látnivalókat. Délután 5 órakor érkeztünk a következő látnivalóhoz, Kom Ombo templomához. Ez nem azt jelenti, hogy közben nincs semmi fáraó-kori emlék a partokon, amit érdemes lenne látni, de mindezek meglátogatása heteket venne igénybe.

Ez a templom is a görög-római időkben épült, de csodálatos faragásokkal díszített, sajnos csak romos állapotában maradt meg.

Mint mindenütt, itt is látni lehet a megszálló francia és angol hatalmak katonai tevékenységének nyomait a romos falakon. A megszállók nyomait itt például falakba vésett lyukak formájában látni, amelyeket lóistálló fedésének gerendái számára készítettek a francia sereg lovai számára.

Mire végére jutottunk a látnivalóknak, beesteledett, és a lemenő Nap utolsó sugarait követően gyönyörű szépen kivilágították a romokat.

Utolsó éjszakánkat töltöttük a hajón, kora hajnalban, 3.30-kor ébresztettek bennünket, akik Abu-Szimbelt is látni akartuk. Gyors kávé a bárban, és máris buszra szálltunk, amely a repülőtérre vitt bennünket. Negyed 6-kor indult a repülő, és 25 perces repülési idő után érkezett Abu-Szimbelbe, ahol egy busz már várt és szállított a Nasszer-tó partján álló II. Ramszesz és hitvese sziklába vésett templomaihoz. A Nílus felduzzasztása miatt keletkezett mesterséges tó elöntötte volna az eredeti helyén ezeket a templomokat, ezért az UNESCO felhívására nemzetközi összefogással 16 méterrel megemelt területre szállították a megfelelően szétdarabolt templomhegyeket, és ott ismét felépítették. Ez a tó a hegyek és völgyek vonulatát követi, sok kisebb-nagyobb öböllel határolva, ezért - felülnézetben - nem a mi Balatonunkra, inkább egy növényzetet utánzó tengeri csikóhal alakjára hasonlít.

A templomhegyet borító apró kőanyag az idegenvezetőnk szerint nem az eredeti helyről való, hanem itt, helyi anyagból rakták fel az eredeti formának megfelelően. Ez logikusnak is látszik, mert a rengeteg apró kődarabot célszerűtlen lett volna áthordani.

Ezek a templomok 3200 évesek, ennek ellenére jó állapotban maradtak, természetesen teljesen kirabolt mindkettő. Mint mindenütt, itt is védik a falakat a látogatók simogatásától. Vigyázó szemek figyelték még azt is, hogy ki érinti meg a falakat. Nem gorombán, de rögtön jött a figyelmeztetés.

Az emberi tevékenység látványa tudásban, teljesítésben és művészetben ennek ellenére hatalmas élménnyel gazdagított bennünket. A templomok úgy külsőleg, mint a belső tereikben gyönyörűek. Csak komolyabb odafigyeléssel lehet a szétvágások nyomát felfedezni, így az eredeti állapot látszata tökéletes.

Sajnos már kora reggel meglehetősen sok látogató lepte el a területet, így nehéz volt a rendelkezésre álló rövid idő alatt a részletes megtekintés és fotózás.

Az utolsó napokban minden felgyorsult. Fél 8-kor már vitt is vissza bennünket a busz a repülőtérre, ahol természetesen, mint mindenhol, kis várakozási idő után – hogy némi vásárlásra is sor kerüljön – 9 óra 20 perckor indult vissza a gép Asszuánba, és 30 perc múlva már egy kis autóbusz vitt bennünket vissza a hajóra. Útközben megálltunk Asszuán sokat emlegetett gránitbányájánál, ahol láthattuk a legnagyobb, Egyiptom ókorában faragott obeliszket. Érdekes felfigyelni arra, hogy ez a kőanyag is bizonyos szálirányítással rendelkezik, ezért az obeliszk a csúcsa magasabban van, a talpa felé lejtősen, egy, az alapkőzetből kialakított medencében. Arról, hogyan akarták elszállítani ebből a mélyedésből, senki sem tudott felvilágosítást adni. A bánya meglátogatása után motoros kishajóval Agilkia szigetére mentünk, ahová az eredetileg Philae szigetén lévő templomokat telepítették át. Ezek a templomok 1902-ben befejezett, az angolok által épített, régi gát vízzel feltöltése után részben víz alá kerültek Az oszlopokon néhol látni a víz magasságát is, a hozzájuk kikötött hajók kötélzetének koptatásai formájában. Ez a régi gát nem erőműnek épült, csak a folyó folyamatos vízszintjének a biztosítására. A folyó áradásakor bezárták a gát kapuit és tárolták a vizet a vízhiányos időkig, ezért ezek a templomok változó mélységű vízben álltak. Az angol mérnökök több hídgátat is építettek a folyón az időnként elmaradó áradás miatti víz pótlására. Ezek víztároló kapacitása kevésnek bizonyult, ezért épült meg a nagy gát a múlt század közepén.

Az új, nagy gát építése a teljes víz alá kerülésüket okozta volna, ezért nemzetközi összefogással áttelepítették a mostani helyre. A Philae-szigeti templomok építtetését i. e. I. Nektanebo kezdte. Majd Hadrianusz római császár fejezte be a róla elnevezett kioszk építésével. Aki Asszuánig eljut, annak meg kell nézni ezt a látványosságot is. Ezek a templomok is át lettek telepítve a gátépítés miatt, a Nasszer-tó ezek eredeti helyét elárasztotta. A nyugati part szikláiba vésve itt is található kb. 40 sír, de ezek szépségben elmaradnak a királyok völgyében találhatók mögött. A hegy tetején egy muzulmán szent ember – Sidi Ali ibn el Rawa – messziről is látható sírja van, mely nehezen közelíthető meg.

Megnéztük még a nagy gát bejárható részét, ahol teleoptikával és videóval tilos felvételt készíteni, pedig itt a vízerőműből még szinte semmit sem lehet látni. Állítólag a kémműholdak olyan pontos felvételeket tudnak készíteni, hogy az autó típusát is fel lehet ismerni, akkor minek ez a titkolózás?

Délután egy órát hajóztunk felukkán, a jellegzetes arab vitorláson a botanikus kert mellett. Egy tizenéves gyermek kis, mosóteknő szerű alkalmatosságon evezett, majd a vitorlásunk oldalába kapaszkodva énekkel és mókázással próbált némi baksist szerezni a felukkázóktól. Visszatérve a hajóra, kis pihenő után negyed 4-kor indultunk a repülőtérre.

Hatalmas, 300 személyes gép, teli utasokkal, szállított bennünket Kairóba, ahol egy Nílus-parti hajón vacsoráztunk meg. Utána a gízai szállodába vittek bennünket, ahol az utolsó egyiptomi éjszakánkat töltöttük el. Másnap már kora hajnalban ébresztettek bennünket, majd gyors reggeli után, fél ötkor indulás a repülőtérre, ahol 7 órakor beszálltunk, és már 10 órakor, amikor a repülő talajt fogott, magyar föld volt a talpunk alatt. Visszaérkeztünk minden baj nélkül télvégi kis hazánkba.

Annak ellenére, hogy a csoportos turizmus kötöttebb, mint az egyéni, sok élményben van része annak, aki részt vesz egy ilyen kiránduláson.

VÉGSZÓ

Egyik régi tanáromtól tanultam azt, hogy az ismétlés erősíti a tanult anyag rögzítését. Az előadása során elmondott fontosabb tényt rögtön visszakérdezte egy diáktól, akire véletlenszerűen rámutatott, majd maga is megismételte a mondottat. Ebben az írásban is található szándékos ismétlés.

Sajnálatos dolog, hogy nagyon nehéz a beidegződött tudásanyagon változtani. A kisgyermeknek az értelme nyíladozásától hatéves korig megszerzett tudásanyaga, a tudomány szerint, az egész életére kiható utat jelöl ki. Ezen változtatni nehéz, mert ez egy alap vezérfonalat ad. De a későbbi első benyomás valamilyen tárgyban szintén meghatározó lehet. Így annak, aki első olvasatra valamiféle titkos erőkről hall a piramisokkal vagy bármi mással kapcsolatosan, ez lesz a vezetővonala. Ettől eltéríteni nehéz vagy nem is lehet még észérvekkel sem.

Ha megvizsgáljuk a régi, esetleg időszámításunk előtti időbeli írásokat, Hérodotosz, Diodorosz történelmi jellegű leírásait, akkor láthatjuk, hogy a Nagy Piramis időszámításunk előtt 700 körül már nyitva állott, mert azt időszámításunk előtt 600 körül újra rendbehozták és lezárták. Igen nagy a valószínűsége, hogy az eltemetett kincsnek ekkor már hűlt helye volt, nyilván ezért nyitották fel a piramist, hogy azt megszerezzék. Lehet, hogy az a járat, amely összeköti a zárókövek előtti és utáni folyosókat, ekkor készült. Miért keressük ezeket a kincseket ott, ahonnan már talán évezredekel ezelőtt elvitték azokat?

Az, hogy a piramisok bejárata titkos volt, szintén nagyon csalóka megállapítás, mert az építés és a temetési szertartás során rengetegen láthatták a bejárat helyét. Nem valószínű, hogy minden embert, aki az építésben, temetésben részt vett, lemészároltak, hogy a titkot ne mondja el másoknak is. De még akkor is ottmaradnak a mészárlást végzők, akik ismerhették a titkot. A több tízezer építőmunkás lemészárlása olyan jelentős esemény lett volna, amit fel kell jegyezni, de ennek nyoma sincsen. És csak egyetlen egy szemtanú kell, aki továbbadja a titkot, és az már nem titok többé.

Azt is láthattuk, hogy a beépített kövek méretéről, így a tömegéről is rengeteg téves állítás látott már napvilágot. Érdekes módon azok, akik látták a piramisokat, az építőkövek méretét, általában mégis elfogadják a valótlanságok özönét. A nagytömegű, átlag méretű kövek szállítása és beépítése nem okozhatott komolyabb problémát. Főleg, ha figyelembe vesszük azokat a tényeket, amelyek teljesen egyértelműen emberi kezek munkájával épített, a mai ember számára titokzatosnak tűnő építményeket mutatják be. Ilyeneket a világ minden pontján találhatunk, az ókori emberek dolmenjeitől, kőasztalaitól az egyiptomi obeliszkeken át. Amint köztudott, az alexandriai obeliszket, amit ma Kleopátra tűjének hívnak, már maguk az egyiptomiak két alkalommal állították fel, ami azt jelenti, hogy le is kellett bontaniuk a meglévő építmények között, mielőtt az új helyére szállították és újra felállították. Majd az angol földre hurcolóknak is le kellett bontaniuk, és a mostani helyén, a Temze partján, felállítaniuk.

A gízai piramisépítményeket alkotó kőanyag, a mai feltárások szerint, nagy mennyiségben ott a piramismező melletti kőbányában lett kitermelve, így a szállítási távolság és szállítási idő jóval kisebb lehetett, mintha a turai, vagy asszuáni bányából kellett volna biztosítani az összes kőanyagot. Ez a közeli kőanyag rosszabb minőségű a turai és asszuáni bányák anyagánál, de a belső részeket nem is kellett időtálló anyagból építeni, mert a burkolat kiváló minősége védte azokat az időjárás károsító hatásától. Látható, hogy a burkolattól megfosztott piramisok hogyan váltak rom-halmazzá, és a törtvonalú piramis megmaradt eredeti burkolata milyen jó állapotúan maradt mind a mai napig, védve a belső kőanyagot.

A Szfinx nagy szobra is a mészkőfensík anyagából, nem igazán jó minőségű, különböző keménységű kőanyagból készült, ami látható is a szobor részfelületén. Valószínűen a készítésekor sem volt teljes a tömb, ki kellett pótolni a hiányokat. Amikor Gaston Maspero a 19. század vége felé kiásta a homokból, ami csak a szobor fejét hagyta szabadon, látható lett annak alsó része is, amint azt az ásatásról készített fényképek is igazolják.

A szobor kívülről apró, faragott kövekkel burkolt, így igaza van azoknak, akik a szobor testét több mint 12000 évesnek írják, de ez így közölve félrevezetés, mert a burkolása, így nagy valószínűséggel magának a szobornak a kialakítása is csak a közelebbi történelmi időkben készült.

Az a talajvíz, amit többen emlegetnek írásukban, és erősen károsítja a létesítményeket, az egyre terjeszkedő gízai település szennyvizéből ered, amit a házak körül kiépített ülepítők elszivárgói produkálnak. Ez nem igazi talajvíz, és főleg nem a jóval mélyebben folyó Nílusból szivárog fel, de a romboló hatása nagyobb, mert a lakóházak elfolyó szennyvíz mennyisége eddig a talajba szivárogva végezte a romboló munkáját. Ma már részben a csatornázás is kiépült, ami csökkenti ezt a talaj- és műemlék-rombolást.

Kell, hogy a józan ész eredményt tudjon produkálni. A tényeket nem szabad figyelmen kívül hagyni, mert akkor erősen pártosak leszünk, nem látjuk, csak azt, amit akarunk. Akárcsak a politikában, amely szerint a jelen történelmünk mindig az éppen uralkodó ideológiának megfelelő nézőpont szerinti alakban íródik és taníttatik, így annak a valóságtartalma egyre kétségesebbé válik. A mai politika elve, mindent elkövetni az éppen vezető párt eredményességének megakadályozására. És még fizetést is kapnak érte.

A mai történelemi leírások sem adnak minden szinten elfogadható adatokat. Egyre több fantasztikus, titkokat feltáró írás, televíziós műsor gyúrja a hívő emberek szürkeállományát. Aki nem figyelmes, azt meg is fertőzhetik a sokféle áltudományos írások, amelyek egy kis gondolkozással megcáfolhatók. Az egyes régészek véleménye különböző, Tutanhamont megölte a felesége, az uralkodni vágyó főembere, leesett a harci szekeréről, csatában sebesült meg, természetes halállal halt meg. Tessék választani ízlésünknek és beállítottságunknak megfelelő történetet. De akkor mit jelent az említett ékírásos tábla szövege a hettita férjkérésről? A sokat emlegetett villanyégőszerű faliképpel kapcsolatban szeretném megjegyezni, hogy bárki készíthet egyszerű világítótestet. Kell hozzá egy hőálló üvegbúra, például egy kémcső, kevés huzal az áram vezetéséhez, egy sérült villamosvasaló fűtőszálából, cekász három kis szakasza, és egy kis hőálló szigetelőanyag.

ELEKTROMOS VILÁGÍTÓTEST KÉSZÍTÉSE

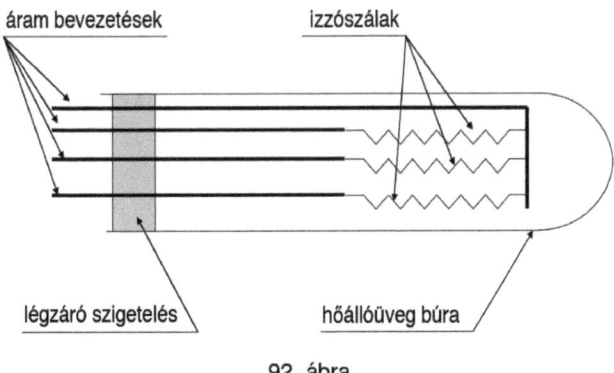

92. ábra

Ha az ábra szerint elkészítjük a kísérletet, csak az áramerősséget és feszültséget kell helyesen megválasztani, máris működőképes világítótestet kapunk. Lehetőleg kis feszültséggel dolgozzunk, például 12 Volttal. Az izzószál (l) hossza pedig egy arány segítségével állapítható meg, a cekász eredeti hossza (L) 220 Voltra tervezett. Az izzószál hosszának megállapítása 12 Volt esetén l = (L / 220) x 12. Ha a bemenetre kapcsoljuk az egyik cekász csatlakozását, a cekász felizzik, és elég. Nagy a valószínűsége, hogy még a második is ugyanígy jár, kiégetve a bezárt levegőt. A harmadik cekász-darabka már nagy valószínűséggel mint izzószál fog működni. (92. ábra)

471

Természetesen ezt a kísérletet csak megfelelő biztonsági szempontok figyelembe vételével szabad elvégezni. A kísérlethez kötelezően védőszemüveget kell használni az esetlegesen szétrobbanó üveg miatt.

Befejezésül nézzünk meg egy nem a piramisokkal kapcsolatos, igen nagy elírást, amely

A VILÁG SZÁZ CSODÁJA című könyv 30. oldalán található.

„*Hadrianus fala 120 kilométer hosszú, mintegy 4,5 méter magas, 3 méter széles... Több mint 750 milliárd köbméter kőből építették... végül a fal 8 év alatt elkészült.*"

A 120 a későbbi szövegezésben 128 kilométeresre változik. Ezt a falat az akkori Britanniát megszálló római hadsereg építette a II. században, a „barbár" őslakosok támadásainak megállítására. Mert ugyebár az a nép, amelyet leigázunk, melynek a javait megszerezzük, az mindig barbár, hitetlen, terrorista csőcselék, legyen az gall, indián, néger vagy arab. A fenti idézetben igencsak kapitális elírást találhatunk. Amint azt már próbáltuk megállapítani, a Nagy Piramis térfogata kb. 2,7 millió köbméter, és állítólag húsz évig épült. A milliárd ezer millió, tehát a fal a könyv szerint a Nagy Piramis térfogatának sokszorosa, vagyis:

$$750000000000 : 2700000 = 2\ 777$$

szerese a piramis térfogatának. A római katonáknak évente:

$$750000000000 : 8 = 93750000000,$$

tehát 93,75 milliárd köbméter anyagot kellett volna a fenti adat szerint beépíteni. Ezzel szemben számoljuk ki a 120 kilométeres út anyagát. (1 km = 1000 m):

$$120 \times 1000 \times 3 \times 4,5 = 1620000$$

köbméter, ez viszont a 750 milliárd köbméterhez viszonyítva:

$$750000000000 : 1620000 = 4629$$

Vagyis a beépítésre került anyagmennyiség a leközölt értéknek 4629-ed része. Azt hiszem, nem mindegy, hogy mit írunk le. Sajnos az olvasók nagy többsége nem veszi a fáradságot a leírtak ellenőrzésére. Meglehet, hogy a kövek darabszáma 750 milliárd, csak elnézte a fordító a helyes szöveget, amint az gyakran előfordul.

Egy köbkilométer térfogat egymilliárd köbmétert jelent,

$$1000^3 = 1000000000,$$

vagyis a leközölt anyagmennyiség 750 kilométer hosszban 1 kilométer széles és 1 kilométer magas oszlopot jelent, szemben a 3 x 4,5 méter keresztmetszetű, 120 kilométeres kőoszloppal.

Nézni és látni, hallani és továbbadni, tanulni és gondolkozni nem ugyanaz!

A „civilizált" társadalom általában arra hivatkozik, hogy az összetett társadalmak természetéből fakadóan felette áll a kevésbé összetett társadalmaknak. És mivel felette állnak az egyszerűbb társadalmi formáknak, a történelmi századok gyakorlata szerint rabszolgának használják az őslakosokat, vagy kiirtják őket, ha lehet, lásd Észak-Amerika, Dél-Amerika, Afrika, Ausztrália és így tovább területeinek „civilizálását". Az elmúlt századok eseményei ezen az alapon igazolják a magyarság Kárpát-medencei őslakosi mivoltát.

A fejlődés, úgy látszik, a természet halála is. Az erdőségeket az egész világon tönkreteszi a faanyag hajók, lakóházak, bútorok építésére, fűtésre való kitermelése. Erdőt kell irtani a települések, termőföldek, legelők létesítésére is. Az így letarolt területek azután elsivatagosodnak. A kivágott fák szakszerű pótlása sok pénzt igényelne, ezért ettől eltekintenek, inkább új területeket keresnek. Lehet, hogy az egyiptomi területek is így sivatagosodtak el, az építkezésekhez használt faanyag kivágása miatt.

A felmelegedéshez minden bizonnyal hozzájárulnak a percenként felszálló, 60 m³ üzemanyagot elégető repülőgépek, a még többet elégető autózás, hajózás és katonai tevékenység és lakásfűtés is. Az emberiség ássa a saját sírját.

Arany János: Civilizáció (1877 után)

Ez előtt a háborúban
Nem követtek semmi elvet,
Az erősebb a gyengétől
Amit elvehetett, elvett.

Most nem úgy van. A világot
Értekezlet igazgatja:
S az erősebb ha mi csinyt tesz,
Összeűl és – helybehagyja.*

---

* http://mek.oszk.hu/00500/00597/html/vs187703.htm

IRODALOMJEGYZÉK

1.) C. W. Ceram: A RÉGÉSZET REGÉNYE, Atheneum, 1965
2.) Várkonyi Nándor: SZIRIAT OSZLOPAI, Magvető, 1972, (Az eredeti kiadás átdolgozott utánnyomása)
3.) VENDÉGEK A VILÁGŰRBŐL, Előre kiskönyvtár, Bukarest 1972
4.) László Péter: KAIRÓ. Külföldi városkalauzok, Panoráma, 1978
5.) Szabó R. Jenő: EGYIPTOM, Útikönyvek,
6.) Dr. Kákosy László: RÉ FIAI, Gondolat, 1979
7.) Dr. Kákosy László: Egy ezredév a Nílus völgyében, Gondolat
8.) Kulin Gyula és Róka Gedeon szerkesztésében megjelent mű: A TÁVCSŐ VILÁGA, Gondolat, 1980
9.) Vojtech Zamarovsky: A FELSÉGES PIRAMISOK, Madách, Bratislava, 1981
10.) Bodo Harenberg: AZ EMBERISÉG KRÓNIKÁJA, Officina Nova, 1984
11.) Bodo Harenberg: AZ EMBERISÉG KRÓNIKÁJA, Officia Nova, 1990
12.) Christine Desrches-Noblecourt: TUTANHAMON, Corvina, 1985
13.) A. Rosalie David: AZ EGYIPTOMI BIRODALMAK Helikon, 1986
14.) Nicholas Postgate. AZ ELSŐ BIRODALMAK, Helikon 1977
15.) David Oates/Joan Oates. A CIVILIZÁCIÓ HAJNALA Helikon, 1976
16.) Erich von Däniken: A SZFINX SZEMEI, Édesvíz, 1992
17.) R. Bauval és A. Gilbert: AZ ORION REJTÉLY, Adrian, 1994
18.) Pécsi Ágnes: NAPOLEON EGYIPTOMBAN, Korrekt, 1995
19.) Graham Hancock: ISTENEK KÉZJEGYEI, Alexandra, 1995

20.) Adrian Gilbert – Maurice Cotterell: MAJA PRÓFÉCIÁK, Laurus, 1996
21.) UFOKALENDÁRIUM 1999
22.) Dr. Vörös Győző: TAPOSIRIS MAGNA, Isis kikötője, 2001
23.) J. J. Herlinger: HIHETETLEN TÖRTÉNETEK, Móra
24.) K. Michalowski: KARNAK, Corvina
25.) Alberto Siliotti: EGYIPTOM templomok istenek fáraók, Officia Nova
26.) Alberto Siliotti: KIRÁLYOK VÖLGYE, Gabo
27.) Alberto Siliotti: TEMPLOMOK ISTENEK FÁRAÓK, Officia Nova
28.) Alberto Siliotti: EGYIPTOMI PIRAMISOK, Gabo
29.) U.F.O.-rejtélyek – Merényi
30.) UFO, SZÍNES UFO, ELIXIR stb. magazinok
31.) EGYIPTOM Turistafilm. Videoszalag
32.) EGYIPTOM ARANYKORA Egyiptom és az istenek. Videoszalag
33.) A VILÁG SZÁZ CSODÁJA
34.) Donald H. Menzel: CSILLAGÁSZAT, Gondolat, 1975
35.) Biblia Káldi György fordítása nyomán, Szent István Társulat, 1918
36.) Philipp Vandenberg: A fáraók völgye, Kinizsi, Debrecen.
37.) Kuncz Aladár: Fekete kolostor, Új palatinus, 2006
38.) Egyiptomi hieroglifák, Hermit könyvkiadó
39.) A torinói halotti lepel, ECCLESIA 1987
40.) Sörös István: Vízben álló piramisok, lebegő kövek 2001. Mandorfi bt.

FÜGGELÉK

A FÖLD TÖRTÉNETI KORBEOSZTÁSA
A korok millió években megadva a jelenidő visszafelé

ID☐	KOR		ID☐SZAK	F☐ K☐ZETEK	HAZAI PÉLDÁK	MEGJEGYZÉS
			HOLOCÉN (Jelenkor)	Homok folyami üledék	Alföld, Kisalföld	mai él☐világ
2,5	ÚJID☐	Negyedkor	PLEISZTOCÉN (Jégkor)	lösz homok kavics	Alf. Kisalf. Dunántúli dombság,Északiközé phegység medencéi	☐sember
67	AZOZOIKUM	HARMADKOR	PLIOCÉN (Újharmadkor)	bazalt, homokk☐ homok, agyag	Kisalföld, Tapolca Alföld mélye hegyek pereme	hegyképz☐ er☐k tengeri üledék meggy☐rve háziállatok ☐sei
			MIOCÉN (középharmad)	andezit andezittufa	Visegrádi hegység Börzsöny, Mátra	
			OLIGOCÉN (Azozoikum vége)	agyag, homokk☐	Budai hegység	fiatal hegyláncok háziállatok ☐sei
			EOCÉN (Azozoikum eleje)	andezit, mészk☐	Mátra Dunántúli hegység	
236	MEZOZOIKUM	els☐ virágok	KRÉTA (Mezozoikum vége)	mészk☐	Dunántúli középhegység	lepusztult hegys.
		☐smadarak	JÚRA (Mezozoik. közepe)	palás k☐zetek mészk☐ dolomit	K☐szegi, D.tuli középhegység Mecsek	a s☐lyedt részeket elárasztotta a víz
		els☐ t☐level☐ek	TRIÁSZ (Mezozo. eleje)	homokk☐	Dunánt. Mecsek Bükk, Aggtelek	
570	PALEOZOIKUM	szárazföldi hüll☐k	PERM	vöröshomok	Mecsek Balaton felvidék	Hegys. keletkezik pusztul tízmillió éves tengeri üledék Afrika-Eurázsia k☐zetlemeze
		☐srovarok kételt☐ek	KARBON (szén keletkezik)	gránit csillámpala	Velence-soproni hegység	
		els☐ növény	DEVON (közép)	mészk☐, dolomit	Upponyi hegység Kisalföld mélye	
		☐shalak	SZILUR	agyagpalák		
		korallok csigák	KAMBRIUM els☐ szakasz			kéregmozgások
4600	☐SID☐	aFöld életteien	A FÖLD KORA	Gneisz, csillámpalák	Alföldmélye, földkéreg, ☐sóceán	els☐ algák, életnyomok

KŐZETEK ADATAI

Név	Eredet	Tömeg t/m3	Keménysége
Andezit	magmás	2,6–2,8	**170–300**
Bazalt	magmás	2,9–3	**300–400**
Diorit	magmás	2,7	**170–300**
Gránit	magmás	2,7	**200–300**
Gneisz	metamorf	2,7	**200–300**
Homokkő	üledékes	2,7	**150–300**
Kvarcit	metamorf	2,7	**100–300**
Mészkő	üledékes	2,7	**80–180**
Márvány	metamorf	2,7	**80–180**
Porfir	magmás	2,7	**100–300**

Értékelje ezt a könyvet honlapunkon!

www.novumpublishing.hu

A kiadó

> *Aki feladja,*
> *hogy jobbá váljon,*
> *feladta,*
> *hogy jobb legyen!*

E mottó alapján a novum publishing kiadó célja az új kéziratok felkutatása, megjelentetése, és szerzőik hosszútávú segítése. Az 1997-ben alapított, többszörösen kitüntetett kiadó az egyik legjelentősebb, újdonsült szerzőkre specializálódott kiadónak számít többek között Ausztriában, Németországban és Svájcban.

Valamennyi új kézirat rövid időn belül egy ingyenes, kötelezettségek nélküli kiadói véleményezésen esik át.

További információkat a kiadóról és a könyvekről az alábbi oldalon talál:

www.novumpublishing.hu